中国现代物流发展报告2023

Report of China Logistics Development 2023

全国现代物流工作部际联席会议办公室　组织编写

国家发展和改革委员会经济运行调节局
南开大学现代物流研究中心　主编

中国社会科学出版社

图书在版编目（CIP）数据

中国现代物流发展报告.2023／国家发展和改革委员会经济运行调节局，南开大学现代物流研究中心主编.—北京：中国社会科学出版社，2023.9

ISBN 978-7-5227-2719-6

Ⅰ.①中… Ⅱ.①国…②南… Ⅲ.①物流—经济发展—研究报告—中国—2023 Ⅳ.①F259.22

中国国家版本馆 CIP 数据核字（2023）第 203970 号

出 版 人	赵剑英
责任编辑	张　潜
责任校对	贾森茸
责任印制	王　超

出　　版	中国社会科学出版社
社　　址	北京鼓楼西大街甲 158 号
邮　　编	100720
网　　址	http://www.csspw.cn
发 行 部	010-84083685
门 市 部	010-84029450
经　　销	新华书店及其他书店

印刷装订	三河市华骏印务包装有限公司
版　　次	2023 年 9 月第 1 版
印　　次	2023 年 9 月第 1 次印刷

开　　本	710×1000　1/16
印　　张	28
字　　数	414 千字
定　　价	148.00 元

凡购买中国社会科学出版社图书，如有质量问题请与本社营销中心联系调换
电话：010-84083683
版权所有　侵权必究

编 委 会

主　任：李云卿

副主任：刘秉镰　魏贵军　许正斌

编　委（按照姓氏笔画排序）：
　　　　卫　勇　王　玲　王　微　王德荣
　　　　刘伟光　刘　军　刘彦平　苏雄义
　　　　李少如　李兰冰　杨　波　张文杰
　　　　肖建华　索沪生　崔忠付　蒋笑梅

丛书主编：刘秉镰
执行主编：蒋笑梅　王　玲

前　言

《中国现代物流发展报告》（以下简称《报告》）由国家发展和改革委员会经济运行调节局与南开大学现代物流研究中心共同组织编写，是反映我国物流业发展状况的年度报告。《报告》力图及时追踪我国现代物流业的发展历程，客观反映行业物流发展现状，准确把握我国现代物流市场的发展规律，深入研究其发展过程中的热点与难点问题，为政府、企业和学术界了解、研究中国现代物流的发展提供参考。《报告》自 2003 年首次发行以来，至今已连续出版 20 部。

2022 年是党和国家历史上极为重要的一年。这一年，党的二十大胜利召开，描绘了全面建设社会主义现代化国家的宏伟蓝图。以习近平同志为核心的党中央，高效统筹疫情防控和经济社会发展，实现了经济平稳运行、发展质量稳步提升。在此背景下，我国物流业实现稳定发展，物流总体规模继续扩大，物流业的先导性、基础性、战略性作用得到进一步加强。《报告》主要反映 2022 年我国现代物流的发展状况，并突出以下内容。

一是从宏观角度分析我国物流业的发展环境与发展特点。《报告》以中国式现代化下的物流业高质量发展为开篇，对 2022 年我国物流市场、物流设施设备与技术、区域物流，以及相关政策与规划等情况进行了总结，分析了各部分的主要发展状况与发展特点。

二是突出分析行业物流与重点领域物流。《报告》分别对我国交通运输物流、制造业物流、商贸物流及农产品物流的发展环境和现状进行全面总结，同时针对其中的典型行业和重点领域进行深入剖析。

三是及时追踪 2022 年物流业发展的最新热点问题。《报告》聚焦了中国航空物流补短板与转型发展、国家安全战略背景下中国大宗商品物流发展的新举措与新趋势、RCEP 下中国—东盟国际物流发展与展望三个热点专题。这些专题研究充分把握了 2022 年中国物流发展的时新性要素，在体现行业报告的权威性、系统性、史料性、连续性的同时兼顾了学术性、创新性和前瞻性。

需要说明的是，本书中涉及全国的数据除特别注明外，均不含港澳台地区。

《报告》在编写过程中得到了相关政府部门、科研院所、高校、行业协会、物流企业和工商企业的大力支持，在此一并表示感谢！

本书实行分章主编制，具体分工如下：

第一章主编　王玲　副主编　王琦　参编人员　郭思远　刘妍汝　李妮恒

第二章主编　蒋笑梅

第三章主编　秦凡　参编人员　李暄

第四章主编　刘勇　参编人员　王京华

第五章主编　徐亚　副主编　李克娜　参编人员　任素瑶

第六章主编　杨静蕾　参编人员　陈杰　何凯　许晓帆　佟延武

第七章主编　陈志卷

第八章主编　吴晓璠　参编人员　王智舒怡　黄婷文　崔礼悦

第九章主编　李响　参编人员　张佳逸

第十章主编　焦志伦　参编人员　于宁宁　吴学凯　吕俊青

第十一章主编　肖建华　参编人员　马宜哲　李俊凝　王松

第十二章主编　刘军　参编人员　赵秋月　郭明　姚文倩

附录主编　李克娜　副主编　蒋笑梅　王玲　参编人员　南子悦　孙慧琪　姜璇

目 录

综 合 篇

导　言 ……………………………………………………………… (2)

第一章　中国式现代化下的物流业高质量发展 ………………… (5)
　第一节　中国式现代化的提出背景与基本特征 ………………… (5)
　第二节　中国式现代化下物流业的重大战略价值 ……………… (9)
　第三节　中国式现代化下物流业的发展方向 …………………… (19)

第二章　中国物流市场发展状况 ………………………………… (26)
　第一节　中国物流的发展环境 …………………………………… (26)
　第二节　中国物流市场的总体规模 ……………………………… (36)
　第三节　中国物流市场的主要特征 ……………………………… (45)

第三章　中国物流设施设备与技术发展状况 …………………… (63)
　第一节　中国交通基础设施建设状况 …………………………… (63)
　第二节　中国物流园区（中心）及仓储设施发展状况 ………… (74)
　第三节　中国物流设备发展状况 ………………………………… (84)
　第四节　中国物流信息化与标准化发展状况 …………………… (91)

第四章 中国区域物流市场发展状况 ………………………………… (98)

第一节 中国区域物流发展环境 ………………………………… (98)

第二节 中国区域物流现状及特征 ……………………………… (104)

第三节 中国热点区域物流发展 ………………………………… (122)

第五章 中国物流发展相关政策与规划 …………………………… (131)

第一节 中国物流发展相关政策出台情况 ……………………… (131)

第二节 中国物流发展相关规划出台情况 ……………………… (149)

第三节 中国物流政策与规划展望 ……………………………… (158)

行 业 篇

导 言 …………………………………………………………………… (164)

第六章 中国交通运输物流发展状况 ……………………………… (166)

第一节 中国公路物流发展状况 ………………………………… (166)

第二节 中国铁路物流发展状况 ………………………………… (171)

第三节 中国港航物流发展状况 ………………………………… (178)

第四节 中国航空物流发展状况 ………………………………… (186)

第七章 中国制造业物流发展状况 ………………………………… (193)

第一节 中国制造业物流发展环境 ……………………………… (193)

第二节 中国制造业物流发展现状 ……………………………… (202)

第三节 中国制造业重点领域物流发展状况 …………………… (208)

第八章 中国商贸物流发展状况 …………………………………… (214)

第一节 中国商贸物流发展环境 ………………………………… (214)

第二节　中国商贸物流发展现状 ……………………………………… (224)
　　第三节　中国商贸物流热点领域发展状况 …………………………… (236)

第九章　中国农产品物流发展状况 ……………………………………… (243)
　　第一节　中国农产品物流发展环境 …………………………………… (243)
　　第二节　中国农产品物流发展现状 …………………………………… (253)
　　第三节　中国农产品物流重点领域发展状况 ………………………… (261)

专 题 篇

导　言 ……………………………………………………………………… (270)

第十章　中国航空物流补短板与转型发展 ……………………………… (272)
　　第一节　航空物流概述及其转型发展的意义 ………………………… (272)
　　第二节　中国航空物流的发展现状 …………………………………… (278)
　　第三节　中国航空物流发展存在问题及主要短板 …………………… (287)
　　第四节　中国航空物流转型发展展望 ………………………………… (292)

第十一章　国家安全战略背景下中国大宗商品物流发展的新举措
　　　　　与新趋势 ………………………………………………………… (295)
　　第一节　国家安全战略对中国大宗商品物流发展的新要求 ………… (295)
　　第二节　国家安全战略背景下中国发展大宗商品物流的新举措 …… (299)
　　第三节　国家安全战略背景下中国大宗商品物流发展的新趋势 …… (314)

第十二章　RCEP下中国—东盟国际物流发展与展望 ………………… (317)
　　第一节　RCEP与中国—东盟国际经贸关系 ………………………… (317)
　　第二节　中国—东盟国际物流发展现状 ……………………………… (322)

· 3 ·

第三节　RCEP下中国—东盟国际物流发展问题与展望 …………（336）

参考文献 ……………………………………………………………（341）

附录A　2022年中国物流相关政策一览表 ………………………（353）

附录B　2022年中国物流相关规划一览表 ………………………（395）

附录C　2017—2022年中国物流相关统计数据 …………………（404）

综合篇

导　言

2022年是党和国家历史上极为重要的一年。这一年，百年变局与世纪疫情交织、乌克兰危机复杂演变、世界不稳定性与不确定性因素明显增加。同时，这一年又是我国迈入全面建设社会主义现代化国家新征程、向第二个百年奋斗目标进军的关键一年，党的十二大提出以中国式现代化全面推进中华民族伟大复兴。本篇首先对中国式现代化情境下物流业发展面临的新要求以及物流业高质量发展的新方向进行了系统分析，然后从物流市场、物流设施设备与技术、区域物流、物流相关政策与规划四个方面，对2022年中国物流发展的总体状况与特征进行全面总结。

第一章阐述了中国式现代化的提出背景、基本特征以及中国式现代化下物流业的重大战略价值和发展方向。党的二十大提出以中国式现代化全面推进中华民族伟大复兴，中国式现代化进一步凸显了现代物流的重大战略价值。现代物流是超大规模市场的重要支撑，是实现全体人民共同富裕的坚强保障，是物质文明和精神文明相协调的先行实践者，是人与自然和谐共生的重要领域，是走和平发展道路的重要基础。中国式现代化对于我国在新发展格局下加快建设现代物流体系提出了新的要求。未来，中国物流业将把新发展理念贯穿发展各领域和全过程，以推动高质量发展为主题，加快构建现代物流体系，为我国构建新发展格局、推进中国式现代化提供有力支撑。

第二章总结了2022年中国物流的总体发展环境、中国物流市场的总体规模状况及市场主要发展特征。物流发展环境方面，2022年，中国物流发展环境的复杂性和严峻性明显上升。世界经济与贸易增速明显回落，全球能源贸易格局深刻调整，全球产业链加速重构。面对前所未有的风险挑战，中国政府着力稳住宏观经济大盘，大力提升我国能源及重要产业链供应链安全保障能力，扎实推动共建"一带一路"，高质量实施《区域全面经济伙伴关系协定》（RCEP）。在物流市场总体规模方面，2022年，中国物流市场总体表现较为稳定。社会物流总额实现增长但增速有所回落，社会物流总费用与GDP的比率略有上升，货运量与机场货邮吞吐量有所下降，货物周转量、港口货物吞吐量与集装箱吞吐量及快递业务量小幅增长。在物流市场发展特征方面，2022年，中国物流业主动应对各种超预期冲击，加快补齐国际物流通道、油气、冷链以及航空物流体系等突出短板，积极助力我国产业链物流链畅通，为我国经济社会的安全稳定运行提供了有力支撑。同时，中国物流业还继续深化行业资源整合，借助资本市场加快发展，加快绿色低碳转型，行业高质量发展得到进一步推进。

第三章阐述了2022年中国物流基础设施设备和技术的最新发展状况。2022年，中国大力推进交通基础设施建设，高质量建设国家综合立体交通网，交通网络结构持续优化，西部及农村地区物流通道条件进一步改善，西南地区国际运输通道建设取得新进展。物流节点建设继续有序推进，物流园区生态体系日益完善，智慧化、绿色化水平不断提升。物流装备继续升级，运输工具的载重能力进一步提升，绿色化、智能化物流装备的研发与应用加快推进，航空全货机保有量快速增加。物流信息化和标准化水平进一步提升，国家级和区域物流信息平台建设持续推进，网络货运平台实现规范发展，一批创新型供应链金融平台涌现，多项国家基础性物流标准和专业型物流标准制定、修订、颁布或实施。

第四章分析了2022年中国区域物流的发展环境、发展状况和主要特征，以及部分重点省份的物流发展状况。在发展环境方面，2022年，中国经济增速"东快西慢"，经济规模东部领先；东部地区高端制造业成为经济增长引擎，出口增幅有所放缓；中西部地区工业发展强劲，固定资产投资增速较快；东北地区经济增长持续，经济发展新动能加快孕育。中国出台了一系列政策，扎实推进区域重大战略、深入实施区域协调发展战略，为区域物流的高质量发展提供了政策支撑。在发展现状方面，中国区域物流市场增速总体放缓，区域间仍存在较大差异；东部地区物流领域的数字化、智慧化转型走在全国前列；中西部地区大力推进国际班列和国家物流枢纽建设；东北地区积极推进物流通道建设和冷链物流发展。在重点省份物流发展方面，云南省利用RCEP的政策红利，发挥区位优势和产业优势，积极推进国际物流和高原特色农产品物流发展；河南省发挥区位交通、市场规模和产业发展优势，加快推动物流通道的建设，重点发展航空物流和冷链物流。

  第五章梳理了2022年中国出台的主要物流发展相关政策与规划，并对2023年物流相关政策进行了展望。2022年，中国政府在加强物流保通保畅及物资运输保障、推进交通强国建设、完善农村物流体系、推动冷链物流发展、推动交通运输行业绿色低碳转型、加强运输安全管理等方面出台了一系列政策措施，发布了《"十四五"现代物流发展规划》《"十四五"现代综合交通运输体系发展规划》等规划，以推动物流运输体系高质量发展。2023年，中国政府将围绕产业链供应链安全保障能力提升、农村物流体系建设、物流领域金融支持、运输结构绿色转型、物流提质增效降本等方面，进一步出台相关政策规划，推动物流业在新形势下持续健康发展。

第一章　中国式现代化下的物流业高质量发展

党的二十大提出以中国式现代化全面推进中华民族伟大复兴，这是我国迈上全面建设社会主义现代化国家新征程、向第二个百年奋斗目标进军的关键时刻，党中央擘画的全面建成社会主义现代化强国的宏伟蓝图，是未来我国经济与社会发展的目标任务和大政方针。物流业是支撑国民经济发展的基础性、战略性、先导性产业。中国式现代化进一步凸显了现代物流的重大战略价值，对中国物流业发展提出了新的要求，也为中国式现代化下物流业高质量发展指明了方向。

第一节　中国式现代化的提出背景与基本特征

中国式现代化是中国共产党在建设社会主义现代化的长期探索中，结合自身国情、经过创新突破取得的成果。中国式现代化展现了不同于西方现代化模式的新图景，拓展了发展中国家走向现代化的路径选择，为人类探索更好的社会制度提供了中国方案。深刻理解中国式现代化的内容与特征，对推动我国高质量发展、建设现代化经济体系具有重大意义，也有助于更加准确地把握中国物流业的发展方向。

一、中国式现代化的提出背景

现代化是世界各国人民的共同追求，也是近代以来中国人民孜孜以求的目标。新中国成立后，我国将现代化国家建设提上具体日程。1954 年，第一届全国人民代表大会提出要"建设起强大的现代化的工业、现代化的农业、现代化的交通运输业和现代化的国防",反映了社会主义革命和建设时期我国对现代化国家、现代化道路的探索。改革开放后,我国对现代化国家的认识不断拓展深化。1987年,党的十三大报告提出"建设有中国特色的社会主义的基本路线",将"把我国建设成为富强、民主、文明的社会主义现代化国家"作为社会主义初级阶段的奋斗目标,这是对社会主义现代化国家内涵的初步界定。2007年,党的十七大报告提出"建设富强民主文明和谐的社会主义现代化国家",进一步丰富了社会主义现代化国家的内涵。党的十八大以来,中国特色社会主义进入新时代,以习近平同志为核心的党中央对中国式现代化进行了深远谋划和战略思考,将中国式现代化定位在建设社会主义现代化强国[①]。党的十九大报告提出了"建成富强民主文明和谐美丽的社会主义现代化强国"的奋斗目标,体现了我国对现代化国家认识的拓展。我国已经进入了一个新的发展阶段,面对复杂的国际环境,2022年,党的二十大报告提出,"从现在起,中国共产党的中心任务就是团结带领全国各族人民全面建成社会主义现代化强国、实现第二个百年奋斗目标,以中国式现代化全面推进中华民族伟大复兴"。

中国式现代化是从发展途径和发展方式的角度提出的概念,是符合我国国情、历史和文化的现代化,强调我国现代化的特殊性[②],有着深刻的历史背景、民族性格背景、发展道路背景、艰苦奋斗背景。中国古代农耕文明长期领先于世界,提供了自信的历史依据;中华民族优秀的传统文化特征,提供了自立的性格底气;新时代全面建成小康社会目标的实现,提供了自胜的范例;近现代工业化由被动到主动的历程,提供了自强的经验勇气;新时代全面建成小康社会的伟大胜利,成为中华民族走向现代化、建设现代化国家的

[①] 陈金龙:《中国式现代化的探索历程、鲜明特征及重要意义》,《党的文献》2022年第2期。
[②] 何星亮:《中国式现代化的理论与现实意义》,《人民论坛》2022年11月1日第1版。

历史关键点，也为中国式现代化的提出奠定了关键基础①。中国式现代化是社会主义的现代化，是以马克思主义的科学理论为指导的现代化，将进一步彰显中国特色社会主义的制度优势，向世界展现社会主义的生机活力与光明前景。

二、中国式现代化的基本特征

中国式现代化是中国共产党领导的社会主义现代化，既有各国现代化的共同特征，更有基于自己国情的中国特色。中国式现代化是人口规模巨大的现代化，是全体人民共同富裕的现代化，是物质文明和精神文明相协调的现代化，是人与自然和谐共生的现代化，是走和平发展道路的现代化。

(一) 中国式现代化是人口规模巨大的现代化

我国十四亿多人口整体迈进现代化社会，规模超过现有发达国家人口的总和，这决定了中国的现代化不能照搬外国模式，发展途径和推进方式也必然具有自己的特点。人口规模巨大是我国的基本国情，庞大的人口规模既凸显了中国式现代化建设的艰巨性和复杂性，同时也成为中国式现代化建设的独特优势。我国人口规模创造了巨大的人口红利，支撑劳动和资本密集型产业发展，形成超大规模市场，成为中国经济行稳致远之锚②。无论是推进城镇化，还是全面小康；无论是提高人口素质，还是建立社会保障体系，这些既是中国式现代化的重大任务和成就，也是衡量世界现代化进程的标志。党的二十大报告基于巨大的人口规模为我国现代化发展提出了明确的方向："我们始终从国情出发想问题、作决策、办事情，既不好高骛远，也不因循守旧，保持历史耐心，坚持稳中求进、循序渐进、持续推进。"

(二) 中国式现代化是全体人民共同富裕的现代化

共同富裕是中国特色社会主义的本质要求，也是一个长期的历史过程，

---

① 刘勇：《中国式现代化提出的深刻背景与光明前景》，2022年11月8日，宣讲家网（http://www.71.cn/2022/1108/1184352.shtml）。

② 本书编写组：《党的二十大报告学习辅导百问》，党建读物出版社、学习出版社2022年版。

是中国式现代化的重要特征。2021年,习近平总书记在中央财经委员会第十次会议上强调:"我们说的共同富裕是全体人民共同富裕,是人民群众物质生活和精神生活都富裕,不是少数人的富裕,也不是整齐划一的平均主义。"要实现共同富裕的目标,需要贯彻以人民为中心的发展思想,顺应人民对美好生活的向往,奋力推进高质量发展,自觉主动解决地区差距、城乡差距、收入分配差距等问题,突出保障和改善民生,完善分配制度,解决好人民群众急难愁盼问题。党的二十大报告提出,"我们坚持把实现人民对美好生活的向往作为现代化建设的出发点和落脚点,着力维护和促进社会公平正义,着力促进全体人民共同富裕,坚决防止两极分化"。

(三)中国式现代化是物质文明和精神文明相协调的现代化

物质富足、精神富有是社会主义现代化的根本要求。物质贫困不是社会主义,精神贫乏也不是社会主义。物质文明代表着社会物质生产的进步和物质生活的改善,精神文明则代表文化和思想方面的提升。物质文明是精神文明发展的基础,为精神文明提供必要的物质前提;精神文明是物质文明得以巩固和发展的必要条件,并且不同程度地规定和影响着物质文明建设的方向。社会的精神文明和物质文明协同发展,才能有效推动中国式现代化稳步发展。中国式现代化与西方现代化有着本质区别,在现代化推动进程中,我国要面对科技创新、经济增长等问题,也要面对物质主义对精神文明的挑战[1]。党的二十大报告为物质文明和精神文明相协调指明了方向,"我们不断厚植现代化的物质基础,不断夯实人民幸福生活的物质条件,同时大力发展社会主义先进文化,加强理想信念教育,传承中华文明,促进物的全面丰富和人的全面发展"。

(四)中国式现代化是人与自然和谐共生的现代化

人与自然是生命共同体,无止境地向自然索取甚至破坏自然必然会遭到

---

[1] 王淑芹、何珊:《如何理解"物质文明和精神文明相协调的现代化"》,《光明日报》2022年3月4日第13版。

大自然的报复。人与自然和谐共生是中国式现代化最显著的特点之一，具有基础性和战略性地位，是区别于西方资本主义发达国家的现代化的重要标志[①]。大自然是人类赖以生存发展的根本，经济活动与自然环境有着密切的联系，尊重自然、顺应自然、保护自然，是全面建设社会主义现代化国家的内在要求。在人与自然和谐共生方面，党的二十大报告提出了明确的发展方向："要坚持可持续发展，坚持节约优先、保护优先、自然恢复为主的方针，像保护眼睛一样保护自然和生态环境，坚定不移走生产发展、生活富裕、生态良好的文明发展道路，实现中华民族永续发展"。

（五）中国式现代化是走和平发展道路的现代化

习近平总书记在论述中国现代化建设必须坚持的方向时强调，我国现代化是"走和平发展道路的现代化"。这一论断表明，我国不会通过西方资本主义的方式实现现代化，而是坚持在维护世界和平与发展中谋求自身发展，为世界和平发展提供中国智慧。世界百年未有之大变局加速演进，营造一个良好的国际环境和稳定的周边环境，是我国走和平发展道路的长期目标，是实现良性的全球治理的良好条件，同时也是世界共同走和平发展道路的坚实基础。坚持走和平发展道路的现代化，体现了大国的责任担当，同时提高了我国的国际影响力和感召力。党的二十大报告指出："要高举和平、发展、合作、共赢旗帜，在坚定维护世界和平与发展中谋求自身发展，又以自身发展更好维护世界和平与发展。"

第二节　中国式现代化下物流业的重大战略价值

现代物流一头连着生产，一头连着消费，高度集成并融合运输、仓储、分拨、配送、信息等服务功能，是延伸产业链、提升价值链、打造供应链的

[①] 郭兆晖：《正确认识人与自然和谐共生的现代化》，2020年12月16日，光明网（https://www.gmw.cn/xueshu/2020-12/16/content_34469565.htm）。

重要支撑,在构建现代流通体系、促进形成强大国内市场、推动高质量发展、建设现代化经济体系中发挥着先导性、基础性、战略性作用。现代物流是实现中国式现代化的重要支撑和保障。

一、现代物流是超大规模市场的重要支撑

我国庞大的人口数量构成了超大规模市场。在世界百年未有之大变局加速演进的大背景下,超大规模市场具有的经济稳定优势、自立优势、对外黏合力优势、竞争力优势和活力优势,对于不断增强我国经济的生存力、竞争力、发展力、持续力具有重大战略意义[①]。物流业作为畅通经济循环的基础产业,通过不断提高产业规模和专业服务能力、创新发展新业态新模式,有效提高了流通效率与资源配置效率,在充分释放我国超大规模市场优势方面发挥着重要的基础性作用。

首先,物流业规模持续扩大,可以保障超大规模市场长周期韧性发展。物流业作为复合型服务产业,是打通供应链、协调产业链、创造价值链的重要支撑和保障。我国坚持构建适应产业发展和消费升级需要的现代物流体系,提升供给体系对内需的适配性,以高质量供给引领、创造和扩大新需求,有效保障了超大规模市场的平稳运行。经过长期发展,中国社会物流总额大幅增长,截至2022年年底连续7年成为全球最大规模的物流市场;港口规模居世界第一;快递市场规模连续9年位列世界第一。中国已经成为具有国际影响力的物流大国。

其次,物流业的专业化服务能力不断提升,可以保障产业链供应链的安全稳定。我国物流业已从较为单一的服务领域拓展到多元化的服务领域,尤其在汽车物流、家电物流、冷链物流、电商快递物流、工程物流等重点领域,形成了一批专业化服务能力突出、具有一定品牌影响力的第三方物流企业。

---

① 毛有佳、赵昌文:《充分发挥超大规模市场优势》,2021年8月18日,中国经济网(http://views.ce.cn/view/ent/202108/18/t20210818_36817636.shtml)。

在汽车物流方面，安吉物流、一汽物流、东风物流等企业有效推动了汽车物流领域的发展。2021 年我国汽车物流行业市场规模约为 4084 亿元，同比增长 6.72%[①]。在冷链物流方面，顺丰速运、新夏晖、荣庆物流等龙头企业成为冷链物流的领先企业。2021 年我国冷链物流市场规模约为 4184 亿元，同比增长 9.2%；冷链物流市场需求总量 2.75 亿吨，同比增长 3.8%[②]。此外，我国还在快速消费品、能源、食品、电子通信及高科技等众多行业，形成了一批专业化服务能力突出的物流企业。物流业通过构建完整的专业化服务体系，深度嵌入供应链，提供一体化物流解决方案。尤其是疫情期间，物流业加强对生产流通与内外贸易的保障，成为促进我国产业链供应链稳定的关键力量。

最后，现代物流的新业态新模式促进了消费升级，进一步推动了超大规模市场的发展。数字经济、平台经济和共享经济等经济模式的发展，互联网、物联网、大数据、云计算、人工智能等新技术的深入应用，推动了物流业在信息共享、运营组织、平台交易等方面的自动化、无人化和智慧化发展，涌现出网络货运、数字仓库、无接触配送等"互联网+"高效物流新模式新业态，以及基于"互联网+"供应链平台生态圈的商业创新模式。同时，中国打造了领先全球的高密度、下沉型物流网络，以网络零售快递物流、到家外卖即时物流新模式为主要形态的消费级物流网络逐步成熟，成为人类历史上规模最大、密度最高、时效最优的"门到门"物流网络，有效扩大了内需潜力[③]。

---

① 东方财富网：《汽车物流行业研究：2021 年市场规模约为 4084 亿元》，2022 年 12 月 7 日，东方财富网（https://caifuhao.eastmoney.com/news/20221207144855654510690）。

② 华经情报网：《2021 年中国冷链物流市场规模、需求量及行业相关企业注册量》，2022 年 5 月 26 日，华经情报网（https://baijiahao.baidu.com/s?id=1733851237278758244&wfr=spider&for=pc）。

③ 南开大学新闻网：《专家学者研究阐释中国式现代化下中国物流高质量发展的理论与实践》，2022 年 12 月 31 日，南开大学新闻网（http://news.nankai.edu.cn/ywsd/system/2022/12/31/030054163.shtml）。

二、现代物流是实现全体人民共同富裕的坚强保障

现代物流通过有效构筑各类商品在区域间、城乡间的流通渠道，推动区域间、城乡间生产生活物资的平等交换和公共资源均衡配置，从而促进区域经济协调发展和城乡融合发展，缩小地区差距和城乡差距，为实现共同富裕提供坚实保障。

现代物流有利于推动区域协同发展，缩小地区差距，为共同富裕创造良好条件。我国充分发挥物流骨干通道的支撑作用，依托国家综合立体交通网，加快建设作为国家物流网络主骨架的跨区域物流大通道与国家物流枢纽，健全"通道＋枢纽＋网络"运行体系，从而带动区域经济发展，缩小地区间的发展差异，促进共同富裕。目前"6轴7廊8通道"国家综合立体交通网主骨架空间格局已基本形成，"十纵十横"综合运输大通道基本贯通，交通扶贫百项骨干通道基本建成，"八纵八横"高速铁路主通道、"71118"国家高速公路主线、世界级机场群、港口群加快建设[1]。同时，西部陆海新通道物流网络迅速拓展，铁海联运班列开行规模大幅增长，成为西部地区重要的快捷出海通道，带动西部更深入地融入全球产业格局[2]。截至2022年年底，我国共布局建设了95个国家物流枢纽，覆盖全国30个省及新疆生产建设兵团，基本构建起"通道＋枢纽＋网络"的现代物流运行体系框架[3]。其中，中西部和东北地区建设物流枢纽共计64个，占全部建设数量的三分之二。目前，我国中西部地区铁路营业总里程达到9万公里，占全国比重近60％，交通可达性与东部差距明显缩小。西部地区在建高速公路、国省干线公路规模超过

---

[1] 光明网：《十年总里程突破600万公里！我国综合立体交通网络加速完善》，2022年9月26日，光明网（https://m.gmw.cn/baijia/2022-09/26/36048713.html）。

[2] 新华社：《服务"双循环"稳固供应链——西部陆海新通道成长观察》，2022年8月25日，新华社官方账号（https://baijiahao.baidu.com/s?id=1742144072500387575&wfr=spider&for=pc）。

[3] 国家发展改革委：《国家发展改革委新闻发布会介绍〈"十四五"现代物流发展规划〉有关情况》，2022年12月29日，国家发展改革委（https://www.ndrc.gov.cn/xwdt/wszb/xdwlfzgh/?code=&state=123）。

东中部地区总和,部分省份已实现县县通高速。航空运输服务已覆盖全国 92% 的地级行政单位、88% 的人口①。

现代物流推动城乡融合,缩小城乡差距,为实现共同富裕打好坚实基础。农村物流健康发展是支撑农业现代化的重要基础,是提升城乡居民生活水平的重要途径。推进农村物流发展能够有效构筑农产品和日用消费品在城乡间的流通渠道,推动城乡生产生活物资的平等交换和公共资源的均衡配置,从而提高城乡居民生活质量和农民收入,缩小城乡差距。随着乡村振兴战略的深入实施,我国加大农村物流网络建设力度,推动更多资源要素配置到农村物流体系,通过健全县乡村三级物流配送体系,畅通工业品下乡和农产品进城双向流通渠道,促进了农民收入和农村消费持续提升。农村电商与物流配送成为助力乡村振兴、巩固拓展脱贫攻坚成果的重要手段。近年来,我国累计支持1489个县建设县级电商公共服务中心和物流配送中心超过2600个,村级电商物流服务站点15.3万个②。截至2022年年底,全国农村公路总里程已达453万公里,等级公路比例达96%③,全国95%的建制村实现了快递服务覆盖④。2022年,我国农村实物商品网络零售额达1.99万亿元,同比增长4.9%⑤。

三、现代物流是物质文明和精神文明相协调的先行实践者

科学技术作为第一生产力,始终推动着社会物质生产的进步和物质生活

---

① 交通发布:《中西部交通可达性与东部差距明显缩小》,2022 年 9 月 22 日,中国交通报社官方账号(https://baijiahao.baidu.com/s?id=1744597175422256983&wfr=spider&for=pc)。

② 国务院新闻办公室:《国家发展和改革委举行〈"十四五"现代物流发展规划〉发布会》,2022 年 12 月 29 日,国务院新闻办公室网站(http://www.scio.gov.cn/xwfbh/gbwxwfbh/xwfbh/fzggw/Document/1734750/1734750.htm)。

③ 人民网:《扩投资、稳就业、保畅通、促融合推动"四好农村路"高质量发展》,2023 年 4 月 28 日,人民网(http://finance.people.com.cn/n1/2023/0428/c1004-32676014.html)。

④ 央视网:《国家邮政局:中国95%的建制村实现快递服务覆盖》,2023 年 2 月 22 日,央视网(http://news.cctv.com/2023/02/22/ARTIgrNmIRhNHLyCjfLaGGsZ230222.shtml)。

⑤ 央视财经:《商务部:2022 年全国农产品网络零售额突破5000亿元》,2023 年 1 月 30 日,央视财经官方账号(https://baijiahao.baidu.com/s?id=1756417946614438651&wfr=spider&for=pc)。

的改善。现代物流业始终坚持科技变革创新，实现数字化、智慧化转型，有效促进了产业高质量发展。同时，物流业高度重视精神文明建设，自觉履行行业社会责任，构筑了精神文明新高地。

物流业是前沿科技研发与应用的先行者和转化器，是物质文明的前沿实践者。现代物流是我国先进技术应用最多和最快的领域之一。尤其是随着新一轮科技革命的兴起，我国物流业加快物联网、大数据、云计算、人工智能等新兴技术的推广应用，在世界物流领域创造了巨大的物质文明。我国高铁网、港口网等部分现代物流基础设施已经领先世界，5G通信、三代识别技术、智能物联、北斗导航、互联网＋、大数据中心、人工智能、云计算、量子计算、无人驾驶技术、智慧港口、数字仓库、物流机器人等新一代信息技术和设施设备在现代物流领域的深度应用非常突出[①]。我国突破了承载系统、走行系统、智能化装卸设备、快速装卸等多项轨道交通货运快速化关键技术，成功研制了全球首次实现时速350公里的高速货运动车组。我国已建成10座自动化集装箱码头，并有8座自动化集装箱码头在建，已建和在建规模均居世界首位，核心技术达世界领先水平，智慧港口的运营模式正不断向世界提供着"中国方案"。

我国物流业积极承担社会责任，在疫情大考之下勇于担当、无私奉献，构筑了新时代精神文明的新高地。疫情期间，广大物流企业坚守奋战在抗疫一线，积极参与抗疫物资和生活必需品的仓储、运输、分拨、配送，有效筑起了应急保供的"生命线"。疫情之初，菜鸟网络联合中通、申通、韵达、圆通、百世、德邦等中国主要快递物流企业，以及多家海外物流企业，开通国内及全球绿色通道，免费从海内外各地为武汉地区运输社会捐赠的救援物资；货拉拉组建"武汉爱心司机支援队"，在武汉开通了抗疫物资公益运输"绿色通道"，并利用平台优势参与公益运输，通过共享模式整合社会运力资

[①] 南开大学新闻网：《专家学者研究阐释中国式现代化下中国物流高质量发展的理论与实践》，2022年12月31日，南开大学新闻网（http：//news.nankai.edu.cn/ywsd/system/2022/12/31/030054163.shtml）。

源，完成海量运力储备，实现多种车型的即时智能调度①。2022年，京东物流累计为上海运送包括米面粮油、药品、母婴用品等在内的物资超过15万吨，从全国各地增派5000多名快递员、分拣员，建成1620个无接触社区保供站②。同时，港口企业统筹推进疫情防控和生产组织，全力做到港口生产安全有序、高效畅通，努力保障产业链供应链稳定畅通；航空运输企业积极响应"客改货"政策，不断提升航空运输效率及保障能力，为防疫物资运输开辟应急通道，支持我国外贸发展。此外，物流企业正在承担更多社会责任，在积极推动绿色物流和应急物流发展，参与应急救灾以及助力乡村振兴、促进公平就业等方面持续发挥作用。

四、现代物流是人与自然和谐共生的重要领域

现代物流是能源消耗和碳排放的主体产业之一。在绿色发展理念和绿色低碳发展政策引导下，我国物流业积极向低污染、低消耗、低排放、高效能、高效率、高效益的现代化物流转变，已成为经济绿色低碳发展、促进人与自然和谐共生的重要环节和领域。

我国物流业多措并举，加快绿色低碳转型。一是不断优化交通运输组织结构，深入推进大宗货物及中长距离货物运输"公转铁""公转水"等低碳模式转型。我国铁路货运量占社会货运总量的比重由2017年的7.8%提高至2021年的9.2%，水路货运量占社会货运总量的比重由2017年的14.1%提高至2021年的15.8%③，"十三五"时期，集装箱铁水联运量年均增长超过20%；2022年我国铁路货运量占社会货运总量的比重达到9.8%，水路货运

---

① 中国网科技：《抗疫救灾中的互联网力量：货拉拉"运力公益"的四年实践》，2022年3月18日，中国网（http://tech.china.com.cn/roll/20230318/385937.shtml）。

② 中国财富网：《京东支援京沪等地抗疫保供投入20亿元》，2022年6月1日，中国财富网（https://baijiahao.baidu.com/s? id =1734421188650773661&wfr = spider&for = pc）。

③ 国务院新闻办公室：《国家发展和改革委举行〈"十四五"·现代物流发展规划〉发布会》，2022年12月29日，国务院新闻办公室网站（http://www.scio.gov.cn/xwfbh/gbwxwfbh/xwfbh/fzggw/Document/1734750/1734750.htm）。

量占社会货运总量的比重达到16.9%，集装箱铁水联运量增长16%①。二是积极提升清洁能源占比，推动行业能源结构从化石燃料主导向清洁能源主导转型。与2015年相比，我国营运货车、营运船舶二氧化碳排放强度分别下降8.4%和7.1%，港口生产二氧化碳排放强度下降10.2%②。三是不断提高清洁能源设施、设备使用率，积极推动新能源、符合国六排放标准等货运车辆在现代物流特别是城市配送领域的应用。中国新能源物流车保有量不断增加，2022年新能源物流车销量23.58万辆，同比增长90.7%③。

物流企业积极践行绿色发展理念，不断创新运作模式。2018年苏宁易购物流启动"青城计划"，以城市为单元推进整体化全链路绿色供应链建设，加速仓储、包装、运输、运营等各环节碳中和。安得智联实现多环节带板运输和循环回收利用标准化托盘，降低了运输过程中的托盘浪费。满帮集团通过数字化的互联网货运平台，大幅降低公路货运的空驶、空置、空载"三空"情况，助力公路干线货运提效降碳④。2019年，中国首个"零碳"物流园区——京东"亚洲一号"西安智能产业园投入使用。园区实现了仓储屋顶分布式光伏发电系统和储能系统的应用，自主中和部分温室气体⑤。2022年3月，菜鸟网络推出中国物流行业第一个绿色互动社区——菜鸟绿色家园，消费者进入菜鸟绿色家园可参与、体验绿色物流行为，并积累个人减碳账单。

随着物流业规模的快速增长，我国交通运输、仓储和邮政业的增加值由

---

① 交通运输部：《2022年交通运输行业发展统计公报》，2023年6月16日，交通运输部网站（https：//xxgk.mot.gov.cn/2020/jigou/zhghs/202306/t20230615_3847023.html）。

② 交通运输部：《推动研究绿色金融支持交通运输绿色发展相关政策》，2022年1月21日，人民科技官方账号（https：//baijiahao.baidu.com/s?id=1722543568454540316&wfr=spider&for=pc）。

③ 中商情报网：《2022年中国新能源物流车电机装机量排行榜TOP10》，2023年2月7日，网易（https：//www.163.com/dy/article/HSVJGFQ40514810F.html）。

④ 肖晗：《互联网公路货运平台降低"三空" 助力年减少碳排放超千万吨》，2021年10月19日，深圳商报官方账号（https：//baijiahao.baidu.com/s?id=1714045223015067834&wfr=spider&for=pc）。

⑤ 新华财经：《京东率先建成中国首个"零碳"物流园区》，2022年3月11日，新华网（http：//www.news.cn/enterprise/20220311/c5118dc5238140ea8c1b3c3c6202abc1/c.html）。

2010年的1.88万亿元增加到2020年的4.06万亿元,能源消费量也由2.61亿吨标准煤增加到4.13亿吨标准煤①,但是单位增加值的能源消费量则由1.39万吨/亿元下降到1.02万吨/亿元,物流业节能减排效果初现。作为能源消耗较大的行业,物流业将进一步加快绿色发展,构建低碳生态,为国民经济可持续发展、促进人与自然和谐共生做出更大贡献。

五、现代物流是走和平发展道路的重要基础

当前我国面临世界百年未有之大变局,全球产业链加速重构。我国坚持推动高水平对外开放,构建国内国际双循环新发展格局。物流业加快国际物流网络建设,积极为海外援建项目提供物资运输保障,对推动国际经贸合作、促进世界经济发展发挥了重要作用。

首先,物流业助力"一带一路"沿线国家的基础设施建设与互通互联,拉近了沿线国家的时空距离,促进了沿线国家的经贸往来与经济发展。"一带一路"倡议是我国向国际社会提出的促进全球发展合作的"中国方案"。"一带一路"倡议提出后,我国与沿线国家在港口、铁路、公路方面开展大力合作,迅速打通国际货运通道,对带动各国经济发展、促进全球贸易畅通发挥了重要作用。招商局港口控股有限公司成功推进斯里兰卡汉班托塔港、科伦坡港和吉布提港等大型海外港口建设项目,布局南亚、非洲、欧洲及南美洲等地区。截至2020年年底,共投资参资26个国家和地区的50个港口,有效推动了各国港口经济的发展②。我国与俄罗斯、蒙古国、哈萨克斯坦、越南、老挝等国家深化铁路合作,中欧班列已通达欧洲20多个国家的200多个城市,运输货品已达5万余种。截至2022年年底,全国中欧班列累计开行突破

---

① 国家统计局:《中国统计年鉴2022》,国家统计局网站(http://www.stats.gov.cn/sj/ndsj/2022/indexch.htm)。

② 张向晨:《中国基建企业的国际化道路:历程、现状与展望》,《国际经济合作》2022年第3期。

6.5万列，运输货物超600万标准箱，货值3000亿美元[①]。物流基础设施的互通互联不仅拉近了我国与"一带一路"沿线国家的时空距离，而且进一步深化了我国与相关国家的经贸联系。2022年，我国与"一带一路"沿线国家货物贸易额达13.8万亿元，同比增长19.4%；对沿线国家非金融类直接投资达1410.5亿元，同比增长7.7%，推动了沿线国家对外经贸合作持续增长。世界银行的研究报告显示，"一带一路"框架下交通基础设施项目如能全部实施，到2030年，每年有望为全球带来1.6万亿美元的收益，占世界经济总量的1.3%[②]。

其次，大型物流企业积极为援建海外的大型工程提供物资运输保障，助力我国的对外援助。随着综合国力的提升，我国加大了对外援助力度，从2013年提出"一带一路"倡议至2022年已对约163个国家投资超过8430亿美元。中央企业发挥大企业的引领带动作用，为海外援建项目提供高起点、高标准、高质量的物流服务，为新中国援外事业做出了积极贡献。例如，中远海运为从国内运往汤加的援建物资提供全程物流运输服务，为巴基斯坦塔尔煤田一区块煤电一体化项目提供物流运输服务，为柬埔寨西港 2×350MW 燃煤电站项目提供全程物流服务，对促进当地经济社会快速发展发挥了重要作用。

最后，我国物流业积极打通国际物流通道，助力相关国家抗击疫情和经济复苏。中国政府与"一带一路"沿线国家紧密协调防疫机制、共享防疫信息，为多国提供医疗物资、技术设备，派出多批医疗队伍支援防疫工作，帮助这些国家应对疫情挑战[③]。2020年以来，中非物流通道助力非洲国家抗击

[①] 新京报：《十年来中欧班列已通达欧洲208个城市，累计开行突破6.5万列》，2023年3月17日，新京报社官方账号（https：//baijiahao. baidu. com/s？id = 1760510569257668924&wfr = spider&for = pc）。

[②] 北京日报：《"一带一路"迎来十周年：推动全球共同发展》，2023年2月9日，京报网（https：//news. bjd. com. cn/2023/02/09/10329371. shtml）。

[③] 罗科·拉科尔特：《［红星何以照耀中国］"一带一路"是助推世界发展的新引擎》，2022年10月11日，光明网（https：//world. gmw. cn/2022 - 10/11/content_36079556. htm）。

疫情，促进了非洲经济复苏。截至 2021 年 11 月，中国向非洲 53 个国家和非盟提供了 120 批次的紧急抗疫物资援助，实现了对非洲抗疫援助的全覆盖①。在我国与"一带一路"沿线国家在全球抗疫中开展的务实合作中，中欧班列的作用十分突出，其中运送的紧急医疗物资到 2020 年 11 月底就已超过 800 万件。此外，我国还通过与相关国家共建"空中丝绸之路"，为世界各国运送援助医疗物资近 2000 吨，包括大量口罩、防护服、检测试剂盒等②。

第三节 中国式现代化下物流业的发展方向

中国式现代化对我国在新发展格局下加快建设现代物流体系提出了新的要求。未来，中国物流业将把新发展理念贯穿发展各领域和全过程，以推动高质量发展为主题，加快构建现代物流体系，为我国构建新发展格局、推进中国式现代化提供有力支撑。

一、中国式现代化对物流业高质量发展的新要求

（一）强化现代物流战略支撑引领能力

中华民族伟大复兴战略全局与世界百年未有之大变局历史性交汇，新冠疫情、乌克兰危机影响广泛深远，全球产业链供应链加速重构，尤其是面对中国式现代化建设，超大规模市场经济要实现长周期健康发展，必须依靠强大的现代物流体系。现代物流既是优化产业组织与提升产业价值的战略性、基础性产业，也是引导产业布局和业态创新的先导性力量。因此，我国统筹国内国际两个大局，迫切要求强化现代物流的战略支撑引领能力，迫切要求现代物流对内主动适应社会主要矛盾变化，更好地发挥连接生产消费、畅通

---

① 环球网：《外交部：目前中国已累计向非方提供了近 2 亿剂疫苗》，2021 年 11 月 26 日，环球网官方账号（https：//baijiahao. baidu. com/s？id＝1717462468617556886&wfr＝spider&for＝pc）。
② 光明日报：《"一带一路"在疫情挑战中前行》，2021 年 1 月 5 日，光明网（https：//m. gmw. cn/2021－01/05/content_1302002961. htm）。

国内大循环的支撑作用；对外妥善应对错综复杂的国际环境带来的新挑战，为推动国际经贸合作、培育国际竞争新优势提供有力保障[①]。

（二）提升产业链供应链安全保障能力

近年来，我国在总体国家安全观的基础上，重点强调粮食安全、能源资源安全、产业链供应链安全。习近平总书记在多个场合提及产业链供应链问题，强调"产业链、供应链在关键时刻不能掉链子，这是大国经济必须具备的重要特征"。党的二十大报告把产业链安全上升到了国家安全高度，提出要着力提升产业链供应链韧性和安全水平。我国要持续强化超大规模市场优势，提升经济竞争力和控制力，粮食、能源、产业链供应链等重点领域的安全稳定是底线和红线。当前，我国物流部分领域短板较为突出。大宗商品储备设施、应急物流、航空物流等存在短板，现代物流嵌入产业链深度广度不足，供应链服务保障能力不够。这就要求物流业尽快补齐短板，提升战略物资、应急物流和国际供应链等保障水平，切实维护我国产业链供应链安全稳定。

（三）提升现代物流服务社会民生的能力

习近平总书记在党的二十大报告中强调："采取更多惠民生、暖民心举措，着力解决好人民群众急难愁盼问题，健全基本公共服务体系，提高公共服务水平，增强均衡性和可及性，扎实推进共同富裕。"基本公共服务均等化，既是实现全体人民共同富裕的必由之路，也是提升人民生活品质的保障之要。现代物流兼具生产性服务业和生活性服务业的双重特点，是促进市场供需对接和实体商品流通的重要基础。现代物流在保障生活物资供应、维持正常生产生活秩序等方面发挥了重要作用，成为保障社会民生的重要支撑，未来更需要进一步提升服务社会民生的能力。一是支撑扩大内需和消费升级，加强重点生活物资保障能力；二是保障食品药品消费安全，提升

---

① 国务院办公厅：《国务院办公厅关于印发"十四五"现代物流发展规划的通知》，2022年12月15日，中国政府网（http://www.gov.cn/zhengce/content/2022-12/15/content_5732092.htm）。

冷链物流质量保障水平；三是支持新业态发展，创造更多就业岗位，保障就业人员合法权益①。

（四）提升新技术引领的价值创造能力

现代信息科技发展已成为经济社会最具影响力和变革力的积极因素。未来，以信息技术为代表的新技术将进一步加快发展，物质文明和精神文明建设更需要充分运用新技术与新应用。现代信息技术、新型智慧装备的广泛应用，现代产业体系质量、效率、动力变革的深入推进，既为物流创新发展注入新活力，也要求加快现代物流数字化、网络化、智慧化赋能，促使数字经济和现代物流深度融合，打造科技含量高、创新能力强的智慧物流新模式，提升价值创造能力，为物流业创新发展、提质增效注入强大动力。

（五）提升现代物流可持续发展能力

推动经济社会发展绿色化、低碳化，促进人与自然和谐共生，是中国式现代化的重要特征，是实现高质量发展的重要环节。面对复杂多变的国际和国内形势，我国将继续贯彻新发展理念，将应对气候变化摆在国家治理更加突出的位置，不断提高碳排放强度的削减幅度，尽最大努力提高应对气候变化的能力，推动经济社会发展全面绿色转型。习近平总书记郑重宣示我国"3060"双碳目标②，这是我国做出的重大战略决策，是着力解决资源环境约束突出问题、实现中华民族永续发展的必然选择。随着社会经济的发展，未来我国物流需求将持续增长。物流业作为能源消费和碳排放的重要领域，肩负着落实国家双碳目标的重要使命，迫切需要加快推进物流行业绿色低碳进程，提高可持续发展能力③。

---

① 杨文佳：《国家发改委：更好发挥现代物流民生保障作用》，2022年12月29日，中央纪委国家监委网站（https：//www.ccdi.gov.cn/yaowenn/202212/t20221229_238773.html）。

② 我国提出，二氧化碳排放量力争于2030年前达到峰值，努力争取2060年前实现碳中和，被称作碳达峰、碳中和"3060"目标。

③ 任豪祥：《积极落实碳达峰碳中和目标，加快推进物流行业绿色低碳转型》，《物流技术与应用》2022年第7期。

（六）提升对高水平对外开放的支撑能力

党的二十大报告强调，"中国坚持对外开放的基本国策，坚定奉行互利共赢的开放战略"。推进高水平对外开放是实现中国式现代化、建设开放型世界经济的必然要求，也是中国积极应对国内外经济环境变化的长久之策。未来，我国将着力增强国内国际两个市场、两种资源的联动效应，依托我国大市场优势，促进国际合作，实现互利共赢，着力推动形成更大范围、更宽领域、更深层次的全面开放新格局。自贸试验区、自由贸易港是中国对外开放的重要载体，在推进更高水平开放中发挥着引领作用。当前，我国物流业还存在大而不强的问题，缺乏具有全球竞争力的现代物流企业，国际物流服务能力不强，与世界物流强国相比仍存在差距。因此，迫切要求物流业加快创新，全面提升国际竞争力，为我国高水平对外开放提供强有力支撑。

二、中国式现代化下物流业高质量发展的新方向

（一）打造内外联通安全高效的物流网络

未来，我国将基本形成以国家物流枢纽为核心的骨干物流基础设施网络，串接不同运输方式的多元化国际物流通道将逐步完善，畅联国内国际、安全高效的物流服务网络将更加健全。一是要深入推进国家物流枢纽建设，加快推动枢纽互联成网，建设国家物流枢纽铁路专用线、联运转运设施，有效衔接多种运输方式，实现枢纽间干线运输密切对接。二是要依托国家综合立体交通网和主要城市群、沿海沿边口岸城市等，促进国家物流枢纽协同建设和高效联动，构建国内国际紧密衔接、物流要素高效集聚、运作服务规模化的物流大通道。三是要推进国际通道网络建设，鼓励大型物流企业开展境外港口、海外仓、分销网络建设合作和协同共享，完善全球物流服务网络。

（二）加强供应链协同与应急物流系统建设

我国物流业将统筹发展和安全，强化重大物流基础设施安全和信息安全保护，提升战略物资、应急物流、国际供应链等保障水平，增强经济社会发展韧性。一是要完善大宗商品物流体系，优化粮食、能源、矿产等大宗商品物流服

务，提升沿海、内河水运通道大宗商品物流能力，依托具备条件的国家物流枢纽发展现代化大宗商品物流中心，构建衔接生产流通、串联物流贸易的大宗商品供应链服务平台，完善海外大宗商品物流网络，推动商贸物流型境外经贸合作区建设，优化海外布局，扩大辐射范围，完善海外货物集散网络，提高货源集结与运输效率。二是要提升现代供应链运行效率，打造上下游有效串接、分工协作的联动网络，加强供应链安全风险监测、预警、防控、应对等能力建设，增强供应链弹性，确保产业链安全。三是要完善应急物流设施布局，提升应急物流组织水平，健全物流保通保畅机制，在发生重大公共卫生事件时有效阻断疫情扩散，确保物流通道畅通，保障防疫物资、生活物资以及工业原材料、农业生产资料等供应，维护正常生产生活秩序和产业链供应链安全。

（三）完善现代物流对民生物资的服务保障

我国物流业将进一步促进市场供需对接和实体商品流通，保障生活物资供应，维持正常生产生活秩序，建设先进完备的保障体系，创造更多的就业岗位。一是支撑扩大内需和消费升级，完善商贸、快递、冷链物流网络，健全城市特别是超大、特大城市物流设施网络，加强重点生活物资保障能力，补齐农村物流设施和服务短板，加快工业品下乡、农产品出村双向物流服务通道升级扩容、提质增效，扩大优质消费品供给。二是保障食品药品消费安全，依托国家骨干冷链物流基地等大型冷链物流设施，加强生鲜农产品检验检疫等质量监管，加快建立覆盖冷链物流全链条、医药物流全流程的动态监测和追溯体系[1]，提升冷链物流质量保障水平。三是支持新业态发展，创造更多就业岗位，稳步发展即时配送、网络货运等新业态新模式，创造更多就业岗位，保障就业人员合法权益[2]。

---

[1] 国务院办公厅：《国务院办公厅关于印发"十四五"冷链物流发展规划的通知》，2021年12月12日，中国政府网（http://www.gov.cn/zhengce/content/2021-12/12/content_5660244.htm）。

[2] 新华社：《加快构建现代物流体系 促进经济高质量发展——国家发展改革委新闻发布会聚焦〈"十四五"现代物流发展规划〉》，2022年12月30日，新华网（m.news.cn/2022-12/30/c_1129242893.htm）。

（四）坚持科技引领、数智赋能物流产业发展

未来，物流业将加快数字化、智能化、网络化转型，推进大数据、互联网、人工智能等现代信息技术的集成应用，全面提升物流和供应链数字化水平，形成按照创新驱动、系统优化等转型发展核心要义推进现代物流发展的新局面[①]。一是要加快物流数字化转型，采集、分析和应用物流大数据，培育物流数据要素市场，积极参与全球物流领域数字治理，支撑全球贸易和跨境电商发展。二是要推进物流智慧化改造，深度应用第五代移动通信（5G）、北斗、移动互联网、大数据、人工智能等技术，分类推动物流基础设施改造升级，鼓励智慧物流技术与模式创新，拓展智慧物流商业化应用场景。三是要促进物流网络化升级，依托重大物流基础设施打造物流信息组织中枢，推动物流设施设备全面联网，促进物流信息交互联通，推动物流领域基础公共信息数据有序开放，加强物流公共信息服务平台建设。

（五）深入推进物流业向绿色低碳方向发展

"3060"双碳目标对物流低碳化发展提出新任务。未来物流业将优化用能结构，加快减排降耗和低碳转型步伐，实现可持续发展。一是要推进物流领域节能减排，加强货运车辆适用的充电桩、加氢站及内河船舶适用的岸电设施、液化天然气（LNG）加注站等配套设施建设，加快新能源等货运车辆在物流及城市配送领域的应用。二是推动物流企业绿色低碳发展，推广合同能源管理模式，积极开展节能诊断，加强绿色物流新技术和设备研发应用，推广使用循环包装，减少过度包装和二次包装，推动托盘循环共用系统建设，将绿色发展理念深入贯彻物流的全过程。三是加快健全逆向物流服务体系，培育专业化逆向物流服务企业，建立线上线下融合的逆向物流服务平台和网络，创新服务模式和场景，促进产品回收和资源循环利用。

（六）加快构建物流业对外开放新格局

当前和今后一段时期，我国将推动物流领域更高水平的开放，增强外贸

---

① 人民网：《专家：构建现代物流转型发展任务体系 明确发展战略方向》，2023年1月5日，人民网（finance.people.com.cn/n1/2023/0105/c1004-32600570.html）。

综合竞争力，推动贸易高质量发展，构建物流业对外开放新格局。一是要推动建立国际物流通道沿线国家协作机制，推动中欧班列"关铁通"项目在有合作意愿的国家落地实施，建立适应国际铁路联运特点的陆路贸易规则体系，完善配套法律法规，加强与国内外银行、保险公司等金融机构合作。二是要提高国际物流综合服务能力，优化完善中欧班列开行方案统筹协调和动态调整机制，建设中欧班列集结中心，完善海外货物集散网络，提高货源集结与班列运行效率，加快国际航运、航空与中欧班列、西部陆海新通道国际海铁联运班列等协同联动，构建多样化的国际物流服务体系。三是要培育一批具有国际竞争力的现代物流企业和知名物流服务品牌，鼓励物流企业通过兼并重组、联盟合作等方式进行资源优化整合，提升一体化供应链综合服务能力，加快运用现代新技术改造传统产业，支持优势产能国际合作，引导企业加强品牌建设，加快培育参与国际合作和竞争新优势。

（七）大力提升物流业治理能力现代化水平

未来我国将进一步完善现代物流发展制度环境，为物流业发展提供强有力的制度与环境保障。一是要全面提升市场监管能力，优化营商环境，深化"放管服"改革，按规定放宽物流领域相关市场准入政策，清除各类地方保护和隐性壁垒，健全公平竞争制度框架和政策实施机制，推动健全物流业法律法规体系和法治监督体系。二是要健全统一的信用制度，建立健全跨部门、跨区域信用信息共享机制和以信用为基础的企业分类监管制度，依法依规建立物流企业诚信记录和严重失信主体名单制度，提高违法失信成本[①]。三是要推动物流提质增效降本，促进以压缩物流各环节绝对成本为导向的"数量型降成本"向以完善物流运行体系、提高物流质量效率为重点的"系统型降成本"转变，更大范围、更深层次推动降低社会物流成本水平。

[①] 国务院办公厅：《国务院办公厅关于印发"十四五"现代物流发展规划的通知》，2022年12月15日，中国政府网（http：//www.gov.cn/zhengce/content/2022－12/15/content_5732092.htm）。

第二章　中国物流市场发展状况

2022 年是党和国家历史上极为重要的一年。这一年，百年变局与世纪疫情交织，乌克兰危机复杂演变，世界不稳定性与不确定性因素明显增加。在以习近平同志为核心的党中央的坚强领导下，各地区各部门统筹疫情防控和经济社会发展，统筹发展和安全，国民经济顶住压力实现企稳回升，能源及重要产业链供应链安全保障能力持续增强，我国与"一带一路"沿线国家和《区域全面经济伙伴关系协定》（RCEP）其他成员国的经贸与产业合作进一步深化。在此背景下，中国物流业实现稳定发展，物流总体规模继续扩大，物流体系突出短板加快补齐，物流行业资源整合与绿色低碳转型持续推进，物流业的基础性、战略性作用得到进一步发挥。

第一节　中国物流的发展环境

2022 年，我国物流发展环境的复杂性和严峻性明显上升。国际方面，全球经济与贸易遭遇多重因素冲击，增速明显回落，乌克兰危机引发全球能源贸易格局深刻调整，美国出台多项保护主义政策加速全球产业链重构。国内方面，新冠疫情反复延宕，极端天气多发，需求收缩、供给冲击、预期转弱三重压力叠加。面对前所未有的风险挑战，我国政府及时出台稳经济一揽子政策，着力稳住宏观经济大盘；大力提升我国能源及重要产业链供应链安全保障能力，扎实推动共建"一带一路"，高质量实施 RCEP，在巩固我国安全发展基础的同时，维护了全球产业链供应链的畅通，为区域经贸和全球经济增长提供了新动能。

一、全球经贸遭遇多重因素冲击，增速明显回落

（一）全球经济增速明显放缓

2022年，在乌克兰危机、欧美等主要经济体持续快速加息、新冠疫情反复延宕以及极端异常天气多发等多重因素冲击下，全球大宗商品价格大幅波动，金融市场持续动荡，通胀居高不下，从而导致全球经济增长动力不足，经济增速同比明显放缓。据国际货币基金组织发布的数据，2022年世界经济增速仅为3.4%，同比下滑2.6个百分点。2018—2022年世界及主要经济体经济增长情况如表2-1所示。

表2-1　2018—2022年世界及主要经济体经济增长情况　　　　　单位:%

	2018年	2019年	2020年	2021年	2022年
世界	3.6	2.8	-3.1	6.0	3.4
发达经济体	2.3	1.7	-4.5	5.2	2.7
美国	2.9	2.2	-3.4	5.7	2.1
欧元区	1.9	1.3	-6.3	5.2	3.5
日本	0.8	0.7	-4.6	1.7	1.1
新兴市场和发展中经济体	4.5	3.7	-2.1	6.6	4.0
中国	6.6	6.1	2.3	8.1	3.0
俄罗斯	2.3	1.3	-3.0	4.7	-2.1
印度	6.8	4.2	-7.3	8.7	6.8
巴西	1.1	1.3	-4.1	4.6	2.9
南非	0.8	0.2	-6.4	4.9	2.0

资料来源：国际货币基金组织：《世界经济展望报告》（2019年10月、2020年10月、2021年10月、2022年10月、2023年4月），国际货币基金组织网站（https：//www.imf.org/en/publications/weo）。

（二）全球贸易增速显著回落

2022年，地缘政治局势紧张、大宗商品价格波动、美元升值等因素也对全球贸易造成严重冲击，扣除通胀因素后的全球贸易量增速显著回落。据世界贸易组织发布的数据，2022年世界商品贸易量增速大幅下滑至2.7%，同

比下降6.7个百分点。2019—2022年世界贸易增长情况如表2-2所示。

表2-2　2019—2022年世界贸易增长情况　　　　　　单位:%

	2019年	2020年	2021年	2022年
世界商品贸易量	0.4	-5.1	9.4	2.7
出口:北美	0.4	-8.9	6.5	4.2
南美	-1.3	-4.9	5.8	1.9
欧洲	0.4	-7.7	8.1	2.7
亚洲	0.8	0.6	13.1	0.6
进口:北美	-0.6	-5.9	12.5	6.0
南美	-1.8	-10.8	25.6	4.2
欧洲	0.3	-7.2	8.5	5.2
亚洲	-0.5	-0.8	10.5	-0.4

注：表中的南美包括南美、中美和加勒比地区。

资料来源：世界贸易组织："Global Trade Outlook and Statistics"，2023年4月5日，世界贸易组织官网（https://www.wto.org/english/res_e/publications_e/trade_outlook23_e.htm）。

二、全球能源贸易格局深刻调整，全球产业链供应链加速重构

（一）全球能源贸易格局深刻调整

2022年2月，乌克兰危机持续全年，西方国家对俄罗斯能源产品实施全面禁运制裁，使全球数十年来形成的能源供需结构发生显著变化，并引发全球能源贸易格局进入深度调整期。

一是能源贸易流向出现明显变化。俄罗斯油气出口"西降东升"，即对欧洲出口减少，对亚洲出口增加。2022年1—10月，俄罗斯出口欧洲的管道天然气只相当于2021年的15%。2022年，俄罗斯对印度的石油出口增加了21倍，对中国的石油出口增加了8%。美国、中东和非洲油气出口"西升东降"，即出口欧洲数量均增加，出口亚洲数量均减少。2022年前11个月，美国出口欧洲的液化天然气达2021年的2.3倍以上，出口至亚洲的

减少了40%①。二是各国在能源贸易中的地位发生明显变化。俄罗斯地位有所下降，美国和中东地区地位上升，我国在全球能源格局中的地位总体保持稳健，但外部风险和挑战有所加大。

乌克兰危机以及全球能源贸易格局的深刻变化，一方面使包括我国在内的世界各国更加重视能源安全问题，提高能源安全在各国安全体系中的战略定位；另一方面也使各国意识到可再生能源更加安全和更为独立，从而加速推动全球能源体系向可再生能源方向转型。

（二）全球产业链供应链加速重构

2020年新冠疫情的爆发，导致全球供应链出现中断和运行不畅现象，促使各国重新审视全球供应链风险，全球产业链供应链已出现重组和收缩现象。2022年，美国出台多项产业保护法案，进一步加速了全球产业链供应链重构的进程。

2022年，美国先后推出《2022芯片与科学法案》和《通胀削减法案》。其中，《2022芯片与科学法案》对美国本土芯片产业提供巨额补贴和减税优惠，并要求任何接受美方补贴的公司都必须在美国本土制造芯片，该法案同时禁止接受联邦政府资助的企业在中国等国建设或扩大先进制程晶圆厂。《通胀削减法案》也存在大量贸易保护主义条款，例如，法案对在美国本土生产的电动汽车提供包括高额补贴在内的大量激励措施，但将进口电动汽车排除在补贴名单之外。

两项法案意在推动高技术制造业回流美国本土，重塑美国在全球战略新兴产业链和高科技领域的领导者地位；试图通过加强对华科技封锁，在全球产业链供应链重构中"去中国化"。美国的做法，一方面给我国重要产业链供应链安全稳定运行带来威胁，促使我国加强关键技术领域研发与创新，加快提升重要产业链供应链自主可控水平；另一方面也推动我国进一步提高对外开放水平，通过扎实推进共建"一带一路"和高质量实施RCEP，充分发

---

① 中国石油新闻中心：《悉数2022年全球能源格局巨变》，2023年2月24日，中国石油新闻中心网站（http://news.cnpc.com.cn/system/2023/02/24/030094302.shtml）。

挥新时期对外开放战略平台的作用，构建最广泛的经济伙伴关系网络，使区域与全球产业链供应链保持稳定，为区域和世界经济增长提供新动能。

三、中国经济顶住压力实现企稳回升，展示强大韧性

（一）国民经济实现企稳回升

2022年，我国外部政治经济环境复杂多变，国内新冠疫情频发，需求收缩、供给冲击、预期转弱三重压力叠加，对国民经济运行形成严峻挑战，第二季度前期经济一度出现下滑。党中央、国务院及时出台稳经济一揽子政策及接续措施，如针对有效需求不足的突出矛盾，多措并举扩投资、促消费、稳外贸；针对企业生产经营困难加剧，加大纾困支持力度；针对全球高通胀带来的影响，以粮食和能源为重点做好保供稳价。最终，国民经济顶住压力，实现企稳回升，展示出强大韧性。全年国内生产总值达到121.02万亿元，同比增长3.0%。分季度看，四个季度的经济增速分别为4.8%、0.4%、3.9%和2.9%[①]。2011—2022年中国国内生产总值及增速情况如图2-1所示。

（二）货物贸易额再创历史新高

2022年，我国外贸经受住了各种风险考验，依靠产品竞争优势以及国家政策支持，在2021年高基数和海外需求回落的情况下保持了稳定增长，货物贸易额再创历史新高。全年货物进出口总额首次突破40万亿元，达到42.07万亿元，同比增长7.7%。其中，出口23.97万亿元，增长10.5%；进口18.10万亿元，增长4.3%。2011—2022年中国货物进出口总额情况如图2-2所示。

从市场结构看，2022年我国对"一带一路"沿线国家进出口增长明显，为13.84万亿元，同比增长19.4%；我国对RCEP其他14个成员国进出口12.95万亿元，同比增长7.5%。从产品结构看，工业制品出口同比增长9.9%，拉动整体出口增长9.4个百分点；出口新动能快速成长，电动汽车、

---

① 国家统计局：《2022年四季度和全年国内生产总值初步核算结果》，2023年1月18日，国家统计局网站（http://www.stats.gov.cn/sj/zxfb/202302/t20230203_1901718.html）。

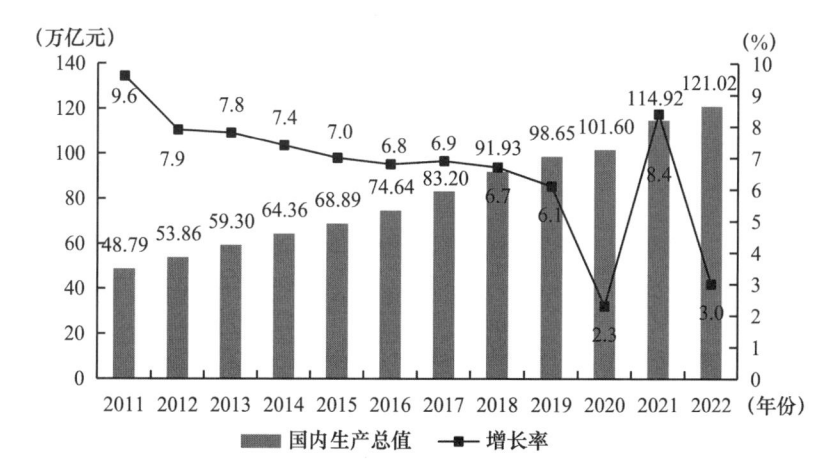

图 2 - 1　2011—2022 年中国国内生产总值及增速情况

注：国内生产总值按现价计算，增长速度按不变价格计算。

资料来源：国家统计局：《中国统计年鉴2022》，中国统计出版社2022年版；国家统计局：《中华人民共和国2022年国民经济和社会发展统计公报》，2023年2月28日，国家统计局（http：//www.stats.gov.cn/sj/zxfb/202302/t20230228_1919011.html）。

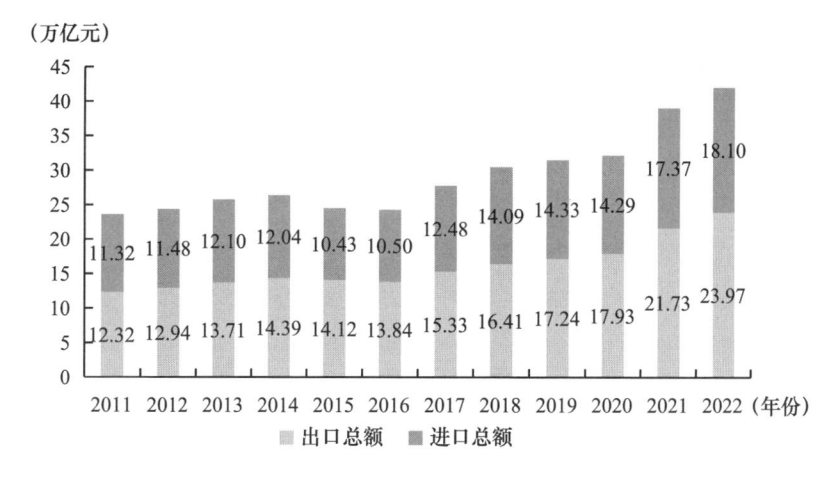

图 2 - 2　2011—2022 年中国货物进出口总额情况

资料来源：国家统计局：《中国统计年鉴2022》，中国统计出版社2022年版；国家统计局：《中华人民共和国2022年国民经济和社会发展统计公报》，2023年2月28日，国家统计局（http：//www.stats.gov.cn/sj/zxfb/202302/t20230228_1919011.html）。

光伏产品、锂电池出口分别同比增长 131.8%、67.8% 和 86.7%。同时，跨境电商、市场采购贸易方式等外贸新业态也在蓬勃发展，进出口规模超过 3 万亿元，占外贸的比重超过 7.0%[①]。

（三）国内消费基本保持稳定

2022 年，国内新冠疫情多发频发，居民就业增收压力持续加大，消费信心和消费能力受到较大影响，加之聚集性和接触性消费受限，对整体消费市场形成较大冲击。全年实现社会消费品零售总额 43.97 万亿元，同比下降 0.2%。2011—2022 年中国社会消费品零售总额及增速情况如图 2-3 所示。

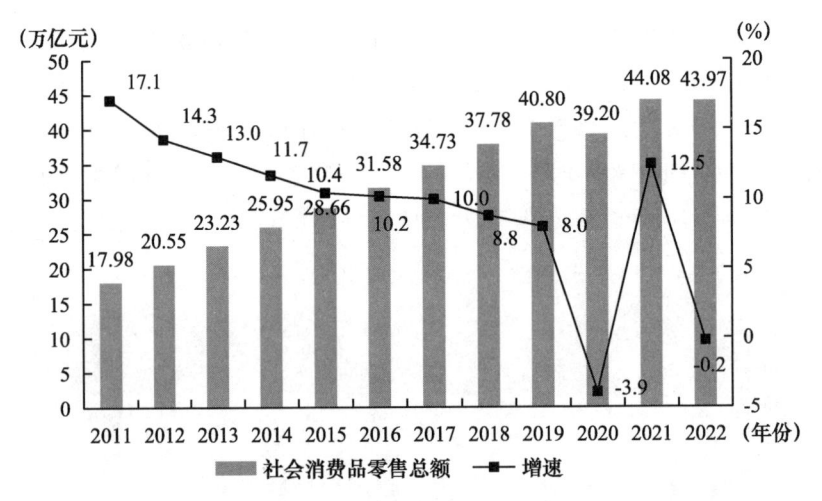

图 2-3　2011—2022 年中国社会消费品零售总额及增速情况

资料来源：国家统计局：《年度数据》（2011—2022），国家统计局网站（https://data.stats.gov.cn/easyquery.htm?cn=C01）。

我国网上消费仍保持较快增长，在社会消费品零售总额中的比重进一步上升。2022 年，全国实物商品网上零售额为 11.96 万亿元，同比增长 6.2%；占社

[①] 国务院新闻办公室：《国新办举行 2022 年商务工作及运行情况新闻发布会》，2023 年 2 月 2 日，国务院新闻办公室网站（http://www.scio.gov.cn/xwfbh/xwfbfh/wqfbh/49421/49554/wz49556/Document/1735988/1735988.htm）。

会消费品零售总额的比重为 27.2%，比上年提高 2.7 个百分点。2015—2022 年全国实物商品网上零售额及其占社会消费品零售总额比重情况如图 2-4 所示。

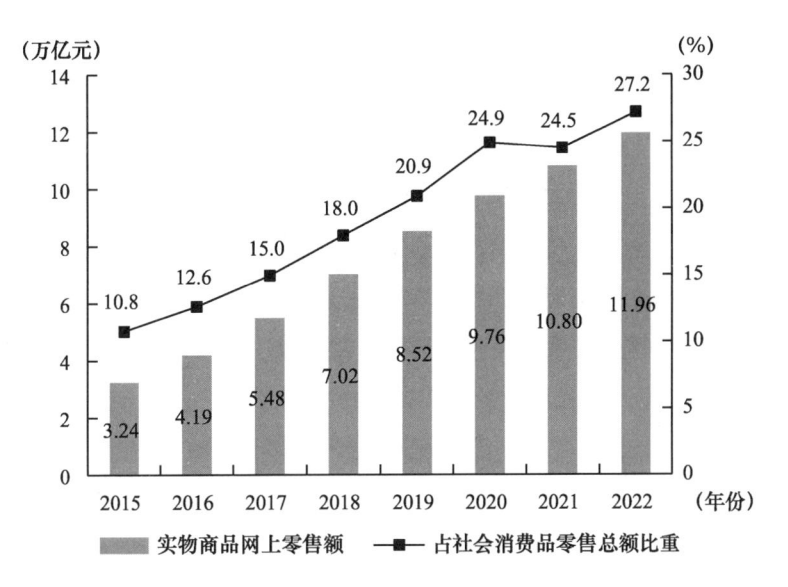

图 2-4　2015—2022 年全国实物商品网上零售额及其占社会消费品零售总额比重情况

资料来源：国家统计局：《中国统计年鉴》（2016—2022）；国家统计局：《中华人民共和国 2022 年国民经济和社会发展统计公报》，2023 年 2 月 28 日，国家统计局（http://www.stats.gov.cn/sj/zxfb/202302/t20230228_1919011.html）。

四、能源及重要产业链供应链安全保障能力持续增强，国家安全发展基础更加稳固

（一）大力提升能源安全稳定供应水平

我国是全球能源自主保障程度较高的国家之一，但油气资源对外依存度较高，2021 年石油和天然气的对外依存度分别达到 73% 和 46%，且进口集中度较高，航运通道风险较大①。乌克兰危机及全球能源格局的变化，使我国能

---

① 中国石油新闻中心：《悉数 2022 年全球能源格局巨变》，2023 年 2 月 24 日，中国石油新闻中心网站（http://news.cnpc.com.cn/system/2023/02/24/030094302.shtml）。

源安全面临的外部形势更趋复杂。为此，党中央将能源安全上升到前所未有的长期战略高度，规划和实施了一系列举措，大力提升我国能源安全保障能力。

2022年，我国出台了《"十四五"现代能源体系规划》，提出保障安全是能源发展的首要任务，以保障安全为前提构建现代能源体系，不断增强风险应对能力，确保国家能源安全。"十四五"时期，我国从战略安全、运行安全、应急安全等多个维度，增强能源供应链的安全性和稳定性。

2022年，按照党中央、国务院的部署，我国能源行业牢牢把握能源保供稳价首要任务，煤炭增产保供成效显著，油气行业连续4年增储上产，非化石能源供给规模持续快速扩张，能源自主保障能力保持在80%以上[①]，有力保障了我国经济社会发展和民生的用能需求。

（二）大力提升重要产业链供应链韧性和安全水平

2022年，我国以补短板、锻长板为出发点，强化稳链、补链、强链各项工作，大力提高重要产业链供应链韧性和安全水平。一是聚焦关键领域和"卡脖子"薄弱环节，实施"揭榜挂帅""赛马争先"等机制，一体推进关键核心技术攻关，尽快实现"卡脖子"关键核心技术创新领域的全面自主突破。二是强化重大创新成果迭代应用，推进首台（套）重大技术装备、首批次新材料、首版次软件推广应用。三是聚焦制造业核心竞争力提升计划、战略性新兴产业培育发展，打造一批优势长板产业，不断提升重点产业的全产业链竞争优势。钢铁、石化、机械、轻纺等优势产业继续保持领先地位，新能源汽车、高铁、风光电等一批产业的创新能力和技术水平已接近或达到世界先进水平。

五、扎实推动共建"一带一路"，高质量实施 RCEP

（一）扎实推动共建"一带一路"

2022年，在错综复杂的国际环境背景下，我国秉持共商、共建、共享的

---

① 中国石化报：《端牢能源饭碗　走稳转型步伐——我国能源行业回顾与展望》，2023年1月16日，中国石化新闻网（http://www.sinopecnews.com.cn/xnews/content/2023-01/16/content_7056995.html）。

原则，与"一带一路"沿线国家加强合作，共同推动"一带一路"建设高质量发展。一是更多国家加入"一带一路"倡议，2022年又有5个国家同我国签署共建"一带一路"合作文件。截至2022年年底，我国已同150个国家和32个国际组织签署200余份共建"一带一路"合作文件。二是一批标志性互联互通基础设施项目落成或取得新进展，东盟第一条高速铁路印尼雅万高铁成功试运行，柬埔寨第一条高速公路金港高速正式通车，匈塞铁路贝尔格莱德至诺维萨德段、克罗地亚佩列沙茨跨海大桥建成通车。三是2022年我国与"一带一路"沿线国家贸易规模创历史新高，占我国外贸总额的32.9%，较上年提升3.2%，较共建"一带一路"倡议提出的2013年提升7.9%[①]。由此可以看出，面对全球化逆风，"一带一路"建设始终保持强劲韧性和巨大活力，已经成为促进沿线国家发展的新引擎以及推动世界经济增长的新动能。

（二）高质量实施RCEP

2022年是RCEP正式生效的第一年，这一年我国高质量实施RCEP各项工作，推动该协定的红利持续释放。一是深化与区域内各国的经贸往来，2022年我国与RCEP其他14个成员国贸易额达12.95万亿元，同比增长7.5%，占中国外贸进出口总额的30.8%；二是增强区域内产业合作，2022年，我国对RCEP其他成员国进出口中间产品贸易额8.7万亿元，同比增长8.5%，占同期总值的67.2%。东盟是我国在RCEP的重要贸易伙伴，2022年我国对东盟进出口4.36万亿元的中间产品，同比增长16.2%，占我国与东盟进出口总值的67.0%[②]。在充满不确定性的国际局势下，我国通过高质量实施RCEP，与协定其他成员国共同构建面向全球的协同产业链供应链，为区域及全球贸易增长注入了更多动能。

[①] 国务院新闻办公室：《国新办举行2022年全年进出口情况新闻发布会》，2023年1月13日，国务院新闻办公室网站（http://www.scio.gov.cn/xwfbh/xwbfbh/wqfbh/49421/49446/wz49449/Document/1735262/1735262.htm）。

[②] 国务院新闻办公室：《国新办举行2022年全年进出口情况新闻发布会》，2023年1月13日，国务院新闻办公室网站（http://www.scio.gov.cn/xwfbh/xwbfbh/wqfbh/49421/49446/wz49449/Document/1735262/1735262.htm）。

第二节 中国物流市场的总体规模

2022年,在复杂严峻的国内外发展环境下,中国物流市场总体表现较为稳定。社会物流总额实现增长但增速有所回落,社会物流总费用与GDP的比率略有上升,货运量与机场货邮吞吐量有所下滑,货物周转量、港口货物吞吐量与集装箱吞吐量及快递业务量小幅增长。

一、社会物流总额

2022年,在国内外物流需求不振的情况下,我国社会物流总额仍实现增长,但增速有所放缓。社会物流总额为347.6万亿元,按可比价格计算,同比增长3.4%,增速较上年下降5.8个百分点。2011—2022年中国社会物流总额及增速情况如图2-5所示。

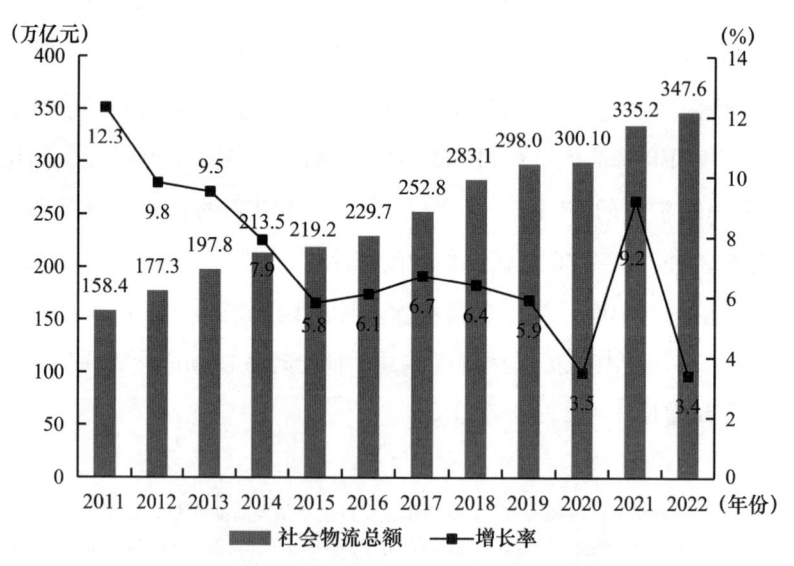

图2-5 2011—2022年中国社会物流总额及增速情况

资料来源:国家发展改革委、中国物流与采购联合会:《全国物流运行情况通报》(2011—2022)。

从构成看，工业品物流总额比重略有下降，进口货物物流总额和农产品物流总额比重与上年持平，再生资源物流总额和单位与居民物品物流总额比重小幅上升。2018—2022年中国社会物流总额构成情况如表2-3所示。

表2-3　2018—2022年中国社会物流总额构成情况

指标	2018年 绝对值（万亿元）	2018年 比重（%）	2019年 绝对值（万亿元）	2019年 比重（%）	2020年 绝对值（万亿元）	2020年 比重（%）	2021年 绝对值（万亿元）	2021年 比重（%）	2022年 绝对值（万亿元）	2022年 比重（%）
工业品物流	256.8	90.7	269.6	90.5	269.9	89.9	299.6	89.4	309.2	88.9
进口货物物流	14.1	5.0	14.3	4.8	14.2	4.7	17.4	5.2	18.1	5.2
农产品物流	3.9	1.4	4.2	1.4	4.6	1.5	5.0	1.5	5.3	1.5
再生资源物流总额	1.3	0.5	1.4	0.5	1.6	0.5	2.5	0.7	3.1	0.9
单位与居民物品物流总额	7.0	2.5	8.4	2.8	9.8	3.3	10.8	3.2	12.0	3.5
合计	283.1	100	298.0	100	300.1	100	335.2	100	347.6	100

注：由于小数四舍五入的原因，部分年份社会物流总额绝对值的分项数与合计数略有差异。

资料来源：国家发展改革委、中国物流与采购联合会：《全国物流运行情况通报》（2018—2022）。

二、社会物流总费用

2022年，我国社会物流总费用为17.8万亿元，同比增长4.4%。社会物流总费用与GDP的比率略有上升，为14.7%，比上年提高0.1个百分点。2011—2022年中国社会物流总费用、增速及与GDP的比率情况如表2-4所示。

表2-4　2011—2022年中国社会物流总费用、增速及与GDP的比率情况

年份	社会物流总费用（万亿元）	比上年增长（%）	与GDP的比率（%）
2011	8.4	18.5	17.8
2012	9.4	11.4	18.0
2013	10.2	9.3	16.9
2014	10.6	6.9	16.6
2015	10.8	2.8	16.0
2016	11.1	2.9	14.9
2017	12.1	9.2	14.6
2018	13.3	9.8	14.8
2019	14.6	7.3	14.7
2020	14.9	2.0	14.7
2021	16.7	12.5	14.6
2022	17.8	4.4	14.7

注：2013年交通运输部调整了货运量、货物周转量的统计口径，国家统计局按照新的货运量、货物周转量统计口径，对2013年的社会物流总费用及其与GDP比率的数值进行了调整。表中是调整后的数据。

资料来源：国家发展改革委、中国物流与采购联合会：《全国物流运行情况通报》（2011—2022）。

从结构上看，运输费用9.6万亿元，同比增长4.0%；保管费用6.0万亿元，同比增长5.3%；管理费用2.3万亿元，同比增长3.7%。2022年中国社会物流总费用构成情况如表2-5所示。

表2-5　2022年中国社会物流总费用构成情况

指标	绝对值（万亿元）	比上年增长（%）	比重（%）
社会物流总费用	17.8	4.4	100
其中：运输费用	9.6	4.0	53.8

续表

指标	绝对值（万亿元）	比上年增长（%）	比重（%）
保管费用	6.0	5.3	33.5
管理费用	2.3	3.7	12.7

注：由于小数四舍五入的原因，社会物流总费用绝对值的分项数与合计数略有差异。

资料来源：国家发展改革委、中国物流与采购联合会：《2022年全国物流运行情况通报》，2023年2月24日，中国物流与采购联合会网站（http://www.chinawuliu.com.cn/xsyj/202302/24/599474.shtml）。

三、货运量与货物周转量

2022年，全社会完成货运量506.1亿吨，同比下降3.0%；完成货物周转量22.61万亿吨公里，同比增长3.4%。2011—2022年中国货运量、货物周转量及增速情况如表2-6所示。

表2-6　2011—2022年中国货运量、货物周转量及增速情况

年份	货运量 绝对值（亿吨）	货运量 增速（%）	货物周转量 绝对值（万亿吨公里）	货物周转量 增速（%）
2011	369.7	14.1	15.93	12.3
2012	410.0	10.9	17.38	9.1
2013	409.9	—	16.80	—
2014	416.7	1.7	18.17	8.2
2015	417.6	—	17.84	—
2016	438.7	5.1	18.66	4.6
2017	480.5	9.5	19.74	5.8
2018	515.3	7.2	20.47	3.7
2019	471.4	—	19.94	—
2020	472.6	0.3	20.22	1.4

续表

年份	货运量		货物周转量	
	绝对值（亿吨）	增速（%）	绝对值（万亿吨公里）	增速（%）
2021	529.8	12.1	22.36	13.7
2022	506.1	-3.0	22.61	3.4

注：2013年交通运输部对公路、水路运输量统计口径进行了调整，2015年和2019年交通运输部对公路货物运输量统计口径进行了调整，这些年度的数据与上年不可比。

资料来源：国家统计局：《中国统计年鉴2022》，中国统计出版社2022年版；国家统计局：《中华人民共和国2022年国民经济和社会发展统计公报》，2023年2月28日，国家统计局网站（http://www.stats.gov.cn/sj/zxfb/202302/t20230228_1919011.html）。

在各运输方式中，受新冠疫情及需求不足等因素影响，公路和民航运输的货运量及货物周转量有所下降。铁路、水路和管道运输的货运量及货物周转量增长平稳。2022年各运输方式货运量、货物周转量及增速情况如表2-7所示。

表2-7　2022年各运输方式货运量、货物周转量及增速情况

指标	绝对值	增速（%）
货物运输总量（亿吨）	506.1	-3.0
其中：铁路（亿吨）	49.3	4.5
公路（亿吨）	371.2	-5.5
水运（亿吨）	85.5	3.8
民航（万吨）	607.6	-17.0
管道（亿吨）	8.6	3.1
货物运输周转量（万亿吨公里）	22.61	3.4
其中：铁路（万亿吨公里）	3.59	8.2
公路（万亿吨公里）	6.90	-1.2
水运（万亿吨公里）	12.10	4.7

续表

指标	绝对值	增速（%）
民航（亿吨公里）	254.10	-8.7
管道（万亿吨公里）	0.56	3.7

资料来源：国家统计局：《中华人民共和国2022年国民经济和社会发展统计公报》，2023年2月28日，国家统计局网站（http：//www.stats.gov.cn/sj/zxfb/202302/t20230228_1919011.html）。

四、港口货物吞吐量与集装箱吞吐量

2022年，我国港口生产较为平稳。全国港口完成货物吞吐量157.0亿吨，同比增长0.9%。其中，外贸货物吞吐量为46.0亿吨，同比下降1.9%。2011—2022年全国港口完成货物吞吐量及增速情况如表2-8所示。

表2-8　2011—2022年全国港口完成货物吞吐量及增速情况

年份	全国港口货物吞吐量 绝对值（亿吨）	增速（%）	其中：外贸货物吞吐量 绝对值（亿吨）	增速（%）
2011	100.41	12.4	27.86	11.4
2012	107.76	7.3	30.56	9.7
2013	117.67	9.2	33.60	9.9
2014	124.52	5.8	35.90	6.9
2015	127.50	2.4	36.64	2.0
2016	132.01	3.5	38.51	5.1
2017	140.07	6.1	40.93	6.3
2018	143.51	2.5	41.89	2.4
2019	139.51	5.7	43.21	4.7
2020	145.50	4.3	44.96	4.0
2021	155.45	6.8	46.97	4.5
2022	156.85	0.9	46.07	-1.9

注：2019年，交通运输部对港口统计范围进行了调整，2019年增速按可比口径计算。

资料来源：交通运输部：《公路水路交通运输行业发展统计公报》（2011—2012），《交通运输行业发展统计公报》（2013—2022），交通运输部网站（https：//www.mot.gov.cn/fenxigongbao/hangye-gongbao/）。

2022年，全国港口完成集装箱吞吐量2.96亿标准箱，同比增长4.7%。2011—2022年全国港口集装箱吞吐量及增速情况如图2-6所示。

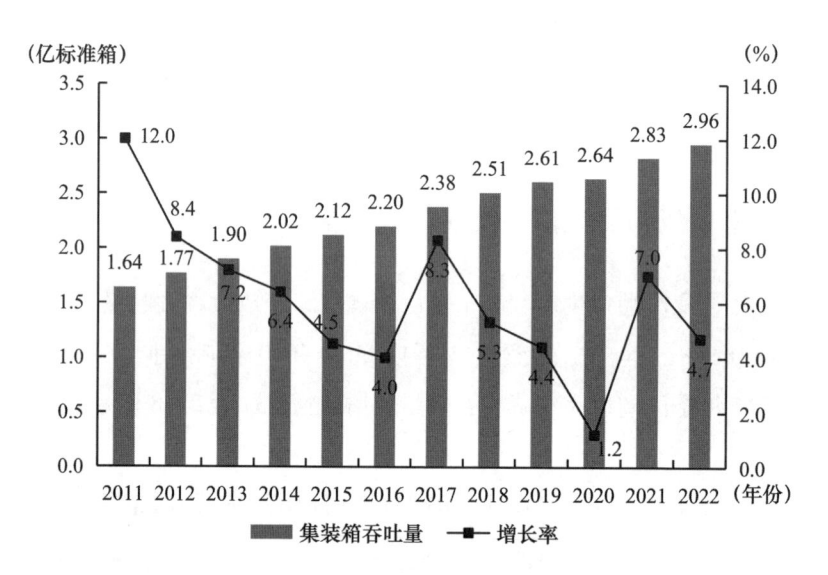

图2-6 2011—2022年全国港口集装箱吞吐量及增速情况

资料来源：交通运输部：《公路水路交通运输行业发展统计公报》（2011—2012），《交通运输行业发展统计公报》（2013—2022），交通运输部网站（https://www.mot.gov.cn/fenxigongbao/hangye-gongbao/）。

五、机场货邮吞吐量

2022年，新冠疫情对我国航空货运市场影响的深度和持续性超出预期。全国机场共完成货邮吞吐量1453.1万吨，同比下降18.5%。其中，国际航线好于国内航线，国内航线完成740.8万吨，同比下降24.4%；国际航线完成712.2万吨，同比下降11.4%。全国有11个机场的年货邮吞吐量在1万吨以上，较2021年减少10个百分点。北京、上海和广州三大城市的机场货邮吞吐量占全部境内机场货邮吞吐量的43.4%，同比下降1.5个百分点。2011—2022年全国民航机场货邮吞吐量及增速情况如图2-7所示。

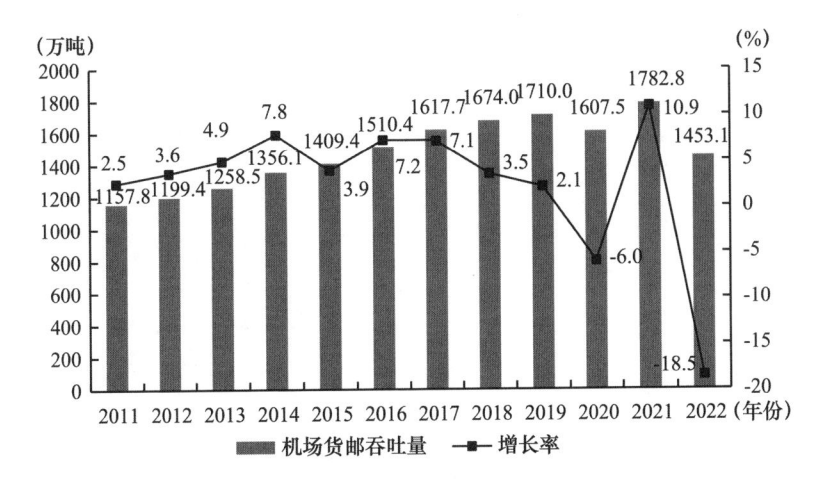

图 2-7　2011—2022 年全国民航机场货邮吞吐量及增速情况

资料来源：中国民用航空局：《全国民用运输机场生产统计公报》（2011—2022），中国民用航空局网站（http://www.caac.gov.cn/XXGK/XXGK/TJSJ/index_1216.html）。

六、快递业务量

2022 年，受新冠疫情及消费低迷等因素影响，我国快递业务量增速明显放缓。全国快递服务企业业务量累计完成 1105.8 亿件，同比增长 2.1%。2011—2022 年全国快递服务企业快递业务量及增长情况如图 2-8 所示。

从业务结构看，同城、异地、国际/港澳台快递业务量分别占全部快递业务量的 11.6%、86.6% 和 1.8%。与去年同期相比，同城快递业务量的比重下降 1.4 个百分点，异地快递业务量的比重上升 1.6 个百分点，国际/港澳台业务量的比重下降 0.2 个百分点。2011—2022 年全国快递业务量的业务结构情况如图 2-9 所示。

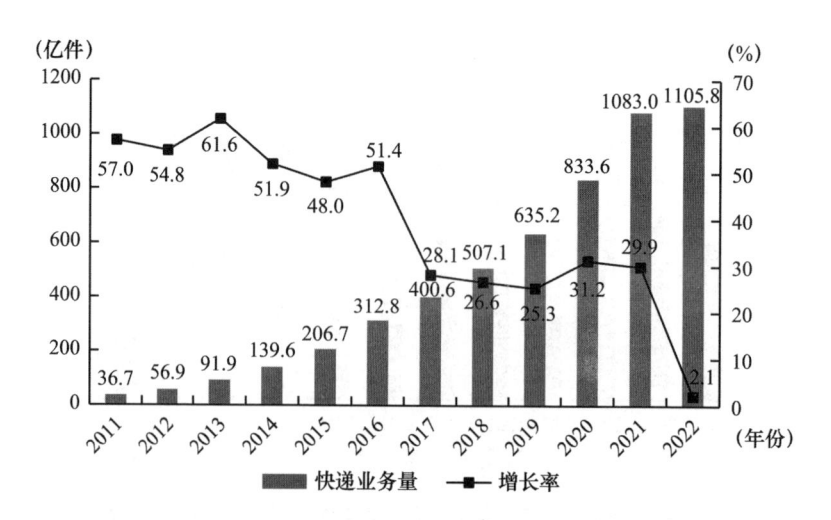

图 2-8 2011—2022 年全国快递服务企业快递业务量及增长情况

资料来源：国家邮政局：《国家邮政局公布邮政行业运行情况》（2011—2022），国家邮政局网站（https://www.spb.gov.cn/gjyzj/c100276/common_list.shtml）。

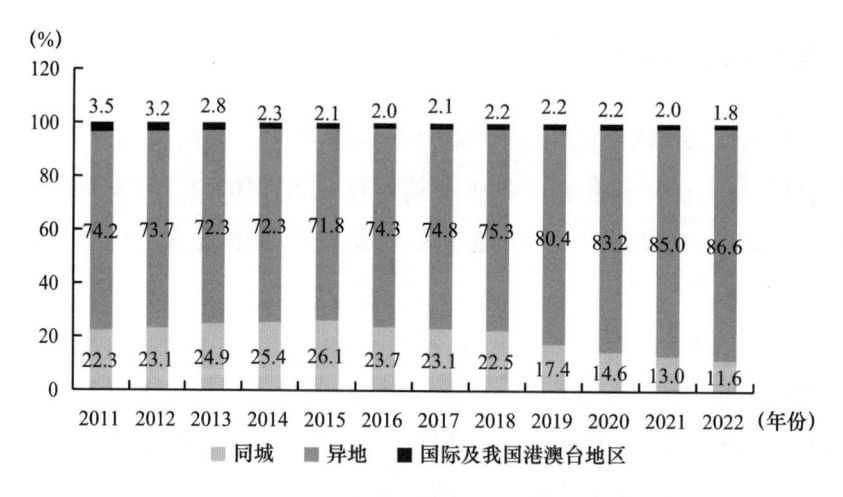

图 2-9 2011—2022 年全国快递业务量的业务结构情况

资料来源：国家邮政局：《邮政行业运行情况》（2011—2022），国家邮政局网站（https://www.spb.gov.cn/gjyzj/c100276/common_list.shtml）。

第三节 中国物流市场的主要特征

2022年，中国物流业主动应对各种超预期冲击，加快补齐国际物流通道、油气、冷链以及航空物流体系等突出短板，积极助力我国产业链物流链畅通，为我国经济社会的安全稳定运行提供了有力支撑。同时，我国物流业还继续深化行业资源整合，借助资本市场加快发展，加快绿色低碳转型，行业高质量发展得到进一步推进。

一、物流业主动应对超预期因素冲击

（一）应对乌克兰危机，维护中欧班列稳定运行

中欧班列贯穿亚欧大陆，是我国与欧洲及"一带一路"沿线国家实现经贸合作的国际运输大通道。由于中欧班列多数需途经俄罗斯到达欧洲，2022年乌克兰危机全面爆发后，中欧班列便遭遇了自运营以来的最大挑战，部分路段交通受阻，地缘风险危及运行，货量短期大幅下滑。

为维护中欧班列稳定运行，我国铁路部门充分运用七国铁路中欧班列运输联合工作组合作机制，与沿线国家铁路方加强运输组织、信息共享等国际合作，密切跟踪班列沿线运行、货物到港及清关情况，随时做好应急预案，着力稳定中欧班列北线通畅运行；积极开展班列中线新线路的探索，新开通了西安、重庆等城市经黑海、里海至罗马尼亚康斯坦察的铁海联运新线路。

经过各方努力，2022年中欧班列实现逆势增长，全年开行1.6万列，发送货物160万标准箱，同比分别增长9%和10%[1]，班列的战略通道作用得到

---

[1] 中国国家铁路集团有限公司：《2022年国铁集团服务共建"一带一路"取得显著成效》，2023年1月28日，中国国家铁路集团有限公司网站（http：//www.china-railway.com.cn/xwzx/zhxw/202301/t20230128_125619.html）。

进一步发挥。

（二）应对极端天气，保障电煤运输

2022年夏季，天气因素叠加经济恢复增长，我国有21个省级电网用电负荷创新高，电力供需形势紧张。为此，铁路运输企业开展电煤保供专项行动，紧密对接地方政府经济运行部门和电厂企业，将运力资源向电煤运输倾斜，通过浩吉、侯月、瓦日、唐包等煤运大通道，组织西煤东运、北煤南运和疆煤外运，大力开行万吨列车，确保电煤运输畅通高效。2022年国家铁路完成电煤发送量14.9亿吨，同比增长13.0%[①]，创历史最好水平，发挥了交通运输及物流在能源安全供应中的保链稳链作用。

（三）应对疫情冲击，保障生产生活物资供应

2022年，我国新冠疫情多发，特别是3月和11月爆发的两轮大范围疫情，对人民生产生活造成严重冲击。各地区、各部门及广大物流企业多措并举，最大限度地维护产业链供应链稳定畅通，保障应急药品安全快速送达，为我国生产生活稳定运行提供了有力支撑。

一是各地区、各部门着力维护汽车产业链供应链畅通。2022年上半年，长春、上海等地疫情严重，汽车产业链供应链正常运行遭遇极大挑战。工信部与地方政府部门组织搭建了"汽车产业链供应链畅通协调平台"，并以龙头企业为牵引，以点带链，帮助汽车企业复工复产。长三角地区是我国汽车供应链核心供给区，为保障企业原材料及零部件运输供应，长三角相关省市组成了跨省工作专班，并设立了跨省生产物资中转站，打通了区域生产物资运输通道。上海、南京、杭州、宁波、合肥5个直属海关建立了保通保畅协调工作机制，强化跨关区通关疑难问题、应急事件的快速响应和协同处置，统筹保障疫情期间长三角地区重点企业经上海口岸进出境货物实现快速通关。江苏省采取指导企业封闭生产、协调办理通行证、精准点到点提取库存、专

[①] 中国国家铁路集团有限公司：《铁路货运为经济复苏注入强劲动力》，2023年3月14日，中国国家铁路集团有限公司网站（http://www.china-railway.com.cn/xwzx/zhxw/202303/t20230314_126688.html）。

车运输转运等方式，帮助上汽、特斯拉、长城等 27 家整车企业在江苏的 1072 家零部件企业实现产业链供应链稳定畅通。

二是大型医药批发企业采取多种举措，保障应急药品安全快速送达。上海疫情期间，上海医药先后对上海八大物流仓储区和多个生产基地实施封闭管理，5000 多名供应链员工坚守一线供应保障岗位。上海医药还通过在物流网点为急需药物预留最佳货位、在系统中配置应急分拣策略等措施，使急需药品得到最快分发。2022 年年末疫情高峰期间，国药控股利用覆盖全国的物流网络，对全国 610 多个物流中心的应急药品进行高效统筹调配，提升了全网响应能力，同时还对应急药品实行优先入库、专区存放、优先发运，力保第一时间送达。

三是各大物流及快递企业发挥强大的应急能力与调整能力，保障民生物资供应。邮政、顺丰、京东、中通、圆通等企业采取管理人员下沉、增加劳务派遣、补充临时用工、组建疏解突击队等方式充实末端投递力量，开启"夜派"模式，加密作业频次，延长派件时长，全力保障疫情严重地区民生物资循环畅通。2022 年第一季度，菜鸟在西安、香港、天津、沈阳等近 10 个城市启动应急物流，配送处理抗疫等应急物资超过 1000 万件[1]。冷链运输企业华鼎供应链第一时间协调各地政府所需通行证等证件，努力将道路管控对冷链物流配送的影响降到最低，最大限度地保障了全国 5 万家终端门店的食材配送。新希望集团旗下的冷链智慧物流平台，依托集团产业资源优势，调动 10 万台冷链车和 300 万平方米云仓资源，为疫情地区提供食材供应、干线直达、仓储转运、市区城配等食材交付服务[2]。

---

[1] 菜鸟集团：《2021—2022 菜鸟社会责任报告》，2022 年 6 月 1 日，菜鸟集团官网（cainiao.com/cn-pc-esg.html）。

[2] 中经互联：《新希望全产业链协同保障供应》，2022 年 4 月 15 日，东方财富网（https://caifuhao.eastmoney.com/news/20220415152458733075200）。

二、物流体系突出短板加快补齐

（一）国际物流通道布局加快完善

2022 年，我国抢抓 RCEP 带来的发展机遇，大力推进西部陆海新通道建设，使这条国际物流大通道实现扩容提质增效；同时，积极推动中吉乌铁路建设重启，促进新亚欧大陆桥南部通道加快完善。

西部陆海新通道是我国西部 12 个省份通过铁路、海运、公路等运输方式，向南经广西、海南通达东盟以及世界各地的国际物流大通道。2022 年，我国西部各省市深入落实《"十四五"推进西部陆海新通道高质量建设实施方案》，加快推进主通道建设，强化重要枢纽功能，大力拓展新物流线路，通道扩容提质增效效果明显。全年新开通线路 78 条，是 2021 年的 5 倍多，创造了西部陆海新通道运营 5 年来的新高。截至 2022 年年底，通道已通达我国 17 个省区市，覆盖全球 119 个国家和地区的 393 个港口[①]。2022 年，西部陆海新通道沿线省（区、市）与东盟国家完成铁海联运 8800 列，同比增长 44%，带动西部地区与东盟国家完成贸易进出口总额 8818 亿元[②]。

中吉乌铁路是一条连接中国、吉尔吉斯斯坦和乌兹别克斯坦的国际铁路，从我国新疆喀什出发，途经吉尔吉斯斯坦的卡拉苏，到达乌兹别克斯坦的安集延，然后进入东欧和南欧。铁路全长约 523 公里，其中，中国境内约 213 公里，吉尔吉斯斯坦境内约 260 公里，乌兹别克斯坦境内约 50 公里，建成后将成为中国到欧洲和中东地区的最短货运线路，较当前途经俄罗斯的货运里程短 900 公里，节省货运时间 7—8 天。中吉乌铁路修建计划最早于 1997 年提出，后因种种原因被搁置。2022 年 9 月，中吉乌三国签署了关于中吉乌铁

---

① 新华社：《新春，再加速——西部陆海新通道绽放勃勃生机》，2023 年 1 月 26 日，新华社官方账号（https://baijiahao.baidu.com/s?id=1756087901403622851&wfr=spider&for=pc）。

② 七一客户端：《陆海联运·开放之道｜勇担"国之重任"——重庆推动西部陆海新通道建设纪实》，2023 年 4 月 4 日，中共重庆市委党建门户网站（https://m.12371.gov.cn/content/2023-04/04/content_434010.html）。

路吉尔吉斯斯坦分段建设项目的合作协议，标志着中吉乌铁路建设重启。协议要求2023年上半年完成中吉乌铁路项目吉境内段路线方案可行性研究的所有工作。中吉乌铁路建成后，将完善新亚欧大陆桥南部通路，形成东亚、东南亚通往中亚、西亚和北非、南欧的便捷运输通道，对加快我国西部大开发步伐、开辟我国新的石油进口来源具有重要意义。

（二）油气物流体系建设加快推进

我国油气对外依存度较高，油气安全是我国能源安全的核心问题。2022年，我国进一步强化进口油气输送能力与天然气储备能力建设，油气安全保障水平得到进一步提升。

一是强化进口油气输送能力建设。中俄东线天然气管道安平至泰安段、泰安至泰兴段正式投产，标志着我国东部能源通道全面贯通。由北向南的中俄东线天然气管道与由西向东的西气东输管道系统在江苏泰兴正式联通，使来自西伯利亚的清洁能源可以全面供应长三角地区。

二是加快天然气储备能力建设。地下储气库方面，总库容103亿立方米的国家管网文23储气库一期项目建设完成，二期项目开工建设，该储气库是我国中东部地区库容最大、工作气量最高、调峰能力最强的地下储气库；辽河油田双台子储气库国产注气系统试运投产成功，标志着中国石油辽河储气库群整体注气能力提升至3000万立方米/日，成为国内注气能力最大的储气库群；此外，国内最深的盐穴地下储气库——江汉盐穴天然气储气库王储6井正式投产注气，首日注气量达19万立方米。LNG储罐方面，中石化青岛LNG接收站"二号泊位"年底投用，年接转能力由700万吨增长至1100万吨；中海油盐城"绿能港"项目一期4座22万立方米的储罐已于2022年9月投入使用[①]。

（三）冷链物流体系建设步伐加快

2022年，我国从中央到地方不断加大政策引导与支持力度，加快推进一

---

① 杨永明：《能源发展回顾与展望（2022）——油气篇》，2023年2月1日，北极星能源网（https://news.bjx.com.cn/html/20230201/1285590.shtml）。

批国家冷链物流枢纽建设，新建改建了一大批农产品产地冷藏保鲜设施，完善了港航冷链集装箱服务，使我国冷链物流能力得到快速提升。

重大冷链物流基础设施建设提速。国家骨干冷链物流基地是国家布局建设、面向高附加值生鲜农产品优势产区和集散地，依托存量冷链物流基础设施群建设的重大冷链物流基础设施，是国家骨干冷链物流设施网上的重要节点。2022年，国家发展改革委继2020年公布首批建设名单后，又公布了第二批24个国家骨干冷链物流基地建设名单，使进入建设的国家骨干冷链物流基地达到41个，覆盖了全国27个省（区、市）。中央财政在预算内列支14亿元，专项用于支持城乡冷链物流设施建设，重点包括肉类冷链物流设施项目，公共冷库新建、改扩建及智能化改造，以及已纳入年度建设名单的国家骨干冷链物流基地等。

农产品产地冷藏保鲜设施建设持续推进。农业农村部会同财政部自2020年启动实施农产品产地冷藏保鲜设施建设项目以来，连续三年共安排中央财政资金180亿元，带动社会资金投入400多亿元[1]，围绕农产品主产区、特色农产品优势区，新建改建了一大批农产品产地冷藏保鲜设施。

冷藏集装箱港航服务水平得到明显提升。2022年，交通运输部开展了冷藏集装箱港航服务提升行动，得到沿海港口和冷链航运企业积极响应。一是冷藏集装箱物联网设备安装比例同比大幅提升，2022年中远海运集装箱运输公司、中外运集装箱运输公司、中联航运公司、新海丰航运公司等国内主要冷链航运企业新增冷藏箱物联网设备13000台以上；二是枢纽海港新增堆场冷藏箱插座数同比大幅增加，2022年上海港、天津港、厦门港、宁波舟山港等多个国际枢纽海港新增冷藏箱插头5000个以上，港口冷藏箱堆存和供电能力进一步提升[2]。

---

[1] 农业农村部新闻办：《农产品产地冷藏保鲜设施建设进入"快车道"》，2022年12月7日，农业农村部网站（http://www.scs.moa.gov.cn/ccll/hydt/202302/t20230213_6420433.htm）。

[2] 交通运输部：《冷藏集装箱港航服务提升行动介绍》，2022年12月6日，交通运输部网站（https://www.mot.gov.cn/zxft2022/lengcangjzxfuw/index.html）。

(四) 航空物流体系建设明显提速

国际环境的复杂变化对我国航空物流精准把握全球产业链重构机遇、提高安全通达性和自主可控力提出更高要求。2022年，我国在政策引领、货运枢纽建设、全货机引进、航线拓展加密以及信息化建设等多个领域，加快补齐航空物流体系突出短板，全力打造更高效率、更有韧性和更加安全的航空物流体系。

一是强化政策引领，实施"客货并重"发展策略。2022年2月，中国民用航空局首次编制并印发航空物流发展专项规划——《"十四五"航空物流发展专项规划》（以下简称《规划》）。《规划》明确指出，全行业首先要实现从"重客轻货"到"客货并重"的转变，改变以往重点支持客运的政策导向，实施"客货并重"发展策略，这充分表明我国更加重视航空物流的重大战略价值，航空物流业进入重要发展机遇期。《规划》还明确了"十四五"时期我国推动航空物流发展的指导思想、基本原则、发展目标和主要任务，为构建优质高效、自主可控的航空物流体系提供精准指引。

二是多个大型航空货运基础设施项目投入运营或开工建设。2022年7月，我国首个专业性货运枢纽机场湖北鄂州花湖机场正式投入运营。9月，按照年货邮吞吐量60万吨设计的郑州机场北货运区全面投入运营。10月，广州白云机场占地约7800平方米、年处理能力15万吨的国际1号货站跨境电商处理中心暨中外运敦豪（DHL）航空快件专用收运区正式启用。11月，上海浦东机场西货运区智能货站启动建设，项目建成投运后将为上海口岸提供每年超过100万吨的出入境货物保障能力。

三是航空公司加快货机引进步伐。2022年，顺丰航空自营机队新增9架货机，其中包括5架波音B767远程宽体货机，自营机队货机规模达到77架[①]。京东航空2022年8月正式开始运营，引入3架波音B737货机[②]。此外，

[①] 根据顺丰控股2021年和2022年年度报告相关数据整理。
[②] 京东物流：《京东物流2022年度报告》，2022年3月9日，京东物流网站（ir. jdl. com/sc/ir_report. php）。

中国邮政航空、圆通等公司也新增了部分货机。截至 2022 年年底，国内航空公司拥有的货机总数量已达 223 架，同比增加 25 架。其中，大型货机达 50 架，同比增加 7 架①。

四是增开、加密国际货运航班航线。2022 年，我国机场在开通和加密传统欧美和日韩市场货运航空航班的基础上，重点完善东盟、南亚以及拉美等新兴市场的货运航线网络。2022 年，北京首都机场新开国际货运航点 5 个，新加密国际货运航点 6 个，涉及北美、欧洲、东南亚等区域②；南宁机场全年新开 7 条，加密 8 条国际货运航线航班，通达泰国、越南、印度尼西亚、孟加拉国、印度等东盟和南亚国家③；成都双流国际机场新开到印度等上合组织成员国④全货机航线 6 条⑤。

五是航空货运的信息化和智慧化进程加快。2022 年，机场、航空公司、货运代理、海关等货运主体从各自的业务环节切入，共同推动电子运单的加速使用，鼓励通过互联网、手机 App 等手段进行货物申报、放行、订舱和支付。多家航企和机场持续推动整合航空货运上下游信息平台的搭建。2022 年，物流无人机获得商业试运行牌照，开展了多场景下的商业试运行，多地城市开始建设无人机物流配套保障措施，加速推动无人机产业发展⑥。

---

① 中国民用航空局：《2022 年民航行业发展统计公报》，2023 年 5 月 10 日，中国民用航空局网站（http://www.caac.gov.cn/XXGK/XXGK/TJSJ/202305/t20230510_218565.html）。
② 北京日报：《盘点 2022｜加速形成现代综合交通运输体系，北京做了这些事》，2023 年 1 月 18 日，北京日报网（https://bj.bjd.com.cn/a/202301/18/AP63c803cae4b043bcce2bf9f0.html）。
③ 广西日报：《南宁机场加快构建面向东盟国际大通道》，2023 年 1 月 15 日，新华网（http://www.gx.xinhuanet.com/newscenter/2023-01/15/c_1129285418.htm）。
④ 上合组织成员国包括中国、俄罗斯、哈萨克斯坦、吉尔吉斯斯坦、塔吉克斯坦、乌兹别克斯坦、印度和巴基斯坦 8 个国家。
⑤ 杨富：《成都今年新开 6 条至上合组织成员国全货机航线》，2022 年 9 月 26 日，成都日报网站（https://www.cdrb.com.cn/epaper/cdrbpc/202209/26/c104649.html）。
⑥ 陈洧洧：《2022 年中国航空货运发展回顾 在变化中加快发展步伐》，2023 年 1 月 19 日，中国民航网（http://www.caacnews.com.cn/1/tbtj_/202301/t20230119_1361597.html）。

三、物流业助力产业链物流链畅通

（一）助力乡村产业链供应链畅通

2022年，我国交通运输、电商物流及邮政快递企业积极响应国家乡村振兴战略，充分发挥自身优势，持续加大农村物流体系建设力度，不断畅通农产品上行及工业品下乡渠道，为乡村振兴提供了有力支撑。

2022年，全国新增农村投递汽车近2万辆，累计开通交邮联运邮路1888条，同时培育快递服务现代农业金牌项目117个、邮政农特产品出村"一市一品"项目822个。截至2022年年底，全国累计建成990个县级寄递公共配送中心、27.8万个村级快递服务站点，全国95%的建制村实现了快递服务覆盖[1]。

顺丰是国内第一家将生鲜农产品以快递形式从农户手中直送城市消费者的快递物流企业。2022年，公司实现特色农产品运送362万吨，助力农户创收超千亿元。截至2022年年底，公司助力农产品上行服务网络已覆盖全国2800多个县区级城市，共计服务4000余个生鲜品种[2]。

2022年，京东物流以西藏作为推进现代化物流与电商体系的重要阵地，实施了西藏自治区电商进农村综合示范整区推进项目。一是全力推进在藏物流基础设施建设，在西藏地区完成了1个自治区级公共物流仓储配送中心（拉萨）、2个地市级公共物流仓储配送中心（昌都及山南）、8个物流配送站点建设[3]；二是聚焦西藏冬虫夏草及青稞制品、牦牛肉等特色农产品产业集群，从电商质量管理标准、物联网基地建设与产品品牌打造等方面，持续完

---

[1] 中国交通报：《国家邮政局：2022年邮政行业寄递业务量完成1391亿件》，2023年1月18日，国家邮政局网站（https://www.spb.gov.cn/gjyzj/c204534n/202301/cb4cc21c929a419fb133ea85f34debe4.shtml）。

[2] 顺丰控股：《2022年度顺丰控股可持续发展报告》，2023年3月28日，顺丰官网（https://www.sf-express.com/uploads/2022_8a7477b59e.pdf）。

[3] 京东物流：《2022年京东物流环境、社会及治理（ESG）报告》，2023年4月28日，京东物流官网（https://www.jdl.com/esgreport）。

善西藏农特产品的电子商务体系,强化农产品上行能力。

(二) 助力新能源产品出口物流链畅通

新能源产业是新一轮国际竞争的战略制高点。目前我国新能源产业已经达到全球领先水平,在全球具备明显的竞争力,国外市场对我国新能源产品的需求十分旺盛。2022 年,我国物流企业多措并举,开发出多种创新物流模式,助力我国新能源产品出口物流链畅通,为我国新能源产业开拓海外市场提供有力支撑。

国内港口和海运企业助力新能源汽车出口物流链畅通。2022 年,我国新能源汽车出口高达 67.9 万辆,同比增长 1.2 倍,约占全球新能源汽车销售总量的 63%[①]。由于出口量快速攀升,新能源汽车出口出现运力不足现象。为此,国内主要港口通过开辟新出口汽车监管场地、开通新航线等途径助力汽车出口,如广州港、烟台港开通了汽车专业出口监管仓库,深圳小漠港开通"小漠港—上海"汽车滚装船外贸内支线、"小漠港—波斯湾"滚装外贸航线。中远海运集团开发了多用途船专用框架运输商品车、集装箱运输整车等新模式,招商轮船公司将 3 艘内贸船调整到外贸航线,新开辟了中国到波斯湾、东南亚、红海的国际滚装航线,服务新能源汽车出口运输。

航空、海运物流企业助力我国锂电池出口物流链畅通。2022 年,顺丰航空发挥航空运输优势,拓展国际危险品运输业务范围,将宁德时代新能源科技股份有限公司生产的大型动力锂电池从武汉运至德国法兰克福,这是我国生产的大型动力锂电池首次通过国内航空公司运输出口。中远海运镇江公司创新物流服务模式,为保障我国大型锂电池企业孚能科技出口产品国际物流供应链的安全稳定,在德国汉堡港附近设立了 1 万平方米的海外新能源中继仓。该中继仓位于国内中心仓和海外前置仓之间,具备合规危险品储存资质及保税功能,这意味着孚能科技锂电池出口在海外市场"最后一公里"有了

---

① 龚梦泽:《新能源整车与锂电池同步出海 量价齐升开启"外卷"模式》,2023 年 5 月 8 日,证券日报网(http://epaper.zqrb.cn/html/2023 - 05/08/content_943114.htm)。

缓冲区域，可以避免货物滞留港口以及缓解海外前置仓的库存压力，并大大降低费用成本。

(三) 助力跨境电商物流链畅通

2022 年 7 月，南航物流与我国大型快时尚跨境电子商务平台希音（SHEIN）签订战略合作协议。南航物流将通过增加航班运力、跨境专运产品合作等方式，加强对希音国际物流和供应链的支持与协作。

2022 年 11 月，中远海运与菜鸟开展全链路合作，首先通过中远海运集运将菜鸟货物运至比利时泽布吕赫码头，然后在码头内的中远海运货站场站进行清关、拆箱、入库、仓储、提货，最后由菜鸟以及合作伙伴运往比利时、德国、荷兰、捷克、丹麦等欧洲国家的海外仓，接力完成跨境出口物流配送。双方的合作，通过依托中远海运"港航货一体化"协同优势，实现了海上运输、货物到港、港到仓无缝衔接，极大程度减少了拖车转运费用和时间成本，有效提升了菜鸟跨境物流全链路效率和货物最终交付速度。

四、物流行业资源整合重组持续推进

(一) 沿海港口资源整合持续深化

2022 年，河北、山东两省继续深化省内港口资源整合力度，使省内港口资源配置效率和港口综合竞争力进一步提高。上海市和江苏省的多家港口企业组建合资公司，加快推进长三角地区港口一体化协同发展。

河北省组建了河北渤海港口集团，对河北省范围内省市属相关国有港口企业股权（包括唐港实业 100% 股权）进行整合，从而进一步改变河北"三港四区"的格局，有利于减少区域内竞争，优化港口分工定位，推进港口转型升级。

山东进一步推进省内港口资源整合。1 月，青岛市国资委将青岛港集团 51% 的股权无偿划转至山东省港口集团。11 月，山东省港口集团完成对马来西亚森达美集团旗下潍坊森达美港的股权收购。截至 2022 年年底，山东省港口集团已形成"以青岛港为龙头，日照港、烟台港为两翼，渤海湾港为延展，各板块集团为支撑,众多内陆港为依托"的一体化协同发展格局,使省内港口市场更有序,资源配置更有效,运输组织更协调。

长三角港口一体化加快推进。上港集团、江苏省港口集团分别和南通港口集团、淮安市港口物流集团组建了集装箱码头合资公司,合资公司充分发挥上港集团和江苏省港口集团在港口建设开发、资产经营和资本运作、招商引资等领域的优势,积极推进长三角地区内河港口和江海河联运体系建设。

(二)多家龙头物流企业开展并购

2022年,在经济发展面临较多不确定性因素的背景下,我国物流领域的整体并购活动有所放缓,但仍有多个细分领域的物流龙头企业实施了行业内并购。这些企业通过并购业内优质标的企业,补足了业务短板,实现了企业竞争力的提升。

电商物流领域,电商龙头企业京东集团开展了多项并购。一是旗下的京东物流以89.76亿元收购了大型公路零担快运企业德邦物流66.4965%的股份。此次收购可以有效弥补京东物流在重货运输生态上的短板。二是旗下的京东智能产业发展集团(下称"京东产发")以36.4亿元完成了对中国物流资产控股有限公司(下称"中国物流资产")的收购。中国物流资产是中国本土最大的物流基础设施开发商及运营商之一,截至2021年年底,中国物流资产在全国共拥有41个物流园,物流园占地总面积超过5.79亿平方米。收购完成后,京东产发将对中国物流资产的全国性物流产业园进行智慧化提升改造,最终实现物流产业园的综合智能化,为京东物流的高效运作提供支撑。

国际物流领域,综合跨境物流龙头企业海程邦达以6.86亿元收购了大型国际货代企业顺圆弘通49%的股权。海程邦达主要为各类进出口贸易客户提供跨境标准化物流服务产品与定制化供应链解决方案,服务网络遍及全球200余个港口。此次收购有助于海程邦达进一步打造中国—东南亚—欧美"端到端"全链条服务能力。

能源物流领域,能源物流上市公司广汇物流以41.76亿元收购了新疆红淖三铁路有限公司 92.7708%的股权。新疆红淖三铁路有限公司旗下的红淖铁路项目全线长 435.6 公里，是以煤炭集运为主的货运铁路，也是新疆北部地区中唯一一条同时联通出疆"主通道"和"北翼通道"的关键铁路。此次收购有助于广汇物流巩固发展煤炭铁路运输业务，加快公司业务向能源物流转型。

化工物流领域，液体化学品航运龙头企业南京盛航海运股份有限公司以 5100 万元收购了专业从事液氨公路运输服务的江苏安德福能源供应链科技有限公司 51%的股权。安德福能源公司拥有专业危化品驾驶员和押运员 270 余人，自备专业危化品运输车辆 135 台，年液氨运输能力超百万吨。此次收购有利于盛航海运公司进一步完善清洁能源物流供应链布局，开展多式联运并打造一站式物流服务体系。

（三）多家大型物流企业实施合资合并

2022 年，我国多家物流企业通过合并、成立合资公司等途径，整合各方在技术、业务、资金等方面的优势资源，实现优势互补和共同发展。

7 月，公路运输物联网技术与软件服务领域的代表性企业 G7 和易流科技完成合并。双方均以物联网技术和软件为核心，向大型货主、大型物流企业和数以万计的货运经营者提供服务。本次合并前，G7 和易流科技服务了行业中 80%以上的大型货主和大型物流企业，以及近 3 万家中小货运经营者。合并后公司将成为我国公路运输领域中最具规模和影响力的软件服务公司，为客户提供更具成本竞争力的优质服务。

8 月，中远海特、上港物流、安吉物流共同成立汽车供应链公司，新公司将有效整合各方优势资源，强化船东与货主之间、航运企业和港口物流企业之间的协同合作，立足中国汽车出口航线，深耕国际汽车运输市场，进而保障中国现代制造产业出口供应链的安全稳定。

9 月，广东嘉诚国际与华贸物流、智都投资签订协议，共同出资 5 亿元成立航空公司。三方的合作将充分发挥各自的资源整合优势，通过经营运作航空物流仓储、运输、国际货代等业务，满足客户及市场的物流需求。

12月，河北交通投资集团有限公司与河钢集团有限公司、河北港口集团有限公司、河北建设投资集团有限责任公司共同出资成立渤海远洋（河北）运输有限公司，该公司注册资本 9 亿元，定位为海运及相关产业的投资商、开发商和运营商，以供应链物流、海运运输、大宗散货贸易、海运产业服务为主要业务方向。

五、物流企业借助资本市场加快发展

（一）多家物流科技企业获风投注资

2022 年，受全球投融资市场整体降温的影响，中国物流投融资规模和项目数量同比有所下降，但智慧物流、物流地产等领域仍得到风险资本的青睐，获得大额投资。2022 年部分融资额 1 亿美元及以上项目情况如表 2－10 所示。

表 2－10 2022 年部分融资额 1 亿美元及以上项目情况

序号	融资时间	融资公司	所处细分领域	融资金额
1	2月	赢彻科技	无人驾驶卡车	1.88 亿美元
2	3月	中储智运	公路网络货运平台	7.61 亿元
3	3月	京东产发	物流地产	8 亿美元
4	5月	G7	公路货运物联网科技	2 亿美元
5	6月	海柔创新	仓储机器人	1 亿美元
6	8月	极智嘉	仓储机器人	1 亿美元
7	12月	三一重卡	新能源重卡	10 亿元

资料来源：根据公开发布资料整理。

（二）多家物流企业上市融资

2022 年，多家物流企业在国内外各大证券交易所成功上市，获得直接融资。另有盛丰物流、国货航、锦江航运等十余家物流企业在为上市做准备。2022 年我国部分物流企业 IPO 情况如表 2－11 所示。

表 2-11　2022 年我国部分物流企业 IPO 情况

序号	上市时间	公司名称	所处细分领域	上市地点	募资金额	募集资金用途
1	3 月	兴通股份	成品油及化学品运输	上海证券交易所	10.76 亿元	不锈钢化学品船舶、MR 型成品油船舶购置以及数字航运研发中心建设
2	4 月	永泰运	跨境化工物流供应链	深圳证券交易所	7.91 亿元	物流中心升级、物流电商平台建设、物流运力提升及化工物流装备购置
3	6 月	井松智能	智能物流设备制造	上海证券交易所	5.29 亿元	智能物流系统生产基地技术改造和研发中心建设
4	6 月	快狗打车	同城货运	香港联合交易所	5.67 亿港元	扩大用户群体并增加品牌知名度，开发新服务和产品，寻求战略合作、投资与收购，提升技术能力并增强研发能力
5	11 月	昆船智能	智能物流设备制造	深圳证券交易所	8.33 亿元	智能装备研制生产能力提升建设和补充流动资金
6	12 月	宁波远洋	水路运输	上海证券交易所	10 亿元	集装箱船、散货船、集装箱购置以及补充流动资金
7	12 月	国航远洋	水路运输	北京证券交易所	5.35 亿元	干散货船购置、补充流动资金等

资料来源：根据公开发布资料整理。

（三）多只物流地产基金设立

2022年，多只物流地产基金成立，为物流仓储行业带来了较大的资金增量，同时提高了物流资产开发建设、流通以及退出的流动性。

普洛斯先后设立了3只中国收益基金和1只中国增值物流型基金，共募集资金46亿美元。其中，收益基金用于在中国一、二线城市进行仓储资产的开发建设和运营，增值基金用于中国存量物流资产的收购与升级改造。

嘉实京东仓储物流封闭式基础设施证券投资基金获得中国证监会注册批复。该基金为我国首只民企仓储物流公募REITs[①]，底层资产包括位于重庆、武汉和廊坊的3处物流园区，合计建筑面积35万平方米，总估值15.65亿元。该基金正式发行后，将为仓储物流行业带来增量投资资金，促进行业高质量发展。

此外，中金普洛斯REIT和红土创新盐田港REIT的扩募方案得到证监会批准。其中，中金普洛斯REIT扩募资金拟用于购置山东青岛、广东江门、重庆等地的3处仓储物流园区，红土创新盐田港REIT扩募资金拟用于购置深圳盐田港综合保税区内的1处物流园区。这两只物流基础设施公募REITs基金有利于进一步拓宽项目资金来源，促使优质项目做大做强。

六、物流领域加快绿色低碳发展

（一）港口企业大力推动集装箱铁水联运

2022年，交通运输部和港口企业将集装箱铁水联运作为绿色低碳发展的重要途径，予以大力推动。全国港口完成集装箱铁水联运量874.7万标准箱，同比增长16.0%，占港口集装箱吞吐量比重上升到3.0%，较2021年提升

[①] 基础设施公募REITs是指依法向社会投资者公开募集资金形成基金财产，通过基础设施资产支持证券等特殊目的载体持有基础设施项目，由基金管理人等主动管理运营上述基础设施项目，并将产生的绝大部分收益分配给投资者的标准化金融产品。

0.3 个百分点①。3 个港口的集装箱铁水联运量超过 100 万标准箱,其中,青岛港达到 194 万标准箱,同比增长 6.0%;宁波舟山港达到 148 万标准箱,同比增长 23.1%;天津港超过 120 万标准箱,同比增长 21.6%②。

(二) 公路运输领域加快新能源重卡应用

传统重卡以柴油为主要燃料,是公路运输领域的碳排放大户。2022 年,我国进一步提高燃油重卡排放标准,同时在港口、矿山、钢厂、建筑重卡工地等场景加快推广和应用新能源重卡,以推动我国公路运输领域节能减排。

新能源重卡主要包括纯电(充电/换电)与燃料电池两条技术路线③。2022 年,我国换电重卡发展势头强劲,全年销售 12431 辆,同比增长 285%④。截至 2022 年年底,唐山市已投运换电重卡超 5000 辆,投运量居全国第一。氢燃料电池重卡示范项目推广加快,天津荣程集团 2022 年先后投入三批氢能重卡用于日常运输业务。截至 2022 年年底,该集团共投入 112 辆氢燃料电池重卡,累计运输量达 142.25 万吨,减排二氧化碳 1897.7 吨⑤。山西晋南钢铁集团在煤炭物流线路上投放了 300 台氢燃料电池重卡;浙江嘉兴港区首批 50 辆氢能重型卡车投用,年减碳 6000 吨以上;北京市政路桥建材集团投入 40 辆氢燃料电池重卡,用于公转铁建筑砂石料运输和城市基础设施建设运输场景。

---

① 交通运输部:《2022 年交通运输行业发展统计公报》,2023 年 6 月 16 日,交通运输部网站(https://xxgk.mot.gov.cn/2020/jigou/zhghs/202306/t20230615_3847023.html)。

② 贾大山、徐迪、蔡鹏:《2022 年沿海港口发展回顾与 2023 年展望》,《中国港口》2023 年第 1 期。

③ 新能源重卡目前主要有两条发展路线,即纯电(充电/换电)路线与燃料电池路线。纯电动卡车(BEV)依靠充电电池组驱动,无辅助动力源;氢燃料电池卡车(FCEV)依靠氢燃料电池驱动,通过空气中的氧气与自带的压缩氢气反应发电,结合电池为电机提供动力输出。

④ 商用汽车总站:《电卡观察 | 2022 年换电重卡盘点》,2023 年 1 月 31 日,商用汽车总站(https://baijiahao.baidu.com/s?id=1756553712786680219&wfr=spider&for=pc)。

⑤ 全联冶金商会:《勇担"双碳"使命 2022 年荣程集团氢能重卡减排二氧化碳 1897.7 吨》,2023 年 1 月 5 日,全联冶金商会网站(http://www.cnyjsh.com/cnyish/view_news.jsp?articleID=40433&cat=1015004&title=1)。

（三）电商物流及快递企业加快绿色低碳转型

2022 年，我国快递行业实施绿色发展工程，开展塑料污染和过度包装治理。截至 2022 年年底，快递企业自行提供的快递包装材料符合标准要求的比例和按照包装规范操作要求对快递进行包装的比例均超过 90%，累计投放可循环快递箱（快递盒）近 1500 万个，回收复用瓦楞纸箱 7 亿个[①]。

除包装外，快递行业龙头企业还在园区、运输等多个环节实施了大量绿色可持续发展举措。2022 年，顺丰在义乌、合肥、香港等 9 个产业园区发展光伏发电项目，新增新能源车辆运力 4911 辆。截至 2022 年年底，顺丰累计投放新能源车辆超过 26000 辆[②]。中通借助全网 98 个分拣中心的资源优势，积极布局光伏发电项目，2022 年发电量约 3000 万度，年二氧化碳减排约 3 万吨[③]。2022 年，圆通在北京各网点投入 200 台新能源轻卡。菜鸟与伊利、联合利华等十余家品牌商家发起"减碳 50 克联盟"，通过装箱算法、原箱发货等绿色物流流程帮助商家包裹减碳，并利用菜鸟自身的数字化能力助力商家进行碳资产管理。此外，菜鸟还联手中国国际货运航空股份有限公司成功完成了我国首个国际航空货运可持续航空燃料[④]商业航班的飞行，比传统航空煤油碳排放减少 85%。

---

① 国家邮政局：《2023 年邮政快递业民生实事专题新闻发布会》，2023 年 2 月 22 日，国家邮政局网站（https://www.spb.gov.cn/gjyzj/c106927/202302/a76b495fe58946999c452287fbfe8dfa.shtml）。

② 顺丰控股：《2022 年度顺丰控股可持续发展报告》，2023 年 3 月 28 日，顺丰官网（https://www.sf-express.com/uploads/2022_8a7477b59e.pdf）。

③ 新浪财经：《绿色发展 | 在中通"种一万亩树"》，2023 年 3 月 22 日，新浪财经官方账号（https://baijiahao.baidu.com/s?id=1761038706476523844&wfr=spider&for=pc）。

④ 可持续航空燃料，简称"SAF 燃料"，是指满足可持续性标准，由生物质、餐饮废油等含合成烃原料加工后达到民用航空喷气燃料标准的燃料。

第三章　中国物流设施设备与技术发展状况

2022年，国家综合立体交通网建设继续推进，东部地区南北向主轴建设、东西向走廊建设和川藏通道建设取得明显进展。物流园区（中心）及仓储设施的专业化、智能化和绿色化水平日益提高，新能源、智能化物流装备的使用量持续增长。国家级与区域级物流公共信息平台功能不断完善，网络货运平台和供应链金融平台实现规范发展。多项国家基础性、专业性物流标准制定、修订、颁布或实施，推动了我国物流标准体系进一步建立健全。物流设施设备与技术的持续进步，为我国物流产业，乃至国民经济的高质量发展提供了重要的硬件设施设备与软件技术支撑。

第一节　中国交通基础设施建设状况[①]

2022年，我国大力推进交通基础设施建设，高质量建设国家综合立体交通网。交通网络的规模与密度进一步提高，快速交通网加快构建，西部及农村地区交通条件进一步改善，国内与国际运输通道的通达能力进一步提升。

一、公路基础设施建设状况

（一）路网规模继续扩大，路网结构持续优化

2022年，我国公路路网规模继续扩大。截至2022年年末，全国公路总里

---

① 本节涉及的2022年各类交通基础设施的投资、里程、路网密度等数据，如不做特殊说明，均来自交通运输部《2022年交通运输行业发展统计公报》，2023年6月16日，交通运输部网站（https：//xxgk.mot.gov.cn/2020/jigou/zhghs/202306/t20230615_3847023.html）。

程达 535.48 万公里，比上年年末增加 7.41 万公里；公路路网密度达到 55.78 公里/百平方公里，比上年年末增加 0.77 公里/百平方公里。2012—2022 年中国公路总里程和公路网密度情况如图 3-1 所示。

图 3-1 2012—2022 年中国公路总里程和公路网密度情况

资料来源：国家统计局：《中国统计年鉴2022》；交通运输部：《2012 年公路水路交通运输行业发展统计公报》；交通运输部：《交通运输行业发展统计公报》（2013—2022）。

同时，我国高等级公路占比进一步提高，路网结构持续优化。截至 2022 年年末，我国二级及以上等级公路里程为 74.36 万公里，比上年年末增加 2.00 万公里，占公路总里程的 13.9%，同比提高 0.2 个百分点；高速公路里程为 17.73 万公里，比上年年末增加 0.82 万公里。

（二）西部及农村地区公路条件继续改善

2022 年，我国西部地区公路条件继续改善。重庆实现县县通高速，全市高速公路通车总里程突破 4000 公里，省际出口通道达到 27 个，路网密度达到 4.85 公里/百平方公里，位居西部地区首位[①]。广西也实现县县通高速，高

---

① 重庆发布：《今天重庆实现县县通高速 重庆高速公路通车总里程突破 4000 公里!》，2022 年 12 月 30 日，光明网（https：//m.gmw.cn/baijia/2022-12/30/1303239349.html）。

速公路通车总里程突破 8000 公里①。四川四大集中连片贫困地区全部通高速公路，进出川大通道增至 41 条，高速公路达到 9179 公里②。青海高速公路突破 4000 公里，所有市州和三分之二的县通了高速公路，基本形成了东部成网、西部便捷、青南畅通、省际连通的路网布局③。新疆高速（一级）公路总里程达到 11000 公里，所有地州市和近 87% 的县市区迈入高速公路时代④。甘肃高速（一级）公路里程突破 7400 公里，通高速县市区达到 72 个，实现与相邻 6 省（区）高速公路全联通⑤。

2022 年，我国农村公路建设继续推进。截至 2022 年年末，农村公路里程 453.14 万公里⑥，比上年年末增加 6.54 万公里，占公路总里程比重为 84.6%，与上年持平。

二、铁路基础设施建设状况

（一）路网规模继续扩大

2022 年，我国铁路路网规模继续扩大。截至 2022 年年末，全国铁路营业里程达到 15.5 万公里，比上年年末增长 3.3%。其中，高速铁路营业里程达 4.2

---

① 陈贻泽、董文锋、吴丽萍：《广西：历史性实现县县通高速公路》，2022 年 12 月 30 日，广西政协网（http：//www.gxzx.gov.cn/html/szdt/44633.html）。

② 四川日报：《2023 年四川省人民政府工作报告》，2023 年 1 月 20 日，四川省人民政府网站（https：//www.sc.gov.cn/10462/c105962/2023/1/20/00ade04b7fa54c5f81e1e9b895eb7f3e.shtml）。

③ 青海日报：《政府工作报告——2023 年 1 月 15 日在青海省第十四届人民代表大会第一次会议上》，2023 年 1 月 20 日，青海省人民政府网站（http：//www.qinghai.gov.cn/zwgk/system/2023/01/20/030008933.shtml）。

④ 新疆维吾尔自治区人民政府：《2023 年自治区政府工作报告》，2023 年 1 月 23 日，新疆维吾尔自治区人民政府网（http：//www.xinjiang.gov.cn/xinjiang/xjzfgzbg/202301/7cc6e53ea0da40beb436177ed60b2044.shtml）。

⑤ 甘肃日报：《2023 年政府工作报告——2023 年 1 月 15 日在甘肃省第十四届人民代表大会第一次会议上》，2023 年 1 月 20 日，甘肃省人民政府网（http：//www.gansu.gov.cn/gssszf/c100190/202301/49805904.shtml）。

⑥ 交通运输部：《2022 年交通运输行业发展统计公报》，2023 年 6 月 16 日，交通运输部（https：//xxgk.mot.gov.cn/2020/jigou/zhghs/202306/t20230615_3847023.html）。

万公里，比上年年末增长5.0%；全国铁路路网密度161.1公里/万平方公里，比上年年末增加4.4公里/万平方公里；全国铁路电化率73.8%，比上年提高0.5个百分点①。2018—2022年中国铁路营业里程及增长情况如图3-2所示。

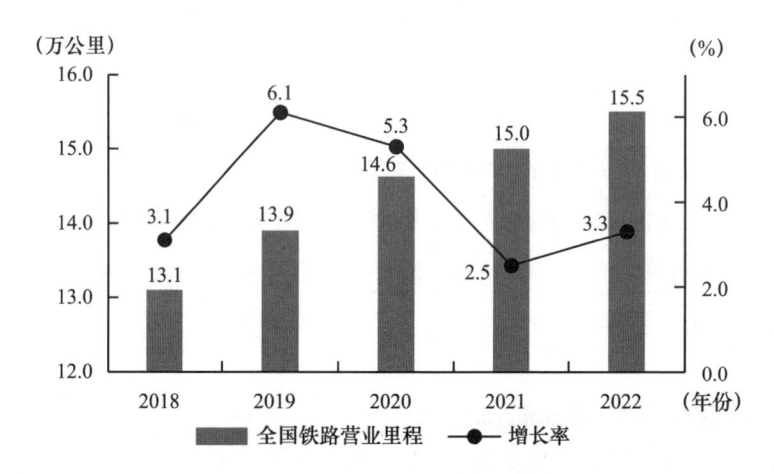

图3-2　2018—2022年中国铁路营业里程及增长情况

资料来源：根据交通运输部《交通运输行业发展统计公报》（2018—2022）数据整理。

（二）高速铁路建设快速推进

2022年，我国多个地区特别是中、西部地区多条高铁新线开通运营，一方面进一步释放了新高铁沿线的铁路货运能力，提升了铁路货物运输的速度；另一方面对于改善我国西部地区的物流运输结构，加强东中西部地区间铁路物流网络的互通互联，以及提升跨区域铁路物流运输效率起到了积极的推动作用。

东部地区，在位于海上丝绸之路经济带和长江经济带交汇点的浙江省，杭台高铁和第19届杭州亚运会重要交通保障工程——合杭高铁湖州至杭州段

---

① 中国国家铁路集团有限公司：《中国国家铁路集团有限公司2022年统计公报》，2023年3月17日，中国国家铁路集团有限公司（http：//www.china-railway.com.cn/xwzx/zhxw/202303/t20230317_126718.html）。

相继开通。

中部地区，黄冈至黄梅高速铁路（黄黄高铁）开通运营，对于促进区域经济优势互补、完善长江经济带铁路网布局、推动大别山革命老区振兴发展、辐射带动武汉城市圈协同发展具有重要意义[①]；渝厦高铁益阳至长沙段和常德至益阳段也在2022年相继开通，完善了湖南中北和西北部地区的运输路网结构；济郑高铁濮郑段正式通车，标志着河南"米"字形高铁网正式建成。

西部地区，在位于丝绸之路经济带和长江经济带交汇点的云南省与重庆市，郑渝高铁、弥蒙高铁相继开通运营；丝绸之路经济带上的南宁—凭祥高铁南宁至崇左段正式开通运营，意味着集"老少边山"于一体的广西崇左市告别了不通高铁的历史[②]；同时，银兰高铁全线贯通运营，进一步完善了甘肃、宁夏等我国西部地区路网结构。

（三）煤炭铁路通道建设取得新进展

2022年，多条铁路能源通道开通运营，提升了我国铁路能源通道的运输能力。山西继大秦线、瓦日线、浩吉线等铁路通道之后，又一条"晋煤外运"的能源运输大通道——和邢（山西省晋中市和顺县至河北省邢台市）铁路开通运营。浩吉（内蒙古鄂尔多斯市浩勒报吉南站至江西省吉安市吉安站）铁路通道疏运系统的重要组成部分——浩吉铁路荆门国际内陆港专用线开通运营，对提高浩吉铁路运量，加快"襄阳—荆门—宜昌"货物流通、推动区域经济发展具有积极意义。新疆乌将煤运铁路双线电气化扩能改造工程全部完工，改造后的乌将铁路单线变双线，全线实现电气化运营，每天接发列车对数从单线时最高的55对提高到90对，为优化准东地区煤电煤化工产业发展、增强疆煤供应保障能力提供了有力支撑。

---

① 王强、孟立：《黄冈至黄梅高速铁路开通运营》，2022年4月23日，人民铁道网（https://www.peoplerail.com/rail/show-1811-488116-1.html）。

② 新华社新媒体：《南凭高铁南崇段正式开通运营》，2022年12月5日，新华社官方账号（https://baijiahao.baidu.com/s?id=1751367614273051899&wfr=spider&for=pc）。

三、水路基础设施建设状况

(一) 内河航道通航条件改善

2022年，我国内河航道总通航里程进一步增加，通航条件继续改善。截至2022年年末，全国内河航道通航里程12.80万公里，比上年年末增加326公里。其中，长江水系、珠江水系和淮河水系通航里程分别比上年年末增加150公里、91公里和110公里。截至2022年年末，我国内河等级航道里程为6.75万公里，占总里程的52.7%，与上年持平。其中，三级及以上航道里程1.48万公里，比上年年末增加262公里，占总里程的11.6%，同比提高0.2个百分点。2012—2022年中国内河等级航道通航里程及占总里程比重如图3-3所示。

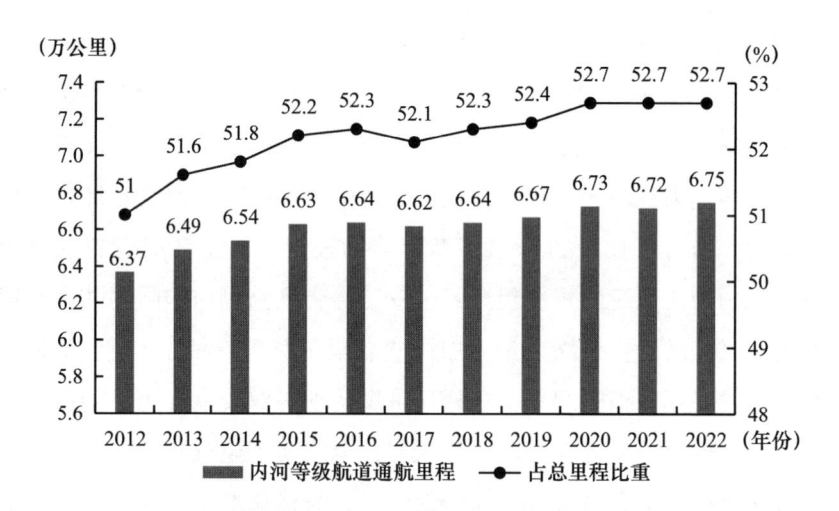

图3-3 2012—2022年中国内河等级航道通航里程及占总里程比重

资料来源：交通运输部：《2012年公路水路交通运输行业发展统计公报》；交通运输部：《交通运输行业发展统计公报》(2013—2022)。

(二) 港口码头泊位的大型化与专业化水平快速提升

2022年，我国港口码头大型化水平明显提升。截至2022年年末，全国港口拥有万吨级及以上泊位2751个，比上年年末增加92个。从分布结构看，沿海港口万吨级及以上泊位 2300 个，新增 93 个；内河港口万吨级及以上泊位 451 个，减少 1 个，但 5 万—10 万吨级及以上泊位比上年年末增加 6 个。2012—2022 年中国港口万吨级及以上泊位情况如图 3-4 所示。

图 3-4　2012—2022 年中国港口万吨级及以上泊位情况

资料来源：交通运输部：《2012 年公路水路交通运输行业发展统计公报》；交通运输部：《交通运输行业发展统计公报》（2013—2022）。

同时，港口码头专业化水平持续提升。截至 2022 年年末，全国万吨级及以上泊位中，专业化泊位 1468 个，比上年年末增加 41 个，进一步提升了我国港口的专业化物流作业能力。

四、民航基础设施建设状况

（一）民航机场数量显著增加

2022 年，我国中西部地区新增新疆昭苏天马机场、阿拉尔塔里木机场等 6 个定期航班通航运输机场，境内运输机场（不包括港澳台地区，下同）达到 254 个。其中，定期航班通航运输机场 253 个；定期航班新通航城市（或地区）6个①。2022年中国民用航空机场区域分布情况如图3-5所示。

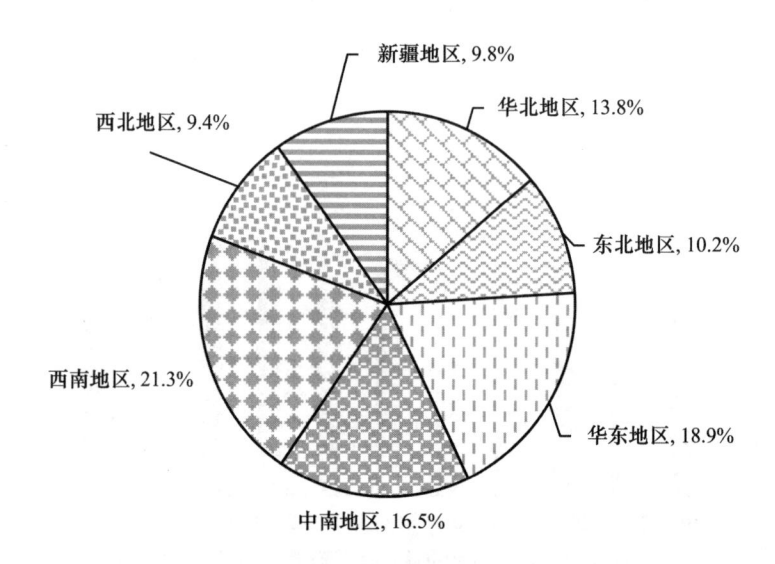

图3-5　2022年中国民用航空机场区域分布情况

注：华北地区包括北京、天津、河北、陕西和内蒙古，东北地区包括黑龙江、吉林、辽宁，华东地区包括上海、江苏、浙江、山东、安徽、福建、江西，中南地区包括河南、湖北、湖南、广西、海南、广东，西南地区包括四川、重庆、贵州、云南、西藏自治区，西北地区包括陕西、甘肃、宁夏、青海，新疆地区为新疆维吾尔自治区。

资料来源：根据中国民用航空局《2022年全国民用运输机场生产统计公报》数据整理，2023年3月16日，中国民用航空局（http://www.caac.gov.cn/XXGK/XXGK/TJSJ/202303/t20230317_217609.html）。

（二）航空物流枢纽建设加快推进

2022年，我国航空物流枢纽建设取得阶段性进展。11月，国家发展改革委印发《关于做好2022年国家物流枢纽建设工作的通知》，将南京空港型国家物流枢纽等3个空港型国家物流枢纽纳入2022年度建设名

---

① 中国民用航空局：《2022年全国民用运输机场生产统计公报》，2023年3月16日，中国民用航空局（http://www.caac.gov.cn/XXGK/XXGK/TJSJ/202303/t20230317_217609.html）。

单。湖北鄂州花湖机场投入运营，该机场是我国首个专业货运机场，同时也是亚洲第一个、全球第四个专业货运枢纽机场。顺丰华南航空枢纽（广州）开通运营，该枢纽占地面积123亩，总建筑面积13.36万平方米，是顺丰在华南地区单体面积最大的航空枢纽转运中心，未来该枢纽将与顺丰华南航空枢纽（深圳）形成双枢纽模式，有助于进一步完善顺丰航空网络布局[①]。

另外，位于海南海口江东新区空港经济区的圆通速递海南航空枢纽进入投运前的最后建设阶段。自贡市人民政府与四川航空集团公司签署《战略合作协议》，合作建设川南渝西航空货运物流枢纽基地，为未来提高成渝地区，乃至成渝滇黔航空货运物流水平奠定了基础。

五、综合交通运输通道建设状况

（一）国家综合立体交通网建设取得新进展

2022年，我国依据《国家综合立体交通网规划纲要》提出的主骨架布局，继续推进6条主轴、7条走廊和8条通道建设，综合立体交通网通达能力得到有效提升。其中，主轴建设方面，长三角—粤港澳和京津冀—粤港澳主轴的陆路和水路交通基础设施建设显著推进，提升了我国东部地区南北向物流通达能力；走廊建设方面，大陆桥走廊的陆路、水路和航空交通基础设施建设均取得新进展，进一步畅通了我国东西向物流；通道建设方面，川藏通道的航空物流基础设施建设取得显著进展，弥补了西藏机场数量少的短板，提高了川藏地区的物流效率。2022年国家综合立体交通网主要建设进展如表3-1、表3-2、表3-3所示。

[①] 南方日报：《顺丰华南航空枢纽（广州）投产》，2022年10月7日，人民网（http://gd.people.com.cn/n2/2022/1007/c123932-40151499.html）。

表3-1 2022年国家综合立体交通网主轴的主要建设进展

主轴名称	主要建设进展
京津冀—长三角主轴	9月，合杭高铁湖州至杭州段正式开通 12月，山东济宁白马河航道扩建工程交工验收；京滨城际铁路开通运营
京津冀—粤港澳主轴	5月，湖北江北东高速开通 6月，济郑高铁濮郑段开通运营 11月，广州港南沙港区近洋码头正式投入运营 12月，安徽合枞高速正式通车运行；福建闽江高等级航道复航
京津冀—成渝主轴	12月，重庆城开高速公路城口鸡鸣至县城段建成通车
长三角—粤港澳主轴	1月，杭台高铁开通运营 3月，福建福州罗源湾港区南北航道连接水域正式通航 4月，和邢铁路开通运营 8月，我国首条跨海高铁——新建福厦铁路铺轨施工全线贯通 12月，福建莆田国际陆港启用
长三角—成渝主轴	4月，黄黄高铁开通运营 6月，郑渝高铁全线通车 7月，湖北鄂州花湖机场投入运营
粤港澳—成渝主轴	12月，广东广连高速全线通车

资料来源：根据公开发布资料整理。

表3-2 2022年国家综合立体交通网走廊的主要建设进展

走廊名称	主要建设进展
京藏走廊	7月，河北唐山港曹妃甸港区中区—港池20万吨级航道工程交工验收 9月，山东济南—高青高速公路正式建成通车 12月，银兰高铁全线贯通运营；宁夏乌玛高速公路青铜峡至中卫段建成通车；京唐城际铁路开通运营

续表

走廊名称	主要建设进展
大陆桥走廊	3月，新疆精阿高速公路通车 4月，新疆昭苏天马机场通航 6月，济郑高铁濮郑段开通运营 8月，甘肃七瓜公路全线通车运营，新疆依若高速公路通车 9月，甘肃马桥公路正式通车运营；江苏连云港30万吨级航道全线开通使用 11月，新疆乌将铁路全线电气化开通运营
西部陆海走廊	4月，贵州赫六高速正式建成通车 12月，甘肃陇漳高速公路全线建成通车；贵州仁遵高速公路建成通车；广西南丹至天峨高速公路通车
沪昆走廊	7月，云南大瑞铁路大理至保山段正式开通运营 8月，云南玉楚高速公路全线通车运营 12月，贵州仁遵高速公路建成通车；新昆楚高速公路全线通车
成渝昆走廊	8月，四川德会高速全线通车；云南玉楚高速公路全线通车运营 12月，云南弥蒙高铁开通运营；新成昆铁路全线开通运营
广昆走廊	8月，云南玉楚高速公路全线通车运营 12月，广西田林至西林高速公路通车；新昆楚高速公路全线通车；云南弥蒙高铁开通运营

资料来源：根据公开发布资料整理。

表3-3 2022年国家综合立体交通网通道的主要建设进展

通道名称	主要建设进展
沿边通道	6月，新疆乌尉公路包PPP项目S254线尉犁至且末公路通车；新疆和若铁路开通运营；新疆阿拉尔塔里木机场通航 11月，新疆乌将铁路全线电气化开通运营 12月，新疆塔什库尔干红其拉甫机场正式通航
福银通道	7月，湖北鄂州花湖机场投入运营

续表

通道名称	主要建设进展
二湛通道	6月，郑渝高铁全线通车 12月，二广高速公路内蒙古二连浩特至赛汉塔拉段公路主线改扩建工程正式通车
川藏通道	12月，西藏山南隆子机场和日喀则定日机场正式通航
湘桂通道	12月，广西南凭高铁南宁至崇左段正式开通
厦蓉通道	5月，莆炎高速公路全线通车 12月，渝厦高铁常德—益阳段正式开通运营；兴泉铁路全线贯通运营

资料来源：根据公开发布资料整理。

（二）西南地区国际运输通道建设继续推进

2022年，我国西南地区国际运输通道建设取得较大进展。大瑞铁路大理至保山段作为泛亚铁路西线中最重要的一段正式开通运营，标志着滇西一体化进程加速推进，中缅国际铁路通道建设取得重要进展。大瑞铁路全线贯通后，中缅国际铁路通道中国境内线路将全面建成，大保段服务"一带一路"和中缅经济走廊建设的通道作用将进一步凸显[1]。中国西南地区出境至东盟国家铁路大通道的重要组成部分——弥蒙高铁[2]开通运营，弥蒙高铁北连南宁至昆明高铁，南接昆明至河口铁路，为云南建设中国面向南亚、东南亚辐射中心提供了有力支撑。

第二节　中国物流园区（中心）及仓储设施发展状况

2022年，我国物流园区（中心）建设继续有序推进，园区保有量持续增加，

---

[1] 大理日报：《大瑞铁路大理至保山段开通运营》，2022年7月25日，大理白族自治州人民政府网站（http://www.dali.gov.cn/dlrmzf/c101530/202207/ca4b876cd3af418b9c2e86b47dc55901.shtml）。

[2] 新华社：《弥蒙高铁通车："三线交汇"折射中国西南巨变》，2022年12月19日，国家铁路局网站（http://www.nra.gov.cn/xwzx/xwxx/xwlb/202212/t20221219_339309.shtml）。

生态体系日益完善，专业化、智慧化与绿色化水平不断提高。仓库竣工面积快速增加，冷链物流的快速发展带动冷库建设持续推进，智能仓建设进展迅速。

一、物流园区（中心）发展状况

（一）物流园区保有量不断增加，空间规划布局持续优化

近年来，我国物流园区总保有量持续增加。根据《第六次全国物流园区调查报告》[①]（以下简称《调查报告》），2018—2022 年，我国物流园区数量年均增长 11.7%。2006—2022 年全国物流园区数量情况如图 3-6 所示。

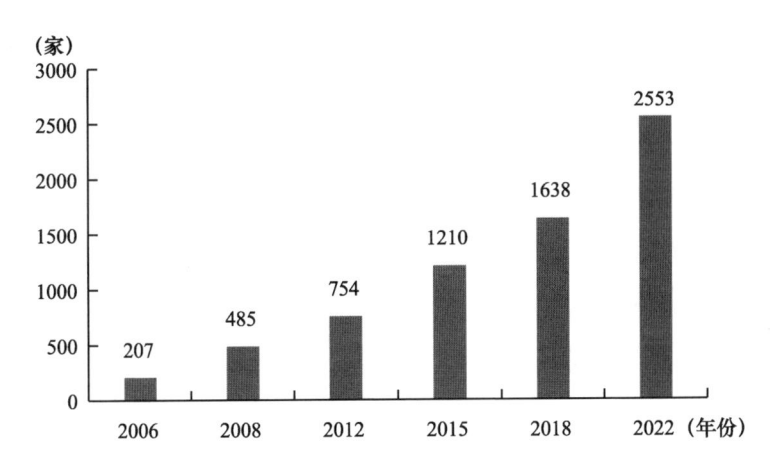

图 3-6　2006—2022 年全国物流园区数量情况

资料来源：中物联物流园区专业委员会：《中物联发布第六次全国物流园区调查报告》，2022 年 12 月 16 日，中物联物流园区专业委员会网站（http：//yqzwh.chinawuliu.com.cn/xwdt/202212/16/595013.shtml）。

物流园区空间布局方面，《调查报告》显示，物流园区规划布局与经济

[①] 中物联物流园区专业委员会：《中物联发布第六次全国物流园区调查报告》，2022 年 12 月 16 日，中物联物流园区专业委员会网站（http：//yqzwh.chinawuliu.com.cn/xwdt/202212/16/595013.shtml）。

发展程度密切相关。我国东部地区物流需求较为旺盛，物流园区数量最多，截至 2022 年年末，运营园区数量前三名的省份为江苏、山东和广东，均地处东部；中西部地区承接产业转移，物流园区建设速度明显加快。从物流园区的城市分布情况看，国家物流枢纽承载城市的平均运营园区数量明显高于非承载城市。在全国 1906 个已运营的物流园区中，有 1145 个分布在国家物流枢纽承载城市，平均每个城市运营园区数量为 9.1 个；有 761 个分布在非国家物流枢纽承载城市，平均每个城市运营园区数量为 3.3 个。

在物流园区选址方面，《调查报告》结果显示，在建和运营的物流园区中，周边 5 公里内有高速公路出入口的占比达到 67.3%。其中，48.2% 的园区紧邻 1 条高速公路，15.3% 的园区紧邻 2 条高速公路，3.8% 的园区紧邻 3 条及以上高速公路。在经营用地方面，园区平均物流运营面积占比[①]进一步提升，近七成园区达 50% 以上。

在物流园区辐射能力方面，运营园区业务通达全国（即辐射全国 31 个以上省份）的占比大幅提升，达到了 26.7%，比 2018 年调查增长了 10.1 个百分点；约 14.1% 的运营园区组织开行了国际货运班列、班轮、航班或班车。

（二）物流园区专业化水平进一步提升，业务服务种类日益丰富

专业化物流园区建设取得新进展，商贸、货运和生产服务型专业化物流园区占比有所提高[②]。《调查报告》结果显示，电子商务的快速发展和居民消费的刚性需求，带动了电商、冷链、医药、农产品等商贸服务型物流园区的发展，商贸服务型园区占比从 2018 年的 17.1% 上升至 23.8%，提升了 6.7 个百分点。另外，货运和生产服务型物流园区的占比也有小幅提升，集中式的专业化货运和生产服务型物流园区的发展，有助于提升长距离运输和整车物

---

① 物流运营面积占比是指物流园区物流运营面积占园区实际面积的比例。物流运营面积指园区内已投入运营使用的物流设施总占地面积，包括码头、铁路专用线、道路、库房、堆场、雨棚、月台、流通加工场所、货车停车场、装卸搬运场地、信息服务用地等，不包括生活配套和商务配套用地。

② 根据《物流园区分类与规划基本要求》（GB/T21334—2017），考虑服务对象和功能，物流园区可分为货运服务型、生产服务型、商贸服务型、口岸服务型和综合服务型 5 类。

流的运营效率,推动供应链供给侧的高质量发展。2018 年和 2022 年物流园区功能类型占比情况如图 3-7 所示。

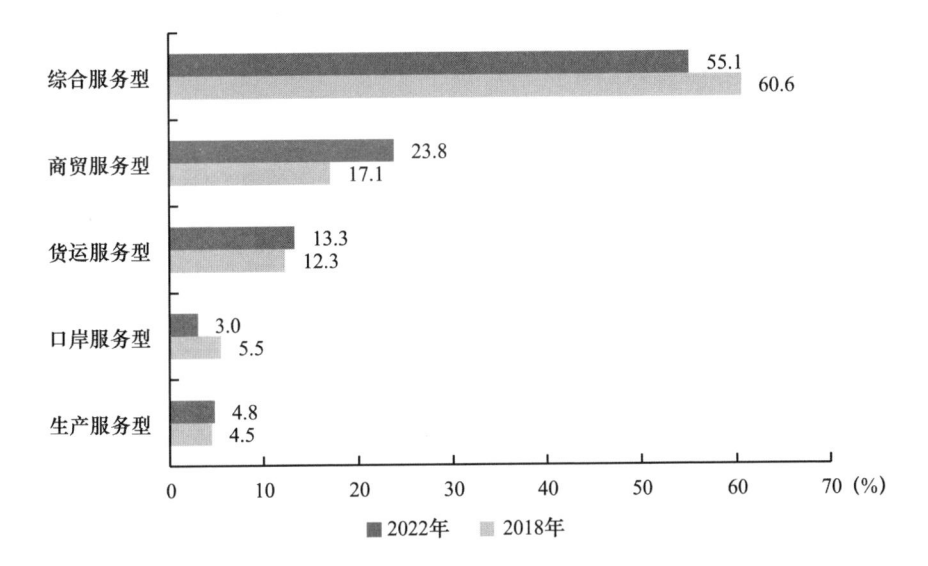

图 3-7　2018 年和 2022 年物流园区功能类型占比情况

类型	2022年	2018年
综合服务型	55.1	60.6
商贸服务型	23.8	17.1
货运服务型	13.3	12.3
口岸服务型	3.0	5.5
生产服务型	4.8	4.5

资料来源:中物联物流园区专业委员会:《中物联发布第六次全国物流园区调查报告》,2022 年 12 月 16 日,中物联物流园区专业委员会网站(http://yqzwh.chinawuliu.com.cn/xwdt/202212/16/595013.shtml)

物流园区的服务种类日趋多样化。根据《调查报告》,目前我国物流园区的服务功能除传统的存储、运输、配送、转运业务外,60% 的园区还开展了贸易和信息服务等业务。另外,各园区根据自身发展特点,提供了综合物流与供应链解决方案、设施设备租赁服务、贸易代理、代理采购、保险、保价运输等众多增值服务内容。此外,分别有 20.7%、19.7% 和 19.4% 的运营园区提供了报关、报检、国际运输服务。丰富的服务业务种类提升了物流园区的服务能力和服务水平。

(三)物流园区生态体系日益完善,运营效率持续提升

物流园区生态体系日益完善。根据《调查报告》,入驻企业数量方面,运营园区平均入驻企业 268 家，尤其是东部地区、西部地区运营园区平均入驻企业数量分别为 310 家和 292 家，高于全国运营园区入驻企业平均数。入驻企业类型方面，除物流企业外，70.8% 的运营园区有商贸企业入驻，53.7% 的运营园区有电商企业入驻，部分运营园区还入驻有加工制造企业、信息平台类企业、金融保险类企业。

物流园区的整体运营效率也在持续提升。《调查报告》显示，运营园区平均物流强度①为 500.8 万吨/平方公里/年，比 2018 年调查的 404.6 万吨/平方公里/年增长 23.8%。在投入运营的园区中，综合服务型园区平均物流强度达到 550.2 万吨/平方公里/年，其次是口岸服务型园区 500.1 万吨/平方公里/年。2018 年和 2022 年运营园区物流强度分布情况如图 3-8 所示。

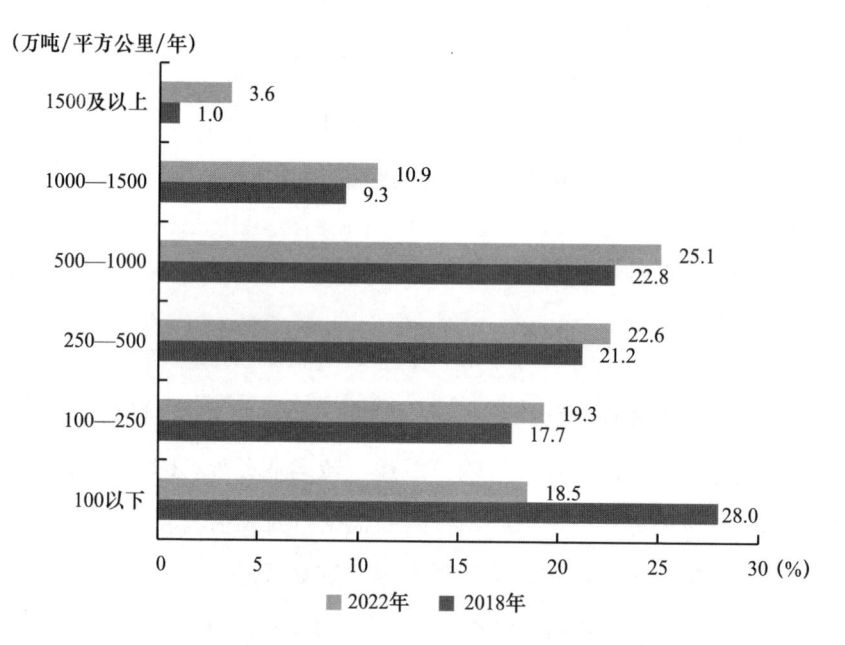

图 3-8　2018 年和 2022 年运营园区物流强度分布情况

资料来源：中物联物流园区专业委员会：《中物联发布第六次全国物流园区调查报告》，2022 年 12 月 16 日，中物联物流园区专业委员会网站（http://yqzwh.chinawuliu.com.cn/xwdt/202212/16/595013.shtml）。

---

① 物流强度是指物流园区年货物吞吐量与实际占地面积的比值，是衡量园区运营效率的核心指标。

(四) 物流园区智慧化投入增加，信息平台服务功能不断丰富

为充分发挥智慧物流对提升物流园区运营效率的作用，我国物流园区普遍加大了智慧化投入。《调查报告》显示，运营园区智慧物流投入占比在5%以下的运营园区从2018年的51.1%下降至47.8%，智慧物流投入占比在20%及以上的运营园区则从2018年的10.2%上升至16.8%。从区域分布来看，东部地区运营园区智慧物流发展水平较高，平均智慧物流投入占比为10.4%，较2018年调查提升了1.6个百分点；西部地区、东北地区运营园区智慧化发展水平相对滞后，平均智慧物流投入占比分别低于全国平均水平0.4和0.9个百分点。从不同类型园区来看，在投入运营的园区中，商贸服务型园区平均智慧物流投入占比从2018年调查的7.7%增长至9.8%，智慧物流发展水平提升较快。口岸服务型、货运服务型、生产服务型园区的平均智慧物流投入占比增速均慢于综合服务型。

同时，我国约64.4%的运营园区搭建了物流公共信息服务平台。从服务功能来看，主要集中在信息发布、物业管理、货物跟踪、数据交换等方面，小部分平台还具备支付结算、运力交易、物流保险、融资服务、增值信息服务等功能。2022年运营园区物流公共信息服务平台功能情况如图3-9所示。

(五) 物流园区加快绿色转型，新能源应用范围日益扩大

物流园区作为运输、仓储搬运工具集中场所，存在大量减少碳排放、提升绿色化水平的空间。根据《调查报告》，我国物流园区正加快绿色化转型。目前，约50.1%的运营园区至少使用了充电桩、加气站和太阳能光伏中的一种。其中，使用充电桩的园区占比最高，达到39.2%，比2018年调查增长了21.7个百分点。2018年和2022年运营园区新能源使用情况如图3-10所示。

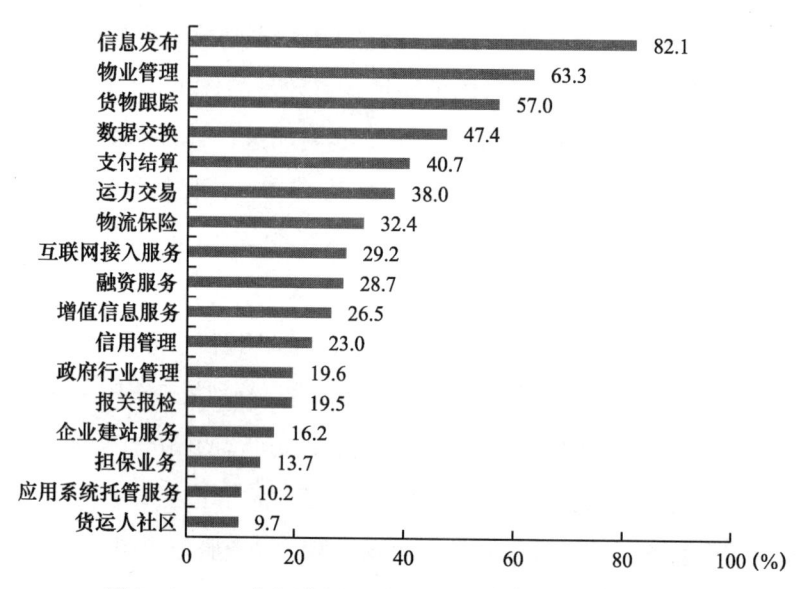

图 3-9　2022 年运营园区物流公共信息服务平台功能情况

功能	百分比 (%)
信息发布	82.1
物业管理	63.3
货物跟踪	57.0
数据交换	47.4
支付结算	40.7
运力交易	38.0
物流保险	32.4
互联网接入服务	29.2
融资服务	28.7
增值信息服务	26.5
信用管理	23.0
政府行业管理	19.6
报关报检	19.5
企业建站服务	16.2
担保业务	13.7
应用系统托管服务	10.2
货运人社区	9.7

资料来源：中物联物流园区专业委员会：《中物联发布第六次全国物流园区调查报告》，2022 年 12 月 16 日，中物联物流园区专业委员会网站（http：//yqzwh.chinawuliu.com.cn/xwdt/202212/16/595013.shtml）。

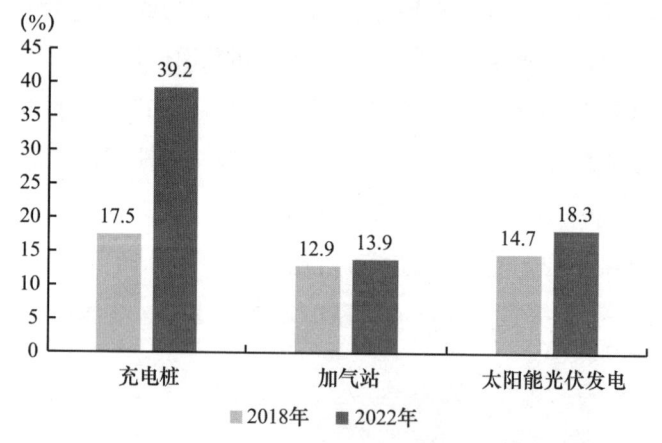

项目	2018年	2022年
充电桩	17.5	39.2
加气站	12.9	13.9
太阳能光伏发电	14.7	18.3

图 3-10　2018 年和 2022 年运营园区新能源使用情况

资料来源：中物联物流园区专业委员会：《中物联发布第六次全国物流园区调查报告》，2022 年 12 月 16 日，中物联物流园区专业委员会网站（http：//yqzwh.chinawuliu.com.cn/xwdt/202212/16/595013.shtml）。

二、仓储设施发展状况

（一）仓库竣工面积快速增加

近年来，我国消费不断升级，对高质量仓储设施的需求始终旺盛。同时，随着住宅地产需求减弱，房地产投资纷纷转向其他地产领域，物流地产由于收益稳定性较高、市场风险较小，进一步吸引大批投资涌入[①]。在此背景下，我国新增、新建仓库数量持续增加，2022年，我国仓库总竣工面积为2878.97万平方米，同比增长4.13%，比2021年提高1.5个百分点。2014—2022年中国仓库竣工面积及增长率如图3-11所示。

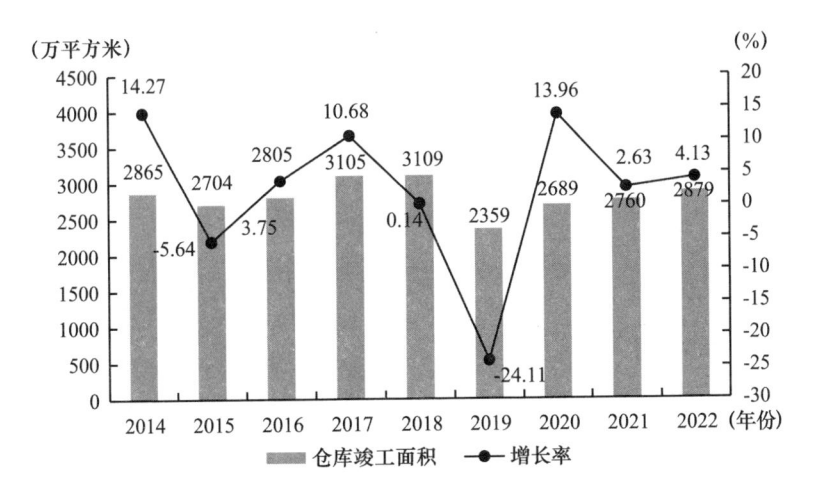

图3-11 2014—2022年中国仓库竣工面积及增长率

资料来源：国家统计局：《国家数据——仓库竣工面积》，国家统计局网站（https://data.stats.gov.cn/easyquery.htm?cn=C01）。

---

① 中国报告大厅：《2023年物流地产行业前景：物流地产发展窥见一斑》，2023年2月14日，中国报告大厅（https://www.chinbgao.com/freereport/87541.html）。

（二）冷库建设持续推进

2022年，随着我国冷链物流的快速发展，以及国家对冷链物流发展的政策支持，我国冷库投资建设基本未受到疫情影响，冷库总容量稳步增长。据中冷联盟统计，2022年我国重点样本企业冷库总容量为5686万吨，比2021年的5224万吨增长了8.84%[1]。从区域分布看，山东、广东、上海和河南是我国冷库的主要分布地，四省市的冷库容量超过400万吨。

国家政策重点支持农村产地冷链物流设施及骨干冷链物流节点建设。2022年6月，农业农村部办公厅和财政部办公厅发布《关于做好2022年农产品产地冷藏保鲜设施建设工作的通知》，提出要推动冷链物流服务网络向农村延伸，重点改造公共冷库设施条件。同时，国家骨干冷链物流基地建设工作继续推进。2022年12月，国家发展改革委印发《关于做好2022年国家骨干冷链物流基地建设工作的通知》，确定了第二批24个国家骨干冷链物流基地建设名单，以加快健全我国冷链物流网络体系、保障区域生活物资供应和促进冷链物流与相关产业联动发展。

在企业冷库建设方面，多个智能化、无人化冷库在东部地区启用，提升了我国冷链物流的整体监管能力和运作效率。截至2022年7月，通过与菜鸟联合，天猫超市的供应链网络已形成全国八大冷链中心的布局，辐射全国19个省、市、自治区的136个地级市，为东部、中部地区主要城市提供冷链配送次日达、送货上门等服务[2]。全国首个智能化红细胞冷库在南京红十字血液中心启用，该冷库实现了血液的运输、分拣、出入库、盘点、温控等环节全方位的自动化和智能化，不仅减少了血液在各环节可能产生的质量问题，而

---

[1] 中关村绿色冷链物流产业联盟：《全国冷链物流企业分布图（2022版）》，中关村绿色冷链物流产业联盟网站（http://www.lenglianwuliu.org.cn/menu/details.html?menuId=78）。

[2] 杭州日报：《天猫超市浙江首个冷链中心启用，构建华东双冷链中心》，2022年7月11日，杭州日报官方账号（https://baijiahao.baidu.com/s?id=1738048150962966063&wfr=spider&for=pc）。

且大幅提高了血液中心的作业效率和应变能力①。广州南沙国际物流中心冷链项目启用②，该项目占地20.8万平方米，规划冷库容量46万吨，一期启用冷库专用堆场5.46万平方米，全面建成后可同时开展162个进口冷链货柜的查验工作，每月进出口冷链货物1万标准箱。中创天驰智能无人冷库在青岛落成，B座智能冷库正式投入运营，该冷库占地约2.4万平方米，配置货位约9.8万个，日堆存能力8万吨③，可用于存储冷冻水产品、冷冻肉类、冷冻水果等④。

（三）智能仓建设进展迅速

2022年，智能仓、无人仓在我国石化、电力等基础性行业得到应用推广，对提升我国相关行业的生产效率和人民群众生活水平具有积极意义。在石化领域，中国石油广东石化聚烯烃包装库房项目顺利建成，该项目是目前亚洲石油石化行业规模最大的智能立体包装仓库，也是中国石油第一套智能立体包装仓库⑤。在电力领域，7月，贵州电网首个智慧仓储系统项目在贵阳区域仓建设完成；江苏省首个智能型共享专业仓"宁电1号无人仓"投入运营，该仓库融合应用新一代智能仓库建设理念，实现物资收发、拣选、配送数字化管理和无人化作业，满足即时领用需求。另外，已在全国布局多个"亚洲一号"智能物流中心的京东物流，其亚洲一号西安智能产业园2期正式

---

① 身边24小时：《全国首个智能化红细胞冷库在南京红十字血液中心启用》，2022年9月22日，潇湘晨报旗下民生新闻账号（https://baijiahao.baidu.com/s?id=1744653550904154237&wfr=spider&for=pc）。

② 南方日报：《南沙启用全国最大单体冷库 大湾区实现进口生鲜"1小时达"》，2022年10月31日，国家发展改革委网站（https://www.ndrc.gov.cn/xwdt/ztzl/ygadwqjs1/202210/t20221031_1340147.html）。

③ 界面新闻：《中创物流：青岛中创天驰智能冷链仓库B库正式启用》，2022年10月21日，界面新闻官方账号（https://baijiahao.baidu.com/s?id=1747276493645632223&wfr=spider&for=pc）

④ 证券时报·e公司：《中创物流：青岛中创天驰智能冷链仓库B库正式启用》，2022年10月21日，深圳证券时报社旗下官方账号（https://baijiahao.baidu.com/s?id=1747405919782674856&wfr=spider&for=pc）。

⑤ 中国石油天然气集团有限公司：《亚洲石油石化行业规模最大智能立体包装仓库具备投用条件》，2022年9月2日，国务院国有资产监督管理委员会网站（http://www.sasac.gov.cn/n2588025/n13790238/n16406218/c25905426/content.html）。

启动运营,该园区为西北地区首个全流程柔性生产物流园区,园区应用北斗新仓模式,日均快递分拣能力最高可突破 240 万件。

第三节 中国物流设备发展状况

2022 年,我国铁路、水路运输工具的载重能力进一步提升,新能源及无人驾驶运输工具的研发与应用持续推进,全货机保有量迅速增加。仓储与装卸搬运设备的绿色化水平进一步提升,智慧物流设备应用得到快速推广。

一、运输工具发展状况

(一)运输工具重载化水平继续提升

2022 年,我国各类运输企业积极补充新运力,加速淘汰老旧车辆与船舶,运力结构更加优化,运输工具的重载化水平进一步提升。截至 2022 年年末,全国拥有载货汽车 1166.66 万辆,比 2021 年减少 0.6%。全国拥有水上运输船舶 12.19 万艘,比 2021 年下降 3.2%;净载重量为 29775.81 万吨,同比增长 4.7%。其中,远洋运输船舶净载重量达 5155.77 万吨,同比增长 5.9%;沿海运输船舶净载重量达 9370.31 万吨,同比增长 5.5%;内河运输船舶净载重量达 15249.73 万吨,同比增长 3.9%。水上运输船舶平均净载重量 2442.64 吨/艘,增长 7.54%[1]。铁路货车拥有量达 99.7 万辆,比 2021 年增加约 3.1 万辆,同比增长 3.21%。其中,国家铁路货车拥有量为 91.0 万辆[2]。

(二)新能源运输工具研发与应用持续推进

新能源物流车的使用量快速增加,应用范围不断向低线城市拓展。2022

---

[1] 交通运输部:《2022 年交通运输行业发展统计公报》,2023 年 6 月 16 日,交通运输部网站(https://xxgk.mot.gov.cn/2020/jigou/zhghs/202306/t20230615_3847023.html)。

[2] 中国国家铁路集团有限公司:《中国国家铁路集团有限公司 2022 年统计公报》,2023 年 3 月 17 日,中国国家铁路集团有限公司网站(http://www.china-railway.com.cn/xwzx/zhxw/202303/t20230317_126718.html)。

年，我国新能源物流车全年销售 23.5 万余辆。从动力类型看，主要有纯电动物流车、增程式电动物流车、插电混合动力物流车、燃料电池物流车。其中，纯电动物流车随着城市配送场景及同城货运规模的增长，已成为新能源物流车行业主流之一。此外，新能源物流车呈现出向低线城市下沉的趋势。2022 年 1—9 月，我国一线城市新能源物流车销量份额同比下滑 7.3%，但四五线城市的销量份额同比上升 7.2%[①]。

新能源船舶的研发制造力度不断加大。政策方面，2022 年 9 月，工信部等五部门联合发布《关于加快内河船舶绿色智能发展的实施意见》，提出到 2025 年，实现液化天然气（LNG）、电池、甲醇、氢燃料等绿色动力关键技术取得突破，内河船舶绿色智能标准规范体系基本形成。在双燃料绿色动力船舶研发方面，2022 年，我国完成了 30 万吨级 LNG 双燃料动力超大型油船（VLCC）、20.9 万吨纽卡斯尔型 LNG 双燃料动力散货船、4.99 万吨甲醇双燃料动力化学品/成品油船等绿色动力船舶的研发。同时，2022 年我国船企全年新接订单中绿色动力船舶占比达到 49.1%，创历史最高水平[②]。

新能源船舶的应用也在不断推进。单燃料绿色动力船舶应用方面，长江流域首艘 3000 吨级纯电动货船"船联 1 号"在南京首航，该船是由燃油货船改造成以电能作为唯一能源的货船，实现了零排放、低噪声、无污染[③]。国内首艘 2000 吨级新能源集散两用运输船"东兴 100"在浙江湖州交付并投入运营，该船采用国际领先的直流综合电力系统核心技术，具有高效率、零排放、无污染、低噪声、低运营成本等优势[④]。"中集润庆 107"液化天然气（LNG）

[①] 恒州博智：《市场分析报告：新能源物流车市场分析与前景预测》，2023 年 1 月 2 日，恒州博智网站（https：//cn.qyresearch.com/news/2757/new-energy-logistics-car）。

[②] 中国船舶工业行业协会：《2022 年船舶工业经济运行分析》，2023 年 1 月 28 日，中国船舶工业行业协会网站（http：//www.cansi.org.cn/cms/document/18490.html）。

[③] 新华社：《长江流域首艘 3000 吨级纯电动货船首航》，2022 年 2 月 22 日，新华社客户端官方账号（https：//baijiahao.baidu.com/s?id=1725467487251229693&wfr=spider&for=pc）。

[④] 中国交通新闻网：《国内首艘 2000 吨级新能源集散两用运输船"东兴 100"轮在浙江湖州交付并投入运营》，2022 年 6 月 27 日，交通运输部网站（https：//www.mot.gov.cn/tupianxinwen/202206/t20220627_3660078.html）。

单燃料动力罐装水泥船建成交付,这是广东省内河航运绿色发展示范工程建设的首艘 LNG 新能源水泥罐船,对于引领和推动西江船舶的清洁化、节能化发展,加快我国内河航运绿色发展具有重要意义[1]。全国首艘 120 标准箱纯电动内河集装箱船——"江远百合"在江苏太仓港首航,促进了我国水上交通运输的绿色低碳转型[2]。

(三)无人驾驶运输工具推广速度加快

2022 年,我国物流行业继续拓展无人驾驶运输工具的应用场景,国内多个城市正在加快部署快递配送、商超配送、移动零售、餐饮配送的无人化服务。京东、阿里、美团、物美等相关企业积极推动无人驾驶运输工具从测试示范向规模商业化过渡。截至 2022 年 12 月,京东物流在全国 30 座城市已经投入运营超 700 台无人车[3];毫末智行末端物流自动配送车的交付已经超过 1000 台[4];菜鸟在全国 400 多所高校已部署 700 多台无人车,这也是全球范围内最大规模的商用无人配送车队[5]。另外,无人驾驶运输工具的应用场景也在不断丰富。在采掘领域,无人车在矿区的应用日益增多。国家能源准东露天矿在持续安全运行的 28 个月(2020 年 9 月—2022 年 12 月)中完成无人驾驶运输 54.3 万公里,无人驾驶运输土石方 169.6 万立方米;国内单矿最大编组的无人驾驶运输运营项目——特变电工南露天矿实现了 30 台无人驾驶车辆

---

[1] 南方 Plus:《中集牵手肇庆探索绿色航运,"气化西江"首艘 LNG 动力罐装水泥船交付》,2022 年 9 月 2 日,南方日报官方账号(https://baijiahao.baidu.com/s?id=1742825287916955652&wfr=spider&for=pc)。

[2] 交通运输部长江航务管理局:《全国首艘纯电动集装箱船舶在太仓启航》,2022 年 10 月 11 日,交通运输部长江航务管理局网站(https://cjhy.mot.gov.cn/hydt/zhxw/zszz/202210/t20221011_279137.shtml)。

[3] 壹日报:《刘强东持续发展智慧物流 累计在全国 30 城投运 700+无人车》,2022 年 12 月 15 日,日照日报资讯频道官方账号(https://baijiahao.baidu.com/s?id=1752261144617043817&wfr=spider&for=pc)。

[4] 俞立严:《毫末智行交付超 1000 台新车 小魔驼配送订单量突破 13 万单》,2023 年 1 月 6 日,搜狐网(https://www.sohu.com/a/625629997_120988576)。

[5] 新战略低速无人驾驶:《2022 低速无人驾驶领域"十大热点新闻"》,2023 年 1 月 10 日,搜狐网(https://www.sohu.com/a/627495386_121319482)。

25 个月（2020 年 12 月—2022 年 12 月）安全零事故常态化运营①。与此同时，多个物流企业和整车企业进入无人配送领域，顺丰、中通和中国邮政等相继推出无人配送车辆，东风、长城、通用、雷诺、上汽通用五菱等车企宣布加大无人配送车辆的投入和研发力度②。

在国家相关政策的推动下，无人机在我国物流领域的应用场景也在快速拓展。物流无人机的研发与应用方面，在电商领域，美团无人机 2022 年完成配送超 10 万单，同比增幅 400% 以上，其在深圳的试运行航线在 5 个商圈落地，航线覆盖 18 个社区和写字楼，可为近 2 万户居民服务，配送商品超过 2 万种③。顺丰旗下大型无人机公司丰鸟科技获得民航局正式颁发的全国首个支线物流无人机试运行批准函和经营许可，成为全国首家可在特定场景下开展吨级大业载、长航时支线物流无人机商业试运行的企业④。新疆生产建设兵团正式开通铁门关市与阿拉尔市之间常态化大型货运无人机跨地区物流配送业务，这是全国第一条常态化大型货运无人机专用航线，可实现区域内货物当日送达。由航空工业一飞院研制的 TP500 无人运输机在湖北荆门完成首飞，该机是专为航空物流运输研制的大型无人运输机，主要应用于航空物流运输及应急救援领域⑤。由四川腾盾科创股份有限公司自主研发并拥有完全知识产权的全球首款大型四发无人机——"双尾蝎 D"成功首飞，标志着我国商用中大型无人机产业已进入发展快车道。该机型可携带更多高性能任务载荷，

---

① IntelMining 智能矿业：《〈矿区无人驾驶行业发展蓝皮书（2022 版）〉重磅发布》，2022 年 12 月 25 日，商业新知网站（https://www.shangyexinzhi.com/article/5898828.html）。

② 李亚楠：《物流行业数智化转型风潮再起》，2023 年 3 月 14 日，新浪财经网站（https://finance.sina.com.cn/wm/2023-03-14/doc-imykvekc5235972.shtml）。

③ 每日经济新闻：《美团"低空物流解决方案"通过民航局审定 无人机将成即时配送关键角色？》，2023 年 2 月 25 日，新浪财经网站（https://finance.sina.com.cn/jjxw/2023-02-25/doc-imyhwhwx1616897.shtml）。

④ FM968 重庆之声：《全球首张支线物流无人机商业试运行牌照！重庆企业拿到了》，2022 年 1 月 26 日，新浪网（http://k.sina.com.cn/article_1917366833_7248b23101900y3kc.html）。

⑤ 消防界：《国产无人运输机 TP500 开启高效运输时代》，2022 年 12 月 30 日，人民号（https://mp.pdnews.cn/Pc/ArtInfoApi/article?id=33175722）。

执行货运物流、航空播撒、任务载荷使用等支援保障任务①。

（四）航空全货机保有量快速增加

2022年，我国航空货运物流发展迅速，顺丰、圆通等物流企业引入数架大型货运飞机，显著增强了我国整体航空货运能力。截至2022年年底，国内航空公司拥有的货机总数量已达223架，同比增加25架②。顺丰航空在2022年陆续投运9架新运力，包括6架波音B767远程宽体全货机。目前，顺丰运营的全货机有95架，其中自有机队规模已增长至77架③。圆通航空2022年新增1架自有货机。另外，江苏京东货运航空有限公司在8月获得中国民航局颁发的《航空承运人运行合格证》，正式投入运营，并已获准引进3架波音B737货机。同时，京东旗下的跨越速运拥有全货运飞机18架④。

二、仓储与装卸搬运设备发展状况

（一）叉车的绿色低碳水平进一步提升

2022年，在国家双碳战略引领下，我国叉车的绿色低碳水平继续提升。全年电动叉车销量达到67.48万台，占叉车总销量的64.4%，同比提高了4.6个百分点。2013—2022年中国内燃叉车与电动叉车销量如图3-12所示。

---

① 封面新闻：《全球首款！国产大型四发无人机成功首飞》，2022年10月26日，封面新闻官方账号（https：//baijiahao.baidu.com/s?id=1747677351228209313&wfr=spider&for=pc）。
② 中国民用航空局：《2022年民航行业发展统计公报》，2023年5月10日，中国民用航空局网站（http：//www.caac.gov.cn/XXGK/XXGK/TJSJ/202305/t20230510_218565.html）。
③ 陈云广：《复盘2022年国内全货机发展：三大航+顺丰、圆通、京东、邮政……》，物流时代周刊（https：//mp.weixin.qq.com/s?__biz=MjM5MTczMTM5Mw==&mid=2649977744&idx=1&sn=a6436d86294dbdc0c481d286ee763c42&chksm=beb6c83e89c1412809693a009969aa2ea62b4f97c4f89eb3ce4f7e7ff60a97f6b8fd68de38b7&scene=27）。
④ 陈云广：《复盘2022年国内全货机发展：三大航+顺丰、圆通、京东、邮政……》，物流时代周刊（https：//mp.weixin.qq.com/s?__biz=MjM5MTczMTM5Mw==&mid=2649977744&idx=1&sn=a6436d86294dbdc0c481d286ee763c42&chksm=beb6c83e89c1412809693a009969aa2ea62b4f97c4f89eb3ce4f7e7ff60a97f6b8fd68de38b7&scene=27）。

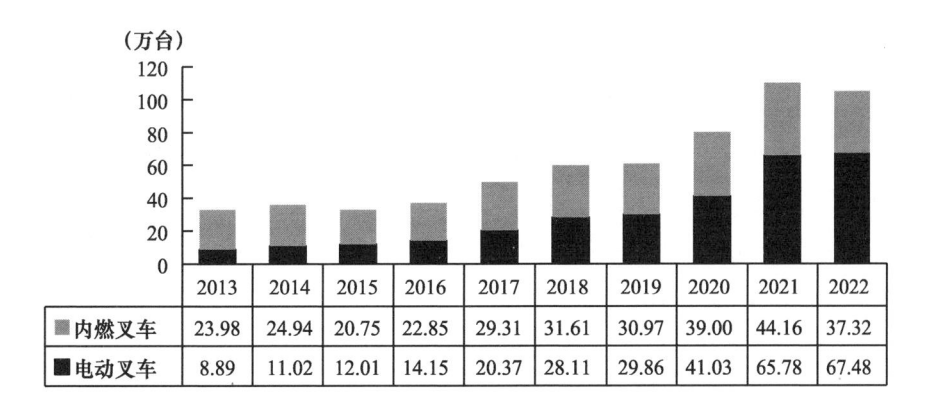

第三章 中国物流设施设备与技术发展状况

(万台)	2013	2014	2015	2016	2017	2018	2019	2020	2021	2022
内燃叉车	23.98	24.94	20.75	22.85	29.31	31.61	30.97	39.00	44.16	37.32
电动叉车	8.89	11.02	12.01	14.15	20.37	28.11	29.86	41.03	65.78	67.48

图3-12 2013—2022年中国内燃叉车与电动叉车销量

资料来源：杨斌：《中国叉车制造商排行榜》（2013—2022），中叉网（https://www.chinaforklift.com/news/list-14.html）。

（二）快递包装绿色化治理取得新进展

2022年，我国继续加强对物流包装的绿色化治理。多家电商与物流企业正积极试点快递包装盒的再利用；京东在生鲜业务上推广全生物降解包装袋，中通与第三方合作生产了氧化和微生物双降解的绿色包装袋；多家快递企业采取了电子面单、胶带"瘦身"、印刷减量等包装减量化方式；申通推出"物料包装可循环化"项目，韵达设置了快递绿色回收箱[1]。

（三）智慧物流设备应用快速推广

智慧物流相关工业产品的市场规模高速增长。2022年，我国智慧物流市场规模达到6995亿元，同比增长8.0%。其中，自动化物流系统市场规模达到2634亿元，同比增长158.0%；自动分拣设备市场规模达到267.5亿元，同比增长23.6%；智能快递柜市场规模达到409亿元，同比增长12.7%[2]。

自动搬运设备的应用范围不断拓展。2022年，中国工业应用移动机器人

---

[1] 李雪钦：《给快递包装"瘦身"（网上中国）》，2023年3月7日，人民网（http://sc.people.com.cn/n2/2023/0307/c346366-40326998.html）。

[2] 中商产业研究院：《2023年中国智慧物流行业市场前景及投资研究报告（简版）》，2023年2月23日，网易（https://www.163.com/dy/article/HU9H1ISP05198SOQ.html）。

（AGV/AMR）[①]销售数量93000台（含销往海外市场），同比增长29.17%；市场规模达到185亿元，同比增长46.82%[②]。2015—2022年中国市场企业工业应用移动机器人（AGV/AMR）新增量与增长率如图3-13所示。行业需求方面，锂电、光伏、半导体、新能源汽车、航天军工、医药与大健康、食品加工、物流流通等行业对工业AMR需求较大，但行业整体需求增速同比有所放缓。同时，一些自动驾驶企业开始针对工业物流园区的自动化搬运需求开

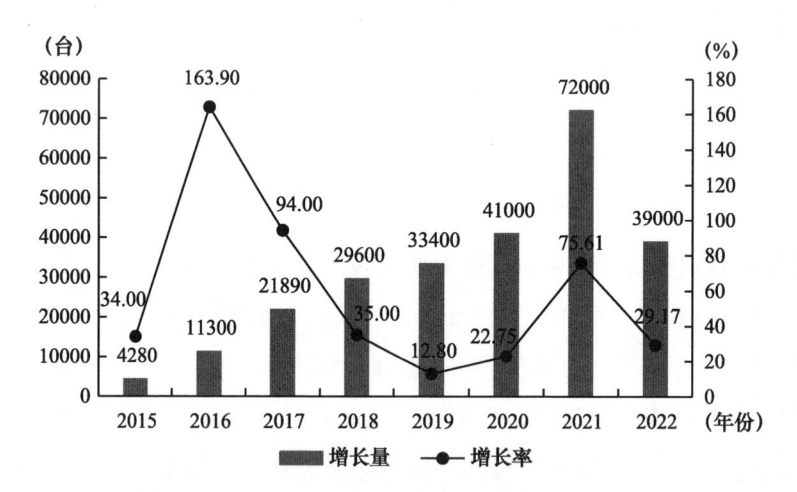

图3-13　2015—2022年中国市场企业工业应用移动机器人（AGV/AMR）新增量与增长率

资料来源：CMR产业联盟：《2022—2023年度中国工业应用移动机器人（AGV/AMR）产业发展研究报告》，2022年3月21日，东方财富网（https://caifuhao.eastmoney.com/news/20230321175729813812340）。

---

① AGV是能够按设定的路线自动行驶或牵引着载货台车至指定地点的工业车辆，它只能沿固定的引导路线行驶，在使用时需要部署路线导引附着物。AMR（Automatic Mobile Robot）一般为轮式或类人机器人，携带各种传感器，通过编程能够实现自主移动，在使用时无须部署固定路线导引附着物。

② CMR产业联盟信息部：《[权威数据发布]150张图表读懂2022中国AGV/AMR市场》，2023年3月21日，东方财富网（https://caifuhao.eastmoney.com/news/20230321175729813812340）。

发相关产品，如重载型的 AGV、牵引车等，部分制造企业也与移动机器人公司合作，打通整个工厂的物流环节①。产品研发方面，轻量化和小型化的无人叉车正在成为各家 AGV/AMR 企业开发的重点②。

第四节　中国物流信息化与标准化发展状况

2022 年，我国国家级综合物流公共信息平台继续丰富数据资源并推出新功能，一些提供综合性物流信息服务的区域物流信息平台上线，进一步丰富了我国区域物流信息的服务内容。同时，网络货运平台的规范发展与供应链金融平台的涌现是 2022 年我国物流信息化发展的亮点。物流标准化领域，2022 年，多项国家基础性物流标准制定、修订、颁布或实施。在国家专业性物流标准化工作方面，多项跨境电子商务和粮食物流领域物流标准颁布或实施。

一、物流信息化发展状况

（一）国家级综合物流公共信息平台功能继续拓展

2022 年，国家级综合物流公共信息平台的数据资源得到进一步丰富，信息服务内容继续拓展。由交通运输部和国家发展改革委牵头，多方参与共建的公共物流信息服务网络——国家交通运输物流公共信息平台正式签约加入国际物流可信数据共享网络（NoTN）③，成为该平台首个中方会员。双方此次合作将有利于增强多边互信，促进全球供应链参与者之间的信息共享和交流，提升全球供应链关键环节的透明度和可视化水平，为服务我国构建双循环新

---

① 新战略移动机器人：《2023 年工业 AGV/AMR 4 大应用趋势解读》，2023 年 3 月 10 日，搜狐网（https：//www.sohu.com/a/652152487_218783）。

② 新战略：《近 50 款！2022 年 AGV/AMR 行业新产品盘点》，2023 年 1 月 31 日，移动机器人（AGV/AMR）产业联盟网站（http：//www.agv-amr.com/news/show.php？itemid=1178）。

③ 国际物流可信数据共享网络（"NoTN"）于 2020 年设立，依靠国际港口社区协会全球 50 多个国家的成员单位资源，基于协会成员互信、技术互信、数据安全互信，提供围绕国际供应链的安全、标准、高效的信息共享通道，为供应链各环节参与方构建"门到门"的物流状态可视化方案。

发展格局，保障国际物流供应链安全、稳定、畅通，发挥物流信息化基础设施的坚实支撑作用①。

（二）区域物流信息平台建设取得新进展

2022年，我国区域物流信息平台建设继续推进，满足了相关区域内企业物流信息互通互联的需求，并产生一定的外部辐射效应。浙江"四港"联动智慧物流云平台2.0正式发布上线。作为浙江省物流领域的核心平台，该平台由阿里云、百度、运去哪、货讯通等知名企业共同参与；2.0版本新增了物流数据交互中台、物流管家、公铁水内贸货运网络三大集成应用②，旨在打造浙江省物流一站式公共服务平台，通过物流数智赋能，推动海港、陆港、空港等相关物流数据交互共享、汇聚融合，构建物流数字生态。南京临空供应链综合服务平台正式上线，这是江苏省首个政企共建的综合性智能供应链服务平台，该平台集聚进出口商贸流通企业、综合物流企业、航材交易企业等各类资源，将物流服务数字化、标准化、透明化，提供贸易、报关、物流、金融、保险、验链、信保等一站式、集约化、全链条服务，实现业财信息互通、全程数据可视③。

（三）网络货运平台加快规范发展

自2019年9月交通运输部会同国家税务总局印发《网络平台道路货物运输经营管理暂行办法》之后，我国网络货运行业进入理性快速发展阶段，行业规范化和组织化程度不断提高，在促进我国物流业转型升级和高质量发展、推动我国物流降本增效等方面的作用日益显著。交通运输部数据显示，截至2022年年底，全国共有2537家网络货运企业（含分公司），整合社会零散运

---

① 国家交通运输物流公共信息平台：《国家物流信息平台加入国际物流可信数据共享网络》，2022年4月19日，国家交通运输物流公共信息平台网站（https://www.logink.cn/art/2022/4/19/art_715_55760.html）。

② 中国水运报：《浙江"四港"联动智慧物流云平台2.0版本上线》，2022年1月5日，人民科技官方账号（https://baijiahao.baidu.com/s?id=1721067153251222986&wfr=spider&for=pc）。

③ 秉心：《中储智运参与搭建江苏首个临空供应链综合服务平台》，2022年5月25日，现代物流产业网（https://www.xd56b.com/home/gongyinglian/2022/0525/12301.html）。

力594.3万辆，整合驾驶员522.4万人。全年共上传运单9401.2万单，同比增长36.0%[①]。

（四）供应链金融平台建设快速推进

2022年，我国供应链金融市场得到了有效规范，一批创新型供应链金融平台上线，在促进企业纾解脱困和持续发展方面发挥了重要作用。据中物联金融委不完全统计，2022年，全国30余家企业和机构建设并上线了供应链金融平台，其中既有大型国企、央企、民企等"链主企业"，也有地方政府部门和金融机构[②]。这些平台线上化、数字化、智能化发展趋势十分明显，应用数字化技术强化供应链运营中参与主体的信用刻画和管理，已经成为平台开展业务的主要工具和手段。如，中核保理产业链金融平台与其首款产品"核信"同步上线，"核信"是由中核集团旗下成员企业向供应商开具的体现交易双方基础合同之间债权债务关系的电子信用凭证，具有高信用、可拆分、可转让、可融资、安全高效等特性；由联易融协助中交保理搭建的中交数字金融服务平台已成功上线"中交E信"、资产证券化等多个业务模块。

二、物流标准化发展状况

（一）多项国家基础性物流标准制定、修订、颁布或实施

2022年，我国在物流服务、物流作业、物流信息化领域制定、颁布或实施多项国家基础性物流标准，对物流服务内容、操作流程和数字化方法进行了规范。物流配送领域，《无人机物流配送运行要求》和一批无人驾驶航空器相关技术标准实施，为我国无人机物流的进一步发展提供了重要的标准支

---

① 交通运输部：《2382家网络货运企业第三季度共上传运单2275.0万单》，2022年10月29日，交通运输部网站（https://mp.weixin.qq.com/s?__biz=MzI3MDQwMDQ5NQ==&mid=2247577892&idx=1&sn=cf1ee642db1cebd084250839ac66f2d0&scene=0）。

② 中物联金融委：《又一国企供应链金融破百亿！2022年逾30家供应链金融平台上线，多家平台进千亿、百亿俱乐部》，2023年2月3日，中国物流与采购联合会网站（http://jrfh.chinawuliu.com.cn/xydt/202302/03/597650.shtml）。

撑。一批智慧物流相关标准开始制定，将支持我国物流数字化进程的有序推进。2022年中国正式制定、修订、颁布或实施的国家基础性物流标准如表3-4所示。

为推动我国智慧物流规范化发展，2022年10月，交通运输部和国家标准化管理委员会联合印发了《交通运输智慧物流标准体系建设指南》，提出到2025年，聚焦基础设施、运载装备、系统平台、电子单证、数据交互与共享、运行服务与管理等领域，完成重点标准制修订30项以上，形成结构合理、层次清晰、系统全面、先进适用、国际兼容的交通运输智慧物流标准体系，打造一批标准实施应用典型项目，持续提升智慧物流标准化水平，为加快建设交通强国提供高质量标准供给①。

表3-4 2022年中国正式制定、修订、颁布或实施的国家基础性物流标准

类别	标准名称	状态
物流服务类国家标准	《智慧物流服务指南》《供应链资产管理体系实施指南》	实施
	《物流园区服务规范及评估指标》	修订
仓储、装卸、搬运、运输、包装类国家标准	《货物多式联运术语》 《钢板卷道路运输捆绑固定要求》《载货汽车运行燃料消耗量》《工业车辆 术语 第2部分：货叉和属具》等 《民用飞机装载舱单设计要求》《城市场景物流电动多旋翼无人驾驶航空器（轻小型）系统技术要求》《民用无人驾驶航空器空中交通管理信息服务系统数据接口规范》《城市场景轻小型无人驾驶航空器物流航线划设规范》等 《包装 产品包装用的一维条码和二维条码》《包装 一维条码和二维条码的标签和直接产品标记》等 《绿色仓储与配送要求及评估》 《无人机物流配送运行要求》	实施

---

① 锐观网：《2023年中国智慧物流行业投资规划及前景预测报告》，2023年3月23日，商业新知网站（https://www.shangyexinzhi.com/article/7125830.html）。

续表

类别	标准名称	状态
仓储、装卸、搬运、运输、包装类国家标准	《轻型输送带 第2部分：等同术语表》《轨道交通电子设备 车载驾驶数据记录 第1部分：技术规范》《轨道交通电子设备 车载驾驶数据记录 第2部分：一致性测试》《运输工具类型代码》《汽车、挂车及汽车列车的术语和定义 第1部分：类型》《道路车辆 功能安全 第9部分：以汽车安全完整性等级为导向和以安全为导向的分析》《道路车辆 车辆和外部设备之间排放相关诊断的通信 第1部分：一般信息和使用案例定义》《道路车辆装载物固定装置 拉紧装置通用要求》等《包装 卡纸板折叠纸盒结构尺寸》《防止儿童开启包装 非药品用不可再封口包装的要求与试验方法》《包装 用于发货、运输和收货标签的一维条码和二维条码》等《地上石油储（备）库完整性管理规范》	颁布
	《物流仓储设备 可靠性试验规范 第1部分：输送分拣设备》《物流企业能源计量器具配备和管理要求》《物流仓储设备 可靠性试验规范 第1部分：输送分拣设备》等	制定
物流信息化相关国家标准	《通用寄递地址编码规则》《快递电子运单》	颁布
	《物流机器人 信息系统通用技术规范》	实施
	《物流园区数字化通用技术要求》《电子产品制造过程的数字化物流系统 设计规范》《信息技术 区块链和分布式记账技术 物流追踪服务应用指南》	制定
	《行政、商业和运输业电子数据交换 第1部分：段目录》等	修订

资料来源：根据全国标准信息公共服务平台（http://std.samr.gov.cn/）发布资料整理。

（二）多项国家专业性物流标准制定、修订、颁布或实施

2022年，我国多项国家专业性物流标准制定、修订、颁布或实施。其中，跨境电子商务和粮食物流领域新颁布或实施多项标准，提升了我国民生

· 95 ·

物流的标准化、规范化水平。2022年中国正式制定、修订、颁布或实施的国家专业性物流标准如表3-5所示。

此外，2022年12月底，《快递循环包装箱》国家标准通过审查会。该标准的制定将有助于规范快递循环包装箱设计、生产和检验，提高快递循环包装箱使用率，对于实现快递包装治理绿色化、减量化、可循环发展具有重要作用[①]。

表3-5　2022年中国正式制定、修订、颁布或实施的国家专业性物流标准

类别	标准名称	状态
冷链物流	《医学检验生物样本冷链物流运作规范》	实施
	《易腐食品控温运输技术要求》《低温仓储作业规范》	修订
生鲜物流	《活水产品运输技术规范》	修订
快递物流	《快递电子运单》《信息安全技术　快递物流服务数据安全要求》《通用寄递地址编码规则》	颁布
电商物流	《中小微企业跨境电商综合服务业务管理规范》《跨境电子商务交易服务质量评价》《跨境电子商务交易类产品多语种分类与命名　陶瓷产品》《跨境电子商务交易类产品信息多语种描述　智能手机》《农业社会化服务　生鲜农产品电子商务交易服务规范》	颁布
	《电子商务物流可循环包装管理规范》	实施
粮食物流	《粮食储藏　大米安全储藏技术规范》《粮油储藏　谷物冷却机应用技术规程》《包装容器　奶粉罐质量要求》《易腐加工食品运输储藏品质特征识别与控制技术规范》	颁布
	《粮油储藏　粮仓气密性要求》《粮油储藏　平房仓隔热技术规范》	修订
	《粮油储藏　储粮害虫检验辅助图谱　第4部分：蛀食性害虫（象甲科、豆象科、长蠹科、长角象科、麦蛾科）》《粮油储藏　筒仓进料降碎技术规范》	制定

---

① 现代物流产业网：《〈快递循环包装箱〉国家标准通过审查会》，2022年12月28日，现代物流产业网（https://www.xd56b.com/home/kuaidi/19352.html）。

续表

类别	标准名称	状态
应急物流	《应急物资包装单元条码标签设计指南》	颁布
港口物流	《油船在港作业安全要求》《口岸公共卫生核心能力建设技术规范》《港口作业安全要求 第7部分 水泥》	颁布
危险品物流	《化工园区危险品运输车辆停车场建设规范》《道路运输液体危险货物罐式车辆罐体清洗要求》等	制定

资料来源：根据全国标准信息公共服务平台（http://std.samr.gov.cn/）发布资料整理。

第四章 中国区域物流市场发展状况

受历史发展的影响，中国区域经济发展不平衡，"东高西低、南高北低"的特征比较显著。近年来，随着区域总体发展战略的深入实施，中国区域间的经济差距正在逐步缩小。受区域经济非均衡发展特征影响，中国物流业也表现出明显的地区差异，各区域物流的发展特点有所不同。本章基于区域发展视角，考察中国东部、中部、西部和东北四大区域①物流市场的整体发展状况，并对云南和河南两个热点省份的物流最新进展进行了重点分析。

第一节 中国区域物流发展环境

2022年，在新冠疫情、乌克兰危机等外部因素冲击下，中国经济保持了平稳增长，显示了良好的发展韧性。从区域经济增速看，中西部地区经济领跑，东部地区增速放缓，东北地区增速较低。从政策环境看，中国出台了扎实推进区域战略实施的区域政策，为中国区域物流的高质量发展提供了政策支撑。

一、经济增速"西快东慢"，经济规模东部领先

中国经济增速呈现"西快东慢"格局。经济增长较快的省份集中于中西部地区。2022年，全国共有10个省份的经济增长速度超过4%。其中，西部地区占5个，中部地区占4个，东部地区仅占1个。2022年，东部地区生产

---

① 东部地区：北京、天津、河北、上海、江苏、浙江、福建、山东、广东和海南；中部地区：山西、安徽、江西、河南、湖北和湖南；西部地区：内蒙古、广西、重庆、四川、贵州、云南、西藏、陕西、甘肃、青海、宁夏和新疆；东北地区：辽宁、吉林和黑龙江。

总值同比增长 2.5%，低于全国 3.0% 的平均增速。其中，福建增速达到 4.7%，与中部地区的江西并列全国第一；山东、浙江增速较快，超过全国平均增速；海南、天津、北京增速较慢，上海同比下降 0.2%。中部地区生产总值同比增长 4.0%，连续两年增速领跑全国。其中，江西、湖南、山西、湖北的增速超过 4.0%，安徽、河南的增速也超过全国平均水平。西部地区生产总值同比增长 3.2%。其中，陕西、云南、内蒙古、甘肃、宁夏增速超过 4.0%；广西、重庆、青海、贵州、西藏增速较低，低于全国平均增速。东北地区生产总值同比增长 1.3%。其中，吉林增长 -1.9%，增速为全国最低。

从经济规模看，中国东部地区生产总值规模占绝对优势，但占全国的比重有所下降；中西部地区生产总值规模与东部地区相比仍有较大差距，但占全国的比重连续两年上升；东北地区生产总值占全国的比重则从 2018 年开始连续 5 年下降。2022 年，东部地区生产总值为 62.2 万亿元，占全国的 51.7%，同比下降 0.4 个百分点；中部地区生产总值为 26.7 万亿元，占全国的 22.1%，同比增长 0.2 个百分点；西部地区生产总值为 25.7 亿元，占全国的 21.4%，同比增长 0.3 个百分点；东北地区生产总值为 5.8 亿元，占全国的 4.8%，同比下降 0.1 个百分点。2018—2022 年中国四大区域的地区生产总值及增速如表 4-1 所示。

表 4-1 2018—2022 年中国四大区域的地区生产总值及增速

地区	地区生产总值（万亿元）					地区生产总值增速（%）				
	2018 年	2019 年	2020 年	2021 年	2022 年	2018 年	2019 年	2020 年	2021 年	2022 年
东部	48.1	51.1	52.5	59.2	62.2	—	6.2	2.9	8.1	2.5
中部	19.3	21.9	22.2	25.0	26.7	—	7.3	1.3	8.7	4.0
西部	18.4	20.5	21.3	24.0	25.7	—	6.7	3.3	7.4	3.2
东北	5.7	5.0	5.1	5.6	5.8	—	4.5	1.1	6.1	1.3

资料来源：根据国家统计局《中国统计年鉴》（2019—2022）、《中华人民共和国国民经济和社会发展统计公报》（2019—2022）以及全国 31 个省（市、区）的《2022 年国民经济和社会发展统计公报》相关数据整理。

二、东部地区高端制造业成为经济增长引擎，出口增幅有所放缓

东部地区高端制造业成为经济增长引擎。2022年，上海新能源、高端装备、生物、新一代信息技术等工业战略性新兴产业的规模以上工业总产值比2021年增长5.8%，比全市规模以上工业总产值增速高6.9个百分点[①]。福建的高技术产业增加值比2021年增长17.1%，比全省全部工业增加值增速高12.2个百分点[②]。天津的航空航天、信创、生物医药、新能源产业链增加值分别增长15.6%、9.2%、7.6%和7.2%[③]。

东部地区出口增速有所放缓。由于东部地区出口主要面向欧美国家，因此，受欧美经济增速放缓的影响，2022年，东部省份的出口增速有所下降。全国第一大和第二大出口省份广东和江苏的出口增速分别为5.5%和7.5%，远低于全国出口增速10.5%。北京、天津出口出现负增长，分别为-3.8%和-1.9%。

此外，服务业增速降低，影响了东部地区经济增长。东部地区的经济比较发达，服务业比重普遍较高。北京、上海、天津三个直辖市目前第三产业占比都在60%以上，广东的第三产业比重也达到了54.9%。2022年，由于广东、上海、天津实行了严格的管控，住宿、购物就餐、旅游出行等接触性消费需求减弱，导致住宿和餐饮业、批发和零售业、交通运输、仓储和邮政业等第三产业的增长受到严重影响。广东、上海、天津的第三产业增速分别为1.2%、0.3%、1.7%，均低于全国第三产业2.3%的增速。同时，海南商品

---

① 上海市统计局、国家统计局上海调查总队：《2022年上海市国民经济和社会发展统计公报》，2023年3月22日，上海市统计局网（https：//tjj.sh.gov.cn/tjgb/20230317/6bb2cf0811ab41eb8ae397c8f8577e00.html）。

② 福建省统计局、国家统计局福建调查总队：《2022年福建省国民经济和社会发展统计公报》，2023年3月14日，福建省经济信息中心网（http：//xxzx.fj.gov.cn/jjxx/tjxx/202303/t20230313_6130081.htm）。

③ 天津市统计局、国家统计局天津调查总队：《2022年天津市国民经济和社会发展统计公报》，2023年3月17日，天津市人民政府网（https：//www.tj.gov.cn/sq/tjgb/202303/t20230317_6142972.html）。

消费和旅游业受疫情冲击严重，第三产业增速同比下降0.2个百分点①。

三、中西部地区工业发展强劲，固定资产投资增速较快

中西部地区的制造业增长较快。2022年，江西制造业增加值增长7.4%，比全国制造业增加值增速高4.4个百分点。其中，战略性新兴产业、高技术产业、装备制造业增加值分别增长20.6%、16.9%和17.3%②。湖南高技术制造业增加值增长18.0%，装备制造业增加值增长9.9%③。湖北制造业增加值增长6.6%。其中高技术制造业增加值增长21.7%④。内蒙古制造业增长10.9%，其中战略新兴产业、高技术制造业、新能源装备制造业增加值分别增长8.3%、33.6%和75.3%⑤。

煤炭工业对中西部地区经济增长的贡献较大。中西部地区的山西、新疆、宁夏、陕西、甘肃、内蒙古是中国煤炭资源丰富的省份。受国际能源价格大涨及进口煤炭量下降等多重因素影响，2022年，中国煤炭产量创历史新高，煤炭价格总体在高位波动，导致煤炭资源比较丰富省份的煤炭工业增加值增长较快。甘肃煤炭工业增加值同比增长21.9%，内蒙古煤炭开采和洗选业增加值增长8.0%，山西煤炭工业增加值增长7.6%。

---

① 海南省统计局、国家统计局海南调查总队：《2022年海南省国民经济和社会发展统计公报》，2023年2月17日，海南省人民政府网（https://www.hainan.gov.cn/hainan/ndsj/202302/ca8dec78f2394f1c906d6cdf8984662a.shtml）。

② 江西省统计局、国家统计局江西调查总队：《江西省2022年国民经济和社会发展统计公报》，2023年3月28日，江西省统计局网（http://tjj.jiangxi.gov.cn/col/col38773/index.html）。

③ 湖南省统计局、国家统计局湖南调查总队：《湖南省2022年国民经济和社会发展统计公报》，2023年3月23日，湖南省人民政府网（http://www.hunan.gov.cn/hnszf/zfsj/tjgb/202303/t20230323_29297460.html）。

④ 湖北省统计局、国家统计局湖北调查总队：《湖北省2022年国民经济和社会发展统计公报》，2023年3月18日，湖北省人民政府网（http://www.hubei.gov.cn/zwgk/hbyw/hbywqb/202303/t20230318_4589713.shtml）。

⑤ 内蒙古自治区统计局：《内蒙古自治区2022年国民经济和社会发展统计公报》，2023年3月16日，内蒙古自治区人民政府网（https://www.nmg.gov.cn/tjsj/sjfb/tjgb/202303/t20230316_2274533.html）。

中西部地区的固定资产投资增速较快。2022年，财政部提前下发专项债额度，适度超前开展基础设施投资，中国基建投资增速回升至9.4%。2022年全国固定资产投资比2021年增长5.1%。其中，中部、西部地区投资同比增长8.9%、4.7%，远高于东部和东北地区的3.6%和1.2%。固定资产投资增长的驱动力主要是基建投资和工业投资。山西的工业投资、基础设施投资分别增长11.7%、14.4%[1]；陕西的工业投资、基础设施投资分别增长8.7%、12.7%[2]；重庆的工业投资、基础设施投资分别增长10.4%、9.0%[3]；江西的工业投资、基础设施投资分别增长7.0%、22.4%[4]；广西的工业投资、基础设施投资分别增长30.0%、10.2%[5]。

四、东北地区经济增速较低，经济发展新动能加快孕育

东北地区辽宁、吉林和黑龙江的地区生产总值增速分别为2.1%、−1.9%和2.7%，均低于全国3.0%的平均增速[6][7][8]。影响东北地区经济增

---

[1] 山西省统计局、国家统计局山西调查总队：《山西省2022年国民经济和社会发展统计公报》，2023年3月24日，山西省统计局网（http：//tjj. shanxi. gov. cn/tjsj/tjgb/202303/t20230323_8207321. shtml）。

[2] 陕西省统计局、国家统计局陕西调查总队：《2022年陕西省国民经济和社会发展统计公报》，2023年4月14日，陕西省统计局网（http：//tjj. shaanxi. gov. cn/tjsj/ndsj/tjgb/qs_444/202304/t20230414_2282492. html）。

[3] 重庆市统计局、国家统计局重庆调查总队：《2022年重庆市国民经济和社会发展统计公报》，2023年3月17日，重庆市统计局网（http：//tjj. cq. gov. cn/zwgk_233/fdzdgknr/tjxx/sjzl_55471/tjgb_55472/202303/t20230317_11775723_wap. html）。

[4] 江西省统计局、国家统计局江西调查总队：《江西省2022年国民经济和社会发展统计公报》，2023年3月28日，江西省统计局网（http：//tjj. jiangxi. gov. cn/col/col38773/index. html）。

[5] 广西壮族自治区统计局、国家统计局广西调查总队：《2022年广西壮族自治区国民经济和社会发展统计公报》，2023年3月31日，广西壮族自治区统计局网（http：//tjj. gxzf. gov. cn/syyw/t16224266. shtml）。

[6] 辽宁省统计局、国家统计局辽宁调查总队：《辽宁省2022年国民经济和社会发展统计公报》，2023年3月16日，辽宁省统计局网（https：//tjj. ln. gov. cn/tjj/tjxx/tjgb/ndtjgb/index. shtml）。

[7] 吉林省统计局、国家统计局吉林调查总队：《吉林省2022年国民经济和社会发展统计公报》，2023年4月1日，吉林省统计局网（http：//tjj. jl. gov. cn/tjsj/tjgb/ndgb/202304/t20230401_8687326. html）。

[8] 黑龙江省统计局、国家统计局黑龙江调查总队：《2022年黑龙江省国民经济和社会发展统计公报》，2023年3月22日，黑龙江省统计局网（http：//tjj. hlj. gov. cn/tjj/c106779/202303/c00_31558382. shtml）。

长的主要因素，一是固定资产投资增速低。2022年东北地区的固定资产投资增速为1.2%，辽宁、吉林、黑龙江增速分别为3.6%、-2.4%和0.6%，均低于全国4.9%的增速。二是社会消费品零售额大幅下降。辽宁、吉林、黑龙江的社会消费品零售额比2021年分别下降2.6%、9.7%和6%，均远高于全国社会消费品零售额0.2%的下降幅度。三是人口减少。2022年，东北地区的常住人口减少超过86万人，辽宁、吉林、黑龙江分别减少32.4万、27.7万和26万人。

东北地区经济发展也呈现出一些亮点。一是东北地区的出口情况向好。2022年辽宁、吉林、黑龙江的出口额分别同比增长8.2%、42.1%和22.0%。二是新动能加快孕育。其中，高新技术产业投资增速较快，如辽宁省高新技术产业投资比2021年增长16.3%；高技术制造业增加值增长较快，辽宁省规模以上高技术制造业增加值增长16.6%；新产品产量增势较好，辽宁省城市轨道车辆产量同比增长39.1%、光缆产量增长23.7%、智能手机产量增长21.6%、工业机器人产量增长1.7%，黑龙江省工业机器人产量增长16.7倍、金属切削机床产量增长1.2倍、铁路货车产量增长34.1%、电工仪器仪表产量增长20.9%、汽车产量增长8.6%。

五、系列政策推动区域战略部署落地，促进区域物流高质量发展

2022年，我国出台了一系列区域发展政策，一方面旨在推动重大区域战略部署落地，促进区域协调发展；另一方面也为区域物流的高质量发展提供了政策支撑。

2022年1月，国务院出台《国务院关于支持贵州在新时代西部大开发上闯新路的意见》，提出要把贵州省打造为西部大开发综合改革示范区、巩固拓展脱贫攻坚成果样板区、内陆开放型经济新高地、数字经济发展创新区、生态文明建设先行区。该意见强调要巩固提升贵州在西部陆海新通道中的地位，并对贵州公路、铁路、航运、机场等交通基础设施的建设以及贵阳、遵义全国性综合交通枢纽建设做出一系列部署。该意见有助于将贵州打造为西南地

区重要的商贸物流中心，推进贵州与广东、长三角经济带等区域的商贸物流一体化发展。

6月，国务院印发《广州南沙深化面向世界的粤港澳全面合作总体方案》，提出南沙区域要在粤港澳大湾区参与国际合作竞争中发挥引领作用，携手港澳建成高水平对外开放门户，成为粤港澳全面合作的重要平台。方案提出要充分发挥香港国际航运中心作用及海事专业服务优势，推动粤港澳大湾区内航运服务资源跨境跨区域整合，提升大湾区港口群的总体服务能级，增强国际航运物流枢纽功能。该方案还对大湾区航运物流服务合作、海事服务合作、航运服务功能的完善、航运物流及相关产业的发展做出部署。

12月，国务院办公厅印发《"十四五"现代物流发展规划》，提出到2025年，基本建成供需适配、内外联通、安全高效、智慧绿色的现代物流体系；到2035年，中国现代物流体系对区域协调发展和实体经济高质量发展的支撑引领更加有力，为基本实现社会主义现代化提供坚实保障。该规划还提出围绕共建"一带一路"、长江经济带发展等重大战略实施和西部陆海新通道建设，提升"四横五纵、两沿十廊"物流大通道沿线物流基础设施支撑和服务能力，发展物流通道经济。

第二节　中国区域物流现状及特征

受内外部环境影响，中国区域物流市场增速总体放缓。本节通过货运量与货物周转量、港口吞吐量、机场货邮吞吐量及快递业务量等指标对各区域物流需求规模予以剖析，同时从交通基础设施、物流仓储设施建设角度对各区域物流基础设施的发展状况进行总结。此外，还对各区域的物流发展特征进行了梳理，即东部地区加速推动物流领域数智化转型发展，中西部地区大力推进中欧班列和国家物流枢纽建设，东北地区加大物流通道建设力度并促进冷链物流发展。

一、中国区域物流市场需求规模

（一）货运量和货物周转量

2017—2020年，东部地区货运量占全国的比重总体呈上升趋势，西部地区和东北地区则呈下降趋势，中部地区自2019年起由之前的下降趋势转为上升趋势。2021年，东部地区货运量占全国总量的比重为38.54%，同比下降0.8个百分点；中部地区和西部地区的货运量占全国总量的比重都有所上升，分别上升1个百分点和0.15个百分点；东北地区的货运量占全国总量的比重继续下降，下降约0.09个百分点。

2017—2020年，东部地区货物周转量占全国的比重总体呈上升趋势，中部、西部和东北地区的货物周转量占全国的比重持续下降。2021年，东部地区货物周转量占全国总量的比重为60.97%，同比下降0.19个百分点；中部和西部地区分别上升了0.95个百分点和0.18个百分点，而东北地区则继续下降约0.66个百分点。2017—2021年中国四大区域货运量与货物周转量占全国总量的比重如表4-2所示。

表4-2　2017—2021年中国四大区域货运量与货物周转量占全国总量的比重

地区	货运量（%）					货物周转量（%）				
	2017年	2018年	2019年	2020年	2021年	2017年	2018年	2019年	2020年	2021年
东部	36.73	36.12	38.38	39.34	38.54	55.82	55.14	58.97	61.16	60.97
中部	29.46	28.85	24.12	27.55	28.55	20.39	19.97	18.53	18.15	19.10
西部	29.99	29.85	26.14	25.76	25.91	15.33	15.31	13.50	13.43	13.61
东北	6.82	6.42	5.77	5.52	5.43	8.46	6.82	6.19	4.39	3.73

资料来源：根据国家统计局《中国统计年鉴》（2018—2022）相关数据整理。

（二）港口货物吞吐量

2018—2022年，中国东部地区港口货物吞吐量持续增长，从112.14亿吨增长到126.41亿吨，年均增长3.04%。2022年，东部地区港口货物吞吐量同比增长1.06%，如图4-1所示。宁波舟山港货物吞吐量连续14年居全球第一，2022年货物吞吐量达到12.61亿吨。

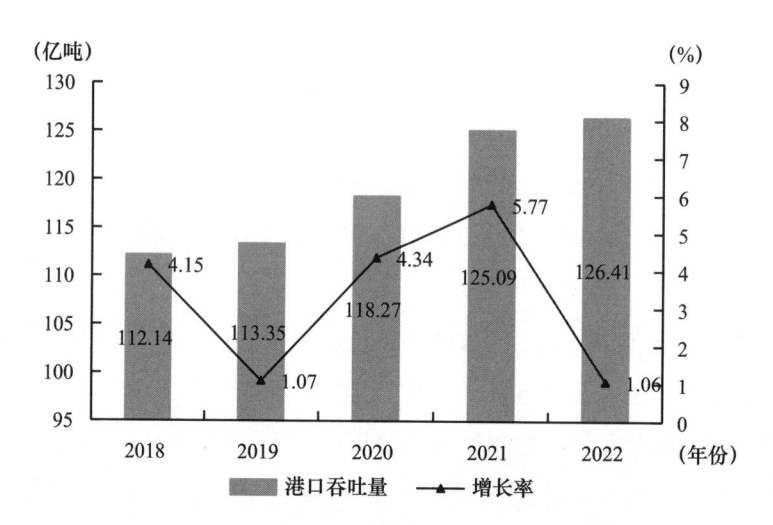

图4-1 2018—2022年东部地区港口货物吞吐量及增速

资料来源：根据中国港口杂志社《中国港口年鉴》（2018—2022）以及交通运输部《2022年12月全国港口货物、集装箱吞吐量》相关数据整理。

中西部地区除广西拥有北部湾沿岸的海港之外，其余省份水路运输以内河航运为主。其中，中部地区依托长江形成了宜昌、荆州、岳阳、武汉、黄石、九江、安庆、池州、铜陵、芜湖和马鞍山等一批规模以上内河港口；西部地区主要依托长江上游航线、西江、嘉陵江形成了重庆、涪陵、万州、泸州、贵港等一批规模以上内河港口。

2018—2022年，中西部地区港口货物吞吐量呈现"先下降，后增长"的发展态势。其中，2018—2019年港口货物吞吐量由20.11亿吨下降到17.53亿吨；2019—2022年呈现增长态势，港口货物吞吐量由2019年的17.53亿吨增长到2022年的22.99亿吨。2022年，中西部地区港口货物吞吐量同比增长2.45%。其中，广西、安徽、湖北的港口货物吞吐量有较快增长，重庆港口的货物吞吐量则出现较大幅度下滑。东北地区的港口货物吞吐量持续下降，2022年为7.44亿吨，同比下降6.0%。2018—2022年中西部及东北地区港口货物吞吐量如表4-3所示。

表4-3 2018—2022年中西部及东北地区港口货物吞吐量　单位：万吨

省份	2018年	2019年	2020年	2021年	2022年
广西	37866	37916	46913	55659	56753
安徽	51135	55488	54095	58326	60793
江西	24488	15971	18755	22905	22592
河南	64	173	382	2154	2265
湖北	34624	30661	37976	48831	56467
湖南	24343	15337	13580	14094	14166
重庆	20444	17127	16498	19804	12795
四川	5685	1909	1360	2044	3216
贵州	1066	27	23	25	28
云南	1073	669	422	602	873
中西部地区合计	200988	175278	190004	224444	229948
辽宁	104812	86124	82004	78768	74051
黑龙江	267	215	277	396	363
东北地区合计	105079	86339	82281	79164	74414

资料来源：根据中国港口杂志社《中国港口统计年鉴》（2018—2022）以及交通运输部《2022年全国港口货物、集装箱吞吐量》相关数据整理。

（三）机场货邮吞吐量

2022年，东部地区机场货邮吞吐量远高于中西部地区和东北地区。其中，东部地区机场货邮吞吐量为1069.7万吨，占全国机场货邮吞吐量的73.63%，远高于中部、西部和东北地区的126.1万吨、214.9万吨和42.2万吨。2018—2022年中国四大区域机场货邮吞吐量如表4-4所示。

表4-4　2018—2022年中国四大区域机场货邮吞吐量　　单位：万吨

地区	2018年	2019年	2020年	2021年	2022年
东部	1246.3	1245.9	1168.4	1298.8	1069.7
中部	113.4	124.6	137.2	159.0	126.1
西部	259.5	279.1	251.8	272.4	214.9
东北	55.0	60.4	49.9	52.3	42.2

资料来源：根据中国民用航空局《民航机场生产统计公报》（2018—2022）相关数据整理。

2022年，受疫情影响，东部、中部、西部、东北四大区域的机场货邮吞吐量都出现大幅下降，同比分别下降17.6%、20.7%、21.1%和19.3%。2018—2022年，中部地区平均增速达到2.69%，远高于其他区域。2018—2022年中国四大区域机场货邮吞吐量增速如表4-5所示。

表4-5　2018—2022年中国四大区域机场货邮吞吐量增速　　单位：%

地区	2018年	2019年	2020年	2021年	2022年	2018—2022年平均增速
东部	2.50	-0.03	-6.22	11.2	-17.6	-3.75
中部	10.53	9.88	10.11	15.9	-20.7	2.69
西部	6.13	7.55	-9.71	8.2	-21.1	-4.16
东北	0.55	9.82	-17.38	4.7	-19.3	-6.41

资料来源：根据中国民用航空局《民航机场生产统计公报》（2018—2022）相关数据整理。

（四）快递业务量

从快递业务量看，东部地区远超其他三个区域。2022年，东部地区快递业务量为832.51亿件，占全国快递业务量的比重达74.5%；中部地区160.43亿件，占比14.4%；西部地区93.94亿件，占比8.4%；东北地区30.20亿件，占比2.7%。

从快递业务量增速看，2022年中国快递业务量增速大幅下降。其中，西部地区增速最高，同比增长18.91%；东部地区增速最低，同比仅增长

0.31%；中部地区和东北地区分别同比增长 10.34% 和 5.59%。2018—2022 年中国四大区域快递业务量及增速如表 4-6 所示。

表 4-6　2018—2022 年中国四大区域快递业务量及增速

地区	快递业务量（亿件）						快递业务量增速（%）						2018—2022年平均增速
	2018年	2019年	2020年	2021年	2022年	2018年	2019年	2020年	2021年	2022年	
东部	398.48	498.20	650.74	829.90	832.51	24.59	25.02	30.62	27.53	0.31	21.08
中部	57.15	75.13	102.15	145.40	160.43	35.33	31.48	35.96	42.34	10.34	30.60
西部	39.66	47.36	60.47	79.00	93.94	35.46	19.44	27.68	30.64	18.91	26.27
东北	11.82	14.53	20.22	28.60	30.20	28.19	22.92	39.16	41.44	5.59	26.79

资料来源：根据国家邮政局《国家邮政局邮政业运行情况》（2018—2022）相关数据整理。

二、中国区域物流基础设施发展状况

（一）交通基础设施建设

1. 铁路建设状况

中国铁路建设状况存在较明显的区域差异。从铁路营业里程看，截至 2021 年年底，中国东部地区的铁路营业里程达到 3.65 万公里，中部地区达到 3.45 万公里，西部地区达 6.06 万公里，东北地区为 1.90 万公里。

从铁路营业里程增速看，2017—2021 年，中国西部地区铁路营业里程增速领跑，由 45954 公里增长至 60642 公里，年均增长 7.18%；东北地区的增长相对缓慢，铁路营业里程由 17191 公里增长至 19038 公里，年均增长 2.58%；东部地区和中部地区的铁路营业里程分别由 29633 公里、28247 公里增长至 36546 公里、34513 公里，年均分别增长 5.38% 和 5.14%。2017—2021 年中国四大区域铁路营业里程及增速如表 4-7 所示。

表4-7 2017—2021年中国四大区域铁路营业里程及增速

年份	东部 总量（公里）	东部 增速（%）	中部 总量（公里）	中部 增速（%）	西部 总量（公里）	西部 增速（%）	东北 总量（公里）	东北 增速（%）
2017	29633	2.4	28247	1.0	45954	3.3	17191	2.1
2018	31527	6.4	28864	2.2	46838	1.9	18462	7.4
2019	33139	5.1	32850	13.8	48665	3.9	18336	-0.7
2020	34962	5.5	33805	2.9	59113	21.5	18451	0.6
2021	36546	4.5	34513	2.1	60642	2.6	19038	3.2

资料来源：根据国家统计局《中国统计年鉴》（2018—2022）相关数据整理。

2022年，中国铁路投产新线4100公里，其中高速铁路2082公里。截至2022年年底，中国铁路营业里程达15.5万公里，其中高铁营业里程4.2万公里。中国新开通运营线路主要集中在东部地区和西部地区。其中，东部地区新开通湖州—杭州—桐庐段、北京—唐山段、北京—北辰—滨海段、清流—泉州段；西部地区新开通南宁—凭祥段、中卫—兰州段、弥勒—蒙自段、丽江—香格里拉段、大理—保山段、和田—若羌段和重庆东环铁路；中部地区新开通黄梅—黄冈段、郑州—襄阳—万州段、常德—益阳—长沙段、郑州—濮阳段。此外，2022年5月，中国首趟中缅新通道（重庆—临沧—缅甸）国际铁路班列正式通车，为西部地区注入新的动能。

从路网密度看，我国各地区的路网密度差异较为明显。2021年东部地区铁路路网密度高达392.2公里/万平方公里，中部和东北地区的铁路路网密度分别为335.6公里/万平方公里和235.3公里/万平方公里，西部地区仅为88.3公里/万平方公里。2017—2021年我国四大区域铁路路网密度如表4-8所示。

表4-8 2017—2021年我国四大区域铁路路网密度

单位：公里/万平方公里

年份	东部	中部	西部	东北
2017	317.6	274.8	75.5	212.5
2018	336.9	280.8	76.8	228.2
2019	355.2	319.5	79.9	226.6
2020	381.8	328.9	85.9	228.1
2021	392.2	335.6	88.3	235.3

资料来源：根据国家统计局《中国统计年鉴》（2018—2022）相关数据整理。

2. 公路建设状况

2022年，中国公路固定资产投资增幅较大。其中，西部地区的公路固定资产投资增速领跑全国，东部地区的公路固定资产投资增速相对缓慢。2022年1—11月，东部地区完成公路固定资产投资8063.11亿元，同比增长7.79%；中部地区完成公路固定资产投资6519.10亿元，同比增长17.01%；西部地区完成公路固定资产投资10756.48亿元，同比增长93.06%；东北地区完成公路固定资产投资829.75亿元，同比增长33.44%。

西部地区的公路和高速公路里程居全国第一。2021年，西部地区公路里程为2265508公里，同比增长2.9%，占全国的42.9%；高速公路里程为69764公里，同比增长9.6%，占全国的41.3%。2017—2021年中国四大区域的公路里程、高速公路里程及比重如表4-9所示。

表4-9 2017—2021年中国四大区域的公路里程、高速公路里程及比重

年份	指标	全国	东部	中部	西部	东北
2017	公路里程（公里）	4773469	1151216	1285439	1944224	392590
	高速公路（公里）	136449	38465	35117	51024	11843
	高速公路比重（%）	2.9	3.3	2.7	2.6	3.0

续表

年份	指标	全国	东部	中部	西部	东北
2018	公路里程（公里）	4657482	1161527	1297781	1991735	395489
	高速公路（公里）	137790	40764	36064	53624	12141
	高速公路比重（％）	2.9	3.5	2.8	2.8	3.1
2019	公路里程（公里）	4606791	1178783	1371136	2062442	400137
	高速公路（公里）	138639	42744	37361	57039	12427
	高速公路比重（％）	3.0	3.6	2.7	2.8	3.1
2020	公路里程（公里）	5198120	1196478	1392468	2202305	406866
	高速公路（公里）	160980	46023	38164	63644	13149
	高速公路比重（％）	3.1	3.8	2.7	2.9	3.2
2021	公路里程（公里）	5280708	1203007	1403560	2265508	408634
	高速公路（公里）	169071	47254	38869	69764	13183
	高速公路比重（％）	3.2	3.9	2.8	3.1	3.2

资料来源：根据国家统计局《中国统计年鉴》（2018—2022）相关数据整理。

从路网密度来看，西部地区的路网密度仍然处于较低水平。2021年，西部地区公路和高速公路的路网密度分别为3299.8公里/万平方公里和101.6公里/万平方公里，两项数据均低于其他区域。2021年，中部地区的公路路网密度继续居于首位，为13648.0公里/万平方公里；而东部地区的高速公路路网密度最高，为515.9公里/万平方公里。2017—2021年中国四大区域公路路网密度与高速公路路网密度如表4-10所示。

表4-10　2017—2021年中国四大区域公路路网密度与高速公路路网密度

单位：公里/万平方公里

年份	指标	全国平均	东部地区	中部地区	西部地区	东北地区
2017	公路路网密度	4972.4	12378.7	12480	2830.8	4846.8
	高速公路路网密度	142.1	413.6	341	74.3	146.2

续表

年份	指标	全国平均	东部地区	中部地区	西部地区	东北地区
2018	公路路网密度	5048.4	12489.6	12559.8	2890.0	4882.6
	高速公路路网密度	148.5	438.3	350.2	78.1	148.5
2019	公路路网密度	5221.4	12675.1	13312.0	3002.9	4940.0
	高速公路路网密度	155.8	459.6	362.8	83.1	153.4
2020	公路路网密度	5414.7	13064.8	13549.4	3201.6	5046.1
	高速公路路网密度	167.7	502.5	371.4	92.5	163.1
2021	公路路网密度	5500.7	13136.1	13648.0	3299.8	5057.4
	高速公路路网密度	176.1	515.9	378.0	101.6	163.2

资料来源：根据国家统计局《中国统计年鉴》（2018—2022）相关数据整理。

3. 水运建设状况

2022年，除东北地区水运固定资产投资大幅下降外，其他三个区域的水运固定资产投资均呈现一定幅度的增长。2022年1—11月，东部地区的内河建设完成固定资产投资290.33亿元，同比增长12.4%；沿海建设完成固定资产投资627.06亿元，同比增长8.14%。中部地区的内河建设完成固定资产投资302.50亿元，同比增长9.56%。西部地区的内河建设完成固定资产投资158.72亿元，同比增长26.67%；沿海建设完成固定资产投资81.64亿元，同比下降11.07%。东北地区的内河建设完成固定资产投资0.44亿元，同比增长58.7%；沿海建设完成固定资产投资6.14亿元，同比下降77.7%[1]。

2021年，东部地区沿海规模以上港口码头长度较2020年有所增长，但泊位数略有下降。其中，汕头港的码头长度增长速度最快，由2020年的5013米增长到2021年的6029米，同比增长20.27%；广州港由于码头的拆除，长度由2020年的50011米减少到2021年的40283米，下降19.45%。连云港港

---

[1] 交通运输部综合规划司：《2022年1—11月公路水路交通固定资产投资完成情况》，2022年12月28日，交通运输部网站（https://xxgk.mot.gov.cn/2020/jigou/zhghs/202212/t20221228_3730416.html）。

口的泊位数增长最快，由 2020 年的 76 个增长到 2021 年的 97 个，同比增长 21.65%；由于码头的拆除，广州的港口泊位数下降幅度较大，由 2020 年的 621 个下降至 2021 年的 497 个，下降 19.97%。2020—2021 年东部地区沿海规模以上港口码头长度、泊位数及增速如表 4-11 所示。

表 4-11　2020—2021 年东部地区沿海规模以上港口码头长度、泊位数及增速

港口	码头长度（米）2020 年	码头长度（米）2021 年	增长率（%）	港口泊位数量（个）2020 年	港口泊位数量（个）2021 年	增长率（%）
秦皇岛	17246	17246	0.00	93	93	0.00
天津	41776	45853	9.76	192	212	10.42
烟台	39294	39981	1.75	223	223	0.00
威海	13786	13786	0.00	84	84	0.00
青岛	30625	31967	4.38	119	124	4.20
日照	22806	24004	5.25	85	89	4.71
上海	105814	109151	3.15	1024	1037	1.27
连云港	17494	20400	16.61	76	97	21.65
宁波—舟山	100955	102924	1.95	699	712	1.86
台州	15740	15149	-3.75	197	180	-8.63
温州	17279	15546	-10.03	202	170	-15.84
福州	26233	26964	2.79	158	163	3.16
厦门	31476	32603	3.58	175	180	2.86
汕头	5013	6029	20.27	34	37	8.82
深圳	34036	33736	-0.88	168	164	-2.38
广州	50011	40283	-19.45	621	497	-19.97
湛江	22878	23577	3.06	159	162	1.89
海口	9867	9867	0.00	70	70	0.00
八所	2488	2488	0.00	12	12	0.00
东部沿海合计	604817	611554	1.11	4391	4234	-3.58

资料来源：根据国家统计局《中国统计年鉴》（2021—2022）相关数据整理。

中部地区持续提升内河航道通过能力。中部地区内河航道主要包括长江上游水系和淮河水系。2022年1月，长江试运行将武汉至岳阳航道维护尺度由4.2米提升至4.5米，4.5米水深航道成功上延近230公里；5月起，实现宜昌至武汉6—8月航道维护水深5.0米贯通，5月、9月4.5米贯通；10月，将宜昌至松滋航道维护水深提升至4.5米，松滋至荆州提升至3.8米。2022年9月，长江上游涪陵至丰都河段航道整治工程正式开工，工程实施后将打通库区黄金水道"卡口"，5000吨级货轮可常年安全抵达重庆寸滩港。此外，2021年中部地区码头长度略有增加，港口泊位数小幅下降。其中，内河港口码头长度增加0.88%，港口泊位数下降0.91%。2020—2021年中部地区九大内河港口码头长度、泊位数及增长率如表4-12所示。

表4-12 2020—2021年中部地区九大内河港口码头长度、泊位数及增长率

港口	码头长度（米）2020年	码头长度（米）2021年	增长率（%）	港口泊位数量（个）2020年	港口泊位数量（个）2021年	增长率（%）
宜昌	22924	22609	-1.37	185	182	-1.62
武汉	19746	21575	9.26	184	190	3.26
黄石	7336	6310	-13.99	54	45	-16.67
九江	16204	4307	-73.42	146	40	-72.60
安庆	3924	8990	129.10	39	85	117.95
池州	8385	7192	-14.23	79	70	-11.39
铜陵	7414	16263	119.36	74	145	95.95
芜湖	12515	12741	1.81	115	117	17.39
马鞍山	9793	9206	-5.99	117	110	-5.98
中部地区合计	108241	109193	0.88	993	984	-0.91

资料来源：根据国家统计局《中国统计年鉴》（2021—2022）相关数据整理。

西部地区水路航道主要包括长江上游水系、珠江水系和黄河水系。2021

年，西部地区内河通航里程减少了63公里，合计为34684公里。2021年西部地区各省市内河通航里程状况如表4-13所示。

表4-13 2021年西部地区各省市内河通航里程状况

省份	内河通航里程（公里）	省份	内河通航里程（公里）
内蒙古	2403	陕西	1146
广西	5707	甘肃	911
重庆	4352	宁夏	130
四川	10817	青海	674
贵州	3954	新疆	—
云南	4590	西部地区合计	34684
西藏	—		

资料来源：交通运输部：《中国内河：航道通航里程》，CEIC数据库，（https://www.ceicdata.com/zh-hans/china/waterway-navigable-length-river/cn-river-navigable-length）。

4. 航空建设状况

2022年，中国新增6个民用航空机场，其中，中部地区的湖北省增加1个；西部地区的新疆增加3个，西藏增加2个。截至2022年年底，东部地区共有56个民航机场，中部地区、西部地区和东北地区分别有41个、130个和27个民航机场。东部地区机场分布密度为6.0个/十万平方公里，约为中部地区的1.6倍，东北地区的1.8倍，西部地区的3.2倍。2018—2022年中国民用航空机场的区域分布状况如表4-14所示。

表4-14 2018—2022年中国民用航空机场的区域分布状况　　单位：个

地区	2018年	2019年	2020年	2021年	2022年
东部	54	54	54	56	56
中部	36	36	36	40	41
西部	118	121	124	125	130

续表

地区	2018年	2019年	2020年	2021年	2022年
东北	27	27	27	27	27
合计	235	238	241	248	254

资料来源：根据中国民用航空局《民航行业发展统计公报（2018—2022）》相关数据整理。

（二）物流仓储建设

近年来，中国持续加大物流仓储建设，物流园区数量显著增加，但园区布局仍不均衡，东部地区显示出较大优势。

根据中国物流与采购联合会2022年12月发布的第六次《全国物流园区（基地）调查报告（2022）》，截至2021年年底，中国符合3个条件[①]的规划、在建及运营的物流园区总数量为2533家，比2018年第五次调查的1638家增长55.9%。在2533家园区中，处于运营状态（园区已开展物流业务）的园区有1906家。从区域分布看，东部、中部、西部和东北地区的物流园区总数分别为910家、670家、793家和180家，其中，运营物流园区数量分别为765家、462家、539家和140家。从省份分布看，物流园区和运营园区数量的前三名分别为江苏、山东和广东，均处于东部地区。江苏的物流园区总数和运营园区数量分别为176家和165家，山东分别为174家和137家，广东分别为159家和132家。而北京、青海、海南、西藏等省区的物流园区总数和运营园区数量较少，物流园区总数均少于20家。全国运营园区的投资强度平均为156.5万元/亩，从区域分布来看，东部地区运营园区平均投资强度最高，为190.0万元/亩，分别是中部地区、西部地区、东北地区运营园区的1.33倍、1.56倍和1.50倍。全国运营园区智慧物流投入占实际投资总额的平均值为9.2%，从区域分布来看，东部地区运营园区智慧物流发展水平较

---

① 3个条件包括署名为物流园区、物流枢纽、物流基地、物流中心、公路港、铁路港、物流港、无水港等的企业（单位）；园区占地面积在150亩（0.1平方公里，即10万平方米）及以上，具有政府部门核发的用地手续；园区有多家企业入驻，能够提供社会化的物流服务。

高，平均智慧物流投入占比为 10.4%；中部地区、西部地区、东北地区运营园区平均智慧物流投入占比分别为 9.6%、8.8% 和 8.3%。

根据中关村绿色冷链物流产业联盟发布的《2022 版全国冷链物流企业分布图》，2022 年年底，中国重点样本企业冷库容量为 5686 万吨，较 2021 年同比增长 8.85%。其中，东部地区冷库容量为 3081.7 万吨，占全国的 54.2%；中部地区的冷库容量为 1217.4 万吨，占全国的 21.4%；西部地区的冷库容量为 993.4 万吨，占全国的 17.5%；东北地区的冷库容量为 393.1 万吨，占全国的 6.9%[①]。

三、中国区域物流的主要特征

（一）东部地区物流领域的数字化、智慧化转型加速

随着移动互联网、物联网、云计算、大数据等新一代信息技术的加快应用，物流领域的数字化、智慧化转型不断加速。凭借产业优势、市场优势和技术优势，东部地区物流领域的数字化、智慧化转型走在全国前列。

一是数字仓库的建设领先。2022 年 8 月，中国物流与采购联合会公示了中物联数字化仓库标杆初选单位，共有 91 家企业，其中东部地区的企业有 47 家。例如，厦门象屿股份运用区块链、AI 物联网等技术打造出数字化仓库，并通过构建"物联网＋边缘计算＋感知设备"智能监控体系，实现货物入库、出库、在库管理的全流程可视化、可预警、可追溯，进一步提高了物流服务效率和货权管控安全性。

二是东部物流园区的智慧物流发展水平较高。根据 2022 年发布的第六次《全国物流园区（基地）调查报告（2022）》，东部地区物流园区智慧物流占实际投资总额比重最高，比全国平均水平高 1.2 个百分点。青岛胶州湾国际物流园、张家港玖隆钢铁物流园、林安物流园等企业已形成成熟的智慧园区

---

① 中关村绿色冷链物流产业联盟：《全国冷链物流企业分布图（2022 版）》，中关村绿色冷链物流产业联盟网站（http://www.lenglianwuliu.org.cn/menu/details.html?menuId=78）。

打造路径，这些物流园通过综合应用各类数字化科技手段，对园区运营流程进行优化，对各类资源要素进行整合，打造出了具有区域特色的智慧物流产业园区。

三是积极推动智慧港口建设。上港集团以"数字港口"建设为抓手，在洋山四期自动化码头率先推出多维度、全流程的超大型自动化集装箱码头数字孪生平台，实现了地理信息和道路、堆场、集装箱、岸桥、场桥、AGV等设施设备的高精度建模。同时，上港集团还基于数字孪生技术探索传统码头升级改造，在洋山四期试点应用的基础上，推广应用到全集团所有码头，逐步构建出具备全局视野的上海港智慧生产调度指挥中心，提升了上海港的管理水平。

四是物流企业积极进行数字化转型。菜鸟网络长期坚持将物联网、人工智能、大数据等数智技术与物流产业深度融合，截至2022年7月，菜鸟网络的几乎每个物流环节均实现了数字化，并入选2022年浙江省数字工厂标杆企业认定类和培育类名单[1]。申通快递对数字基础设施持续投入，早在2019年，申通快递就将订单平台、巴枪系统等系统迁移到阿里云上，成为全国首家将全部业务系统搬到云上的快递企业；2022年6月，申通快递进一步将组织和业务"搬"上专属钉钉，集成超百个核心应用，服务全国三万多个网点和门店、近百个转运中心、30万物流人员，用数字化工具保障组织内外部的高效协同，帮助商家、物流公司、司机和收货方实现无缝连接[2]。

（二）中西部地区大力推进国际班列和国家物流枢纽建设

中西部地区拥有全国70%以上的国土面积。近年来，随着新发展格局的建立与"一带一路"建设的深入，中西部地区迸发出新的发展活力。2022年，中西部地区充分发挥区位优势，积极推进国际班列建设和国家物流枢纽建设。

---

[1] 陈婕：《菜鸟入选2022年浙江省首批数字工厂标杆企业》，2022年7月6日，钱江晚报官方账号（https://baijiahao.baidu.com/s?id=1737591988631093681&wfr=spider&for=pc）。

[2] 舒靓：《浙江：以数字化改革实战实效推进产业链上下游物流畅通》，2022年11月2日，中国日报网（https://zj.chinadaily.com.cn/a/202211/02/WS6362333aa310817f312f431f.html）。

一是区域物流中心城市大力推进国际班列建设。2022年，武汉先后开通武汉—满洲里—乌斯季卢卡—德国杜伊斯堡铁海联运班列、武汉—磨憨—万象/琅勃拉邦班列、南通道"跨两海"班列、武汉—罗兹专列、武汉—贝尔格莱德专列、南通道罗马尼亚专列和武汉—东方港国际铁海联运班列等，且首次贯通欧洲—武汉—韩国铁水联运回程过境贸易通道，实现向东出海，向西经中亚入欧，向南至东盟，向北至俄罗斯的"四向齐发"新局面。截至2022年年底，中欧班列（武汉）跨境运输线路已达41条，辐射欧亚大陆40个国家[①]。2022年3月，西安开通中老班列，4月开行西部陆海新通道班列，6月开行中越班列。通过中欧班列、铁海联运班列、中老班列、中越班列的相互接续，亚欧陆海贸易大通道与西部陆海新通道在西安实现了集结交汇、深度融合。2022年，西安中欧班列共开行4639列，同比增长20.8%，17条班列线路实现欧亚地区主要货源地全覆盖[②]。2022年1月，合肥国际陆港新开通合肥—越南河内的中欧班列，拓展了合肥中欧班列在东盟地区的覆盖范围。2022年，合肥中欧班列新增2个国家28个国际站点城市，累计覆盖18个国家、90个国际站点城市，合肥中欧班列全年共计发运768列，较上一年净增100列[③]。

二是国家及中西部地区省市积极推进国家物流枢纽建设。2018年，国家发展改革委和交通运输部联合发布《国家物流枢纽布局和建设规划》，规划到2020年布局建设30个左右国家物流枢纽，到2025年布局建设150个国家物流枢纽。截至2022年年底，国家发展改革委公布了四批共95个国家的物流枢纽建设名单，其中东部地区32个，中部地区22个，西部地区34个，东北地区7个。各省市积极推动国家物流枢纽建设，如2020年入选国家物流枢

[①] 张科、苏庆丰、汪文汉：《中欧班列（武汉）2022年开行539列，创开行十年最好纪录》，2023年1月10日，武汉市发展改革委网（http://fgw.wuhan.gov.cn/xwzx/tpxw/202301/t20230112_2130774.html）。

[②] 李洁、张哲浩：《中欧班列长安号年开行量首次突破4600列》，2023年1月6日，《光明日报》官方账号（https://baijiahao.baidu.com/s?id=1754225410570517217&wfr=spider&for=pc）。

[③] 彭园园：《合肥中欧班列累计发运突破2800列，2022年净增100列》，2023年1月3日，安徽省人民政府网（https://www.ah.gov.cn/zwyw/ztzl/fkxxgzbdgrdfyyq/jkkp/554202531.html）。

纽建设名单的重庆陆港型国家物流枢纽，在两年多的时间里，持续深化陆海联动，率先打通南向出海通道，推动"一带"与"一路"闭环；全力打造枢纽门户，构建"1个铁路口岸+4个指定功能+15个海外分拨中心"开放平台，建成内陆首个智慧铁路口岸、国家骨干冷链物流基地；位于沙坪坝区的重庆国际物流枢纽园区已集聚世界500强企业18家、中国500强企业8家，年营收超千亿元[①]。

（三）东北地区积极推进物流通道建设与冷链物流发展

东北地区地处东北亚的枢纽位置，与蒙古国、俄罗斯、朝鲜、韩国等国接壤或邻近，交通便利，地理位置独特。同时丰富的自然资源与工业优势为东北物流的发展奠定了基础。2022年，东北地区聚焦冷链物流与物流通道建设，物流业发展取得了新的进展。

第一，大力推进物流通道建设。在通道基础设施建设方面，继2022年4月中俄同江铁路大桥开通后，中国和俄罗斯合作建设的首座跨边境公路桥梁"黑龙江大桥"于6月顺利开通，同时黑河公路口岸正式启用，标志着中国东北地区和俄罗斯远东地区之间开辟出一条新的国际物流通道。2022年，吉林积极推进长春至太平川高速公路建设，该公路是横贯吉林省中西部地区的重要干线通道，是对国家高速公路网及东北区域高速公路网的重要补充和完善；辽宁积极推进京哈（改扩建）、凌绥、本桓3条高速公路的开工建设。在中欧班列、海运航线建设方面，2022年，沈阳市开通至法兰克福中欧班列、至哈萨克斯坦中亚班列，沈阳、大连实现至别雷拉斯特的双向贯通，全省中欧班列可直达10个境外终到站，辐射全球近20个国家50余座城市。2022年6月，"大连—日本"近洋航线开通，首次打通了欧洲经大连口岸至日本的集装箱过境中转线路。10月，"沈阳东—大连港马士基全程单海铁联运班列"开通。该班列不仅实现了沈阳区域至大连的物流通道扩容，而且通过港航合

[①] 沙坪坝区融媒体中心：《重庆国际物流枢纽园区获批"一带一路"进出口商品集散中心》，2023年4月28日，重庆市沙坪坝区人民政府网（http://www.cqspb.gov.cn/zwyw/zwxw/dtxw/yw/202304/t20230428_11926882.html）。

作，班列将港口功能延伸至内陆站点①。

第二，大力发展冷链物流。2022年5月，黑龙江省发展改革委发布《黑龙江省"十四五"冷链物流发展规划》。该规划提出，依托商贸、供销、交通、邮政快递等城乡网点资源，提升冷链寄递末端网络服务能力，按照"田头市场+新型农业经营主体+农户"的模式，以及"电商+产地仓+快递物流"仓配模式，提高农产品上行效率。2022年10月，国家发展改革委发布2022年国家骨干冷链物流基地建设名单，吉林省四平市和黑龙江省哈尔滨市骨干冷链物流基地入围。同月，辽宁省政府办公厅印发《辽宁省冷链物流高质量发展实施方案（2022—2025年）》。该方案提出，到2025年，初步形成产销衔接顺畅、城乡全面覆盖、内外双向联通的冷链物流网络，调节农产品跨季节供需、支撑冷链产品跨区域流通的能力和效率显著提高，对国民经济和社会发展的支撑保障作用显著增强。

第三节　中国热点区域物流发展

云南省位于南亚次大陆和东南亚大陆的枢纽地带，是中国面向南亚、东南亚和南太平洋地区的重要门户。云南省利用《区域全面经济伙伴关系协定》（RCEP）的政策红利，发挥区位优势和产业优势，积极推进国际物流和高原特色农产品物流发展。河南省地处连接东西、贯通南北的战略枢纽。河南省发挥区位交通优势、市场规模优势和产业发展优势，加快推动物流通道的建设，重点发展航空物流和冷链物流。

一、云南省物流发展

云南是中国面向南亚、东南亚和环印度洋地区开放的大通道和桥头堡，

---

① 杨毅：《辽宁大连中欧班列实现"双向"增长　均创历史新高》，2023年1月5日，中国新闻网官方账号（https：//baijiahao.baidu.com/s?id=1754184511552455139&wfr=spider&for=pc）。

是"一带一路"建设、长江经济带发展国家两大发展战略的重要交汇点。RCEP 的生效实施和中老铁路的建成通车，为云南省的物流业发展带来历史性机遇。近年来，云南省在物流大通道建设方面取得积极进展，同时重点发展国际物流和高原特色农产品物流。

（一）物流大通道建设取得积极进展

根据 2022 年 7 月云南省政府办公厅发布的《云南省"十四五"现代物流发展规划》，云南省到 2025 年将基本形成以航空为先导、铁路为基础、公路为支撑、水路为辅助，多种联运方式并行发展，畅联国内、通达南亚东南亚和环印度洋地区的陆海国际物流大通道，支撑形成衔接内外、通江达海、陆海联动的大通道发展格局。截至 2022 年 8 月，云南省物流大通道建设取得以下进展①。

一是推进国内物流通道的建设。铁路"八出省"通道建成 6 条，高速公路"七出省"通道除滇藏通道外均已建成，水路"两出省"通道航运条件显著改善，连接京津冀、长三角、粤港澳、成渝等国内主要经济区域的复合通道实现贯通。云南经渝昆、成昆、贵昆、南昆综合交通通道，全面融入西部陆海新通道建设。

二是加快国际物流大通道建设。云南省与南亚、东南亚通航城市数量居全国首位。中越、中老、中缅国际通道高速公路境内段全线贯通，中越国际铁路联运通道运行良好，中老铁路建成通车并与泰国的铁路实现联通，澜沧江—湄公河国际航运通道实现集装箱运输零突破，中缅新通道建设取得突破性进展，面向南亚、东南亚和环印度洋地区的陆海国际物流大通道正在形成。

三是持续进行"通道+枢纽+网络"现代物流运行体系建设。昆明、大理、红河（河口）、德宏（瑞丽）、西双版纳（磨憨）入选国家物流枢纽承载城市，7 个国家物流枢纽项目启动建设。河口北山国际物流园滇越货场、磨

---

① 云南省网上新闻发布厅：《云南举行"云南这十年"系列新闻发布会·重点产业及战略性新兴产业发展专场》，2022 年 8 月 17 日，国务院新闻办公室网（http：//www.scio.gov.cn/xwfbh/gssxwfbh/xwfbh/yunnan/Document/1729231/1729231.htm）。

憨跨境综合现代物流产业园、腾俊国际陆港等物流项目竣工投产，昆明空港物流园区、滇西（祥云）国际物流港、瑞丽芒令国际物流园区等物流项目启动实施。

（二）积极推进国际物流发展

一是云南跨境物流发展优势加速形成。2021年12月初，中老铁路全线开通运营。截至2022年12月，中老铁路开通一周年，累计运输货物1120万吨[1]。中老铁路与西部陆海新通道、中欧班列等对接，联通环渤海、长三角、珠三角、粤港澳大湾区等经济圈，跨境货物运输覆盖老挝、泰国、缅甸、马来西亚、柬埔寨、新加坡等RCEP国家和地区。中老铁路的开通将为云南成为国内市场与南亚、东南亚国际市场之间的战略纽带提供重要支撑。此外，云南已开通昆明至卡拉奇、达卡、孟买、曼谷、吉隆坡等国际货运航线11条，中越、中老、中缅等国际道路运输线路29条。云南持续支持企业"走出去"，截至2022年8月，云南在老挝、泰国、缅甸等周边国家和地区设立境外物流公司20家，建成海外仓8个，已基本建立衔接内外的跨区域物流网，国际国内双循环物流支撑体系也在快速形成[2]。

二是跨境电商快速发展。2018年7月以来，国务院先后批准设立昆明、德宏、红河跨境电商综合试验区。云南省建成全省跨境电商公共服务平台，10个线下跨境电商产业园区，开展直邮直购、网购保税、国际邮快件、跨境电商企业对企业出口、跨境电商出口海外仓等全业务模式；打造国际邮件、商业快件、跨境电商"三场合一""同场作业"新模式；依托中老铁路，开通"中老班列+跨境电商""跨境电商澜湄快线"专列；加快推进与深耕东南亚市场的Shopee（虾皮）、Lazada（来赞达）等头部电商平台合作，形成以鲜花、翡翠、永生花等为代表的"云品出海"跨境电商产业集群。2019—

---

[1] 赵安琪：《中老铁路开通运营一周年：跨越国境的合作发展之路》，2022年12月3日，搜狐网（https：//roll.sohu.com/a/613077217_119038）。

[2] 杨质高、刘圆莉：《云南十项措施打造万亿级现代物流业》，2022年8月26日，云南网（https：//yn.yunnan.cn/system/2020/08/26/030916244.shtml）。

2022年，云南省跨境电商进出口额分别同比增长1213.6%、217.5%、173.4%和75.0%[①]。

(三) 积极发展高原特色农产品物流

一是云南省高原特色农业发展优势突出。云南省立足多样性资源这个独特基础，推进高原特色农业发展，农业增加值由2012年的1640.4亿元提高到2021年的3870.2亿元，年均增长8.4%。2021年，云南省茶叶种植面积达到740万亩，有机茶园认证面积跃居全国首位，普洱茶已成为云南响亮的"名片"。2021年，花卉种植面积和产值增速全球第一，产值突破千亿元大关，鲜切花产量162.2亿枝，在全国80多个大中城市中占据70%的市场份额。水果产量由2012年的511万吨增加至2021年的1200万吨，年均增幅10%，柑橘、香蕉、葡萄、草莓、蓝莓等果品实现全年时鲜供应。咖啡种植面积、产量、产值均占全国的98%以上，天然橡胶、核桃、澳洲坚果、中药材种植面积和产量保持全国首位[②]。

二是不断完善农产品物流体系。云南省已建冷库6500余座，库容620余万立方米，营运冷链运输车1620辆，初步形成以蔬菜、水果、花卉生产基地为基础，以区域性和综合性冷链物流市场为依托，以大型冷链物流项目为支撑的冷链物流设施网络。此外，云南省持续完善农村物流网络，加快构建县乡村三级物流配送体系，全面布局县级物流配送中心、乡镇和行政村快递网点，开展统仓共配，提高物流时效。目前，云南省县级物流集散网络覆盖率达95%，乡镇快递网点覆盖率达100%，快递服务进村覆盖率达80.12%[③]。

[①] 李翕坚：《云南：保稳提质 蓄力前行》，2023年4月17日，人民网精选资讯官方账号（https://baijiahao.baidu.com/s?id=1763382114073660090&wfr=spider&for=pc）。

[②] 云南省网上新闻发布厅：《"云南这十年"系列新闻发布会·高原特色农业专场发布会》，2022年8月24日，云南省人民政府网（https://www.yn.gov.cn/ynxwfbt/html/2022/zuixinfabu_0823/4906.html）。

[③] 云南省网上新闻发布厅：《"云南这十年"系列新闻发布会·高原特色农业专场发布会》，2022年8月24日，云南省人民政府网（https://www.yn.gov.cn/ynxwfbt/html/2022/zuixinfabu_0823/4906.html）。

三是物流企业针对不同农产品打造专属物流解决方案。例如，京东冷链物流为云南鲜花提供"产地仓直发＋干线运输＋销地仓加工＋末端配送"的全供应链服务，实现产销融合，配合全程2℃—8℃的温控冷链车、全程可视化溯源等，打造鲜花行业"快"和"鲜"的标准。2022年4月，云南邮政在原有航空运输基础上，选取江苏、广东、浙江等鲜花消费大省开展试点，开设冷链专线，通过直达运输保障配送时效。顺丰针对云南鲜花出口，打造了一套系统化的跨航运公司联运转关运行的作业模式（SPA），为客户开辟了一条全新的多程空运无缝衔接的高效出口路径。针对松茸物流配送，2021年，顺丰与云南迪庆机场联合开通了全国首条松茸全货机航线，实现松茸产地直飞。2022年，为进一步提升云南松茸产品的运输时效与品质，顺丰建立了香格里拉机场顺丰航空分拣中心，布局了超过800个网点和松茸揽收点，投入了"丰收系统"及松茸专用运单，实现了松茸在发运后24小时内通达全国60个主要城市，并在48小时内到达全国200余个城市。2022年8月，借助大湾区航空运力和通关便利的优势，云南省与深圳海关打造"云南—深圳—境外"的"空空联运"快线，搭建了云南特色农产品出口通关的快速通道。

二、河南省物流发展

河南省处于沿海开放地区与中西部地区的接合部，是中国经济由东向西梯次推进发展的中间地带，也是全国重要的交通枢纽和物流中心。近年来，河南省加快连通境内外、辐射东中西的物流枢纽及通道建设，重点推动航空物流和冷链物流的发展。

（一）加快建设连通境内外、辐射东中西的物流枢纽及通道

在枢纽建设方面，郑州被定位为国际性综合交通枢纽、国际航空货运枢纽、国际铁路枢纽、全球性邮政快递枢纽、国际物流中心，入选首批国家综合货运枢纽补链强链城市，成为继北京、上海、广州之后的全国第四个国际邮件枢纽口岸。洛阳、商丘、南阳被定位为全国性综合交通枢纽城市。

航空通道建设方面，民航形成"一枢三支"机场布局，郑州新郑国际机

场年货邮保障能力提升至 110 万吨，客、货运规模连续多年保持中部地区"双第一"，成为全国航空电子货运项目唯一试点机场，"空中丝绸之路"辐射能力持续提升。

公路通道建设方面，持续推进高速公路"双千工程"①"13445 工程"②，普通干线公路"畅通畅连"工程和内河水运"通江达海"工程。截至 2022 年年底，河南省公路通车里程突破 8000 公里。

铁路通道建设方面，"四纵五横"普速铁路网全部实现复线电气化，建成投运京广、郑徐等高速铁路，在全国率先建成"米"字形高铁网，高铁里程达 2176 公里，实现"市市通高铁"。中欧班列（中豫号）形成"8 个口岸出入境、17 条线路直达"服务网络，实现每周"16 去 18 回"高频次往返对开，成为全国五个中欧班列集结中心之一。

航运通道建设方面，河南省内河航道通航里程已逾 1700 公里，建成周口、信阳、漯河、平顶山港 4 个以货运为主的港口，沙颍河、淮河实现通江达海，周口港入选全国 36 个内河主要港口之一，成为扩大开放连通长三角的桥头堡，周口港已开通 3 条国际航线。

（二）重点推动航空物流的发展

一是提升郑州机场基础设施建设水平和辐射能力。郑州新郑国际机场二期工程投入运营，成为中部地区首个拥有双航站楼、双跑道的机场；2022 年 6 月，郑州机场东南 6 公里，以"郑州航空港"命名的高铁站正式启用，航空＋高铁"双枢纽"一体联动大枢纽格局拉开帷幕；2022 年 8 月，郑州机场北货运区建成投用，首开"保税＋空港"货站模式，实现保税和空港货站功能融合。截至 2022 年年底，郑州机场运营的全货运航空公司达 31 家，开通全货机航线 44 条，通航城市 57 个，郑州航空口岸初步形成横跨欧美亚三大经济区、覆盖全球主要经济体、多点支撑的国际货运航线网络，成为国内外

---

① 双千工程指投资 1000 亿元以上、总长 1000 公里以上的工程。
② 13445 工程：到 2025 年年底，全省高速公路通车里程超过 10000 公里，新增通车里程 3000 公里以上，完成投资 4000 亿元以上，力争通车里程居全国第 4 位、路网密度居全国第 5 位。

主要货运航空公司重点布局的枢纽机场①。郑州—卢森堡"空中丝绸之路"五年的建设取得了一系列务实成果，货物贸易已覆盖欧洲24个国家200多个城市，辐射中国90多个城市，成为共建"一带一路"的鲜明品牌②。2021年，郑州机场货邮吞吐量首次突破70万吨，达到70.47万吨。2022年，受疫情影响，郑州机场完成货邮吞吐量62.46万吨，虽然同比下降11.4%，但仍连续三年稳居全国第六，仅次于上海浦东、广州白云、深圳宝安、北京首都、杭州萧山五大机场。

二是加大国际航空货运枢纽建设。2019年郑州凭借突出的区位优势以及成熟的建设运行条件，成为首批入选空港型国家物流枢纽的城市。郑州空港型国家物流枢纽位于航空港实验区空港核心区，在国家示范物流园区建设基础上，整合了郑州机场西货运区、北货运区、新郑综合保税区（不含保税加工设施）内物流功能突出、存量资源基础较好、运营业务协同、设施平台衔接的功能区域，形成北区（主体功能区）与西区（互补功能区）两大片区。郑州已形成包括国家一类航空口岸、综保区，以及进境水果、进境冰鲜水产品、进境食用水生动物、进境肉类、进境动物、国际邮件枢纽、进口药品7个功能性口岸（含海关指定监管场地）在内的"1+1+7"口岸体系，不仅是内陆地区口岸数量最多、种类最全的口岸体系，也是功能全国领先的口岸体系。

三是航空物流产业集群发展迅猛。郑州空港型国际物流枢纽的建设，推动了航空物流产业集群的建设。郑州空港区已累计入驻顺丰、安博、"三通一达"等物流业企业400余家，初步构建起服务于航空运输的现代物流产业体系；形成以苹果手机为主的电子产品全球集散中心、UPS国际快件分拨中心、

---

① 郑州市人民政府：《郑州航空货运枢纽再添"生力军"》，2023年1月5日，河南省人民政府网（https://www.henan.gov.cn/2023/01-05/2667769.html）。

② 新华社：《郑州—卢森堡"空中丝绸之路"国际合作论坛开幕》，2022年11月16日，国务院新闻办公室网站（http://www.scio.gov.cn/31773/35507/35510/35524/Document/1733366/1733366.htm）。

西班牙 Inditex 集团服装分拨基地、德国戴姆勒等高端汽车零配件分拨中心，以及生鲜冷链、快邮件和跨境电商等新兴产业集聚地。

（三）冷链物流发展水平位居国内前列

一是冷链物流需求巨大。河南省作为中国农业大省之一，食用菌、蔬菜、肉类、奶类、中药材产值均居全国前列，作为全国第一粮食加工大省、第一肉制品大省，涌现出"双汇""思念""三全""好想你"等一大批国内知名速冻冷藏食品龙头企业。河南预制菜产业发展兴旺，原阳中央厨房园区、平原示范区、鹿邑、漯河等地已经成为重要的预制菜生产基地。千味央厨、雨轩、九多肉多、锅圈食汇等已经成为全国知名的预制菜品牌企业。

二是冷链产业已形成良好发展基础。河南省冷库保有量约1000万立方米，冷藏车保有量1.5万余辆，位居全国前列[1]。在2020年和2022年国家发展改革委公布的两批国家骨干物流基地名单中，郑州和商丘均入选国家骨干冷链物流基地建设名单。河南省共9家冷链企业上榜2021年中国冷链物流企业百强名单。华鼎供应链、牧原集团等冷链企业入围第二届全国供应链创新与应用示范企业。2022年11月，河南省发展改革委编制发布全国首个"冷链物流运价指数"。河南省在郑州等地开展"互联网+监管"试点应用，完善实时监管、温度预警、资源共享、数据交换等功能，实现对食品冷链流通过程中冷库、冷藏车辆、冷柜的温度、位置、速度等全方位线上监管。河南省冷链大数据监管平台于2019年12月上线，截至2021年已有20万平方米冷库、500个冷藏冷冻前置仓、1000多辆冷链运输车辆实现线上监测[2]。

三是冷链物流发展的政策支持力度大。2022年，河南省出台《河南省"十四五"现代供应链发展规划》《河南省"十四五"现代物流业发展规划》

---

[1] 侯冰玉：《河南省今年外贸总值有望达9000亿元 在豫世界500强企业达198家》，2022年10月13日，中原网视台网（https://www.hnmdtv.com/yaowen/2022/1013/175323.html）。

[2] 国家发展改革委政研室：《聚焦五大任务 探索物流降本增效"河南经验"》，2021年12月27日，国家发展改革委网（https://www.ndrc.gov.cn/fzggw/jgsj/zys/sjdt/202112/t20211227_1310004.html）。

《关于加快现代物流强省建设的若干意见》《支持现代物流强省建设若干政策》《河南省加快预制菜产业发展行动方案（2022—2025年）》等省级物流业相关政策与规划，部分地市也出台了冷链相关政策措施，支持鼓励冷链物流产业发展。河南省委、省政府出台的《关于加快现代物流强省建设的若干意见》提出，着力提质升级速冻食品、肉类、低温乳制品等特色优势冷链物流，完善自动化立体冷库、低温初加工、生产预冷等设施；推进国家级、省级骨干冷链物流基地布局建设，补齐鲜活农产品流通"最初一公里""最后一公里"短板，加强冷链产品质量追溯和监管体系建设；并计划全省冷库库容2025年达到2000万立方米，新增3个国家级和10个省级骨干冷链物流基地。

第五章　中国物流发展相关政策与规划

2022年是我国"十四五"规划全面实施的重要一年，同时也是我国发展面临风险挑战明显增多的一年。国务院及相关部委深入落实党中央提出的"疫情要防住、经济要稳住、发展要安全"的明确要求，出台了一系列物流发展相关政策、措施和规划，一方面切实保障货运物流畅通，全力帮助物流企业纾困解难，维护了我国正常的生产生活秩序以及物流业的稳定发展；另一方面对"十四五"时期中国现代物流体系建设进行战略部署，扎实推进交通强国建设，加快补齐农村、冷链等物流体系短板，积极推动交通运输行业绿色低碳转型，进一步强化了中国物流业的战略性与基础性保障能力。2023年是全面贯彻落实党的二十大精神的开局之年，中国政府将围绕产业链供应链安全保障能力提升、农村物流体系建设、物流领域金融支持、运输结构绿色转型、物流提质增效降本等方面，进一步出台相关政策规划，推动物流业在新形势下持续健康发展。

第一节　中国物流发展相关政策出台情况

2022年，中国政府高效统筹疫情防控和经济社会发展，出台了多项物流相关政策和措施，涉及物流保通保畅、加快交通强国建设、完善农村物流体系、推动冷链物流及绿色低碳物流发展、加强运输安全管理、助企纾困及减税降费等诸多方面，在加强中国物流业基础性保障作用的同时，进一步推动了物流业的高质量发展。

一、加强货运物流保通保畅及物资运输保障

2022年，我国疫情形势延宕反复，中央政府出台多项政策，明确要求各地区各部门要统筹做好疫情防控和货运物流保通保畅，全力打通运输堵点，切实保障货运物流畅通高效以及产业链供应链安全稳定，维护人民群众正常生产生活秩序。

（一）货运物流保通保畅

为全力保障货运物流，特别是医疗防控物资、生活必需品、政府储备物资、邮政快递等民生物资和农业、能源、原材料等重要生产物资的运输畅通，2022年4月，国务院应对新型冠状病毒感染疫情联防联控机制发布了《关于切实做好货运物流保通保畅工作的通知》（国办发明电〔2022〕3号）（以下简称《通知》）。《通知》提出七点要求。一是全力畅通交通运输通道，及时解决路网阻断堵塞等问题，确保交通主干线畅通；二是优化防疫通行管控措施，依法依规制定防疫通行管控措施，精准实施通行管理；三是全力组织应急物资中转，疫情严重地区要依托周边资源，加快设立启用物资中转场地；四是切实保障重点物资和邮政快递通行，建立健全重点物资运输车辆通行证制度，畅通办理渠道，提高作业场地精准防控水平，防止出现邮件快件积压；五是加强从业人员服务保障，对因疫情滞留人员提供基本生活服务，为作业人员上岗通勤提供必要保障；六是着力纾困解难，维护行业稳定，全面落实各项减税降费政策，加大融资支持力度，对遭遇基本生活困难的货车司机、快递员，采取有效措施，帮助解决问题；七是精准落实疫情防控举措，及时发现并解决货运物流保通保畅工作中出现的问题，确保"一断三不断"（坚决阻断病毒传播渠道，确保交通网络不断、应急运输绿色通道不断、群众必要的生产生活物资运输通道不断）。

为贯彻该《通知》精神，多部门相继发布相关文件落实具体工作。2022年4月，国务院联防联控机制综合组交通管控与运输保障专班发布了《关于全力做好货运物流保通保畅工作的通知》（交运明电〔2022〕81号），提出八

点要求。一是全力做好公路保通保畅工作；二是加强从业人员服务保障；三是建立统一规范的通行证制度；四是分类精准做好货运车辆通行管理；五是全力保障水路运输通道畅通有序；六是全力做好上海港集装箱运输保障工作；七是切实保障国际航行船舶船员换班；八是切实加强动态跟踪督导检查。

公路运输方面，2022年4月，交通运输部发布了《关于进一步统筹做好公路交通疫情防控和保通保畅工作的通知》（交公路明电〔2022〕77号），提出六点要求。一是科学精准做好公路疫情防控工作；二是千方百计保障服务区正常运行；三是科学合理设置公路防疫检查点；四是协调联动加强路网运行监测调度；五是全面排查处治力争尽快恢复运行；六是强化督导检查推动任务落细落实。

水路运输方面，2022年4月，交通运输部发布了《关于切实加强水路运输保通保畅有关工作的通知》（交水明电〔2022〕78号），提出三点要求。一是全力保障港口畅通有序；二是全力保持内河航道顺畅；三是全力保障国际海运物流供应链畅通。6月，交通运输部发布了《关于进一步加强航道通航建筑物疫情防控保通保畅及安全生产工作的通知》（交水明电〔2022〕163号），提出三点要求。一是落实落细各项疫情防控措施，完善防疫制度，加强过闸环节疫情防控，做好工作人员疫情防控；二是全力保障航道运行畅通，切实保障航道主通道和节点畅通，保障重点物资水上运输；三是全力保障航道运行安全，加强防汛度汛安全管理，加强风险隐患排查整治。

金融支持方面，2022年4月，中国银保监会办公厅发布了《关于金融支持货运物流保通保畅工作的通知》（银保监办发〔2022〕40号），提出重点从加大资金支持、帮扶重点群体、提升服务效率、创新担保方式、加强保险保障五个方面，为推动货运物流保通保畅提供有力有效支持。

（二）寄递服务保障

为保障疫情防控期间寄递服务正常运转，2022年5月，住房和城乡建设部办公厅联合国家邮政局办公室发布了《关于做好疫情防控期间寄递服务保障工作的通知》（建办城函〔2022〕181号），提出四点要求。一是保障邮政快递民生服务畅通运行,坚持"能开则开、能出则出、能进则进",为社会运转和群众生活提供便利;二是完善骨干节点和网点管理,不直接涉疫的不得以疫情为由封控;三是畅通"最后一百米"服务,支持邮政快递从业人员在符合疫情防控要求的前提下,提供末端揽投服务;四是推广无接触设施配置,支持智能快件箱运营企业加强智能投递设施建设,充分利用无接触设备,鼓励推广无人车、机器人等新型投递方式。

(三)农资农产品运输保障

为进一步做好服务春季农业生产和重要农产品稳定供应等工作,2022年4月,交通运输部发布了《关于切实做好春季农业生产服务保障工作的通知》(交公路明电〔2022〕114号),其中涉及农机、农资和农产品的物流运输保障。具体包括以下几点。一是要加强运行监测,确保路网畅通。一方面要全力保障高速公路"大动脉"畅通,科学合理设置高速公路防疫检查点,及时解决路网阻断和拥堵等问题;另一方面要确保普通公路特别是农村公路"微循环"畅通。二是优化组织调度,保障运输顺畅,对接农业农村部门,及时了解农机、农资和农产品运输需求,全力做好运输保障工作。加强化肥、农药、种子等农资及其生产原料、农机及零配件等重点物资运输保障。

二、扎实推进交通强国建设

2022年,国务院各部门为深入贯彻落实党中央、国务院提出的加快建设交通强国决策部署,在推动国家重大交通及物流基础设施建设、促进多式联运发展、推进交通运输标准体系建设等方面出台多项政策措施。

(一)加快建设国家综合立体交通网主骨架

为全面落实《交通强国建设纲要》《国家综合立体交通网规划纲要》,2022年10月,交通运输部、国家铁路局、中国民用航空局、国家邮政局印发了《关于加快建设国家综合立体交通网主骨架的意见》(交规划发〔2022〕108号)(以下简称《意见》)。

《意见》明确了四个阶段的建设目标。一是到2025年,主骨架能力利用率显著提高，实体线网里程达到26万公里左右。"八纵八横"高速铁路主通道基本建成，普速铁路瓶颈路段基本消除，"71118"国家高速公路网主线基本贯通。二是到2030年，主骨架基本建成，实体线网里程达到28万公里左右，多层次一体化的综合交通枢纽体系基本建成。三是到2035年，主骨架全面建成，网络韧性显著增强，基础设施质量和安全、智能、绿色水平进入世界前列。四是到21世纪中叶，全面建成现代化高质量国家综合立体交通网，拥有世界一流的综合交通基础设施体系。

《意见》部署了一系列重点任务。一是完善网络布局，加强主骨架路线联网、补网、强链，提升网络效益；二是加快主轴建设，全面提升主轴能力，推进通道建设，加快建设高等级航道；三是加强走廊建设，实施京哈、连霍、沪昆等国家高速公路扩容及普通国道改造，加快推进西部陆海新通道（平陆）运河等航道工程；四是推进通道建设，加快贯通呼北、二广等国家高速公路，畅通出疆入藏公路，加大沿边铁路和口岸公路建设力度，推动黑龙江等国际国境河流航道内通外联；五是提升枢纽能级，加强国际性、全国性综合交通枢纽城市建设，增强集聚辐射能力；六是完善多式联运，充分发挥各种运输方式比较优势，加快发展多式联运，提高组合效率。

（二）扎实推动交通运输重大工程项目

重大工程项目是加快"十四五"交通运输系列发展规划落地实施的有力抓手和重要支撑。2022年5月，交通运输部办公厅印发了《关于扎实推动"十四五"规划交通运输重大工程项目实施的工作方案》（交办规划〔2022〕21号）（以下简称《方案》）。《方案》明确了"十四五"时期重点推进的11项交通运输重大工程项目，包括国家高速公路大通道联通工程、沿边沿海公路建设工程、出疆入藏公路通道工程、"四好农村路"助力乡村振兴工程、运河连通工程、黄金水道扩能工程、沿海港口提升工程、现代综合交通"三位一体"枢纽工程、"北斗领航"工程、交通运输新基建赋能工程、绿色低碳交通可持续发展工程。同时，《方案》还筛选出一批投资规模大、社会影响大、技术难度大的项目，作为第一批加快建设交通强国"十四五"重点项目，予以重点推进。

（三）推进国家综合货运枢纽和国家物流枢纽建设

为加快构建现代化高质量国家综合立体交通网，2022年7月，财政部、交通运输部发布了《关于支持国家综合货运枢纽补链强链的通知》（财建〔2022〕219号）（以下简称《通知》）。《通知》明确自2022年起，用3年左右时间集中力量支持30个左右城市（含城市群中的城市）实施国家综合货运枢纽补链强链，促使综合货运枢纽在运能利用效率、运输服务质量、运营机制可持续三方面明显提升。《通知》还提出对基础设施及装备硬联通、规则标准及服务软联通、建立健全一体化运营机制进行重点支持。

11月，国家发展改革委印发《关于做好2022年国家物流枢纽建设工作的通知》，将25个国家物流枢纽纳入2022年度建设名单。从地区分布看，东部地区6个，中部地区7个，西部地区10个，东北地区2个；从枢纽类型看，陆港型5个，空港型3个，港口型2个，生产服务型7个，商贸服务型5个，陆上边境口岸型2个，陆港型及陆上边境口岸型合并建设1个。此次发布的国家物流枢纽具有三方面特征。一是枢纽协同能力增强，积极推进城市群物流一体化协同发展，推动枢纽设施共建共享共用；二是多式联运功能突出，所有枢纽均具备较强的多式联运综合服务能力，除空港型枢纽外，其他枢纽均具有铁路专用线或具备铁路运输能力；三是产业联动更加紧密，相关枢纽与周边生产制造、商贸等产业高效协调、联动发展，协同推进物流基础设施网络与产业组织体系建设。

（四）大力发展多式联运

为推动各种交通运输方式深度融合，进一步提升综合运输效率，2022年1月，国务院办公厅发布了《推进多式联运发展优化调整运输结构工作方案（2021—2025年）》（国办发〔2021〕54号），明确了六大重点任务。一是提升多式联运承载能力和衔接水平，完善多式联运骨干通道，加快货运枢纽布局建设，健全港区、园区等集中疏运体系；二是创新多式联运组织模式，丰富多式联运服务产品，培育多式联运市场主体，推进运输服务规则衔接，加大信息资源共享力度；三是促进重点区域运输结构调整，推动大宗物资"公转铁、公转水"，推进京津冀及周边地区、晋陕蒙煤炭主产区运输绿色低碳转型，加快长三角地区、粤港澳大湾区铁水联运、江海联运发展；四是加快技术装备升级，推广应用标准化运载单元，加强技术装备研发应用，提高技术装备绿色化水平；五是营造统一开放的市场环境，深化重点领域改革，规范重点领域和环节收费，加快完善法律法规和标准体系；六是完善政策保障体系，加大资金投入力度，加强对重点项目的资源保障，完善交通运输绿色发展政策。

为加强多式联运示范工程管理的规范化、制度化，不断提升多式联运发展水平，2022年3月，交通运输部、国家发展改革委发布了《多式联运示范工程管理办法（暂行）》（交运发〔2022〕30号），对多式联运示范工程申报及评选、组织实施、验收与命名、动态评估等工作进行了安排。11月，交通运输部办公厅、国家发展改革委办公厅发布了《关于公布第四批多式联运示范工程创建项目名单的通知》（交办运〔2022〕71号），确定了46个第四批多式联运示范工程创建项目。

（五）制定交通强国建设评价指标体系

为客观评估交通强国建设进程，充分发挥评价指标体系的"标尺"和"指挥棒"作用，科学引导各地区、各行业加快建设交通强国，2022年3月，交通运输部研究制定了《交通强国建设评价指标体系》（交规划发〔2022〕7号）。

我国综合交通运输体系覆盖范围广，区域间、城乡间、行业间发展不平衡。综合考虑，交通强国建设评价指标体系按照1个国家综合指标、5个行业指标和31个省域指标进行设置。国家综合指标综合考虑各地区、各行业特点，注重交通运输与经济社会、生态环境相协调，统筹发展和安全，围绕"安全、便捷、高效、绿色、经济"，从"基本特征、评价维度、评价指标"三级设置20项评价指标。在国家综合指标框架下，设置铁路、公路、水运、民航、邮政5个行业层面指标，以充分体现行业特点。在国家综合指标框架下，设置 31 个省域层面指标，既包括"共性指标"，以评价省域发展水平和进行横向比较；又设置了"个性指标"，以体现省域差异化特点。

（六）推进交通运输标准体系建设

2022 年 9 月，交通运输部办公厅发布了《综合交通运输标准体系（2022年）》（交办科技〔2022〕52 号）（以下简称《体系》），针对涉及铁路、公路、水路、民航和邮政中两种及以上运输方式与领域协调衔接和共同使用的综合交通运输标准，系统构建了标准体系结构图，为加快建设交通强国，构建国家综合立体交通网提供标准支撑。

《体系》明确了两阶段建设目标。一是到 2025 年，基本建立覆盖全面、结构合理、衔接配套、先进适用的综合交通运输标准体系，综合交通运输设施、转运装备、运输服务、统计评价等领域标准供给质量不断提升，标准得到充分实施应用，在推动综合交通运输一体化融合发展方面的作用更加突出；二是到 2030 年，综合交通运输标准体系进一步优化完善，综合交通运输标准供给更加充分，标准体系及时动态更新，更加有力地推动现代化综合交通运输体系建设。

《体系》包括基础标准、交通设施标准、运输装备标准、运输服务标准、统计评价标准、相关标准六个部分，包括标准 92 项，其中现行有效标准 53 项，含 6 项正在修订的标准，另有待制定标准 39 项。

三、加快完善农村物流体系

完善农村物流体系，有助于全面推进乡村振兴，加快农业农村现代化。2022 年，国务院各部门针对农业农村物流基础设施建设、农村电商物流发展、城乡交通一体化发展发布了多项政策。

（一）加快农业农村物流基础设施建设

2022 年 10 月，农业农村部等八部门联合发布了《关于扩大当前农业农村基础设施建设投资的工作方案》（农计财发〔2022〕29 号），确定了四项建设重点。一是产地冷藏保鲜设施，二是产地冷链集配中心，三是产地区域性冷链物流基地，四是水产品就地加工和冷链物流设施设备。

为推动冷链物流服务网络向农村延伸，畅通鲜活农产品末端冷链微循环，2022年6月，农业农村部办公厅、财政部办公厅发布了《关于做好2022年农产品产地冷藏保鲜设施建设工作的通知》（农办市〔2022〕5号），布置了四项重点任务。一是合理集中建设产地冷藏保鲜设施，整体构建功能衔接、上下贯通、集约高效的产地冷链物流体系；二是深入开展产地冷藏保鲜整县推进；三是推动冷链物流服务网络向农村延伸，优化田头集货、干支衔接运输和农村快递配送，加快建设农产品产地冷链物流服务网络；四是组织冷藏保鲜实用技术和运营管理培训，打造一批农产品冷链物流培训基地。

为支持农产品冷链物流基础设施建设，2022年5月，财政部办公厅、商务部办公厅发布了《关于支持加快农产品供应链体系建设 进一步促进冷链物流发展的通知》（财办建〔2022〕36号），提出通过中央财政服务业发展资金引导有关省、自治区、直辖市，统筹推进农产品供应链体系建设。引导支持的主要方向一是增强农产品批发市场冷链流通能力，二是提高冷链物流重点干支线配送效率，三是完善农产品零售终端冷链环境，四是统筹支持农产品市场保供。7月，农业农村部办公厅、国家乡村振兴局综合司、国家开发银行办公室、中国农业发展银行办公室发布了《关于推进政策性开发性金融支持农业农村基础设施建设的通知》（农办计财〔2022〕20号）（以下简称《通知》）。《通知》提出，在支持项目的选择上，支持农产品仓储保鲜冷链物流设施建设，重点发展农产品产地冷藏保鲜设施，建设产地冷链集配中心和骨干冷链物流基地，强化通村公路与村内道路连接，完善农村交通运输体系，加快城乡冷链物流设施建设；在政策措施上，通过加强规划合作、强化资金保障、创新金融服务引导金融机构支持农业农村基础设施建设。

（二）推动农村电子商务和快递物流体系建设

为加快贯通县乡村电子商务体系和快递物流配送体系，2022年6月，商务部、国家邮政局等八部门发布了《关于加快贯通县乡村电子商务体系和快递物流配送体系有关工作的通知》（商流通函〔2022〕143号）（以下简称

《通知》）。

《通知》提出两点工作目标。一是升级改造一批县级物流配送中心，促进县域快递物流资源整合，提升公共寄递物流服务能力，争取到 2025 年，在具备条件的地区基本实现县县有中心、乡乡有网点、村村有服务；二是农村电子商务、快递物流配送覆盖面进一步扩大，县乡村电子商务体系和快递物流配送体系更加健全，农产品出村进城、消费品下乡进村的双向流通渠道更加畅通。

《通知》提出六项重点任务。一是完善基础设施，优化网络布局，通过基础设施建设，基本形成以县级物流配送中心、具有集散功能的乡镇网点和村级寄递物流综合服务站为主体的农村快递物流配送体系；二是补齐冷链短板，提升冷链流通率，加强农产品供应链建设，引导农产品批发市场加快完善具备物流集散、低温配送等功能的冷链设施；三是整合快递物流资源，提高配送效率，引导各类主体开展市场化合作，推动仓储、揽收、分拣、运输、配送"五统一"，场地、车辆、人员、运营、管理"五整合"；四是扩大电子商务覆盖面，提升服务能力，畅通农产品线上线下多渠道流通，促进农村产业融合发展；五是培育市场主体，促进协同发展，鼓励电子商务平台与快递物流企业深入合作，搭建特色农产品外销平台，推动农产品上行；六是规范行业秩序，优化发展环境，简化农村快递末端网点备案手续，鼓励发展农村快递末端服务，推动农村快递物流基础设施共建共用。

（三）促进城乡交通一体化发展

为加快推进城乡交通运输一体化发展，规范城乡交通运输一体化示范县创建，2022 年 3 月，交通运输部印发了《城乡交通运输一体化示范县创建管理办法》（交运发〔2022〕24 号）（以下简称《办法》）。《办法》明确了两年的示范创建周期和各级交通运输主管部门的职责分工，并对申报程序、创建内容、组织实施、验收命名、动态评估等方面做出具体要求。

为完善城乡交通运输基础设施和服务网络，补齐农村物流发展短板，以点带面提升城乡交通运输公共服务均等化水平，2022 年 12 月，交通运输部发布了《交通运输部关于组织开展第三批城乡交通运输一体化示范县创建工作的通知》（交运函〔2022〕663号）（以下简称《通知》）。针对农村物流领域，《通知》提出围绕两方面内容进行创建。一是推动农村客货邮融合发展，包括建设"一点多能"的农村客货邮服务站点体系，打造"一网多用"的农村客货邮服务网络，创新农村客货邮融合发展模式，促进农村运输集约化发展；二是推进农村运输服务信息化建设，包括打造农村交通运输综合信息服务平台，强化农村客运、物流、邮政快递等信息共享，提高农村运输服务信息化水平。

四、推动冷链物流加快发展

2022年，中国政府针对冷链物流发展出台多项政策，以推进冷链运输畅通高效、智慧便捷、安全规范发展，为保障食品流通安全、减少食品流通环节浪费、推动消费升级与培育新增长点和构建新发展格局提供有力支撑。

（一）推进冷链物流体系建设

为支持符合条件的基础性、公共性重大冷链物流项目建设，加快冷链物流高质量发展步伐，为现代冷链物流体系建设提供有力支撑，2022年6月，国家发展改革委印发了《关于推进现代冷链物流体系建设工作的通知》（发改办经贸〔2022〕458号）（以下简称《通知》）。《通知》明确指出，将按照《中华人民共和国国民经济和社会发展第十四个五年规划和2035年远景目标纲要》和《"十四五"冷链物流发展规划》（国办发〔2021〕46号）确定的冷链物流发展重点领域、重点工程和重点项目，支持冷链物流节点设施网络建设，培育一批具有较强国际竞争力的综合性龙头企业，引导冷链物流要素和上下游产业沿"四横四纵"国家冷链物流骨干通道集聚发展。为此，中国农业发展银行将提供1200亿元综合授信，重点加大国家骨干冷链物流基地、产销冷链集配中心、冷链设施的智能化绿色化改造提升、冷链物流新业态新模式发展、骨干冷链物流企业培育等五方面的支持力度。

（二）加快冷链运输高质量发展

为完善冷链运输基础设施，健全冷链运输监管体系，推进冷链运输畅通高效、智慧便捷、安全规范发展，2022年4月，交通运输部、国家铁路局、中国民用航空局、国家邮政局、中国国家铁路集团有限公司发布了《关于加快推进冷链物流运输高质量发展的实施意见》（交运发〔2022〕49号），提出五个方面的工作要求。一是加快完善基础设施网络，优化枢纽港站冷链设施布局，完善产销冷链运输设施网络；二是推动技术装备创新升级，推进冷链运输工具专业化发展；三是创新运输组织服务模式，依托多式联运示范工程，积极推进冷链物流多式联运发展；四是健全完善运输监管体系；五是强化政策支持保障。

（三）提升冷藏集装箱港航服务

为进一步提高冷藏集装箱港航服务品质，提升冷藏集装箱设施设备技术水平，畅通水路运输服务网络，2022年5月，交通运输部办公厅发布了《关于开展冷藏集装箱港航服务提升行动的通知》（交办水函〔2022〕675号）（以下简称《通知》）。

《通知》明确了至2023年年底的四项工作目标。一是基于区块链和物联网的冷藏集装箱港航服务能力明显提升，主要海运企业新增物联网冷藏集装箱1.8万标准箱（TEU）以上；二是沿海主要港口新增冷藏集装箱插头6000个以上；三是基于区块链和物联网技术应用的冷藏集装箱港航单证平均办理时间大幅缩减；四是建立冷藏集装箱运输电子运单，初步实现道路水路运输系统信息有效衔接和共享开放，联运服务质量明显提升。

《通知》提出五项重点任务。一是推进基于物联网的冷藏集装箱发展；二是推动基于区块链的冷藏集装箱电子放货；三是提升冷藏集装箱道路水路联运服务质量；四是提升港口冷藏集装箱堆存处置能力；五是研究制定冷藏集装箱运输相关指南。

五、推动交通运输行业绿色低碳转型

交通运输是碳排放的重要领域之一，推动交通运输行业绿色低碳转型对于促进行业高质量发展、加快建设交通强国具有十分重要的意义。2022年，中国政府出台多项政策，深入推进交通运输领域绿色低碳转型，为如期实现碳达峰碳中和目标助力，推动中国交通运输行业高质量发展。

（一）全面做好交通运输行业碳达峰碳中和工作

2022年6月，交通运输部、国家铁路局、中国民用航空局、国家邮政局发布了《贯彻落实〈中共中央国务院关于完整准确全面贯彻新发展理念做好碳达峰碳中和工作的意见〉的实施意见》（交规划发〔2022〕56号），提出三点要求。一是优化交通运输结构，加快构建以铁路为主干，以公路为基础，水运、民航比较优势充分发挥的国家综合立体交通网，提高铁路水路在综合运输中的承运比重；二是推广节能低碳型交通工具，积极发展新能源和清洁能源运输工具，加强交通电气化替代，提高燃油车船能效标准；三是增强交通运输绿色转型新动能，强化绿色低碳发展规划引领，提升交通运输技术创新能力。

（二）研究编制绿色交通标准体系

为系统规划新形势下绿色交通标准制定修订任务，2022年8月，交通运输部办公厅印发了《绿色交通标准体系（2022年）》（交办科技〔2022〕36号）（以下简称《标准体系》），主要包括综合交通运输和公路、水路领域与绿色交通发展直接相关的技术标准和工程建设标准。

《标准体系》共收录242项绿色交通国家标准和行业标准，包括基础通用标准11项，节能降碳标准101项，污染防治标准78项，生态环境保护修复标准35项，资源节约集约利用标准17项。其中，待制定标准47项，待修订标准44项，包括行业碳排放核算核查、近零碳交通示范区建设、城市绿色货运配送评估、氢燃料电池公共汽车配置、城市轨道交通绿色运营、水下打捞作业防污染技术等重点标准需求。此外，《标准体系》还列出了与交通运输行业节能降碳、污染物排放和生态环境保护密切相关的国家标准、生态环境行业标准43项，以促进绿色标准的协同实施。

（三）加快内河船舶绿色智能发展

为全面落实长江经济带生态优先绿色发展有关要求，加快内河船舶绿色智能发展，2022年9月，工业和信息化部、国家发展改革委、财政部、生态环境部、交通运输部联合发布《关于加快内河船舶绿色智能发展的实施意见》（工信部联重装〔2022〕131号）（以下简称《意见》）。

《意见》提出两项阶段性目标。一是到2025年，液化天然气、电池等绿色动力关键技术取得突破，船舶装备智能技术水平明显提升，内河船舶绿色智能标准规范体系基本形成，内河船舶绿色化、智能化、标准化发展取得显著成效，建立较为完善的产业链供应链；二是到2030年，内河船舶绿色智能技术全面推广应用，配套基础设施、运营管理、商业模式等产业生态更加完善，产业链供应链水平大幅提升，初步建立内河船舶现代产业体系。

《意见》提出四项工作要求。一是优先发展绿色动力技术，积极稳妥发展LNG动力船舶，加快发展电池动力船舶，推动甲醇、氢等动力技术应用；二是加快推进智能技术研发应用，加快先进适用安全环保智能技术应用，推动新一代智能航行船舶技术研发应用；三是提升绿色智能船舶产业水平，加强绿色智能船舶标准化设计，推动内河船舶制造转型升级，构建绿色智能船舶新型产业链；四是建立健全绿色智能船舶产业生态，完善绿色智能船舶运营配套设施，推动绿色智能船舶商业模式创新，加强和改进船舶运营管理，强化安全质量管理。

（四）推进绿色货运配送示范工程

2022年1月，交通运输部办公厅、公安部办公厅、商务部办公厅发布了《关于组织开展第三批城市绿色货运配送示范工程申报工作的通知》（交办运函〔2021〕2122号），提出六大重点支持方向。一是服务支撑国家重大战略实施，鼓励毗邻城市联合申报，支持城市群、都市圈货运配送统筹布局、一体化发展；二是优先支持城市配送车辆清洁化、标准化、专业化发展成效明显的项目；三是优先支持创新发展绿色低碳、集约高效配送模式的项目；四是优先支持优化改进城市配送货车便利通行政策的项目；五是优先支持以公共货运枢纽（综合物流园区）、公共配送中心、末端共同配送网点为支撑配送网络的项目；六是优先支持建设城市货运配送公共信息平台的项目，开展信息互联、部门协同、数字监管、精准服务、综合治理。

为保障示范工程建设有力有序推进，不断提升城市绿色货运配送发展水平，2022年3月，交通运输部、公安部、商务部印发了《城市绿色货运配送示范工程管理办法》（交运发〔2022〕32号），对城市绿色货运配送示范工程的申报、组织实施、验收与命名、动态评估等工作提出了具体要求。

六、加强运输安全管理

2022年，交通运输部推动实施了交通运输安全生产强化年，同时针对危险货物运输安全风险进行了集中治理，其间密集出台了一系列加强运输及危险货物安全管理方面的政策。

（一）交通安全体系建设

2022年1月，交通运输部发布了《关于进一步加强交通运输安全生产体系建设的意见》（交安监发〔2022〕4号），布置了建立安全改革发展体系、完善安全责任体系、健全依法治理体系、完善双重预防体系、强化基础保障体系五项重点任务。

2月，交通运输部印发《关于加强交通运输应急管理体系和能力建设的指导意见》（以下简称《意见》）。《意见》提出全面提升交通运输安全风险防范化解、突发事件应急处置和综合交通运输应急保障能力，为加快建设交通强国和更高水平的平安中国提供有力的应急保障。《意见》还明确提出，将构建"一个体系、三个能力"[①]的应急能力建设总构架，从4个方面共布置20项任务，涵盖了风险防控、监测预警、指挥决策、应急救援、抢通保通、运输保障等各方面工作，将为交通运输当好中国现代化的开路先锋提供坚实的应急保障。

[①] "一个体系"是指依托"一案三制"构建科学完备的组织管理体系；"三个能力"是指以防为主的"风险防控能力"、发挥综合交通协同优势的"应急处置能力"、保障精准科学处置的"应急保障能力"。

12月，为推动综合交通运输和公路、水运领域工程建设与运营安全，着力防范化解重大安全风险，坚决遏制重特大事故，交通运输部办公厅印发了《交通运输安全应急标准体系（2022年）》（交办科技〔2022〕82号），将交通运输安全应急标准体系划分为基础通用标准、工程建设与运营安全标准、货物运输安全标准、应急管理标准、设施设备标准等七部分。

（二）强化道路运输安全

2022年4月，交通运输部办公厅发布了《关于强化道路货物运输重点领域安全管理工作的通知》，提出十点要求。一是强化重点货运企业安全监督检查；二是强化重点岗位从业人员安全监管；三是强化重型货车本质安全管理；四是强化常压液体危险货物罐车治理；五是强化危险货物运输源头安全监管；六是强化危险货物运输电子运单应用；七是强化重点货运车辆运行风险处置；八是强化道路货运安全监管协同治理；九是强化危险货物运输事故应急处置；十是强化典型事故安全警示教育。

6月，交通运输部办公厅发布了《关于进一步做好道路运输安全生产专项整治巩固提升阶段有关工作的通知》（交办运函〔2022〕824号），提出五点要求。一是紧盯重点环节，进一步抓好风险防范化解工作，切实加强道路运输领域各类安全风险隐患的动态监测、跟踪评估，确保风险管控到位、隐患整治到位；二是紧盯重点领域，进一步夯实安全生产工作基础；三是紧盯重点岗位，进一步压紧压实各方安全责任；四是紧盯重点任务，进一步完善安全生产长效机制；五是紧盯重点时段，进一步织密安全生产防护网络。

（三）强化危险货物运输管理

2022年10月，为进一步完善和加强铁路危险货物运输安全监督管理，夯实铁路危险货物运输安全的法治保障，交通运输部对《铁路危险货物运输安全监督管理规定》（交通运输部令2022年第24号）（以下简称《规定》）进行了全面修订。主要修订内容有以下几点。一是进一步明晰了危险货物范围，在现行《规定》关于危险货物定义的基础上，明确危险货物原则上以《铁路危险货物品名表》为标准进行认定，同时进一步明确对虽未列入《铁路危险货物品名表》但依据有关法规、国家标准确定为危险货物的，也需要按照《规定》办理运输；二是进一步强化了危险货物运输全链条管理，从危险货物托运、查验、包装、装卸、运输过程监控、应急管理等各环节，全面强化对危险货物运输的安全管理要求。

6月，交通运输部安全委员会发布了《关于扎实做好夏季危险货物港口作业安全工作的通知》（交安委明电〔2022〕13号），提出四点要求。一是迅速组织开展安全生产大检查，将危险货物港口作业作为检查重点；二是强化危险货物港口作业监测和风险管控，突出危险货物港口作业监测、危险货物港口作业现场管理，突出重大危险源管控；三是从严从实从细落实部门监管责任，督促港口企业严格执行国家强制性标准，严格港口安全生产监督执法，依法依规从严查处违法违规行为；四是加强应急管理，加强极端天气预警信息的收集，强化预防预控。

（四）提升航运安全水平

2022年9月，交通运输部办公厅发布了《关于开展港口装卸内贸集装箱超重治理工作的通知》（交办水函〔2022〕1312号）（以下简称《通知》）。《通知》明确了自查、整改、总结三阶段的进度安排，并提出三项重点任务。一是强化内贸集装箱码头闸口称重；二是完善内贸集装箱重量信息记录；三是加强超重内贸集装箱信息共享与管理。

七、助企纾困及减税降费

新冠疫情发生以来，受货运需求减少、防疫支出增加等影响，交通运输企业经营受到较大冲击。中国政府高度重视稳定市场主体工作，出台多项措施助企纾困，保障行业健康稳定发展。

（一）稳定经济助企纾困

为帮助服务业领域困难行业渡过难关、恢复发展，2022年2月，国家发展改革委、财政部等14部门联合印发《关于促进服务业领域困难行业恢复发展的若干政策》（发改财金〔2022〕271号）（以下简称《若干政策》），其中针对交通运输业提出一系列纾困扶持措施。具体包括暂停铁路运输企业预缴增值税一年；中央财政加大补助地方资金力度，支持公路、水运和综合货运枢纽、集疏运体系建设；鼓励金融机构对信用等级较高、承担疫情防控和应急运输任务较重的交通运输企业加大融资支持力度；鼓励符合条件的交通运输企业发行公司信用类债券，拓宽交通运输企业多元化融资渠道。为贯彻落实《若干政策》，2022年2月，交通运输部发布了《关于做好交通运输业助企纾困扶持政策落实工作的通知》（交财审明电〔2022〕38号），提出两点要求。一是推动助企纾困各项政策落实落细，跟踪了解政策落实情况、困难及诉求，提出完善政策的意见建议；二是统筹做好疫情防控和交通运输发展。

5月，为统筹疫情防控和邮政快递业发展，国家邮政局印发了《关于帮助寄递企业纾困解难稳定行业发展态势的通知》（以下简称《通知》），从落实减免税政策、保障末端网点运行、维护快递员合法权益等方面，提出六项任务23条具体措施，助力行业稳定发展。《通知》指出，各级邮政管理部门要积极沟通协调地方财税等部门，推动落实组合式税费支持政策；将邮政、快递企业纳入交通运输再贷款支持范围；快递企业总部要出台专项扶持措施，帮助涉疫地区经营困难网点渡过难关。

为助力交通物流业纾困，2022年5月，中国人民银行联合交通运输部发布《关于设立交通物流专项再贷款有关事宜的通知》（银发〔2022〕120号）（以下简称《通知》）。《通知》指出，中国人民银行设立交通物流专项再贷款，专项支持金融机构向交通物流领域提供优惠贷款，专项再贷款具体支持领域由交通运输部确定，主要包括受新冠疫情影响暂遇困难的道路货物运输经营者、中小微物流配送企业。

（二）快递收派服务免征增值税

2022年4月，财政部、税务总局发布了《关于快递收派服务免征增值税政策的公告》（财政部　税务总局公告2022年第18号）（以下简称《公告》）。《公告》明确自2022年5月1日至2022年12月31日，对纳税人为居民提供必需生活物资快递收派服务取得的收入，免征增值税。

（三）阶段性减免收费公路货车通行费

为深入贯彻落实国务院常务会议决策部署的"在第四季度，将收费公路货车通行费减免10%"的相关任务，2022年9月，交通运输部、财政部发布了《关于做好阶段性减免收费公路货车通行费有关工作的通知》（交公路明电〔2022〕282号），明确2022年10月1日0时起至12月31日24时，在继续执行现有各类通行费减免政策的基础上，全国收费公路统一对货车通行费再减免10%。

第二节 中国物流发展相关规划出台情况

2022年，国务院办公厅发布了《"十四五"现代物流发展规划》，对"十四五"时期构建中国现代物流体系进行全面部署。国务院及相关部委印发了一系列交通运输体系发展规划，推动建设更加完善的交通运输体系。此外，中国民用航空局和国家邮政局还分别印发了航空物流、邮政及快递物流方面的"十四五"发展规划，明确了"十四五"时期相关物流细分领域的发展方向。

一、"十四五"现代物流发展规划

现代物流一头连着生产，一头连着消费，在构建现代流通体系、促进形成强大国内市场、推动高质量发展、建设现代化经济体系中发挥着先导性、基础性、战略性作用。为贯彻落实党中央、国务院关于构建现代物流体系的决策部署，2022年12月，国务院办公厅发布了中国现代物流领域第一个国家级五年规划《"十四五"现代物流发展规划》（国办发〔2022〕17号）（以下简称《规划》）。作为"十四五"时期推动中国现代物流发展的纲领性文件，《规划》对中国现代物流体系建设做出了一系列创新性、前瞻性、可操作性的战略部署。

《规划》明确了发展目标。一是到2025年，基本建成供需适配、内外联通、安全高效、智慧绿色的现代物流体系，具体包括物流创新发展能力和企业竞争力显著增强，物流服务质量效率明显提升，"通道+枢纽+网络"运行体系基本形成，安全绿色发展水平大幅提高，现代物流发展制度环境更加完善；二是展望 2035 年，现代物流体系更加完善，具有国际竞争力的一流物流企业成长壮大，通达全球的物流服务网络更加健全，对区域协调发展和实体经济高质量发展的支撑引领更加有力，为基本实现社会主义现代化提供坚实保障。

《规划》部署了四项重点任务。一是精准聚焦现代物流发展重点方向，包括加快物流枢纽资源整合建设、构建国际国内物流大通道、完善现代物流服务体系、延伸物流服务价值链条、强化现代物流对社会民生的服务保障、提升现代物流安全应急能力；二是加快培育现代物流转型升级新动能，包括推动物流提质增效降本、促进物流业与制造业深度融合、强化物流数字化科技赋能、推动绿色物流发展、做好供应链战略设计、培育发展物流经济；三是深度挖掘现代物流重点领域潜力，包括加快国际物流网络化发展、补齐农村物流发展短板、促进商贸物流提档升级、提升冷链物流服务水平、推进铁路（高铁）快运稳步发展、提高专业物流质量效率、提升应急物流发展水平；四是强化现代物流发展支撑体系，包括培育充满活力的物流市场主体、强化基础标准和制度支撑、打造创新实用的科技与人才体系。

《规划》还提出了国家物流枢纽建设工程、铁路物流升级改造工程、物流业制造业融合创新工程、数字物流创新提质工程、绿色低碳物流创新工程、现代供应链体系建设工程、国际物流网络畅通工程、冷链物流基础设施网络提升工程、应急物流保障工程、现代物流企业竞争力培育工程、物流标准化推进工程等 11 项工程。

二、交通运输体系发展相关规划

（一）"十四五"现代综合交通运输体系发展规划

交通运输是重要的服务性行业和现代化经济体系的重要组成部分，是构建新发展格局的重要支撑和服务人民美好生活、促进共同富裕的坚实保障。为加快建设交通强国，构建现代综合交通运输体系，2022年1月，国务院发布了《"十四五"现代综合交通运输体系发展规划》（国发〔2021〕27号）（以下简称《规划》）。

《规划》明确了2025年发展目标，具体包括设施网络更加完善、运输服务更加高效、技术装备更加先进、安全保障更加可靠、发展模式更可持续、治理能力更加完备，同时对设施网络、衔接融合、智能绿色、安全可靠四个方面的十五项指标提出了具体目标。《规划》还对2035年发展目标进行了展望。

《规划》针对九个方面提出了具体任务。一是构建高质量综合立体交通网，二是夯实城乡区域协调发展基础支撑，三是推进城市群和都市圈交通现代化，四是扩大优质运输服务供给，五是加快智能技术深度推广应用，六是全面推进绿色低碳转型，七是提升安全应急保障能力，八是推动高水平对外开放合作，九是加强现代化治理能力建设。

《规划》还提出了多项重点工程和具体行动，包括战略骨干通道建设工程、综合交通枢纽建设重点工程、铁路网建设重点工程、公路网建设重点工程、水运设施网络建设重点工程、民用运输机场建设重点工程、综合交通网络衔接重点工程、边境地区交通基础设施建设工程、重点城市群和都市圈交通网络建设工程、运输服务品质提升行动、交通基础设施数字化网联化升级工程、交通运输绿色低碳发展行动、综合交通运输安全应急能力提升重点工程、国际运输竞争力提升行动等。

（二）国家公路网规划

为贯彻落实《国民经济和社会发展第十四个五年规划和2035年远景目标纲要》《国家综合立体交通网规划纲要》，优化完善国家公路网络，有力支撑现代化经济体系和社会主义现代化强国建设，2022年7月，国家发展改革委、交通运输部印发了《国家公路网规划》（发改基础〔2022〕1033号）（以下简称《规划》）。规划期至2035年，并对2050年路网做了展望布局。

《规划》提出，到 2035 年，基本建成覆盖广泛、功能完备、集约高效、绿色智能、安全可靠的现代化高质量国家公路网，形成多中心网络化路网格局，实现国际省际互联互通、城市群间多路连通、城市群城际便捷畅通、地级城市高速畅达、县级节点全面覆盖、沿边沿海公路连续贯通。到 21 世纪中叶，高水平建成与现代化高质量国家综合立体交通网相匹配、与先进信息网络相融合、与生态文明相协调、与总体国家安全观相统一、与人民美好生活需要相适应的国家公路网。

《规划》从支撑构建新发展格局、推动区域协调发展和新型城镇化、维护国家安全等国家战略实施等方面，对路网布局进行优化和完善，明确了节约集约利用资源、推进绿色低碳发展、注重创新赋能发展、注重与产业融合发展、严控地方政府债务风险五项实施要求。

（三）公路"十四五"发展规划

2022 年 1 月，交通运输部发布了《公路"十四五"发展规划》（交规划发〔2021〕108 号）（以下简称《规划》），这是《交通强国建设纲要》《国家综合立体交通网规划纲要》印发后，我国出台的第一个公路交通领域的五年发展规划。《规划》明确了"十四五"时期中国公路交通发展的总体思路、发展目标、重点任务和政策措施，涵盖建设、管理、养护、运营、运输等多个领域，是指导"十四五"时期公路交通高质量发展的纲领性文件。

《规划》提出，到 2025 年，安全、便捷、高效、绿色、经济的现代化公路交通运输体系建设取得重大进展，高质量发展迈出坚实步伐，设施供给更优质、运输服务更高效、路网运行更安全、转型发展更有力、行业治理更完善，有力支撑交通强国建设，高水平适应经济高质量发展要求，满足人民美好生活需要；展望 2035 年，基本建成安全、便捷、高效、绿色、经济的现代化公路交通运输体系，基础设施网络趋于完善，运输服务质量效率全面提升，先进科学技术深度赋能公路交通发展，平安、绿色、共享交通发展水平和行业治理能力明显提高，人民满意度大幅提升，支撑"全国 123 出行交通圈""全球 123 快货物流圈"和国家现代化建设的能力显著增强。

《规划》部署了八个方面的重点任务。一是提升基础设施供给能力和质量，二是提升公路养护效能，三是提升路网管理运行和服务水平，四是提升道路运输服务品质，五是增强创新发展动力，六是增强安全应急保障能力，七是推进公路绿色发展，八是推进行业治理能力全面提升。

（四）水运"十四五"发展规划

为了构建安全、便捷、高效、绿色、经济的现代水运体系，按照"十四五"综合交通运输体系发展规划总体要求，2022年1月，交通运输部发布了《水运"十四五"发展规划》（交规划发〔2022〕99号）（以下简称《规划》）。

《规划》提出两项阶段目标。一是到2025年，安全、便捷、高效、绿色、经济的现代水运体系建设取得重要进展，水运基础设施补短板取得明显成效；新增国家高等级航道2500公里左右，基本连接内河主要港口；世界一流港口建设提质增效，保障能力适度超前；智慧绿色安全发展水平显著提升，支撑国家战略能力明显增强。二是展望2035年，安全、便捷、高效、绿色、经济的现代水运体系基本建成，为建设人民满意、保障有力、世界前列的交通强国做好支撑；内河水运完成国家高等级航道网2.5万公里预期目标，充分发挥在"6轴7廊8通道"综合立体交通网主骨架中的通道作用；沿海港口在国家发展中的"硬核"作用凸显，在全球航运和物流体系中的枢纽地位突出，基本建成世界一流强港。

《规划》明确了八项重点任务。一是集中攻坚，重点建设高等级航道；二是强基优能，打造高能级港口枢纽；三是统筹融合，推动联运高质量发展；四是降本增效，发展高水平水路运输；五是创新驱动，引领智慧水运新发展；六是巩固提升，推进绿色平安新发展；七是开放拓展，提升水运国际竞争力；八是深化改革，提升管理能力与水平。

（五）长航系统"十四五"发展规划

为贯彻落实《中华人民共和国长江保护法》有关要求，突出长江航运高质量发展主题，强化对长江经济带的支撑作用和对长江航运的引领作用，2022年1月，交通运输部发布了《长航系统"十四五"发展规划》（交办规划〔2021〕66 号）（以下简称《规划》）。

《规划》提出，到 2025 年，初步形成安全、便捷、高效、绿色、经济的长江航运高质量发展体系，为建成人民满意、保障有力、世界前列的交通强国提供有力支撑。同时，《规划》还提出了长江黄金水道更加畅通、运输衔接更加高效、航运服务更加优质、航运发展更加绿色、安全保障更加有力、水路运输更加智慧、航运管理更加科学七项具体目标。

《规划》明确了七项重点任务。一是提升黄金水道通航能力，二是推动运输方式统筹衔接，三是提升航运公共服务品质，四是提升航运绿色发展水平，五是强化航运安全保障能力，六是推动数字赋能航运发展，七是提高航运科学管理能力。

（六）长江干线港口布局及港口岸线保护利用规划

2022 年 11 月，交通运输部、国家发展改革委发布了《长江干线港口布局及港口岸线保护利用规划》（交规划发〔2022〕110 号）（以下简称《规划》）。

《规划》提出到 2035 年，全面建成布局合理、功能完善、集约绿色、安全智慧的现代化长江干线港口体系，港口岸线资源得到有效保护和集约节约高效利用，打造成为"一带一路"与长江经济带连接的战略支点、黄金水道上的绿色基地、引领创新发展的智慧枢纽，实现长江干线港口与水域、陆域生态自然的和谐共生。

《规划》部署了三项任务。一是完善港口功能布局，包括优化港口布局、打造区域港口群、提升港口运输系统效能；二是集约高效利用港口岸线，包括调整港口岸线存量、做优港口岸线增量、提升港口岸线利用效率；三是推动港口高质量发展，包括加快发展多式联运、提升现代航运服务功能、水港产城一体融合、强化航道能力保障、加快绿色港口建设、加快智慧港口建设、加快平安港口建设。

（七）"十四五"交通领域科技创新规划

为统筹推进"十四五"交通领域科技创新发展，加快建设科技强国、交通强国，2022 年 4 月，交通运输部、科学技术部联合制定了《"十四五"交通领域科技创新规划》（交科技发〔2022〕31号）（以下简称《规划》）。

《规划》明确到2025年，交通运输技术研发应用取得新突破，科技创新能力全面增强，创新环境明显优化，初步构建适应加快建设交通强国需要的科技创新体系，创新驱动交通运输高质量发展取得明显成效。

《规划》明确了六个方面的重点研发任务。一是基础设施，二是交通装备，三是运输服务，四是智慧交通，五是安全交通，六是绿色交通。《规划》还提出了交通基础设施长期性能科学观测网建设工程、交通基础设施数字化工程、交通运输装备关键核心技术攻坚工程、智能交通先导应用试点工程、北斗导航系统智能化应用工程、水上交通安全应急保障技术攻坚工程、交通运输低（零）碳技术攻坚工程等重点工程。

《规划》同时聚焦科技创新体系建设，提出五点工作要求。一是强化交通战略科技力量，二是加快科技人才队伍建设，三是强化科技成果推广应用，四是提升交通科普服务能力，五是提升国际科技合作水平。

（八）交通领域科技创新中长期发展规划纲要（2021—2035年）

为了统筹推进交通运输科技创新发展，2022年3月，交通运输部、科学技术部联合制定了《交通领域科技创新中长期发展规划纲要（2021—2035年）》（交科技发〔2022〕11号）（以下简称《纲要》）。《纲要》明确了未来十五年中国交通运输科技创新工作的指导思想、基本原则和发展目标，并对重点任务做了系统布局，是指导未来十五年中国交通运输科技创新的纲领性文件。

《纲要》提出三项阶段性目标。一是到2025年，基础研究和应用基础研究显著加强，关键核心技术取得重要突破，前沿技术与交通运输加速融合，科技创新平台布局更加完善，人才发展环境更加优化，科技成果转化机制更加顺畅，初步构建适应加快建设交通强国需要的科技创新体系；二是到2030年，基础研究和应用基础研究取得重要进展，关键核心技术产品自主化水平显著提高，前沿技术与交通运输深度融合，交通运输科技创新能力明显提升，交通运输科技创新体系进一步完善；三是到2035年，交通运输科技创新水平总体迈入世界前列，基础研究和原始创新能力全面增强，关键核心技术自主可控，前沿技术与交通运输全面融合，基本建成适应交通强国需要的科技创新体系。

《纲要》部署了七项主要任务。一是提升基础设施高质量建养技术水平，二是提升交通装备关键技术自主化水平，三是推进运输服务与组织智能高效发展，四是大力推动深度融合的智慧交通建设，五是推进一体化协同化的平安交通建设，六是构建全寿命周期绿色交通技术体系，七是提升新时期交通运输科技创新能力。

（九）绿色交通"十四五"发展规划

为落实党中央、国务院关于生态文明建设和碳达峰碳中和战略部署，2022年1月，交通运输部印发了《绿色交通"十四五"发展规划》（交规划发〔2021〕104号）（以下简称《规划》）。

《规划》明确到2025年，交通运输领域绿色低碳生产方式初步形成，基本实现基础设施环境友好、运输装备清洁低碳、运输组织集约高效，重点领域取得突破性进展，绿色发展水平总体适应交通强国建设阶段性要求。

《规划》部署了七项主要任务。一是优化空间布局，建设绿色交通基础设施；二是优化交通运输结构，提升综合运输能效；三是推广应用新能源，构建低碳交通运输体系；四是坚持标本兼治，推进交通污染深度治理；五是坚持创新驱动，强化绿色交通科技支撑；六是健全推进机制，完善绿色交通监管体系；七是完善合作机制，深化国际交流与合作。

《规划》提出了绿色交通基础设施建设行动、优化调整运输结构行动、绿色出行创建行动、新能源推广应用行动四项专题行动。

三、物流细分产业发展规划

（一）"十四五"航空物流发展专项规划

"十四五"期间，中国航空物流发展将面临全球政治经济格局变化、产业链加速调整、新冠疫情反复、国内市场加快提升、新一轮科技革命等形势变化，新机遇和新挑战对航空物流的发展提出了新要求。为构建优质高效、自主可控的航空物流体系，2022年2月，中国民用航空局发布了《"十四五"航空物流发展专项规划》（民航发〔2022〕7号）（以下简称《规划》）。这是中国民航首次编制的航空物流发展专项规划，《规划》明确了"十四五"时期推动航空物流发展的指导思想、基本原则、发展目标和主要任务。

《规划》明确指出，推进"十四五"时期航空物流发展，要坚持市场主导、安全可靠、系统观念、平急结合、创新融合五项工作原则。《规划》提出，到2025年，初步建成安全、智慧、高效、绿色的航空物流体系，航空物流保障能力显著增强，降本增效成效显著，体系自主可控能力大幅提升，航空物流对高端制造、邮政快递、跨境电商等产业服务能力持续提高。《规划》还从"规模领先、安全可靠、智慧先进、优质高效"四个方面设定了"十四五"时期航空物流发展的12个预期指标。

《规划》指出，"十四五"时期要加快优化航空物流产品供给，加强产业协同、部门协同、政策协同，重点推进实施"打造优质高效的服务体系、建设先进完备的保障体系、构建精准协同的治理体系"三大任务，并围绕三大任务提出航空物流服务能力提升工程、航空物流设施提升工程、航空物流试点工程三大重点工程，进一步明确任务抓手。

（二）"十四五"快递业发展规划

快递业是现代流通体系的重要组成部分，是促进消费、便利生活、畅通循环、服务生产的现代化先导性产业，在稳定产业链供应链、服务乡村振兴、助力构建新发展格局等方面发挥重要作用。为帮助快递业准确把握发展规律、牢牢抓住战略机遇、稳妥应对风险挑战，实现行业更高质量、更有效率、更加公平、更可持续、更为安全的发展，2022年2月，国家邮政局发布了《"十四五"快递业发展规划》（以下简称《规划》）。《规划》明确指出到2025年，基本建成网络联通内外、服务深入城乡、设施智能集约、运行安全环保、产业深度融合、治理协同高效的现代快递服务体系，并在规模能力、服务深度、服务水平、绿色发展、安全发展五个方面提出了七项具体指标。

《规划》明确了十大重点任务。一是提升行业服务质效，二是完善农村服务体系，三是助力制造业强国建设，四是拓展国际快递业务，五是构建快递行业生态，六是保障快递安全运行，七是加强行业应急管理，八是促进绿色低碳发展，九是优化市场营商环境，十是提高行业治理效能。

《规划》同时提出了快递进村工程、快递进厂工程、进出境快件处理中心建设工程、快递出海工程、寄递渠道安全监管"绿盾"工程（二期）五项重点工程。

（三）成渝地区双城经济圈邮政业发展规划

为加快推动成渝地区双城经济圈邮政业高质量发展，2022年12月，国家邮政局发布了《成渝地区双城经济圈邮政业发展规划》（以下简称《规划》）。

《规划》提出，到2025年，成渝地区邮政业规模实力、发展活力、国际竞争力显著增强，发展不平衡不充分问题明显改善，一体化发展水平进一步提高，对成渝地区经济发展和全国邮政业高质量发展的贡献大幅提升；到2035年，全面建成实力雄厚、特色鲜明的成渝地区寄递物流服务体系。

《规划》明确了六项重点任务。一是健全寄递网络，加快能力提升；二是完善服务体系，深化产业协同；三是融入开放平台，拓展国际市场；四是强化科技赋能，促进提质增效；五是注重生态环保，推进绿色发展；六是加强部门协同，提升治理效能。同时，《规划》还提出了四项重点工程，包括邮政快递基础设施能力提升工程、中欧运邮（跨境电商商品）推进工程、农村寄递物流体系建设工程、绿色环保打造工程。

第三节　中国物流政策与规划展望

2023年是全面贯彻落实党的二十大精神的开局之年，也是深入实施《"十四五"现代物流发展规划》的关键一年，中国政府将进一步出台物流领域相关政策，以加强产业链供应链安全保障能力，加快完善农村物流体系，做好物流领域金融支持，促进运输结构绿色转型和物流提质增效降本。

一、加强产业链供应链安全保障能力

党的二十大报告把产业链供应链安全上升到了国家安全高度，提出要着力提升产业链供应链韧性和安全水平，《"十四五"现代物流发展规划》将提升现代物流安全应急能力列为现代物流发展的重点方向。因此，2023年中国政府将出台相关政策，围绕产业链供应链服务保障能力建设，加快补齐物流业发展短板。一是确保国际物流供应链的畅通，加快培育具有国际竞争力的现代物流企业，着力构建开放共享、覆盖全球、安全可靠、保障有力的国际物流供应链；二是提升战略物资储备能力，加强粮食、能源、医疗等重点领域的物资储备设施建设；三是提升应急物资运送能力，探索建立大型物流和仓储企业参与机制，促进政府和社会物流，以及铁路、公路、水路和航空等运输方式的有效衔接。

二、加快完善农村物流体系

《"十四五"现代物流发展规划》提出要补齐农村物流发展短板，完善农村物流节点网络，提升农村物流服务效能。2023年2月，中共中央、国务院发布《关于做好2023年全面推进乡村振兴重点工作的意见》，这是21世纪以来第20个指导"三农"工作的中央一号文件，文件对邮政、快递推进乡村振兴提出相关要求。2023年，相关部委及各省市将出台相应政策，完善县乡村物流配送体系。一是加快完善县乡村电子商务和快递物流配送体系，巩固提升农村地区邮政服务水平；二是促进建设县域集采集配中心；三是推动农村客货邮融合发展；四是大力发展共同配送、即时零售等新模式；五是推动冷链物流服务网络向乡村下沉，提升现代乡村服务业运作水平。

三、做好物流领域金融支持

2023年2月，中国人民银行、交通运输部、中国银行保险监督管理委员会发布了《关于进一步做好交通物流领域金融支持与服务的通知》（银发〔2023〕32号），强调要充分认识做好交通物流领域金融支持与服务的重要意义。2023年，相关部委和各省市将出台相关政策，进一步细化和落实物流领域金融支持。一是加强内部激励和产品创新，打造符合交通物流行业需求特点的信贷产品；二是用好结构性货币政策工具，优化交通物流专项再贷款政策安排；三是加强交通物流项目金融支持，助力交通强国建设，加大配套融资等市场化资金支持力度，助力交通物流基础设施和重大项目建设；四是优化交通物流领域债券融资安排，提升发债融资便利度；五是建立健全信息共享机制，降低信息收集成本，健全交通物流领域企业人群"白名单"机制；六是发挥合力，做好各项配套支持和服务，加强政银企对接和宣传解读，联合地方金融监管部门以及相关行业协会商会、交通物流企业集聚的产业园区等，开展多层次政银企对接活动，畅通对接渠道。

四、促进运输结构绿色转型

党的二十大报告指出，要加快发展方式绿色转型，加快推动产业结构、能源结构、交通运输结构等调整优化。2023年2月，工业和信息化部等八部门联合发布了《关于组织开展公共领域车辆全面电动化先行区试点工作的通知》（工信部联通装函〔2023〕23号）（以下简称《通知》）。《通知》要求在全国范围内启动公共领域车辆全面电动化先行区试点工作，试点期为2023—2025年。在试点期内，我国将推出一系列政策促进公共领域车辆电动化发展。一是推动充换电服务体系保障建设，提高充电设施车位占比；二是促进新技术新模式创新应用，智能有序充电、大功率充电、快速换电等新技术应用有效扩大；三是健全政策保障和管理制度。

五、促进物流提质增效降本

《"十四五"现代物流发展规划》提出要推动物流提质增效降本，促进全链条降本和结构性降本。党的二十大报告指出，要建设高效顺畅的流通体系，降低物流成本。为贯彻落实党的二十大的相关决策部署，2023年2月，国家发展改革委经贸司主持召开重点省市物流提质增效降本现场会。2023年，中国政府将在多个领域通过多种方式降低物流成本，提升物流运行效率。一是降低要素成本，巩固物流减税降费成果；二是提高现代物流发展质量，促进高程度、深层次、制度性、结构性、管理性、技术性降低成本；三是结合产业特点和基础条件，推动地区间经验共享、互学互鉴。

行业篇

导　言

本篇继续遵循追踪中国行业物流发展热点的选题原则，选取交通运输物流、制造业物流、商贸物流和农产品物流四个领域进行深入研究。

交通运输物流是实现中国式现代化的重要保障，是构建新发展格局的重要支撑和服务人民美好生活、促进共同富裕的坚实基础。第六章从不同运输方式角度分别总结了中国公路、铁路、港航和航空物流的发展状况。报告认为，2022年，中国综合交通运输体系进一步完善，交通运输物流服务创新水平不断提升，智慧化和绿色化水平再上新台阶。从货运量规模看，公路和航空的货运规模有所下降，铁路和水运货运规模保持增长，多式联运水平显著提升。从基础设施建设看公路、铁路、港口、内河水运和航空物流基础设施能力不断提升，智慧交通和智慧物流园区建设加速。从行业发展看，交通运输物流成为全国投资热点，交通运输物流服务智慧化发展加快，以信息互联互通为主的平台型服务创新提速，绿色化建设取得实质性进展。

制造业是中国国民经济的主体，也是全社会物流总需求的主要来源，发展制造业物流对于保障中国制造业供应链安全稳定运行和提升中国制造业国际竞争力具有重要意义。第七章分析了中国制造业物流发展环境和发展现状，剖析了汽车零部件、纺织服装等制造业物流重点领域的发展状况。报告认为，2022年，中国制造业规模持续增长，产业链供应链韧性和安全水平得到提升，数字化转型升级加快，制造业物流和供应链发展政策持续优化。在此背景下，中国制造业物流总体规模平稳增长，服务制造业产业链供应链的能力不断增强，智能化水平不断提升，标准化工作持续推进。同时，汽车零部件、纺织服装等制造业重点领域物流呈现良好发展态势。

商贸物流连接生产和消费，是畅通国民经济循环的重要基础，也是构建新发展格局、实现中国式现代化的重要保障。第八章探讨了中国商贸物流的发展环境和发展现状，剖析了中国商贸物流重点领域的发展状况。报告认为，

2022年，中国消费市场规模略有下降，大宗商品市场波动明显，进出口规模稳步增长，商贸物流中的智慧物流和绿色物流技术应用逐步成熟，政策环境不断完善。在此背景下，中国商贸物流规模保持稳定发展态势，相关基础设施建设持续推进，保通保畅成效显著，商贸物流企业数字化转型升级以及资本整合加快。此外，即时物流和电商直播物流表现亮眼，成为中国商贸物流发展的热门领域。

农产品物流是中国现代农业产业体系的重要组成部分，也是推动乡村振兴和农村产业高质量发展、实现中国式现代化的重要保障。第九章探讨了中国农产品物流的发展环境和发展现状，深入剖析了中国农产品物流重点领域的发展状况。报告认为，中国农产品产量与需求持续增长，农村产业高质量发展稳步推进，农产品电子商务蓬勃发展，政策环境不断优化。在此发展背景下，农产品物流总额稳定增长，物流网络体系进一步完善，数字化、智慧化建设加快，农产品跨境物流取得新进展，农产品市场供应稳定得到充分保障。此外，粮食物流和果蔬物流作为农产品物流的重要领域不断发展完善，取得了长足的进步。

第六章　中国交通运输物流发展状况

交通运输是现代物流的基本功能。交通运输物流是实现中国式现代化的重要保障，是构建新发展格局的重要支撑和服务人民美好生活、促进共同富裕的坚实基础。2022年，中国公路和航空货运规模有所下降，铁路和港航货运规模继续扩大，交通基础设施投资保持稳健增长，路网条件持续改善，西部陆海新通道和中欧班列建设再上新台阶，交通物流企业服务能力和服务水平稳步提升，智慧化和绿色化已成为交通物流企业发展的重要方向。

第一节　中国公路物流发展状况

2022年，中国公路行业基础设施规模继续扩大，物流枢纽建设更加完善，智慧、绿色成为公路物流服务的重要发展方向。受新冠疫情影响，公路货运量和货运周转量有所下降，零担和整车市场活跃度降低，快递和网络货运市场增速放缓。

一、公路货运规模略有下降，占全社会货运总规模比重小幅降低

2022年，受新冠疫情等因素的影响，全国公路货运量和货运周转量有所下降。全年公路货运量从2021年的391.4亿吨[①]下降到371.2亿吨，同比下

[①] 本节涉及的2021年公路物流货运量及增长率、货运周转量及增长率等数据，如不做特殊说明，均来自交通运输部《2021年交通运输行业发展统计公报》，2022年5月25日，交通运输部网站（https：//xxgk.mot.gov.cn/2020/jigou/zhghs/202205/t20220524_3656659.html）。

降 5.5%[1]；货运周转量从 2021 年的 69087.7 亿吨公里下降到 68958.0 亿吨公里，同比下降 1.2%。2019—2022 年全国公路货运量及货运周转量变化情况如表 6-1 所示。

表 6-1 2019—2022 年全国公路货运量及货运周转量变化情况

年份	货运量		货运周转量	
	绝对值（亿吨）	增速（%）	绝对值（亿吨公里）	增速（%）
2019	343.6	4.2	59636.4	0.4
2020	342.6	-0.3	60171.9	0.9
2021	391.4	14.2	69087.7	14.8
2022	371.2	-5.5	68958.0	-1.2

资料来源：交通运输部：《交通运输行业发展统计公报》（2019—2022），交通运输部网站（https：//www.mot.gov.cn/fenxigongbao/hangyegongbao/）。

2022 年，全国公路货运量、货运周转量在全社会货运总规模中的占比有所下降。其中，公路货运量占各运输方式货运总量的比重从 2021 年的 75.0% 下降至 73.3%，公路货运周转量占各运输方式货运周转总量的比重从 2021 年的 31.7%[2]下降至 30.5%。

二、公路路网规模继续扩大，物流枢纽设施不断完善

2022 年，我国公路固定资产投资规模快速增长，公路总里程持续增加，综合货运枢纽体系更加完善，国家物流枢纽建设稳步推进。

---

[1] 本节涉及的 2022 年公路物流货运量及增长率、货运周转量及增长率等数据，如不做特殊说明，均来自交通运输部《2022 年交通运输行业发展统计公报》，2023 年 6 月 16 日，交通运输部网站（https：//xxgk.mot.gov.cn/2020/jigou/zhghs/202306/t20230615_3847023.html）。

[2] 《2021 年交通运输行业发展统计公报》未统计 2021 年各运输方式货运周转量比重，这里的比重根据"公路货运周转量/总货运周转量"计算得到，相关数据均来自交通运输部《2021 年交通运输行业发展统计公报》，2022 年 5 月 25 日，交通运输部（https：//xxgk.mot.gov.cn/2020/jigou/zhghs/202205/t20220524_3656659.html）。

在公路网建设方面，国家加大公路固定资产投资力度，鼓励 REITs 试点。截至 2022 年年底，公路完成固定资产投资 2.9 万亿元，同比增长 9.7%[1]；其中农村公路完成固定资产投资 4733 亿元，同比增长 15.6%。公路基础设施建设融资积极利用国家 REITs 试点政策，截至 2022 年年底，全国公路总里程达 535 万公里，较 2021 年新增公路通车里程约 7 万公里；新改建农村公路超过 18 万公里，同比增长约 8.0%。截至 2023 年 3 月，高速公路 REITs 合计发行规模达到 437.3 亿元，接近 REITs 总体发行规模 908.9 亿元的一半[2]。

在公路物流枢纽建设方面，为完善中国现代综合交通运输体系，财政部和交通运输部 2022 年 6 月发布了《关于支持国家综合货运枢纽补链强链的通知》，并于 9 月发布《2022 年国家综合货运枢纽补链强链首批城市公示》，天津、石家庄、济南、临沂、宁波、金华、厦门、福州、泉州、广州、郑州、武汉、重庆、成都、昆明共 15 个城市入选，部分奖补资金将用于补强公铁水、水陆空等多式联运网络。为加快构建我国现代物流体系，国家发展改革委 2022 年 11 月印发《关于做好 2022 年国家物流枢纽建设工作的通知》，将 25 个国家物流枢纽纳入 2022 年度建设名单，其中将公路运输方式作为重点建设方向之一的国家物流枢纽有 8 个，分别是浙江嘉兴、河南南阳、湖北十堰、广西凭祥、云南昆明—磨憨、甘肃酒泉、宁夏银川和新疆库尔勒国家物流枢纽。这些枢纽依托公路网或公路口岸优势，将建设以公路运输为主的公铁、公水和公空联运的干线运输网络，以进一步发挥公路物流枢纽在现代物流运行体系中的基础性作用。

---

[1] 魏弘毅、叶昊鸣：《2022 年全国完成交通固定资产投资超 3.8 万亿元》，2023 年 2 月 23 日，新华社官方账号（https://baijiahao.baidu.com/s?id=1758636323650391314&wfr=spider&for=pc）。

[2] 新浪财经：《重磅通知，REITs 新一轮扩容开启！高速公路 REITs 分红近 10 亿元，产业园区 REITs 上市后表现亮眼》，2023 年 3 月 26 日，新浪财经网（https://finance.sina.com.cn/stock/jsy/2023-03-26/doc-imynfatx8855730.shtml）。

三、零担、整车市场活跃度下降，快递网络货运市场增速放缓

受新冠疫情防控政策的影响，2022年我国公路零担、整车市场收入和货运量出现下降，快递、网络货运市场虽呈增长态势，但增速低于去2021同期。

2022年，公路整车和零担货运市场货运量和收入都有所下降。中国物流与采购联合会公路货运分会调查结果显示，整车和零担企业中货运量和收入下降的企业占比均高于2021年。表6-2显示了2021—2022年我国公路整车、零担运输企业货运量和收入的景气度调查情况。

表6-2 2021—2022年中国公路整车、零担运输企业货运量和收入的景气度调查情况

年份	反映货运量下降的企业占比（%）			反映收入下降的企业占比（%）		
	整车运输	零担快运	零担专线	整车运输	零担快运	零担专线
2021	21.0	28.6	25.0	22.6	21.4	33.3
2022	46.8	42.3	45.8	49.4	46.2	41.7

资料来源：根据中国物流与采购联合会公路货运分会《中国公路货运景气度CEO调查报告》（2021—2022）相关数据整理。

从快递市场和网络货运市场看，2022年快递市场和网络货运市场增速均有所放缓。受新冠疫情影响，2022年快递行业的快递件量和业务收入波动明显，其中，快递件量1105.8亿件，同比增长2.1%；业务收入累计10566.7亿元，同比增长2.3%[1]，二者增速较2021年分别下降约27.5和15.2个百分点。网络货运市场增速也明显下降，截至2022年年底，全国共有2537家网络货运企业（含分公司），全年共上传运单9401.2万单，同比增长36.0%[2]，

---

[1] 国家邮政局：《国家邮政局公布2022年邮政行业运行情况》，2023年1月18日，国家邮政局网站（https://www.spb.gov.cn/gjyzj/c100015/c100016/202301/c910dd57e739490ea60bda58174ef826.shtml）。

[2] 交通运输部：《2022年网络货运行业运行基本情况发布》，2023年2月14日，交通运输部网站（https://www.mot.gov.cn/fenxigongbao/yunlifenxi/202302/t20230216_3758417.html）。

仅为2021年增速的八分之一。

四、公路物流服务智慧化、绿色化水平进一步提升

2022年，中国公路物流服务智慧化水平进一步提升，特别是在自动驾驶和智慧物流园区建设方面表现突出。同时，新能源物流车和新能源重卡销量快速增长，充电桩建设进一步加快，节能减排技术助推公路物流绿色化水平进一步提升。

自动驾驶物流专线建设加快。2022年9月，世界首条自动驾驶干线物流专线道路——"酒泉至明水绿色数字专用公路"项目开始建设，建成后该专线的运输车辆都将使用无人驾驶的氢能重卡。自动驾驶货车道路测试也在加快推进。11月，为了进一步增强货车编队行驶的效率和安全性，招商公路借助车路协同技术，完成了自动驾驶货车从天津港，经京津塘高速公路至马驹桥物流园的闭环自测运行。

为了配合国家物流枢纽的建设，物流企业加快智慧物流园区建设。2022年4月，传化集团的杭州传化公路港开发新的数字化系统，通过线上精准匹配货物与货车来保障物流畅通；5月，日日顺供应链在青岛的全国首个5G大件智慧物流园区落地，通过拣选搬运机器人和全方位的数字化管理，提升了仓储效率和车辆运输效率。

随着动力电池技术的发展，新能源物流车和新能源重卡成本不断下降，其市场销量快速增长。2022年，我国新能源物流车销量达到23.6万辆（不含交叉型乘用车和重卡），同比增长90.69%[①]，新能源物流车市场继续保持快速发展的势头。与此同时，在各地政府推动下，新能源重卡也得到了快速发展。截至2022年9月，上海、湖北、江西、河北、山西和内蒙古等省（直辖市、自治区）出台相关文件推动新能源重卡行业发展。2022年，新能源重

---

① 搜狐网：《2022年度销量榜出炉：235850辆，8家企业年销量破万辆，都有谁？》，2023年1月16日，搜狐网（https://www.sohu.com/a/630682523_233844）。

卡销量达 2.5 万辆，同比增长 141%；其中，电动重卡销量超 2.2 万辆，同比增长 135%。

充电桩等基础设施建设再上新台阶。2022 年，充电基础设施年增长数量约 260 万台，累计数量约 520 万台，同比增长近 100%，其中，公共充电基础设施增长约 65 万台，累计数量约 180 万台[①]；高速公路服务区充电桩建设也在稳步推进，截至 2022 年 10 月底，全国已有 3974 个高速公路服务区建成充电桩 16721 个，新增建设充电桩的高速公路服务区 872 个，充电桩 3347 个。

节能减排技术进一步推广，车辆碳排放量测算算法和《物流园区碳中和指南》的推出，助力公路物流服务绿色化水平进一步提升。2022 年 4 月，满帮集团联合中国船级社等权威机构，提出了可准确测算车辆碳排放量的算法，为公路物流绿色发展提供了标准的测量工具，有利于进一步减少公路货运碳排放量；2022 年 6 月，京东物流与中华环保联合会绿色供应链专委会、施耐德电气等机构联合发布了《物流园区碳中和指南》，推动新能源物流车代替传统化石能源车辆。

第二节 中国铁路物流发展状况

2022 年，全国铁路物流量稳步增长，铁路货运规模持续增加，基础设施建设稳步推进，铁路物流服务持续创新。多式联运货运量明显增加，西部陆海新通道发展迅速，中欧班列保持稳定增长。

一、铁路货运规模稳步增长，多式联运货运量显著提升

2022 年，全国铁路货运量完成 49.3 亿吨，同比增长 4.5%；货运周转量

[①] 国家能源局：《梁昌新：我国充电基础设施快速发展，已建成世界上数量最多、分布最广的充电基础设施网络》，2023 年 2 月 13 日，国家能源局网站（http://www.nea.gov.cn/2023-02/13/c_1310697052.htm）。

达到 3.6 万亿吨公里,同比增长 8.2%,二者增速较 2021 年有所降低。2018—2022 年全国铁路货运量、货运周转量及增速情况如表 6-3 所示。

表 6-3　2018—2022 年全国铁路货运量、货运周转量及增速情况

年份	货运量 绝对值(亿吨)	货运量 增速(%)	货运周转量 绝对值(亿吨公里)	货运周转量 增速(%)
2018	40.3	9.2	28821.0	6.9
2019	43.2	7.2	30074.7	4.4
2020	44.6	3.2	30371.8	1.0
2021	47.2	5.9	33190.7	9.3
2022	49.3	4.5	35906.5	8.2

资料来源:根据国家统计局《中华人民共和国国民经济和社会发展统计公报》(2018—2022)相关数据整理。

从国家铁路的货类看,2021 年,煤和金属矿石的货运量保持主要货类地位,二者占比之和达 61.4%。煤的铁路货运量达到近五年最高,同比增速达 7.1%。集装箱铁路货运量持续快速增长,同比增速为 23.0%。其他大宗货物部分货运量有所减少,零担铁路货运量同比下降 50.0%。2017—2021 年国家铁路货运量货类构成如表 6-4 所示。

表 6-4　2017—2021 年国家铁路货运量货类构成　　单位:万吨

年份	2017	2018	2019	2020	2021
国家铁路货运量	291759	318958	343905	358003	372450
其中:煤	149130	166422	172263	169692	181746
焦炭	8165	8512	8736	8956	7754
石油	11747	11508	11761	10980	10564
钢铁及有色金属	17131	18474	20467	22649	22512
金属矿石	38749	41870	46426	49081	46907
非金属矿石	5706	6273	7824	8330	7599

续表

年份	2017	2018	2019	2020	2021
磷矿石	1257	1633	1347	1401	1445
矿建材料	8712	7928	12022	12545	10518
水泥	2306	2436	2418	2052	1821
木材	2557	2187	1996	1468	1393
粮食	7795	8451	7836	7573	6475
零担	1328	332	9	2	1
集装箱	17735	25647	33491	45693	56204

资料来源：根据国家统计局《中国统计年鉴》（2018—2022）相关数据整理。

发展多式联运是构建现代化交通运输基础设施体系的一项重要任务。2022年1月，国务院办公厅印发《推进多式联运发展优化调整运输结构工作方案（2021—2025年）》，提出到2025年，多式联运发展水平明显提升，基本形成大宗货物及集装箱中长距离运输以铁路和水路为主的发展格局。2022年，全国主要港口实现集装箱铁水联运量875万标准箱，同比增长16%。其中，沿海完成834万标准箱，同比增长14.3%；内河完成41万标准箱，同比增幅高达66.0%[1]。

二、铁路基础设施建设稳步推进，多式联运物流园区建设加快

2022年，我国西部铁路网加快完善，铁路专用线建设不断推进，海铁、公铁多式联运物流园区建设加快。截至2022年年底，全国铁路完成固定资产投资7109亿元，投产新线4100公里，其中高铁2082公里[2]。

---

[1] 彭斐：《中国交通运输协会会长胡亚东：我国铁水联运发展成就可喜，但也存在一些困难和短板》，2023年2月28日，腾讯网（https://new.qq.com/rain/a/20230228A06E1700）。
[2] 中国国家铁路集团有限公司：《全国铁路营业里程达到15.5万公里》，2023年1月29日，中国国家铁路集团有限公司网站（http://www.china-railway.com.cn/xwzx/ywsl/202301/t20230129_125641.html）。

西部铁路网建设加快。2022年1月，国务院公布的《"十四五"现代综合交通运输体系发展规划》中指出，要聚焦中西部地区精准补齐网络短板，加快提高中西部地区铁路网覆盖水平。西北方面，2022年1月，阿克苏至阿拉尔铁路开通运营；6月，和田至若羌铁路开通运营，进一步完善了新疆铁路网结构。西南方面，2022年7月，大理至瑞丽铁路大理至保山段开通运营；12月，南宁至凭祥高铁南宁至崇左段、弥勒至蒙自高速铁路、新成昆铁路峨眉至冕宁段、银兰高铁中卫至兰州段开通运营。

为落实国家"公转铁"战略，2022年，全国多地"公转铁"力度加大，铁路专用线建设不断推进。2022年6月，山东梁邹铁路专用线正式开通运营；7月，山西宁武西双万吨环保煤炭物流园铁路专用线项目通过核准；12月，河南安阳物流铁路专用线正式投入运行。

为进一步推动多式联运发展，多地铁路联运物流园区（基地）项目签约开建。2022年4月，陕西汉中多式联运智慧物流枢纽园区试运行，打造以信息技术为依托，以公路铁路航空多式联运为特色的智慧化物流园区；2022年5月，云南保山大瑞铁路蒲缥公铁联运物流园建设项目正式启动，为即将开通的大瑞铁路提供配套服务保障；2022年8月，广西柳城西部陆海新通道铁路联运中心（柳城铁路综合物流港）正式签约，为西部陆海新通道提供支撑；2022年11月，安徽合肥派河港铁路物流基地项目正式开工建设，该项目将通过多式联运方式实现铁路与水运、公路的有效衔接；2022年12月，湖北襄阳铁路物流基地项目开工建设，构建服务区域、联通全球的多式联运大通道。

境外铁路项目建设稳步推进。2022年3月，匈塞铁路塞尔维亚境内贝诺段开通运营，实现了中国铁路技术装备与欧盟铁路互联互通技术规范对接，促进中匈塞高质量共建"一带一路"；2022年4月，中俄首座跨境铁路桥——下列宁斯科耶—同江铁路大桥开通运行，中俄之间开辟了一条新的运输走廊；2022年7月，中老铁路万象南站换装场正式建成投用，中老泰铁路实现互联互通；2022年11月，雅万高铁首次试运行成功，雅万高铁是中国高铁首个全系统、全要素、全产业链海外建设项目，建成之后将成为印尼和东南亚的第一条高速铁路。

三、铁路物流服务不断创新，铁路冷链物流加快发展

2022年，我国铁路物流服务持续创新，铁路物流智慧化服务水平、通关服务水平、金融服务水平不断提升，铁路冷链物流发展迅速。

铁路物流智慧化服务水平不断提升。2022年，中国铁路上海局集团有限公司与宁波港共同推进海铁信息系统互联互通，建成物流EDI平台，铁路整体作业效率提高30%以上。截至12月，该平台已在义乌西、金华南、合肥北、尧化门、苏州西等5个货场投产应用。西安海关首创"铁路口岸智慧物流监管系统"，实现"长安号"进出境货物、跨境电商业务全程信息化与智能化监管，作业效率大幅提升。铁路部门持续优化95306系统功能，截至2022年6月，国铁客货运输核心业务完成数字化转型，全国铁路3649个货运营业站、8392条专用线全部具备网上办理条件，电子运单使用比例达97%[1]。截至2022年11月底，累计网上办理货运业务3865万单，涉及货物34.7亿吨，日均装车量特别是集装箱日均装车量保持高位增长，同比增幅20.3%[2]。

铁路通关服务水平快速提升。2022年，各地优化散货通关服务，大力推行"铁路快通""两步申报"等便利模式。2022年2月，西安港中欧班列（长安号）集拼中心铁路运输类海关监管作业场所获西安海关正式批准，该场所实行散货"先查验，后装箱"业务模式，解决了普通拼箱"一票查验、一柜甩货"的业务痛点，提高了货物通关的时效性；2022年5月，全国首列

---

[1] 中国国家铁路集团有限公司：《货运服务实现重大变革　国铁核心业务完成数字化转型 95306货运电子商务平台升级半年成效明显　累计网上办理1790万单　电子运单使用比例达97%》，2022年6月9日，中国国家铁路集团有限公司网站（http://www.china-railway.com.cn/xwzx/ywsl/202206/t20220609_122021.html）。

[2] 中国国家铁路集团有限公司：《国家铁路1月至11月货物运输持续保持高位运行》，2022年12月14日，中国国家铁路集团有限公司网站（http://www.china-railway.com.cn/xwzx/ywsl/202212/t20221214_124730.html）。

采用进境"铁路快通"新模式的中老班列顺利抵达成都国际铁路港；2022年6月，苏州中欧班列首次通过"铁路快通"模式出境；2022年11月，内蒙古"铁路快通"模式班列首发；2022年，二连浩特口岸采用"两步申报"模式的报关单达5519票，占进口货物总申报票数的24.39%，创历史新高，且呈稳步增长态势。

铁路物流金融服务不断发展。基于铁路运单的金融服务加快创新，服务规模和质量不断提升。2022年，中欧班列长安号数字金融综合服务平台运行良好，已为企业提供融资贷款100余笔，融资金额共计57.2亿元；2022年7月，中欧班列（齐鲁号）数字化综合服务平台融资模块正式上线，平台设计了企业经营信息查询、轻资产企业信用贷、企业运费融资、出口发货后融资、仓单质押融资五大金融场景，进一步简化了审批流程，提升了服务效率并扩大了覆盖面，促进了班列上下游资源整合；2022年8月，中国银保监会办公厅、商务部办公厅发布《关于开展铁路运输单证金融服务试点更好支持跨境贸易发展的通知》，河南、重庆、四川、厦门、青岛五省市获批成为开展铁路运输单证金融服务试点地区；2022年11月，"义新欧"铁路运单物权融资改革项目在浙江自贸区金义片区正式签约落地，进一步释放了铁路运单的物权价值；2022年12月，青岛首笔铁路运单项下出口贸易融资业务落地上合示范区。

铁路冷链物流加速发展。2022年4月，交通运输部、国家铁路局、中国民用航空局、国家邮政局、中国国家铁路集团有限公司五部门印发《关于加快推进冷链物流运输高质量发展的实施意见》，鼓励铁路企业开行冷链班列，推动冷链班列与冷链海运直达快线无缝衔接，积极发展"海运+冷链班列"海铁联运新模式。7月，中—老—泰国际铁路联运冷链班列首发；8—10月，赣州、福建、厦门等地中欧班列首发出口冷链专列；11月，江西省特殊监管区域中欧班列首发冷链专列；12月，西部陆海新通道综合冷链物流钦州港基地项目在中国（广西）自由贸易试验区钦州港片区大榄坪物流园区正式开工建设。

四、西部陆海新通道快速发展，中欧班列保持稳定增长

2022年1月，《区域全面经济伙伴关系协定》（RCEP）正式生效。随着RCEP的深入实施，西部陆海新通道的班列运行和货物发送快速发展，铁路物流线路加快拓展，运营范围不断扩大。

RCEP生效实施后，西部陆海新通道的货物发送量和班列开行量快速增长。2022年，西部陆海新通道与RCEP国家进出口贸易货值约80亿人民币，同比增长18%[①]。同期，西部陆海新通道海铁联运班列共发送货物75.6万标准箱，同比增长18.5%[②]，货运班列开行量突破8800列，日均发车约24列，同比增长44%[③]，再创历史新高。

铁路物流线路加快拓展，运营范围持续扩大。2022年，西部陆海新通道新开重庆、贵州、宁夏、甘肃等地与老挝、越南、缅甸等国家间78条线路，是2021年的5倍多，创造了通道运营5年来的新高。截至2022年年底，西部陆海新通道的物流网络已覆盖119个国家和地区的393个港口。同年10月，在西部地区全覆盖的基础上，陆海新通道综合运营平台将河北陆港集团纳入运营网络，市场运营范围拓展至华北地区。截至2022年年底，西部陆海新通道的海铁联运班列线路已覆盖中西部17省（区、市）60市的113个站点。

中欧班列发行总量稳定增长。中欧班列在俄罗斯、白俄罗斯、波兰、德国等主要国家间依旧保持稳定运行。2022年全年中欧班列开行1.6万列，发

[①] 赵颖竹：《抢抓RCEP红利陆海新通道新年首批班列从重庆发往东盟》，2023年1月1日，西部陆海新通道门户网（https：//www.xibulhxtd.cn/html/2023/01/320_h5.html）。

[②] 邓俊宇：《2022年西部陆海新通道铁海联运班列发送货物75.6万标箱》，2023年1月4日，广西广播电视台北部湾在线官方账号（https：//baijiahao.baidu.com/s？id=1754079225534198165&wfr=spider&for=pc）。

[③] 劳光伟、杨陈：《2022年西部陆海新通道班列开行8800列》，2022年12月31日，中国新闻网（https：//m.chinanews.com/wap/detail/sp/cj/shipin/cns-d/2022/12-31/news9925257.shtml）。

送160万标准箱，同比分别增长9%和10%[①]。主要口岸出入境班列数量基本上呈增长态势，其中绥芬河口岸增速最高，达62.2%。二连浩特口岸开行班列数虽有所减少，但运量有所增长；截至2022年12月25日，二连浩特铁路口岸完成出口运量281.19万吨，同比增长26.46%。

中欧班列运行时效持续提升。2022年4月，"义乌—宁波舟山港"海铁班列与中欧回程班列首次实现"整列中转"，有效减少了铁铁中转的集装箱编组集货的等待时间，同时降低约15%的运输成本；2022年11月，首趟境内外全程时刻表[②]中欧班列顺利抵达德国杜伊斯堡，标志着中国段、宽轨段、欧洲段中欧班列运行时刻表首次实现全程贯通，为中欧班列高质量发展再上新台阶奠定了基础。受乌克兰危机影响，中欧班列俄线（北方走廊）受阻，但2022年中欧班列总体上保持稳定运行，由注重开行数量向注重开行质量顺利过渡。

第三节　中国港航物流发展状况

港航物流是促进国际经贸合作和保证供应链顺畅运行的重要支撑。2022年，我国港口货运需求保持增长，港口基础设施投资和水运建设投资快速增长，数字化港口和智慧航道建设不断推进，港航企业不断拓展增值服务，港航绿色物流发展取得新突破。

一、港口货运需求保持增长，增速有所回落

2022年，我国港口完成货物吞吐量156.9亿吨，同比增长0.9%，增速跌至五年来最低水平。其中，沿海港口吞吐量同比增长1.6%，内河港口吞吐量同

---

① 刘文文：《2022年中欧班列开行1.6万列》，2023年1月3日，光明网（https://m.gmw.cn/2023-01/03/content_1303242253.htm）。

② 相较普通班列，"全程时刻表"班列在各运输段均有固定的车次、线路、班期和运行时间，并重点对出入境口岸站换装、交接等作业环节予以控制，保证其境内外运输时间更加稳定。

比下降 0.3%。2018—2022 年全国港口货物吞吐量及增长率如图 6-1 所示。

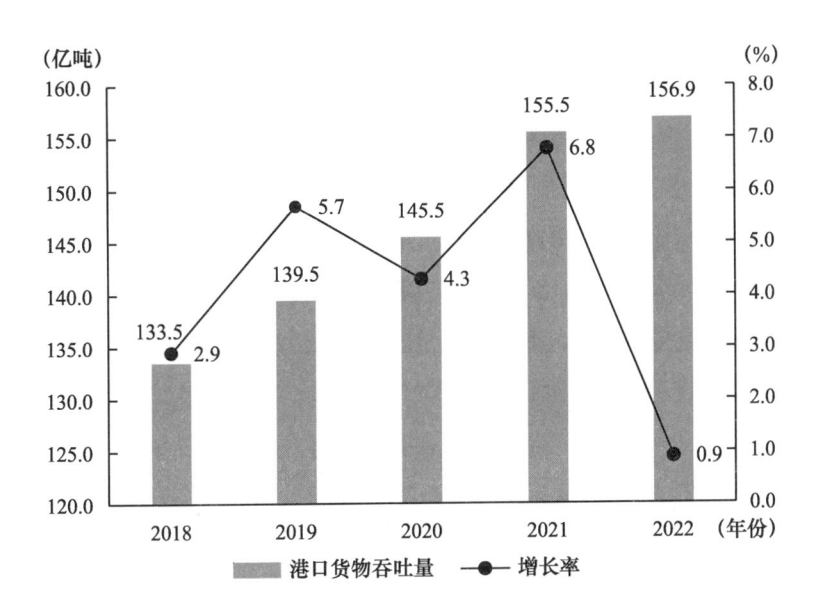

图 6-1　2018—2022 年全国港口货物吞吐量及增长率

资料来源：根据交通运输部《交通运输行业发展统计公报》（2018—2022）相关数据整理。

2022 年，全国港口集装箱吞吐量保持增长态势，同比增长 4.7%。2018—2022 年全国港口集装箱吞吐量及增长率如图 6-2 所示。

近年来，全国水路货物运输量逐年增加，2022 年达 85.5 亿吨，同比增长 3.8%，增速较 2021 年有所下降。2018—2022 年全国水路货物运输量及增长率如图 6-3 所示①。

二、港口基础设施投资快速增长，自动化码头建设稳步推进

2022 年，我国港口基础设施投资建设快速增长，新开工的自动化码头更

---

① 自 2020 年起，水路运输（海洋）统计方式由行业主管部门填报调整为企业联网直报，水路货物运输量中"同比增速"按可比口径计算。

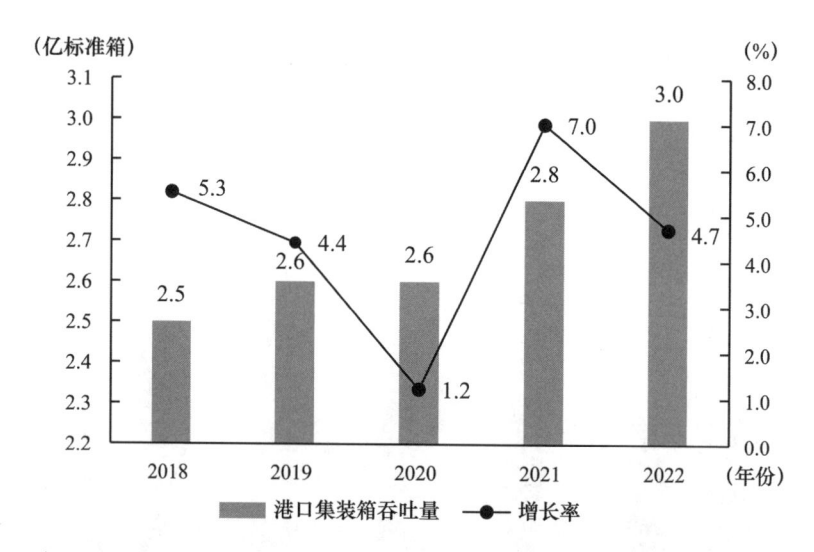

图 6-2　2018—2022 年全国港口集装箱吞吐量及增长率

资料来源：根据交通运输部《交通运输行业发展统计公报》（2018—2022）数据整理。

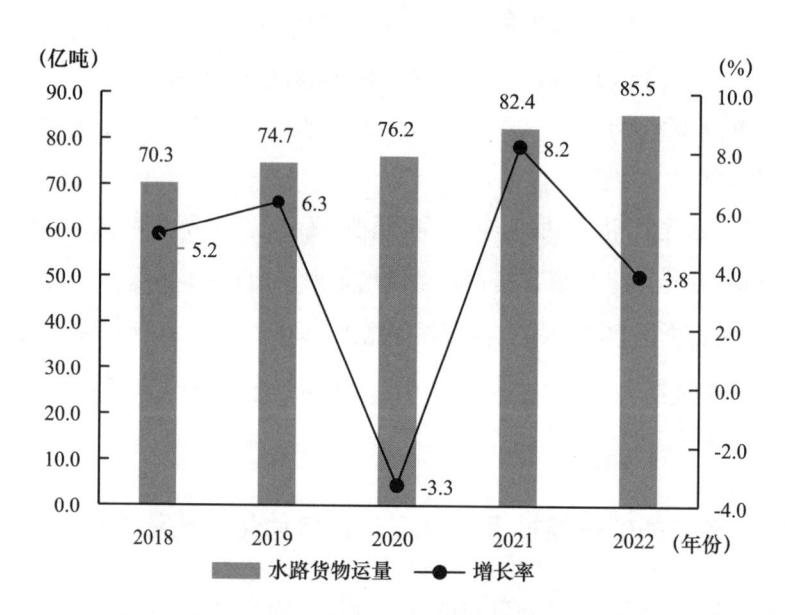

图 6-3　2018—2022 年全国水路货物运输量及增长率

资料来源：根据交通运输部《交通运输行业发展统计公报》（2018—2022）数据整理。

加注重多式联运发展,已建成的自动化码头则开始数字化升级。

2022年,全国水路固定资产投资达1679亿元,同比增长10.9%[①]。其中沿海港口建设完成794亿元,同比增长9.9%,一批重点码头工程稳步推进。2022年8月,上海国际航运中心洋山深水港区小洋山北作业区集装箱码头及配套工程项目获上海市发展改革委和浙江省发展改革委共同核准,未来拟建设7个7万吨级和15个2万吨级集装箱泊位;2022年9月,宁波舟山港梅山港区二期工程三阶段10号泊位等9个单位工程通过交工验收,标志着舟山港第二个"千万箱级"集装箱港区正式建成;同月,连云港港30万吨级原油码头工程开工,总投资9.45亿元,项目建成后将进一步完善我国沿海港口大型原油码头整体布局。

在稳步推进传统码头建设的基础上,应用5G等技术的新型码头建设也进一步加快。2019年以来,厦门港、青岛港和天津港等多个港口陆续开启了5G应用探索,打造了多个5G应用场景。2022年12月,国内首个港口5G专网在青岛港上线运行,全面提升了港区内通信网络运营效率;同月,浙江联通与浙江省海港投资运营集团签署"5G+智慧港口"战略合作协议,双方将共同推动5G技术在舟山港的应用。

海铁联运和江海铁联运的自动化码头建设稳步推进。2022年6月,北部湾港钦州港区自动化集装箱码头正式启用,这是我国首个海铁联运集装箱自动化码头,通过开发海铁联运自动化系统,实现了海运、铁路之间的信息交换共享;同月,全球首个江海铁多式联运全自动码头——广州港南沙港区四期全自动化码头投产运行,码头依托南沙疏港铁路,集江海联运、海铁联运功能于一体,实现了自动化作业体系和集疏运体系有效衔接。

多地码头实现数字化升级,管理效能进一步提升。2022年1月,厦门港海润码头全流程智能化改造项目正式试投产,实现了集装箱码头作业数字化

[①] 魏弘毅、叶昊鸣:《2022年全国完成交通固定资产投资超3.8万亿元》,2023年2月23日,新华社官方账号(https://baijiahao.baidu.com/s?id=1758636323650391314&wfr=spider&for=pc)。

升级；9月，山东省港口集团自主研发的全自动化集装箱码头智能管控系统ATOS正式发布，助力码头作业更加智能高效；2023年1月，全球首个全物联网集装箱码头在天津港建成，码头已实现连通"人、车、箱、船、机、场"六大要素的全部物联对象。

三、内河水运基础设施建设快速发展，内河水运规模稳步增长

2022年，我国水运基础设施加快建设，内河智慧航道建设再上新台阶，内河水运运输规模平稳增长。

2022年，交通运输部先后发布多个鼓励内河水运建设的政策。2022年1月，交通运输部印发《水运"十四五"发展规划》，提出到2025年，将新增国家高等级航道2500公里左右，基本连接内河主要港口[①]；同年1月，交通运输部印发《长航系统"十四五"发展规划》和《珠江航运"十四五"发展规划》，明确指出到2025年初步形成长江航运及珠江航运高质量发展体系。

在政策的引导下，航道运河建设持续推进。2022年8月，西部陆海新通道骨干工程平陆运河正式开工建设，该工程将为我国西南、西北地区开辟出最短的入海通道；2022年12月，国内在建的最大规模水利工程——引江济淮工程主体工程实现试通水试通航，二期工程正式开工，建成后将形成平行于京杭大运河的我国第二条南北水运大动脉。

内河智慧航道建设也取得新进展。2022年1月，苏北运河电子航道图建设项目正式启动，作为全国内河高等级航道网"四纵四横两网"中的"一纵"，苏北运河将建设475公里电子航道图；2022年以来，江西省高等级航道事务中心大力推进智慧航道工程建设，截至12月，已完成信江、赣江航道共512公里电子航道图制作；2022年，长江干线电子航道图实现了全覆盖，并向支流不断延伸，实现了与赣江、信江、京杭运河等1852公里支流电子航

---

① 交通运输部综合规划司：《水运"十四五"发展规划解读》，2022年1月29日，交通运输部网站（https：//www.mot.gov.cn/2022zhengcejd/202202/t20220204_3639756.html）。

道信息互联互通[①]。

基础设施的加快建设为内河水运提供了良好的发展环境，内河水运在新冠疫情反复和全球航运市场持续下滑的背景下总体呈现出稳中有升的态势。截至2022年年底，长江水系省市完成水路货运量61.7亿吨，同比增长4.5%；长江干线港口货物吞吐量35.9亿吨，同比增长1.7%；三峡枢纽通过量1.6亿吨，同比增长6.1%。珠江水系完成水路货运量13.9亿吨，其中，长洲枢纽过闸货运量1.6亿吨，同比增长2.0%[②]。

四、港口企业加快服务创新，航运企业积极建设服务供应链

2022年，港口企业通过人工智能、区块链、大数据等技术不断创新服务，航运企业则深耕服务供应链体系建设，大力提升自身的延伸服务能力。

港口企业不断推出数字创新服务平台，增强自身的信息节点优势。2022年7月，山东港口集团运用区块链、大数据、物联网等先进技术开发建设了"港云仓"电子仓单综合服务平台，提升了港口全价值链的信息化水平；9月，厦门港推出"丝路航运"国际航运综合服务平台，平台整合了关检、港口、航运、贸易数据资源，打破了"丝路航运"航线所经港口"信息孤岛"；11月，北部湾港运用5G、人工智能、大数据、云计算、物联网等技术建成的"北港网"平台入选《2022年广西面向东盟的数字化建设典型案例名单》，该平台可实现集用户一体化、数据一体化、业务一站式、全程无纸化为一体的先进运营模式。

港口企业创新开展空箱业务与跨境电商物流业务增值服务，为行业的发展注入更多活力。2022年9月，上港集团设立的上海港东北亚空箱调运中心正式启用，该中心利用物联网、人工智能等先进技术，为船公司以及东北亚、

[①] 芦艳：《长江与京杭运河航道网电子航道图实现互联互通》，2023年4月26日，中国江苏网网站（http：//jsnews.jschina.com.cn/yuanchuang/202304/t20230426_3205600.shtml）。

[②] 交通运输部：《2022年水路运输市场发展情况和2023年市场展望》，2023年3月21日，交通运输部网站（https：//xxgk.mot.gov.cn/2020/jigou/syj/202303/t20230321_3778865.html）。

我国长三角和长江流域的客户提供高效、智能的空箱服务。另外，多家港口企业进军跨境电商物流业务。2022年4月，浙江省海港集团、宁波舟山港集团首个跨境电商物流产业园建设项目正式落地，将打造具有跨境电商全产业链、区港一体、大数据服务等综合功能的跨境电商国内出口前置仓一站式服务平台；6月，厦门港以东南亚电商市场为试点，围绕"数字+平台+基地"发展模式，打造跨境电商新通路，开通了发往菲律宾马尼拉南港的国内首条"丝路快运"电商快线；12月，盐田港跨境电商运营中心正式启用，该运营中心利用大数据、区块链等先进技术，为深圳建设跨境电商国际枢纽城市提供有力支撑。

航运企业积极构建服务供应链体系，拓展新的盈利点。2022年10月，中远海控成立供应链物流事业部，致力于加强供应链各环节的融合协同，构建"集装箱航运+港口+相关物流"三位一体的全球供应链体系；11月，中远海控供应链物流拖车平台正式投入运营，平台将通过自营、期租、采购等方式统筹运营拖车资源，进一步提升了企业的海运延伸能力。11月，中谷物流发布公告，计划投资不超过10亿元用于建设中谷（临港）国际集装箱供应链仓储物流基地项目，进一步为客户提供仓储和供应链管理服务[1]。

五、新能源船舶发展取得新进展，绿色港口建设水平显著提升

2022年，港航企业和造船企业在新能源船舶的研发建造方面取得新进展，清洁能源在港口的应用不断深化。

航运、港口和造船等企业通过新建或改造船舶、提供加注配套服务以及组建行业联盟等手段，多方推动新能源船舶的发展。2022年3月，由三峡集团和宜昌交运联合打造的全球最大电池容量纯电池动力船"长江三峡1"号

---

[1] 证券时报e公司：《中谷物流：拟不超10亿元投建中谷国际集装箱供应链仓储物流基地项目》，2022年11月9日，新浪财经网（http://finance.sina.com.cn/roll/2022-11-09/doc-imqqsmrp5524149.shtml）。

在宜昌交付，该船每年可减少有害气体排放1660吨[①]；2022年6月，由中国船舶集团执行改造的LNG动力改造船"穗航906"交付，标志着广州港内河船舶LNG动力改造项目首改船取得圆满成功。为助力LNG动力船舶发展，我国港口积极创新LNG加注服务。2022年3月，达飞轮船LNG动力超大型集装箱船"达飞锡米"号在上海港完成LNG加注；11月，"达飞索邦"号在盐田港完成LNG加注，盐田港成为继上海港之后国内第二个具备LNG加注服务能力的枢纽港。2023年2月，中远海运集团主导成立中国电动船舶创新联盟，旨在通过成员间的技术合作和信息共享，促进我国电动船舶的发展。

港口加快推动电能、风能、太阳能和氢能等清洁能源的应用，推进岸电技术的大规模应用，进一步提高绿色港口建设水平。2022年7月，天津港单体输出容量最大的低压船舶岸电系统连船成功，首套高低压混合船舶岸电系统正式投入运行；12月，达飞集团与上港集团签署合作协议，所有具备受电条件的达飞集装箱船停靠上海港时将全面采用岸基供电。在加快风电、光伏发电以及氢能建设方面，厦门港、天津港和青岛港等均取得进展，详情如表6-5所示。

表6-5 中国部分港口的风电、光伏、氢能建设情况

清洁能源种类	时间	参与港口	建设情况
风能	2023年2月	天津港	天津港太平洋国际码头分布式风电项目并网发电，可以100%满足太平洋码头用电，每年减少二氧化碳排放量约3.6万吨
光伏	2022年1月	铁山港	北海市铁山港区码头作业区分布式光伏发电项目正式开工，年发电量预计可达961万度
	2022年10月	厦门港	厦门港分布式光伏发电项目正式并网发电，年发电量预计可达430万度

---

① 中国水运网：《全球最大电池容量纯电池动力船"长江三峡1"交付》，2022年3月25日，三峡航运服务网（http://www.sanss.net/WenZhangList.aspx?mid=80045&aid=84162）。

续表

清洁能源种类	时间	参与港口	建设情况
氢能	2022年6月	青岛港	青岛港前湾港加氢站在业内率先获得《气瓶充装许可证》，实现全资质全牌照运营
	2022年8月	天津港	天津港投入使用30辆新型氢能源重卡，进一步释放集疏运低碳低排放效能
	2022年12月	盐田港	深圳国氢、盐港明珠、东风柳汽、卡盟汽车四方签署合作协议，未来8个月内将投运800辆氢能燃料电池汽车，用于盐田港区内外货物运输、道路货物运输及冷链货物运输

资料来源：根据公开资料整理。

第四节　中国航空物流发展状况

航空物流是现代产业体系的重要支撑，对发展国内市场、保障国际供应链稳定、服务国家重大战略实施和实现国家经济高质量发展具有重要意义。2022年我国机场货邮吞吐量虽有所下降，但航空物流基础设施建设加快，信息化建设再上新台阶，航空货运能力持续增强，物流服务创新加快，航空物流绿色化建设持续推进。

一、机场货邮吞吐量出现波动，国内航线吞吐量下降

受新冠疫情影响，2022年全国机场货邮吞吐量明显下降，由2021年的1782.5万吨下降至1453.1万吨，同比下降18.5%，降幅较大。2018—2022年中国民航运输机场货邮吞吐量及增长率如图6-4所示。

国内、国际货邮吞吐量降幅较大。2022年，国内航线完成货邮吞吐量740.8万吨，同比下降24.4%；国际航线完成货邮吞吐量712.2万吨，同比

第六章 中国交通运输物流发展状况

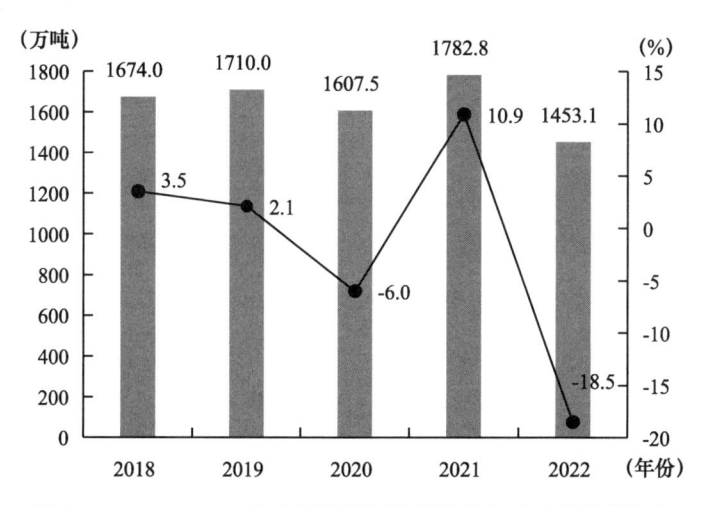

图 6-4　2018—2022 年中国民航运输机场货邮吞吐量及增长率

资料来源：根据中国民用航空局《民航机场生产统计公报》（2018—2020）和《全国民用运输机场生产统计公报》（2021—2022）相关数据整理。

下降 11.4%。2018—2022 年中国民航运输机场国内、国际航线货邮吞吐量增速如图 6-5 所示。

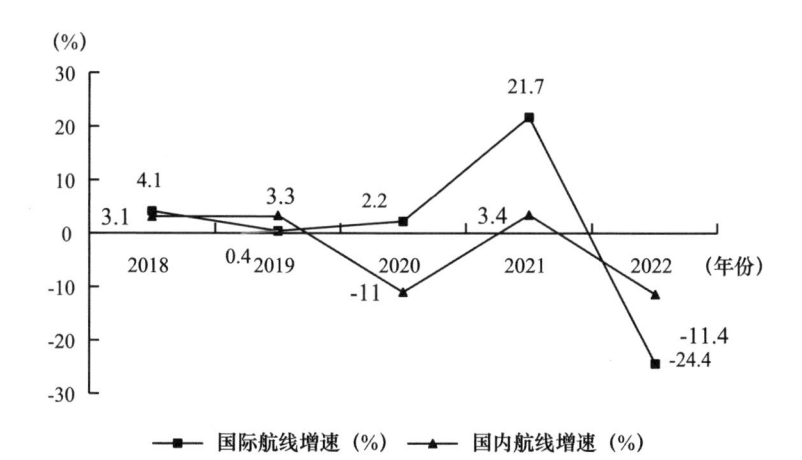

图 6-5　2018—2022 年中国民航运输机场国内、国际航线货邮吞吐量增速

资料来源：根据中国民用航空局《民航机场生产统计公报》（2018—2020）和《全国民用运输机场生产统计公报》（2021—2022）相关数据整理。

在航班航线方面，2022年中国定期航班航线数量有所减少，总数达到4670条，其中国内航线4334条，国际航线336条。在通航城市方面，定期航班国内通航城市（或地区）249个（不含香港、澳门和台湾地区），比2021年增加5个；国际定期航班通航50个国家的77个城市，比2021年增加17个城市。

在机队规模方面，2022年国内民航运输机队规模进一步壮大，在册飞机数达到4165架，比2021年增加111架。其中，在册货运飞机架数同比增长12.6%，达到223架，在运输机队中占比5.4%。2018—2022年中国民航运输飞机在册架数如图6-6所示。

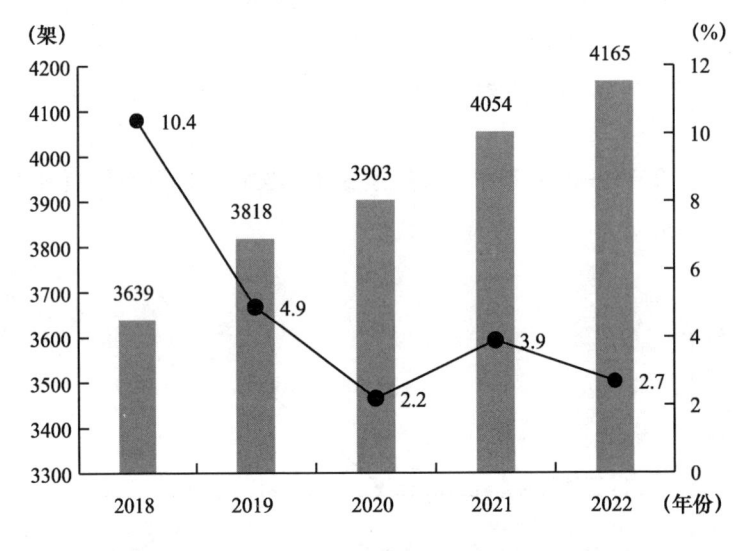

图6-6 2018—2022年中国民航运输飞机在册架数

资料来源：根据中国民用航空局《民航行业发展统计公报》（2018—2022）相关数据整理。

二、航空物流枢纽设施建设加速，航空信息化水平显著提升

2022年，我国航空货运枢纽建设加快，机场货运5G和自动化技术应用不断推广，航空物流信息平台建设稳步推进。

国家着力推进航空货运枢纽建设。2022年2月，中国民航局发布了《"十四五"航空物流发展专项规划》，明确提出要增强综合性枢纽物流服务功能，推进专业性货运枢纽机场建设。2022年11月，国家发展改革委发布第4批国家物流枢纽建设名单，新增3个空港型国家物流枢纽，其中南京空港型国家物流枢纽将完善长三角城市群航空物流体系，畅通双循环物流通道；广州空港型国家物流枢纽将依托白云机场、综合保税区，建设亚太航空物流中心；成都空港型国家物流枢纽将助力成渝地区双城经济圈发展。2022年7月，湖北鄂州花湖机场正式投运，成为亚洲第一个、全球第四个专业货运枢纽机场；2022年8月，郑州机场北货运区工程投入试运营，机场货邮保障能力从原有的50万吨跃升至110万吨[1]；2022年11月，上海浦东国际机场四期扩建智能货站项目开工建设，建成投运后将为上海口岸提供每年超过100万吨的出入境货物保障能力[2]。

机场货运新技术应用不断拓展，航空物流信息化平台建设发展迅速。在新技术应用方面，2022年7月，鄂州花湖机场应用全面感知及5G技术、模拟仿真等创新项目，打造实时信息采集的智能跑道系统；2022年8月，郑州机场北货运区引入了高架智能货库、自动驾驶拖车、无人搬运叉车等自动化设施设备，推广应用航空电子运单。在信息化平台方面，2022年4月，深圳海关与深圳市商务局联合推出的中国（深圳）国际贸易单一窗口航空物流公共信息平台正式投入使用，有效提升了深圳航空物流的时效；2023年2月，广州航空物流公共信息平台正式上线，为企业提供"通关＋物流"一站式的进出港服务，显著提升了广州市口岸通关效率，有效降低了企业通关物流成本。

三、航空企业加快推进混改上市，航空物流服务不断创新

2022年，航空物流企业加快混改上市，快递企业加快全货机引进，为拓

---

[1] 郑州日报：《全货机航线"全球通""空中丝路"飞出"国际范"》，2022年10月18日，郑州市人民政府网站（https://www.zhengzhou.gov.cn/news1/6754352.jhtml）。

[2] 上海市发展改革委：《浦东机场四期扩建工程智能货站项目开工啦!》，2023年1月30日，国家发展改革委网站（https://www.ndrc.gov.cn/fggz/zcssfz/dffz/202301/t20230130_1347622.html）。

展航货运能力提供了新动能。同时，为持续提升航空物流服务水平和创新能力，快递物流企业不断开拓全货机航线，加快无人机物流服务应用。

为增强自身资本实力、提升航空货运能力，国货航和南航物流加快混改上市步伐。2022年7月，国货航由"有限责任公司"变更为"股份有限公司"；同年12月，国货航IPO正式启动，超过80%的募集资金将投向飞机引进及备用发动机购置项目①。2022年12月，南航物流引入隐山资本、钟鼎资本、国改双百基金、君联逸格、中国外运、中金启辰和中金浦成7家投资主体，募集的资金将用于增加航空货运运力、加强地面物流基础设施建设。

为抢抓航空货物市场新机遇、促进航空货运能力升级，快递物流企业加快了全货机引进。2022年，顺丰速运旗下的顺丰航空陆续投运了9架飞机②，其中包括6架波音767远程宽体全货机；2022年2月，中国邮政与厦门航空公司签署了9架飞机购买协议，进一步扩大邮政航空机队规模，支撑邮政速递业务发展；2022年8月，京东物流旗下的京东航空引进了3架波音737货机，以弥补京东物流在跨省时效方面的短板。

为完善航空物流服务网络，快递物流企业积极拓展全货机航线，推进航空物流服务持续优化。2022年10月，菜鸟与阿特拉斯航空联合开通"中国香港—哥伦比亚波哥大"货运航线，提升了中国出口拉美市场产品的物流时效；11月，顺丰速运开通深圳往返鄂州的第一条货运航线，进一步扩大国内配送时效服务的覆盖区域。2022年11月，京东航空开通了"深圳—杭州"全货机航线；12月，京东航空先后开通了"北京—芜湖—南通"航线和"深圳—无锡"航线。

中通、美团、顺丰等电商快递企业加快发展无人机物流，促进物流服务

---

① 搜狐网：《三大央企货航混改开花有望齐聚A股　百亿年收入国货航冲击主板IPO》，2023年1月11日，搜狐网（https://www.sohu.com/a/627924376_130887）。

② 顺丰航空：《顺丰航空实现安全运行十三周年》，2022年12月31日，顺丰航空网站（https://www.sf-airlines.com/sfa/zh/article_3409.html）。

模式不断创新。2022年6月，中通快递发布了首批3条无人机快递配送航线，以杭州桐庐县富春江镇芦茨村为起点，覆盖其3个下属自然村，每天可配送50—80件；2022年12月，中通和四川天域航通合作，开展了大型无人机航空货运的常态化商业运行，提升了新疆部分偏远地区的货物运输覆盖能力；截至2022年年底，在深圳建成无人机城市低空物流运营中心和调度监管平台后，美团无人机的深圳试运行航线已在5个商圈落地，可为近2万户居民提供外卖配送服务，平均订单配送时长约为12分钟，开创了城市物流配送的新模式[1]；2023年2月，顺丰开通跨琼州海峡的无人机航线，将两岸运输时效由隔日达提升至半日达。包括无人机物流在内，2022年我国无人机市场得到了快速发展，截至2022年年底，全国共有无人机运营企业1.5万家，年产值为1170亿元[2]。

四、航空低碳物流快速发展，绿色机场建设持续推进

2022年，为实现碳达峰、碳中和的战略目标，我国航空物流产业健全绿色低碳航空物流体系，加快可持续航空燃料[3]推广应用，不断推进绿色机场建设。

可持续航空燃料的生产和应用快速发展，航空物流正在逐步实现绿色转型。在可持续航空燃料生产方面，2022年2月，东华能源与霍尼韦尔签署战略合作协议，在广东省茂名市建设年产量达100万吨的可持续航空燃料产业基地；6月，中国石油镇海炼化首次生产出可持续航空燃料，其拥有的中国首套生物航煤工业装置每年可处理10万吨餐饮废油。在可持续航空燃料应用

---

[1] 网易新闻：《几百万外卖骑手，在10年内将面临失业》，2023年3月7日，网易新闻网（https：//m.163.com/dy/article/HV8TCTR10553MZMC.html）。

[2] 苑伟斌：《世界无人机大会聚集3000无人机 全国无人机运营企业1.5万家》，2023年6月4日，搜狐网（https：//www.sohu.com/a/681929033_121384220）。

[3] 可持续航空燃料，简称"SAF燃料"，是指满足可持续性标准，由生物质、餐饮废油等含合成烃原料加工后达到民用航空喷气燃料标准的燃料。

方面，2022年1月，联想集团宣布启用可持续航空燃料供能的全球首条环保货运航线，每班次可节省约20吨常规航空燃油；4月，国泰航空成立了亚洲首个主要的先导"企业可持续航空燃料计划"，承诺于2030年将可持续航空燃料使用比例提升至10%，并在同年8月推出了碳抵销计划的货运方案；12月，浙江菜鸟供应链联手国货航，完成中国大陆首个国际航空货运可持续航空燃料商业航班的飞行，相比传统航空煤油碳排放量可减少85%。

  绿色机场的建设与改造积极推进，机场基础设施加快绿色升级。2022年8月，长春龙嘉国际机场积极开展清洁光源改造，推进并优化能源管理系统（AEMS）建设，制定"煤改气"供暖方案；11月，昆明长水国际机场通过开展节能降耗专项工作，建立三级预警机制，推动电力市场化交易等措施，实现较2021年自用水量减少7.8%、自用电量减少5.6%；12月，北京大兴机场临空区打造首个近零碳能源项目，利用太阳能、空气能等清洁能源，采用复合能源互补模式整体供能，能耗用量可减少41.4%。2023年1月，石家庄正定国际机场继续推进光伏发电项目建设，可再生能源利用率达到22.2%。

第七章　中国制造业物流发展状况

制造业是国民经济的主体，也是全社会物流总需求的主要来源。当前，我国发展已进入战略机遇和风险挑战并存、不确定难预料因素增多的时期，发展制造业物流对于保障我国制造业供应链安全稳定运行和提升我国制造业国际竞争力具有重要意义。2022年，中国制造业物流发展环境出现新变化，产业链供应链韧性和安全水平得到提升，制造业数字化转型升级加快，制造业物流和供应链发展政策持续优化。中国制造业物流在总体规模平稳增长的基础上，服务制造业产业链供应链的能力不断增强，智能化水平不断提升，工业物流机器人不断迭代创新，汽车零部件、纺织服装等制造业重点领域物流呈现良好发展态势。

第一节　中国制造业物流发展环境

2022年，中国制造业规模持续增长，制造业产业链供应链韧性和安全水平不断提升，《区域全面经济伙伴关系协定》（RCEP）的生效为中国制造业带来新的机遇和挑战，制造业数字化转型步伐加快，多项助推制造业物流和供应链领域发展的政策和规划陆续出台。

一、中国制造业规模继续居世界首位

2022年，我国制造业增加值达到33.5万亿元[①]，比2021年增长2.9%；占全国GDP的比重为27.7%，比2021年提高0.2个百分点，连续13年位居

[①] 魏玉坤、周圆：《2022年我国GDP突破120万亿元增长3%》，2023年1月17日，新华网（http://www.xinhuanet.com/2023-01/17/c_1129292803.htm）。

世界首位①。高技术制造业、装备制造业对工业增长的支撑作用强劲。2022年，规模以上高技术制造业增加值较2021年增长7.4%，高于全部规模以上工业增加值增速3.8个百分点，对规模以上工业增长的贡献率为32.4%②，其中，电子及通信设备制造业、航空航天器及设备制造业、医疗仪器设备及仪器仪表制造业分别增长12.7%、9.9%、7.6%。装备制造业增加值较2021年增长5.6%，高于全部规模以上工业增加值增速2.0个百分点，其中，电气机械和器材制造业、计算机通信和其他电子设备制造业、汽车制造业分别增长11.9%、7.6%、6.3%③。2018—2022年中国制造业增加值及增长率情况如图7-1所示。

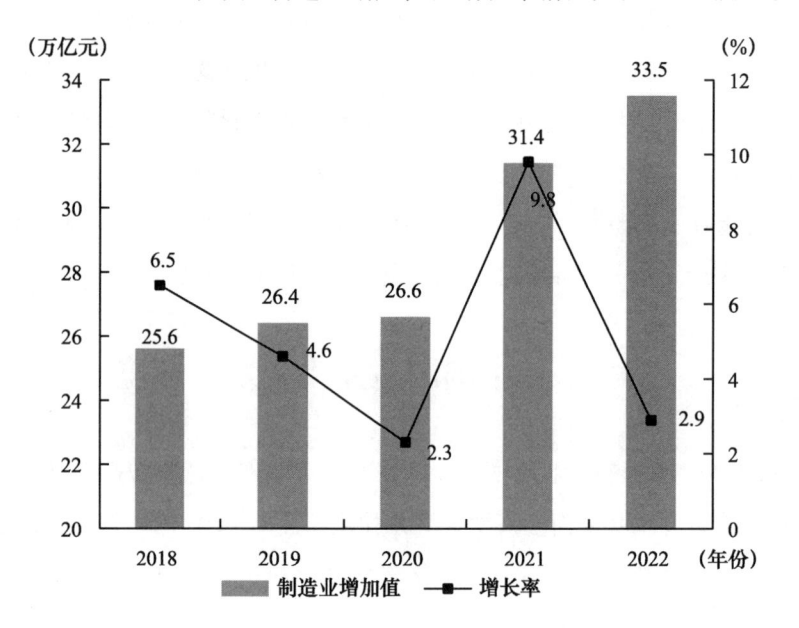

图7-1 2018—2022年中国制造业增加值及增长率

资料来源：根据国家统计局历年公布数据整理。

---

① 中国经济网：《国家统计局11位司局长解读2022年"年报"》，2023年1月18日，中国经济网（http：//m.ce.cn/bwzg/202301/18/t20230118_38353611.shtml）。

② 中国经济网：《国家统计局11位司局长解读2022年"年报"》，2023年1月18日，中国经济网（http：//m.ce.cn/bwzg/202301/18/t20230118_38353611.shtml）。

③ 国家统计局：《中华人民共和国2022年国民经济和社会发展统计公报》，2023年2月28日，国家统计局（http：//www.stats.gov.cn/zt_18555/zthd/lhfw/2023/hgjj/202302/t20230228_1919008.html）。

二、制造业产业链供应链韧性和安全水平得到提升

2022年，面对复杂严峻的国内外形势，保障制造业产业链供应链安全稳定运行，提升重要产业链供应链的韧性和安全水平，成为中国政府和制造业共同关注的重大课题。

（一）多措并举打通产业链供应链堵点卡点

工信部聚焦重点行业，促进上下游对接服务，保障疫情期间重点产业链稳定运行。工信部建立了重点产业链供应链企业"白名单"制度，搭建了汽车、集成电路等重点产业链供应链协调平台，建立汽车企业零部件库存小于3天的"红灯"预警机制、大宗原材料供应"红黄蓝"预警协调机制等，加强前后方协同、上下游衔接，强化部省联动，保障重点企业稳定生产和重点产业链运转顺畅。

中央各部委大力支持和推进关键核心技术攻关突破。如工信部继续实施汽车芯片攻坚行动，全力提升芯片供给能力。2022年8月，科技部、财政部印发《企业技术创新能力提升行动方案（2022—2023年）》，提出鼓励企业牵头组织实施，探索政府和社会资本合作开展关键核心技术攻关。9月，中央全面深化改革委员会第二十七次会议审议通过《关于健全社会主义市场经济条件下关键核心技术攻关新型举国体制的意见》，强调要健全关键核心技术攻关新型举国体制。

此外，我国还通过培育发展先进制造业集群，引导资源要素集聚和协同创新，推动制造业向中高端迈进。截至2022年，我国已重点培育45个国家级先进制造业集群、100个中小企业特色产业集群，工业互联网已经全面融入45个国民经济大类，具有影响力的工业互联网平台超过240家，为产业升级注入新动能[1]。

---

[1] 中国新闻网：《工信部：2022年工业经济回稳向好 产业链供应链稳定畅通》，2023年1月18日，中国新闻网（https://www.chinanews.com/cj/2023/01-18/9938179.shtml）。

（二）大力促进外贸产业链供应链畅通运转

2022 年，我国政府各部门多措并举，促进外贸产业链供应链畅通运转。2022 年 5 月，海关总署出台十条措施促进外贸保稳提质，要求保障重点区域产业链供应链循环畅通，加快企业急需货物通关。9 月，我国与印度尼西亚、智利等六国共同发起了《产业链供应链韧性与稳定国际合作倡议》。11 月，工信部、国家发展改革委、国务院国资委联合印发《关于巩固回升向好趋势加力振作工业经济的通知》，提出要稳定工业产品出口，确保外贸产业链稳定，指导各地建立重点外贸企业服务保障制度，及时解决外贸企业的困难问题，在生产、物流、用工等方面予以保障。

（三）持续推进制造业供应链创新与应用示范工作

2022 年，我国继续推进供应链创新与应用示范创建工作，供应链效率效益得到新提高，供应链安全稳定达到新水平。5 月，商务部等 8 部门联合印发《全国供应链创新与应用示范创建工作规范》（以下简称《规范》），并启动 2022 年示范城市和示范企业创建工作，确定了 15 个示范城市及 106 家示范企业，其中有多家制造企业入选，涉及食品加工、服装制造、机械和智能装备制造、汽车及零部件制造等多个行业和领域。

《规范》针对示范企业提出任务要求，主要包括加强供应链创新升级和信息技术集成应用；建立企业间供应链战略合作伙伴关系，打造大中小企业协同发展的供应链协作体系；推动国际产能和装备制造合作，培育形成产地多元化竞争优势；在网络布局、技术合作、物流通道等方面增强供应链弹性韧性，促进产业链供应链安全稳定和可持续发展等。

三、RCEP 为中国制造业带来新的机遇与挑战

2022 年是 RCEP 正式生效的第一年，一年来该协定已对区域内贸易起到显著的促进作用。2022 年，我国对 RCEP 其他 14 个成员国进出口 12.95 万亿元，同比增长 7.5%，占我国外贸进出口总值的 30.8%。其中，对印度尼西

亚、新加坡、缅甸、柬埔寨、老挝进出口增速均超过20.0%[①]；对韩国的进出口规模居首位，达到2.41万亿元，增长3.2%[②]。

RCEP的实施给中国制造业发展带来重大机遇，各成员国制造业产业链合作明显增强。2022年，我国对RCEP成员国进出口中间产品8.7万亿元，增长8.5%，占同期我国对其他成员国进出口总值的67.2%。从主要商品看，我国对RCEP成员国出口的机电产品、劳动密集型产品分别增长13.2%和20.7%，其中电子元件、蓄电池、汽车分别增长15.0%、50.3%和71.6%。我国自RCEP成员国进口的机电产品、金属矿及矿砂也分别占46.2%和10.4%[③]。

RCEP的实施也给中国制造业带来诸多挑战，中高端制造业迎来发达国家企业更加激烈的竞争，中低端产业可能加快向其他发展中国家转移。例如，东盟国家、日本、韩国等成员国也直接享受RCEP协定中关税减让和原产地累积规则带来的好处，使我国部分中高端产业受到日韩产品的竞争；同时，我国与东盟国家在部分劳动密集型和简单技术密集型制造业之间的竞争日益加大。

面临新的机遇和挑战，我国现代物流业作为制造业供应链核心竞争力提升的关键，需加快向高端化、智能化、绿色化转型升级，并跟随制造业产业链"走出去"，推进区域物流服务一体化，不断提升供应链全链条服务能力。

四、制造业数字化转型步伐加快

在制造业发展环境和格局发生重大变化的背景下，挖掘新的战略机遇成

[①] 人民日报：《生效一周年，RCEP助力全球贸易投资增长》，2023年2月2日，中国日报中文网（https://china.chinadaily.com.cn/a/202302/02/WS63db63cca3102ada8b22d760.html）。

[②] 中国新闻网：《海关总署：2022年我国对RCEP其他14个成员国进出口12.95万亿元》，2023年1月13日，中国新闻网（http://www.chinanews.com.cn/cj/2023/01-13/9934248.shtml）。

[③] 中国新闻网：《海关总署：2022年我国对RCEP其他14个成员国进出口12.95万亿元》，2023年1月13日，中国新闻网（http://www.chinanews.com.cn/cj/2023/01-13/9934248.shtml）。

为推动我国制造业转型升级和持续发展的核心问题。数字经济作为典型的"融合性经济"，通过为实体经济创造高质量的发展新机遇，成为当下制造业转方式、调结构、换动能的重要抓手。2022年，我国政府加大了对制造业数字化转型的支持，制造业也在加快数字化技术的应用和推广。

（一）政府大力支持制造业数字化转型

2022年7月，科技部等6部门联合发布《关于加快场景创新以人工智能高水平应用促进经济高质量发展的指导意见》，提出围绕高端高效智能经济培育打造重大场景，鼓励在制造、物流等重点行业深入挖掘人工智能技术应用场景，其中制造领域优先探索工业大脑、机器人协助制造、机器视觉工业检测、设备互联管理等智能场景。

8月，科技部发布《关于支持建设新一代人工智能示范应用场景的通知》，提出首批支持建设包括智能工厂在内的十个示范应用场景，并要求智能工厂示范应用场景重点"针对流程制造业、离散制造业工厂中生产调度、参数控制、设备健康管理等关键业务环节，综合运用工厂数字孪生、智能控制、优化决策等技术，在生产过程智能决策、柔性化制造、大型设备能耗优化、设备智能诊断与维护等方面形成具有行业特色、可复制推广的智能工厂解决方案，并在化工、钢铁、电力、装备制造等重点行业进行示范应用"。

此外，工信部办公厅、财政部办公厅还于8月联合发布《关于开展财政支持中小企业数字化转型试点工作的通知》，提出2022—2025年，中央财政计划分三批支持地方开展中小企业数字化转型试点，围绕100个细分行业，支持300个左右公共服务平台，打造4000—6000家"小灯塔"企业作为数字化转型样本。

（二）制造企业加快构建数字化供应链

随着新冠疫情影响的逐渐减弱和国际竞争的不断加剧，推动供应链数字化转型已成为我国制造企业抢抓新一代信息技术发展机遇、塑造数字经济时代新优势的必然选择。

一方面，部分制造企业借助 SRM（Supplier Relationship Management）采购管理系统，构建数字化供应链。例如，2022 年 8 月，天能电池集团股份有限公司与企企通签约合作，二者将合力推动数字化转型及供应链采购创新，通过应用 SRM 采购管理系统，重构并升级企业的采购信息化管理体系，对内打通企业的内部系统，对外连通供应商，提升企业运营水平。9 月，浙江安诺芳胺化学品有限公司以数字化、智能化赋能供应链采购体系，建设了 SRM 采购数字化平台，实现了采购协同、交货协同、质量协同、财务协同，并同时打造和完善了供应商全生命周期管理体系，推动了供应链资源整合及优化。

另一方面，部分制造企业借助数据分析平台，提高供应链的整体决策效率。例如，2022 年 11 月，浙江物产化工集团有限公司与观远数据达成合作，二者将应用大数据、云计算、AI 等数字技术，构建一站式大数据分析平台，从智慧供应链系统建立与客户的互动、洞察客户行为、满足客户需求出发，实施智慧供应链流程的组织再造，提升企业运营敏捷度。

（三）制造企业加强智能生产技术应用

2022 年，以 5G、物联网、大数据、人工智能为代表的数字化、智能化技术与制造业深度融合，一批智能生产技术解决方案开始规模化应用，制造业生产流程智能化趋势日趋明显。

7 月，中铁工业六家单位智能制造项目同步完成验收，涉及机械制造及工程服务、道岔、钢桥梁、隧道配套等产业领域，以及中铁装备智能制造产业园"工业 4.0 示范工厂"项目。

8 月，美的集团洗衣机荆州产业园正式投产，该产业园利用了美的集团自主研发的工业互联网、机器人自动化等软硬件技术，结合 5G、AI、大数据等创新技术，成为一个设备自动化、生产透明化、物流智能化、管理移动化和决策数据化的标杆工厂，133 个数字化场景实现全覆盖。同月，江西音飞智能工厂正式投产，该工厂致力于智能物流搬运机器人的生产制造及系统集成、新材料陶瓷制造产线集成及物流仓储系统集成等业务。

12月，三一重能郴州智能制造产业园正式投产，该产业园占地450多亩，主要建设主机、轮毂等3条生产线，并建有智能风机总装智慧工厂、自动化立库和现代物流中心。同月，TCL空调打造的武汉智能制造产业园正式投产，该产业园集智能制造、科技研发、智能物流、智慧园区、数字应用于一体，拥有自动化立体仓库管理系统、25台5G运营导航AGV、智能制造的内外机生产线及全智能控制系统等行业先进的设备及系统。

未来几年，推进制造业供应链转型升级，实现制造服务精准化和制造过程数字化，将成为制造企业面临的重大课题。制造业产业链的数字化也将对现代物流服务提出高度智能化、全流程数字化、信息互联互通、网络化、高度柔性化等新要求。

五、制造业物流和供应链发展的政策环境持续优化

中国政府高度重视制造业物流和供应链的健康发展。2022年，有关部门出台了多项支持和促进制造业物流和供应链发展的政策，如表7-1所示。这些政策的主要内容有以下几点。

一是促进物流业与制造业深度融合。如加强工业园区、产业集群与国家物流枢纽、物流园区、物流中心等设施布局衔接、联动发展；统筹推进工业互联网和智慧物流体系同步设计、一体建设、协同运作，加大智能技术装备在制造业物流领域的应用；打造制造业物流服务平台，提高生产制造和物流服务一体化运行水平；开展物流业制造业融合创新工程和制造业供应链提升工程等。

二是推动制造业物流绿色低碳发展。如支持制造行业龙头企业构建绿色低碳供应链；鼓励有条件的工业企业优化大宗货物运输方式和厂内物流运输结构；优化中小企业资源配置和生产模式，探索开展绿色低碳发展评价，引导中小企业提升碳减排能力等。

三是以制造业为重点促进外贸企业物流发展。如加强部门协同和部省联动，高效统筹疫情防控和保通保畅工作，促进产业链供应链安全稳定；加强

与外贸外资企业及其上下游关联企业的主动对接，保障外商投资等企业生产物资和产品运输通畅等。

表7–1 2022年中国政府有关制造业物流与供应链发展的部分政策

发文时间	发文部门	政策文件名称	主要观点
2022年12月	国务院办公厅	《"十四五"现代物流发展规划的通知》	促进物流业与制造业深度融合，包括促进企业协同发展、推动设施联动发展、支持生态融合发展、开展物流业制造业融合创新工程和制造供应链提升工程
2022年5月	财政部	《财政支持做好碳达峰碳中和工作的意见》	提出利用财政资金、税收激励、绿色采购和市场化方式对重点领域进行支持。其中包括支持工业部门向高端化智能化绿色化先进制造发展
2022年7月	工信部等3部门	《关于印发工业领域碳达峰实施方案的通知》	构建绿色低碳供应链。支持汽车、机械、电子、纺织、通信等行业龙头企业，将绿色低碳理念贯穿于产品设计、原料采购、生产、运输、储存、使用、回收处理的全过程，推动供应链全链条绿色低碳发展。鼓励有条件的工业企业加快铁路专用线和管道基础设施建设，推动优化大宗货物运输方式和厂内物流运输结构
2022年10月	国家发展改革委等6部门	《关于以制造业为重点促进外资扩增量稳存量提质量的若干政策措施》	加强货运物流保通保畅，促进产业链供应链安全稳定，加强与外贸外资企业及其上下游关联企业的主动对接，保障外商投资等企业生产物资和产品运输通畅

资料来源：根据公开发布的制造业物流与供应链发展相关政策整理。

第二节 中国制造业物流发展现状

2022年，中国制造业物流总体规模平稳增长，装备制造、高技术制造业物流需求支撑依然强劲。伴随智能制造的推进，物流业服务制造业产业链供应链的能力不断增强，制造业物流的智能化水平不断提升，工业物流机器人不断迭代创新，标准化工作持续推进。

一、制造业物流规模持续增长

工业品物流一直是我国社会物流需求的最主要来源。2022年，全国工业品物流总额为309.2万亿元，按可比价格计算，同比增长3.6%。2017—2022年我国工业品物流总额增长情况如图7-2所示。2022年，工业品物流总额占社会物流总额的比重为89.0%，总体与2021年持平，如图7-2所示。

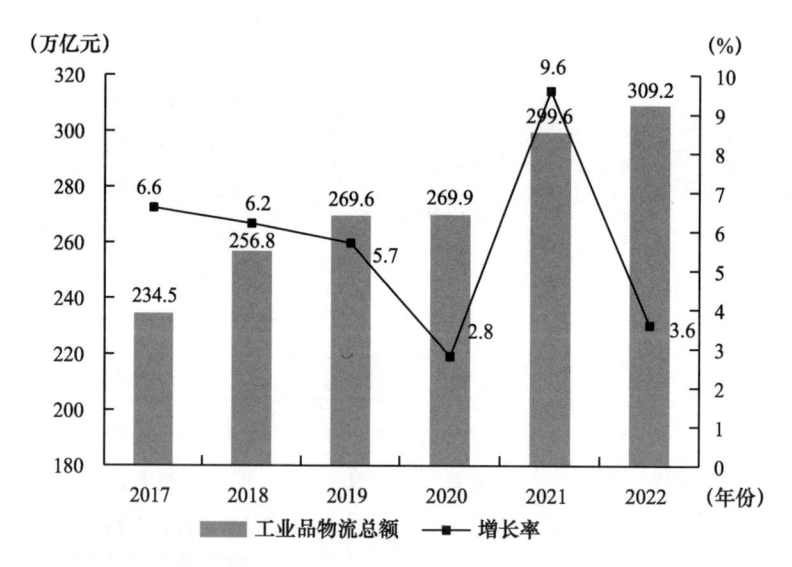

图7-2 2017—2022年中国工业品物流总额及增长率

资料来源：根据国家发展改革委、中国物流与采购联合会：《全国物流运行情况通报》(2017—2022年) 相关数据整理。

表7-2　2017—2022年中国工业品物流总额及其占比情况

年份	社会物流总额（万亿元）	工业品物流总额（万亿元）	工业品物流总额占比（%）
2017	252.8	234.5	92.8
2018	283.1	256.8	90.7
2019	298.0	269.6	90.5
2020	300.1	269.9	89.9
2021	335.2	299.6	89.4
2022	347.6	309.2	89.0

资料来源：根据国家发展改革委、中国物流与采购联合会：《全国物流运行情况通报》（2017—2022年）相关数据整理。

从工业领域物流需求结构看，装备制造、高技术制造业物流需求支撑依然强劲。全年高技术制造业物流总额同比增长7.4%，增速高于工业品物流总额3.8个百分点；装备制造业物流总额同比增长5.6%，增速高于工业品物流总额2.0个百分点[1]。

二、物流业服务制造业产业链供应链的能力不断增强

一方面，物流企业通过构建重要出口商品的全球供应链履约服务体系，提供安全、快捷、优质的物流服务，全力保障"中国制造"出口产业链供应链安全。例如，为解决出口汽车运输瓶颈，2022年8月，中远海运特运、上港物流、上汽安吉物流共同出资成立了广州远海汽车船运输有限公司，作为汽车船国际运输公共承运人为中国汽车出口提供供应链物流服务。2022年中远海运集运成立了整车出口供应链专班，建立统一的综合营销服务平台，创新业务模式，为客户打造了三大整车出口供应链解决方案——滚装船（汽车

---

[1] 中国物流与采购联合会、中国物流信息中心：《疫情下物流韧性恢复，高质量发展势头显现——2022年物流运行情况分析》，2023年2月24日，中国物流信息中心网站（http://www.clic.org.cn/wltjwlyx/309312.jhtml）。

船）运输、可折叠商品车专用框架和海运集装箱整车运输。

另一方面，物流企业积极制定保障物流畅通、促进制造业产业链供应链稳定的工作方案。例如，2022年，中铁特货物流股份有限公司按照市场需求为客户量身定制了43条"固定频次、确定日期、稳定时效"的铁路商品汽车精品物流专线，目前已服务于北汽集团、广汽集团、长城汽车、一汽股份、东风集团、上汽集团、吉利汽车、比亚迪等众多汽车制造企业。

此外，物流企业和数智企业积极参与"制造业补链强链"行动，充分发挥自身技术、资源及经验优势，助力制造业提升产业链供应链现代化水平。中储智运创新打造智慧供应链服务体系，助力正大制管有限公司实现采购、销售、运输、仓储、场内调度、结算等环节无缝连接，助力江苏徐钢集团提升了供应链上下游可视化、智能化和协同水平。京东工业品打造的"智能供应链决策体系"通过建立一套开放的数智化工业品供应链服务网络，能够为企业提供"智能大脑"，高效整合第三方资源。东风日产借助该供应链决策体系，成功对传统履约交付模式进行了改造，实现了数字化统一调度，从源头上缩短交付路径、提高供应链效率。鞍钢集团借助该供应链决策体系，搭建了"德邻工业品企配中心"，利用数字技术对所有包裹进行集单，再由鞍钢快递实现集中配送，大大提高了履约交付质量和效率。

三、制造业物流的智能化水平不断提升

（一）全流程的智慧物流体系加速落地

近年来，基于产线物流数字化、线边物流数字化、厂区物流无人化等多重智慧解决方案，智能制造数字化全场景和全流程智慧物流体系逐步得到推广和应用。

2022年12月通过验收的浙江天正电气（乐清）智慧物流项目，借助边缘计算、SCADA（数据采集与监视控制系统）等技术，基于APS（高级计划与排程）、MOM（制造运营管理）、MES（计划执行和品质管控）、WMS（仓库管理系统）等系统的集成应用，结合5G网络、AGV智能小车和提升机，

对制造过程的"人、机、料"等生产要素实现了从产品研发到订单排产再到高效物流的全流程智能化管理。

中国铁建重工集团有限公司长沙物流园区项目，以盾构机生产产业链为核心，通过构建智能中央物流系统，形成集供应、生产、销售、逆向物流于一体的智能物流新模式。

2022年，某新能源企业的锂电池工厂借助迦南飞奇的一体化智能物流解决方案，构建了原料和产线物流仓储系统，实现了整个生产及存储流程的自动化、数字化、智能化管理，解决了工序多、物料管理复杂等痛点问题。

（二）智能仓储解决方案应用加快

随着人力成本、土地使用成本逐年上升，企业对智能化解决方案的需求不断攀升，智能仓储解决方案及相关技术也逐渐成熟，应用场景不断拓展。在需求与技术的双重驱动下，制造业加速应用智能仓储解决方案。

在新能源行业，企业借助智能仓储解决方案，提升整体仓储物流管理效率和透明度。2022年11月，通威太阳能合肥工厂启动智能仓储WMS项目，该项目引入富勒WMS方案，并与ERP、MES、CRM等系统对接，可实现针对具体仓库具体物料的精细化管理，以及生产过程与仓库物流的高效协同。德力集团智慧仓储物流解决方案在锂电池原材料领域落地应用，可提供原材料立体仓库、半成品立体仓库、成品立体仓库、线边立体仓库等多种定制方案，以及智慧仓储管理系统、智能仓储设备、高精度立库货架、提升机系统等设施设备，满足锂电池原材料供应商及锂电池制造商的智能化、自动化、精益化仓储管理需求。

在体育用品行业，企业通过对仓储物流进行智能化改造，提升作业效率。2022年3月，安踏集团利用ACR（箱式仓储机器人）解决方案，在晋江智慧仓库部署"HAIPICK A42机器人 + HAIPORT自动装卸机 + 环形输送线"的解决方案，满足纸箱、料箱混合入库、拣选、出库，同时适配B2C和B2B两种完全不同的业务形态，实现了安踏集团入库产能和出库产能的整体提升。

在制药行业，2022年，迦智科技为某大型制药上市企业打造了柔性智能出入库系统，提供了包含"智能无人叉车 DN1416 + 多机器人调度管理系统 CLOUDIA"在内的智造物流整体解决方案，助力制药企业实现原料、半成品、成品出入库作业的智能化、数字化管理，大幅提升了仓库和生产车间之间的作业协同能力①。

（三）柔性生产系统应用不断扩大

当前，用户多元化、定制化量产需求成为制造业物流发展的主流。为解决多品种、小批量、零部件多、需求波动大等困扰，并快速响应市场需求，中国制造业物流不断由传统线性生产模式向模块化柔性生产线转变。

2022 年 12 月，宝丽迪二期智能工厂项目正式交付，该项目依托"5G + 工业互联网"部署柔性生产解决方案，落地了 AGV、虚拟仿真、柔性生产等产品和技术，实现了从原料入库、分拣到生产、包装的全域自动化，打造出集智能化物流、智能化车间、智能化系统、智能化管控四位一体的超级工厂。

禾赛科技在上海嘉定投资建设的"麦克斯韦"智造中心，引入"自动化 + 柔性"生产线，能同时满足激光雷达的大批量生产和多元化、定制化需求，该项目预计 2023 年投产，年产能 120 万台。

（四）智能搬运系统应用提速

智能制造物流方案提供商不断推出智能搬运解决方案，助力制造企业提升搬运自动化、智能化管理能力。

2022 年，中集集团借助欧米麦克为多类型罐车生产定制的重载 AGV 及智能搬运系统整体解决方案，进行罐体智能制造生产线升级改造，全面实现了 7×24 小时的全场景多品种智能搬运，成为行业内首次实现从下料、铆焊、喷粉到总装四大工艺全流程自动化生产的企业。

劢微机器人公司为某设备制造龙头企业导入高柔性无人叉车解决方案，助力该企业实现供应链创新升级。解决方案采用轻型堆高式无人叉车 MW-

---

① 518 智能装备在线：《上市药企×迦智科技：实现医药制造工厂物流智能化升级》，2022 年 9 月 28 日，河北大为信息科技官方账号（https://baijiahao.baidu.com/s?id=1745211382060950270&wfr=spider&for=pc）。

SL14 以及自研软件系统 WMS/WCS/RCS，实现原材料仓库与线边之间的流转搬运和原材料仓库内缓存区的存储搬运智能化。

四、工业物流机器人不断迭代创新

随着智能制造的转型升级以及资本的推动，我国工业物流机器人产业实现快速增长。2022 年中国工业机器人累计完成产量 44.3 万套，同比增长 21.0%。中国工业机器人中的很大比例是直接应用于生产物流相关作业领域的工业物流机器人。随着我国工业物流机器人行业规模日益扩大，其应用场景不断丰富，技术持续升级，产品种类和解决方案日趋多样化。

一方面，仓储物流机器人向"全能型"升级。极智嘉 2022 年推出大中小件全兼容料箱机器人方案 RoboShuttle Plus，以"高矮组合"的多机协作实现大中小件一站式存拣，解决了传统料箱机器人方案无法兼容中大件存拣的痛点。海柔创新在 2022 年拓展了 ACR（箱式仓储机器人）应用场景，发布了吸盘式 ACR 和"货到人"一站式智能拣选新模式——HaiPick 系统组合方案。该方案包含 ACR、大载重潜伏式顶升 AMR、HaiQ 智慧仓储管理平台和 HaiStation 多功能工作站，可实现高存储密度及一站式拣选中小件、大件、重型件。

另一方面，应用于物料搬运场景的工业物流机器人不断推陈出新，可结合不同行业与场景提供更加丰富的解决方案。2022 年，劢微机器人发布了多款新品，其中无人叉车"劢喆伦 α2"采用"双托盘 + 双升降"结构设计，兼容川托、田托、九脚托等不同载具，上下叉牙双托同频联动作业，可广泛应用于高频短距离搬运、地堆库周转、出入库搬运、地堆库货物堆叠等场景。宇锋智能推出新一代全向式 AGV 全系列产品，在不同的场景下，可根据搬运需求匹配车型，实现"设备遵从场景、设备适应需求"，并且结合调度系统可实现路径的重置选择。

除新产品拓展之外，工业物流机器人的软件与系统升级和解决方案优化也在不断推进。未来机器人于 2022 年升级了其自主研发的 RCS（中控调度系统），向上可接入 MES、WMS、ERP 等客户系统，向下可连接工业无人车辆，配合视觉导航模块，可实现多车、跨场景调度。海豚之星自主研发的智能调度系统，支持与产线 MES 系统对接，可将物料运送到 7 条产线旁边，并配合 MES 系统完成产线的尾料下线，实现了仓储区与产线之间的物料自动运输[①]。

五、制造业物流和供应链标准化工作持续推进

2022 年，我国制造业物流和供应链行业标准工作持续推进。7 月，国家市场监督管理总局和国家标准化管理委员会联合发布《电子信息制造企业绿色供应链管理规范》（GB/T 41505—2022）。该标准适用于电子信息制造企业及相关方对绿色供应链的管理和评价。一是规定了电子信息制造企业关于绿色供应链管理的总体要求，以及策划、实施与控制等方面的要求；二是对于电子信息制造企业绿色物流管理体系及运营方案的策划，对运输、仓储、设备选用、逆向物流等几个方向提出了具体要求。该标准对推进电子信息制造业物流实现绿色转型和可持续发展具有重要意义。

10 月，国家市场监督管理总局和国家标准化管理委员会又联合发布《船体零部件制造数字化车间物流管理基本要求》（GB/T 41893—2022）。该文件适用于船体零部件制造数字化车间物流的规划、建设与管理，规定了船体零部件数字化车间物流管理对象、物流管理系统及其信息流以及物流作业的要求。该标准的制定和推广，为船体零部件制造行业物流发展提供了支撑。

第三节　中国制造业重点领域物流发展状况

汽车零部件物流和纺织服装物流是制造业物流的重要领域。近年来，我国汽车零部件物流发展迅速，厂内智慧物流体系建设加快，运包一体化发展迅速，售后再制造备件供应链服务不断完善，新能源汽车动力电池物流服务体系开始打造。纺织服装行业物流也呈现出智能化升级态势，智能工厂建设

---

① 任芳：《移动机器人：全能型升级　全球化发展》，《物流技术与应用》2023 年第 2 期。

加速，智能物流方案广泛应用，柔性快反供应链成为行业转型新方向。

一、汽车零部件物流发展状况

（一）汽车零部件厂内智慧物流体系建设加快

厂内智慧物流体系建设，是打造汽车零部件生产企业智能生产物流系统、推进企业智能制造转型升级的重要举措。近年来，我国汽车零部件工厂借助自动化物流设备应用和自动化立体仓储建设，实现了智能化转型升级。

例如，东风日产武汉工厂经过多年探索，目前已建立由厂内物流管理系统 SCMP-WM、机器人控制系统 RCS、自动化立体仓库 WCS 等三个子系统构成的智慧物流系统集成框架，实现了对汽车零部件的智能化仓储信息管理、自动化准确排序、人性化供给上线。2022 年，武汉工厂进一步向智能化、网联化、数字化的方向发展，率先试行了厂际 L4 级无人驾驶牵引车、类 Kiva 第四代 AMR 搬运机器人和 Mini 无人自动叉车等物流无人化项目。

（二）汽车零部件运包一体化发展加快

近年来，汽车行业竞争不断加剧，为了提高零部件运输效率并降低运输成本，汽车行业加快运包一体化物流的发展，诸多大型主机厂，例如长城、长安、吉利、比亚迪、大众、丰田、本田等都在积极实施运包一体化。

宁波丰沃涡轮增压系统有限公司引进了能运物流为其量身打造的运包一体化解决方案，将零部件运输和循环包装纳入同一个物流场景，实现了从包装定制、零部件装箱发运配送到空包装回收的"定制化运输＋循环包装"全链路一体化管理。

2022 年 1 月，哪吒汽车开始进行运包一体化变革，将原本独立的运输与包装业务合并，实现了同一场景、同一系统、同一团队的全流程运作和管理，达到了全流程整体优化的目的。

安得智联等一批数智化供应链解决方案提供商，针对车企需求点，打造了运包一体绿色供应链解决方案，将循环包装与运输一体化两要素进行融合，打通了从包装材料制造商、物流企业、零部件供应商、终端制造商、消费者到回收企业各环节的流通信息节点,实现了绿色包装在产业链上下游的循环利用。

(三)售后再制造备件供应链服务不断完善

近年来,伴随着我国汽车行业持续迅速发展,汽车市场保有量稳步上升,以配件更换等相关服务为主的汽车售后供应链市场的发展潜力不断被激发。与其他领域相比,汽车售后备件供应链体系面临着产品种类多、件型复杂、异形件多、库存计划复杂、配送成本高等诸多挑战。面对日益增长的汽车售后市场服务需求,汽车售后备件供应链解决方案正在加快落地。

京东物流基于其供应链基础设施、数字技术以及对商流、供应链的理解,搭建了一套集"一体化方案、一体化交付、一体化运营"于一体的汽车售后配件数字化供应链解决方案。2022 年 1 月,京东物流发挥基础设施覆盖与技术优势,对沃尔沃汽车的售后供应链网络进行了重新定义,将原来的全国 4 仓变成全国 8 仓,同时通过构建大数据智能运算补货模型,实现了汽车配件库存成本的结构性优化。8 月,京东物流与上汽通用五菱汽车股份有限公司达成合作,双方将携手推进上汽通用五菱售后配件一体化供应链的全面深化合作,提升汽车售后配件一体化供应链服务水平。

(四)新能源汽车动力电池的物流服务体系开始打造

发展新能源汽车产业是我国从"汽车大国"迈向"汽车强国"的必由之路。2022 年,全国新能源汽车产量同比增长 97.5%[①];新能源汽车销售 688.7 万辆,同比增长 93.4%,占全球销量的 61.2%。新能源汽车新车销量占汽车新车总销量的 25.6%[②]。

动力电池是新能源汽车的核心零部件,随着新能源汽车产销量的高增长,动力电池供应链的物流服务需求不断增长。中国汽车零部件物流企业开始着

---

① 江源:《工业生产总体稳定 新动能持续成长》,2023 年 1 月 18 日,中国经济网(http://m.ce.cn/bwzg/202301/18/t20230118_38353494.shtml)。

② 刘垠:《全面市场化的新能源汽车,如何迈向高质量发展》,《科技日报》2023 年 4 月 3 日第 3 版。

力打造动力电池物流服务体系，并通过建立专业的团队、规范作业要求，积极承接动力电池的运输及供应链服务。例如，2022年3月，长久物流与协鑫能源科技股份有限公司签订合作协议，双方将在全国范围内推动新能源汽车综合服务业务发展，并在电池仓储物流、动力电池回收业务等多个领域进行合作。

二、纺织服装行业物流发展状况

（一）纺织服装智能工厂建设不断加快

近年来，随着原材料和人工成本不断上涨，服装行业的竞争日益激烈。一些大型企业开始尝试打通从面料到生产到成品库的一系列物流环节，建设智能生产车间和智能工厂。

2021年11月，鲁泰纺织与阿里巴巴犀牛智造联手打造的鲁泰一期智慧工厂正式投产。该工厂实现了全流程的数字化，生产效能实时显示，质检可追溯可分析，生产要素智能运筹，系统自主决策。同时，工厂生产订单可智能对接淘宝天猫商家的需求，实现了按需生产。

2022年7月，欧微智能工厂竣工投产。工厂生产线采用了自动裁床、智能吊挂、跨楼层输送线、AGV库位机器人等智能化设备，全面实现了设计研发、生产、物流的智能化和数字化管理，自动化程度处于行业领先水平。

2022年年底，江苏大生集团投产建成"十四五"期间全国首个智慧纺纱工厂。该工厂运用5G数据传输及智能管理云平台等技术，实现了运营智能化、装备智联化和制造数字化，整个厂区成为一座以智能制造为引领、以信息技术为支撑的"黑灯工厂"。

（二）智能物流方案在纺织服装工厂广泛应用

近年来，伴随着纺织和服装制造的智能化升级，物流技术装备和物流解决方案在纺织和服装智能工厂中的应用也日益增多。目前常见的物流解决方案主要包括吊挂系统解决方案、仓储机器人自动搬运解决方案和自动存储系统解决方案等。

首先，服装吊挂系统是将整件衣服的裁片挂在衣架上，根据事先输入的工序工段，自动送到下一道工序操作员处，大幅度减少地面搬运、绑扎、折叠等的非生产时间，以确保每个环节高效运转。例如，犀牛智造的生产车间应用了智能吊挂系统，其生产数据经由浙江衣拿智能科技股份有限公司空中物流系统采集上传云平台，为生产的合理规划、快速反应提供决策依据。又如，2022年，洪兴股份在生产车间引进智能吊挂系统，实现了生产智能化和自动化。2023年3月，鸭鸭智能制造有限公司六条智能吊挂生产线全部安装到位，很快将实现投产。

其次，部分纺织服装企业开始寻求与物流机器人厂商合作，来实现生产物流及仓储物流的自动化升级。目前，物流机器人在服装生产中的应用场景主要包括搬运和仓储两类。在红豆股份打造的西服智能工厂中，应用了一套AMR高柔性物流机器人解决方案，借助5G AMR机器人架构了整个车间柔性配送基础，实现了生产环节的智能柔性升级。2021年，金峰集团为某知名服装制造企业提供了一站式智慧物流解决方案，包括WMS/WCS、多穿小车立库系统、AGV自动搬运、机械手物料处理等，帮助企业系统解决了自动化生产和仓储自动化的节拍配合问题，有效提升了企业运营效率。2022年5月，广西梧州市岑溪泰森新纺织产业集聚区项目成功试投产。该项目充分运用5G、人工智能等新技术，并购置了一套自动输送料系统，从自动称料、化料到给染色区77台染缸送料，全部实行无人化操作，打造了自动化、智能化现代生产车间。

（三）柔性快反供应链成为纺织服装行业转型新方向

消费需求的变化正在"倒逼"纺织服装生产商和服务商改变传统的模式，逐渐走向以消费者为导向的模式，这对于供应链的柔性化、敏捷性、协同性提出了更高要求。根据市场消费者的实时需求安排生产和供给（行业内称作"柔性快反的供应链"），成为纺织服装企业决胜的关键竞争力。

希音（SHEIN）创造性地大规模应用了"小订单、测试再返单"的按需生产模式。SHEIN通过追踪流行趋势和元素，提炼出设计指引，然后将这些信息汇总并转换为生产指令信息，给予后端供应链。服装供应商工厂快速响应，先生产首单小批量的货，而后根据产品的在架销量、被浏览、被收藏等情况实时判断后续销售走势，再决定是否继续生产。该模式的应用不仅提高了产业效率，而且极大地减少了库存浪费。

2022年2月，溢达集团与嘉里物流签署合作意向书，双方将携手在广东省高明区西江产业新城打造智能物流园，为客户量身订制端对端的供应链高效率解决方案。其中，包括利用溢达集团纵向一体化供应链生产的整合，以及涵盖服装、辅料和包装在内的协同效应，为品牌客户提供仓储和工厂到店等定制化、个性化的物流增值服务。

此外，广州依布云公司围绕"小单快反"的目标进行生产、组织模式革新，通过投入智能裁床、智能缝纫机等先进智能化设备以及"易菲"服装制造数字化系统，打通了订单信息、采购信息、仓库存储、流水线生产、交付履约、质量把控等各个环节，实现了智能生产制作全流程的智能管控及跟踪，以及全过程数据可视化控制。

第八章　中国商贸物流发展状况

商贸物流业通过技术与服务创新促进商品流通，降低物流成本，提升物流效率，是物流业的重要组成部分。2022年，中国商贸物流发展的市场、技术和政策环境不断完善，物流总体规模保持稳定，物流基础设施建设持续推进，物流体系保通保畅成效显著。同时，随着商贸物流企业数字化转型进程加快和资本市场整合加速，即时物流和电商直播物流得以快速增长，成为商贸物流发展的热点领域。

第一节　中国商贸物流发展环境

2022年，中国消费市场规模略有下降，大宗生产资料市场波动明显，进出口规模稳步增长，智慧物流技术应用逐步成熟，绿色发展理念贯穿商贸物流全链条。同时，政府部门出台多项商贸物流相关规划、指导意见和支持政策，为商贸物流高质量发展创造了良好的政策环境。

一、消费市场规模略有下降

2022年，受国内疫情局部规模性反弹等因素影响，中国消费市场出现较大波动，市场规模略有下降。全年社会消费品零售总额44.0万亿元，同比下降0.2%。2017—2022年中国社会消费品零售总额及增速如图8-1所示。

从消费渠道上看，网络零售业表现强劲，线下零售业持续改善。2022年，全国网上零售额13.8万亿元，同比增长4.0%。其中，实物商品网上零售额占社会消费品零售总额的27.2%，较2021年提升6.2个百分点。线下实

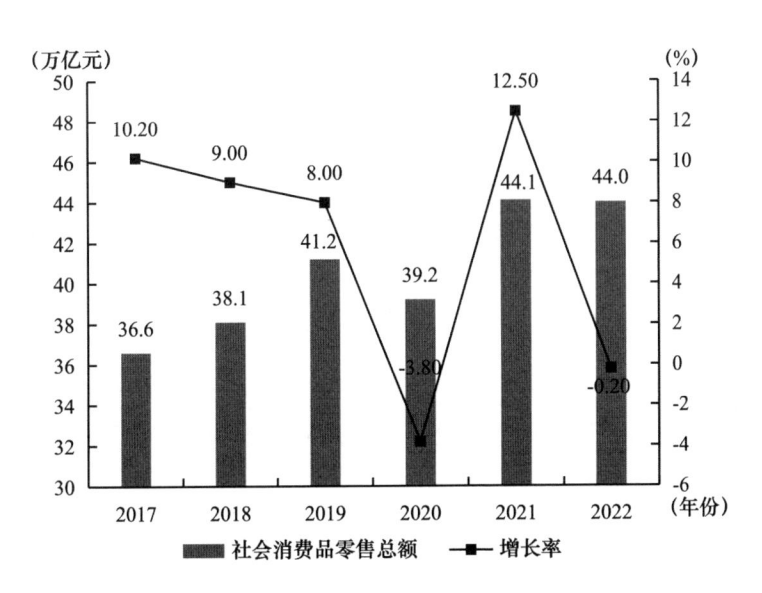

图 8-1　2017—2022 年中国社会消费品零售总额及增速

资料来源：根据国家统计局《中国统计年鉴》（2017—2022）和《中华人民共和国 2022 年国民经济和社会发展统计公报》相关数据整理。

体零售方面，限额以上零售业单位中的超市、便利店、专业店和专卖店零售额分别增长 3.0%、3.7%、3.5% 和 0.2%。

从消费结构上看，基本生活商品消费需求稳定上升，升级类消费需求有所下降。2022 年，限额以上单位粮油、食品类和中西药品类商品零售额分别增长 8.7% 和 12.4%，金银珠宝类和化妆品类商品零售额分别下降 1.1% 和 4.5%。

从区域分布来看，城市消费有所回落，乡村消费保持平稳。2022 年，城镇消费品零售额 38.0 万亿元，比 2021 年下降 0.3%；乡村消费品零售额 5.9 万亿元，与 2021 年基本持平[①]。

---

① 国家统计局：《2022 年 12 月社会消费品零售总额下降 1.8%》，2023 年 1 月 17 日，国家统计局网站（http://www.stats.gov.cn/xxgk/sjfb/zxfb2020/202301/t20230117_1892127.html）。

二、大宗商品市场波动明显

2022年，受国际大宗商品市场的影响，国内各主要大宗商品市场波动明显，中国大宗商品指数（CBMI）月度数据走势如图8-2所示。2022年第一季度，供给端受春节等因素影响维持低位，需求端因节前订货略有收窄，大宗商品供需较为平衡；第二、第三季度，受全球经济复苏、宽松货币政策及财政刺激等一系列因素影响，生产企业对后市预期良好，产量增加，部分大宗商品需求量持续上升；第四季度，全球经济增长出现放缓甚至衰退趋势，主要海外经济体货币政策调整频繁，大宗商品供给侧和需求侧受到影响，指数出现下跌。

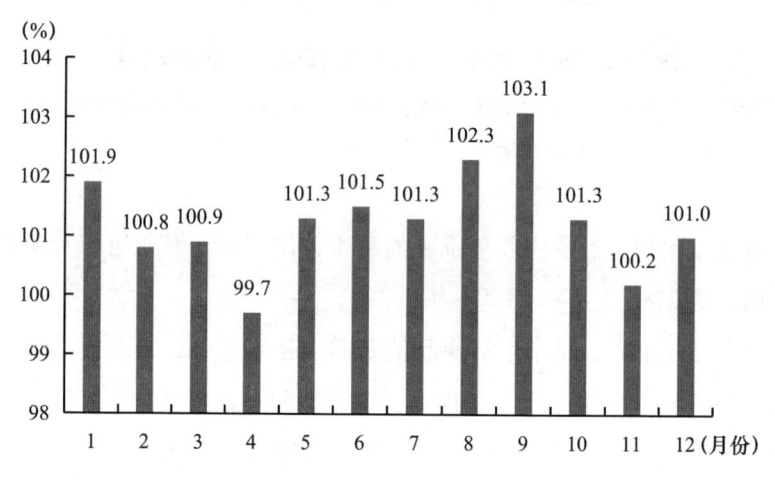

月份	1	2	3	4	5	6	7	8	9	10	11	12
指数(%)	101.9	100.8	100.9	99.7	101.3	101.5	101.3	102.3	103.1	101.3	100.2	101.0

图8-2　2022年中国大宗商品指数（CBMI）

资料来源：中国物流与采购联合会：《2022年12月份中国大宗商品指数（CBMI）为101.0%》，2023年1月6日，中国物流与采购联合会网站（http://www.chinawuliu.com.cn/lhhzq/202301/06/596550.shtml）。

三、进出口贸易规模稳步增长

2022年,中国外贸进出口顶住多重因素的冲击,实现稳步增长,表现出强大的韧性。货物贸易进出口总额达到42.1万亿元,同比增长7.7%。其中,出口24.0万亿元,同比增长10.5%;进口18.1万亿元,同比增长4.3%。2017—2022年中国货物进出口总额及增速如图8-3所示。

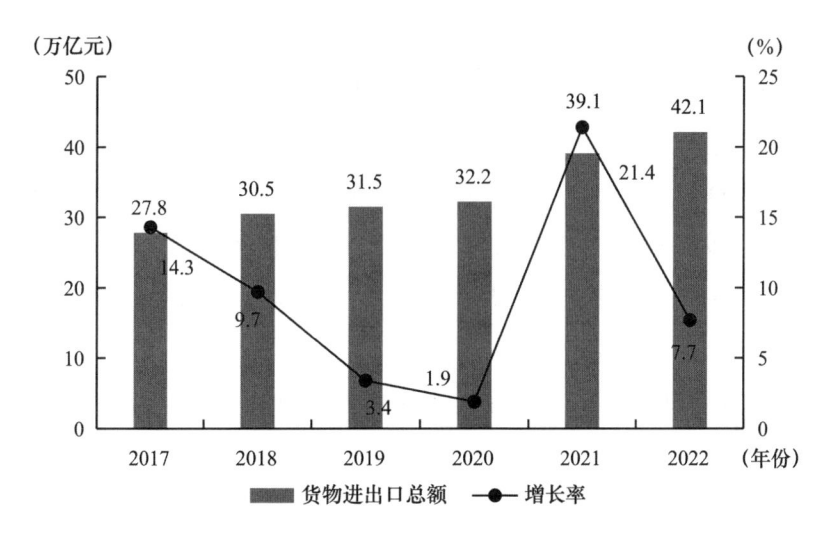

图8-3 2017—2022年中国进出口贸易总额及增速

资料来源:根据国家统计局《中国统计年鉴》(2017—2022)和《中华人民共和国2022年国民经济和社会发展统计公报》相关数据整理。

从贸易结构来看,一般贸易进出口占比提升,自由贸易试验区、自由贸易港对外开放高地作用突出。2022年,中国一般贸易进出口稳定增长,达26.8万亿元,占进出口总额的63.7%,提高了1.6个百分点。其中,出口15.3万亿元,同比增长15.4%;进口11.6万亿元,同比增长6.7%。加工贸易进出口8.5万亿元,占进出口总额的20.1%。自由贸易试验区进出口7.5万亿元,同比增长14.5%。海南自由贸易港货物进出口2009.5亿元,同比增长 36.8%。其中，出口 722.6 亿元，同比增长 120.7%；进口 1286.9 亿元，同比增长 12.8%。

从外贸国别构成来看，中国贸易伙伴结构呈现多元化，且与"一带一路"沿线国家进出口贸易增速最快。2022 年，中国对东盟、欧盟和美国的进出口总额为 6.5 万亿元、5.6 万亿元和 5.1 万亿元，分别同比增长 15.0%、5.6% 和 3.7%。同期，中国对"一带一路"沿线国家进出口 13.8 亿元，同比增长 19.4%，占外贸总值的 32.9%；对 RCEP 其他成员国进出口 13.0 万亿元，同比增长 7.5%，占外贸总值的 30.8%。

从外贸品类来看，劳动密集型产品出口保持快速增长，能源及农产品进口保持稳健增加。2022 年，中国出口机电产品 20.7 万亿元，同比增长 2.5%，占出口总值的 49.1%。其中，太阳能电池、锂电池和汽车出口分别增长 67.8%、86.7% 和 82.2%。进口方面，原油、天然气和煤炭等能源产品合计进口 3.2 万亿元，增长 40.9%；农产品进口 1.6 万亿元，增长 10.8%。

从外贸主体来看，进出口企业数量持续增加，民营企业是主要力量。2022 年，中国有进出口实绩的企业共 59.8 万家，同比增加 5.6%。其中，民营企业作为外贸第一大主体的地位进一步巩固，进出口额达到 21.4 万亿元，同比增长 12.9%，占进出口总值的 50.9%。同期，外商投资企业进出口 13.8 万亿元，国有企业进出口 6.8 万亿元，分别占进出口总值的 32.9% 和 16.1%[1]。

四、智慧物流技术应用逐步成熟

2022 年，商贸物流行业中技术驱动的生产力变革效果显著。其中，物联网、人工智能、区块链、云计算及大数据等技术广泛应用，推动商贸物流加

---

[1] 海关总署：《海关总署 2022 年全年进出口情况新闻发布会》，2023 年 1 月 13 日，海关总署网站（http://www.customs.gov.cn/customs/xwfb34/302330/4795072/index.html）。

速向数字化和智能化方向转型,实现商贸物流对"可视""可控"和"可信"三方面的需求。

(一)物联网助力物流信息"可视化"

物联网技术实现了物与物之间的互联,实时反馈商贸物流活动中货物或运载工具的位置、状态和其他信息,推动了商贸物流中仓储、运输、装卸和其他环节的可视化。例如,万纬物流使用物联网技术,在47个城市的冷链园区共1200万平方米的仓储空间中,为奈雪、泰森和COSTA等几十家企业提供数字化仓储管理,实现货品温度、配送轨迹和门店补货全程可视化跟踪[①]。普洛斯运用物联网技术,实现物流园区多个场景的运维监测和消防监控,以"智慧风险一张图"解决全国500多个物流园区的可视化管理[②]。中国互联网协会数据显示,2022年中国物联网产业规模达到2.1万亿元,并将保持高速增长,为商贸物流企业信息全面"可视化"提供了进一步支持[③]。

(二)人工智能赋能物流运营"可控性"

人工智能以机器视觉、大数据挖掘、深度学习等技术为基础,通过自动驾驶、智能诊断和辅助决策等系统,提高商贸物流活动中各项设备运作的可靠性和稳定性。例如,主线科技开发的自动驾驶系统和软硬件系统,专门攻克障碍物精准感知、自主避障及交通参与者行为智能预测等难题,保障卡车自动驾驶感知系统的安全可靠。截至2022年,主线科技已有超百台无人驾驶集卡应用于天津港、宁波舟山港、中海油、招商局港口等多个国内智慧物流

[①] 江西网络广播电视台:《万科进军物流第8年 锚定实体经济做出三大转变》,2022年9月14日,中国日报中文网(http://cn.chinadaily.com.cn/a/202209/14/WS63218335a310817f312edfdc.html)。

[②] 中国网—中国商务:《普洛斯ASP升级行业风险管理水准〈物流行业—园区智慧化风险管理白皮书〉发布》,2022年12月8日,网易网(https://www.163.com/dy/article/HO32EB2R0514C4MK.html)。

[③] 中国互联网协会:《〈中国互联网发展报告(2022)〉正式发布》,2022年9月14日,中国互联网协会网站(https://www.isc.org.cn/article/13848794657714176.html)。

枢纽项目①。2022年7月,菜鸟首次公开其供应链控制塔系统,该系统包含计划、采购和仓储等15个供应链场景,兼容20多种类型的商贸物流自动化设备,通过人工智能技术,可实现对快消品、烟草和汽车等多个行业的业务协同、异常警告和智能诊断。目前该系统已被宝洁和联合利华的大型分销商应用,全面提升了这些商贸企业物流供应链的可靠性和稳定性②。2022年,中国人工智能核心产业规模达到50800亿元,为中国商贸物流企业实现运营"可控"打下良好基础③。

(三)区块链加码物流信息"可信度"

区块链技术具备去中心化、不可篡改和公开透明等特点,可保障商贸物流信息的可追溯性,从而实现商贸物流主体资产数字化,降低商贸物流数据篡改风险,增强商贸物流交易的可信任度。由航天信息构建的基于区块链技术的"丝路云链"数字生态链,通过创新电子提单业务降低信息篡改和交付风险,提升了铁矿石、粮食等大宗商品物流数据共享的质量和组织协同的能力④。2022年5月,中储智运推出基于区块链技术的数字物流金融产品"运费贷",为商贸物流活动中的交易、流通、金融保险等提供全过程跟踪监控和可信数据存证的数字信用服务,解决了中小企业融资和资金周转难的问题⑤。根据中国信通院数据研究中心统计,截至2022年9月,中国区块链企业约1700家,产业园区超40个,成为区块链技术在商贸

---

① 汽车观察:《主线科技:无人化是自动驾驶卡车新赛道的准入证》,2022年6月14日,腾讯网(https://view.inews.qq.com/k/20220614A02BOY00?web_channel=wap&openApp=false)。

② 菜鸟官网:《菜鸟供应链控制塔:让供应链更智慧》,2022年7月,菜鸟官网(https://gw.alipayobjects.com/os/bmw-prod/3e2a6547-d857-4fa3-bdc6-46491fc32724.pdf?spm=logistic_cloud.homepage.0.0.719d4e080Zzir0&file=3e2a6547-d857-4fa3-bdc6-46491fc32724.pdf)。

③ 经济参考报:《核心产业规模超5000亿元 人工智能释放"智慧动能"》,2023年2月9日,央广网(http://m.cnr.cn/tech/20230209/t20230209_526149078.html)。

④ 航天信息:《航天信息"丝路云链"大宗贸运数字平台入选工信部2022年区块链典型应用案例》,2023年1月16日,中国航天科工集团有限公司官网(http://www.casic.com.cn/n12377419/n12378177/c25439803/content.html)。

⑤ 殷晴:《中储智运:信用赋能供应链金融创新 纾困中小企业》,2022年5月30日,新华社客户端官方账号(https://baijiahao.baidu.com/s?id=1734256085088327943)。

物流领域深入应用的持续动力[1]。

五、绿色发展理念贯穿商贸物流全链条

（一）绿色新能源应用更加普及

氢能、太阳能等新能源在商贸物流的运输和仓储环节普及应用，是实现商贸物流绿色化发展的重要途径。2022年，顺丰与云快充达成合作，为其在全国超20000辆新能源货运车辆提供智能充电服务，助力顺丰实现货运物流的绿色低碳转型[2]。2022年10月，圆通打造的物流中心光伏发电项目正式开工，预计每年在仓储环节可节约标准煤376吨，减少二氧化碳排放量1032吨[3]。

（二）绿色流通渠道进一步完善

商贸物流领域上下游共同参与绿色发展，完善绿色流通渠道，是实现商贸物流绿色化发展的全面保障。例如，菜鸟、京东完善货物从商家到消费者所经过的各个环节，包括新能源仓储、绿色运输、绿色配送、智能分仓等，提供从仓储到配送再到回收的全链路商贸物流绿色减碳方案。2022年"双十一"期间，菜鸟联合伊利、联合利华等品牌，通过装箱算法、原箱发货、智能分仓等减碳流程对15万种商品开展每个包裹"减碳50克行动"，提升商贸物流渠道绿色化水平[4]。此外，京东物流于2022年组织"包裹的旅行"活动，倡导消费者通过参与寄包裹、互动任务等活动，共同完善商贸物流的绿色流通渠道[5]。

---

[1] 中国信息通信研究院：《区块链白皮书（2022年）》，2022年12月，中国信通院官网（http：//www.caict.ac.cn/kxyj/qwfb/bps/202212/t20221229_413462.htm）。

[2] 东方网：《数字化赋能绿色物流！云快充与顺丰速运达成合作》，2022年4月27日，北方网新闻客户端（http：//share.enorth.com.cn/news/052592071.html）。

[3] 亿豹网：《圆通亚运物流中心光伏项目成功发电 年减少碳排量超千吨》，2022年12月1日，中国快递协会网（http：//www.cea.org.cn/content/details_24_23324.html）。

[4] 业界：《扎根实体经济，见证消费活力！这个天猫双11，超3000万人次围观菜鸟数智物流》，2022年11月14日，亿欧网（https：//www.iyiou.com/news/202211141038163）。

[5] 中国快递协会绿色环保专业委员会：《承诺京东11.11期间减碳20万吨！京东物流联动消费者参与"供应链脱碳计划"》，2022年11月8日，中国快递协会网（http：//www.cea.org.cn/content/details_24_23224.html）。

(三) 绿色流通标准加快普及

商贸物流环节中的绿色低碳器具设备和相关运作流程的标准化，是实现商贸物流绿色化发展的重要支撑。2022年7月，国家标准化管理委员会批准《绿色产品评价 物流周转箱》国家标准项目计划。该计划的实施将为商贸物流领域开展绿色物流评估提供依据，推动物流周转箱在商贸物流各环节的应用，促进商贸物流企业绿色化发展①。中国邮政规范快递包装的过程，使用环保胶带通过"一字形""十字形""井字形"标准封装方式，减少胶带使用量②。京东、菜鸟等制定可循环流通标准，在物流园区使用共享托盘，建立回收箱使用标准③。

六、商贸物流相关规划和政策不断完善

2022年，国务院及各部委持续出台多项关于商贸物流发展的规划、指导意见和支持政策，如表8-1所示。从政策内容上看，主要包括建设全国统一大市场、完善商贸物流服务网络、推动跨境贸易提质增效、升级县乡村商贸物流体系、引导物流企业高质量发展等。这些政策的实施将有助于提升商贸流通治理水平，推进商贸流通体系硬件和软件建设，培育壮大商贸流通企业，全面形成商贸物流发展新优势。

---

① 全国标准信息公共服务平台：《绿色产品评价 物流周转箱》，2022年7月19日，全国标准信息公共服务平台（https：//std.samr.gov.cn/gb/search/gbDetailed？id=CB56D31B95F36BF8E05397BE0A0A9923）。

② 中安在线：《沿着邮路看中国 快递包装瘦下去 绿起来》，2022年10月12日，中国快递协会网（http：//www.cea.org.cn/content/details_24_23112.html）。

③ 格降江：《中国"低碳时刻"，菜鸟网络全链路发力，打造中国绿色物流新样本》，2021年11月16日，腾讯网（https：//new.qq.com/rain/a/20211116A06NFS00）；央广网：《推动绿色供应链建设 京东物流提出物流园区碳中和完整解决方案》，2022年6月23日，央广网（http：//tech.cnr.cn/techph/20220623/t20220623_525878785.shtml）。

表8-1 2022年中国商贸物流相关政策

发文时间	发文部门	政策文件名称	有关商贸物流内容
2022年2月	中共中央、国务院	《关于做好2022年全面推进乡村振兴重点工作的意见》	加快农村物流快递网点布局，推进县乡村物流共同配送，促进农村客货邮融合发展。支持大型流通企业以县城和中心镇为重点下沉供应链
2022年5月	国务院办公厅	《关于推动外贸保稳提质的意见》	推动跨境电商加快发展提质增效。鼓励有条件的大型商贸、物流企业"走出去"，加强资源整合配置，优化国际营销体系，完善全球服务网络。支持跨国大型供应链服务企业发展，提高国际竞争力，增强产业链供应链韧性
2022年1月	国家发展改革委	《"十四五"现代流通体系建设规划》	提高流通现代化水平。加速流通体系现代化建设步伐，提升流通数字化、组织化、绿色化、国际化发展水平。构建内畅外联现代流通网络。服务商品和资源要素跨区域、大规模流通，优化商贸、物流、交通等设施空间布局。发展有序高效的现代流通市场。培育优质创新现代流通企业
2022年6月	商务部等8部门	《关于加快贯通县乡村电子商务体系和快递物流配送体系有关工作的通知》	升级改造一批县级物流配送中心，促进县域快递物流资源整合，建设一批农村电商快递协同发展示范区，提升公共寄递物流服务能力。争取到2025年，在具备条件的地区基本实现县县有中心、乡乡有网点、村村有服务

续表

发文时间	发文部门	政策文件名称	有关商贸物流内容
2022年10月	交通运输部、国家标准化管理委员会	《交通运输智慧物流标准体系建设指南》	建立涵盖交通运输物流设施设备、系统平台与数据单证、运行服务与管理等方面的标准体系
2022年12月	国家发展改革委	《"十四五"扩大内需战略实施方案》	优化现代商贸体系。发展现代物流体系,加快构建以国家物流枢纽为核心的骨干运行网络,完善区域分拨配送服务网络,优化城市物流配送网络,发展城乡高效配送
2022年9月	商务部办公厅	《商务部办公厅关于建立商贸物流企业重点联系制度的通知》	引导重点联系企业积极参与商贸物流高质量发展专项行动,完善商贸物流服务网络,提升城乡配送服务水平,推进物流标准化、智慧化、绿色化建设

资料来源：根据公开资料整理。

第二节　中国商贸物流发展现状

2022年，中国商贸物流市场总体保持稳定发展态势，商贸物流基础设施建设持续推进，商贸物流体系保通保畅成效显著。此外，商贸物流企业数字化转型升级进程加快，商贸物流市场加速整合，商贸物流整体保持健稳发展态势。

一、商贸物流市场规模保持稳定发展态势

（一）单位与居民物品物流总额稳定增长

民生领域商贸物流需求稳定增长。2022年，全国单位与居民物品物

流总额[1]为12.0万亿元，同比增长11.1%，如图8-4所示。其中，电商物流需求韧性较强，实物商品网上物流额增速超过6%，成为支撑民生领域物流增长的重要动力。

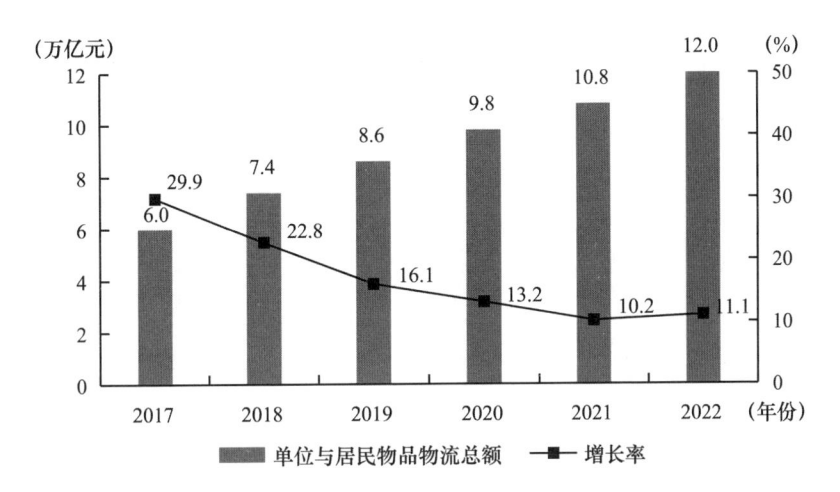

图8-4　2017—2022年单位与居民物品物流总额及增长率

资料来源：根据国家发展改革委、中国物流与采购联合会《全国物流运行情况分析》（2017—2022）相关数据整理。

（二）进出口物流略有下降

进出口货运量有所下降，中欧班列和西部陆海新通道发送量保持稳定增长。2022年，我国海关监管进出口货运量48.17亿吨，同比下降3.3%[2]；中欧班列在乌克兰危机等外界因素影响下，依然实现开行1.6万列，发送160万标准箱，同比分别增长9%和10%；西部陆海新通道班列发送货物75.6万

---

[1] 单位与居民物品物流额，即报告期内，进入需求领域，经社会物流服务，从提供地送达接收地的单位与居民的物品价值总额。包括电子商务服务企业通过快递、快运渠道销售的实物商品，运输中的计费行李，邮政与快递业务中快件、包裹、信函、报纸杂志等寄递物品，形成社会物流服务的社会各界的各种捐赠物，单位与居民由于搬家迁居的物品。

[2] 海关总署：《2022年12月货运监管业务统计快报表》，2023年1月13日，海关总署网站（http://www.customs.gov.cn/customs/302249/zfxxgk/2799825/302274/302275/4794512/index.html）。

标准箱，同比增长18.5%[①]。2019—2022年中欧班列集装箱发送量及增长率如图8-5所示。

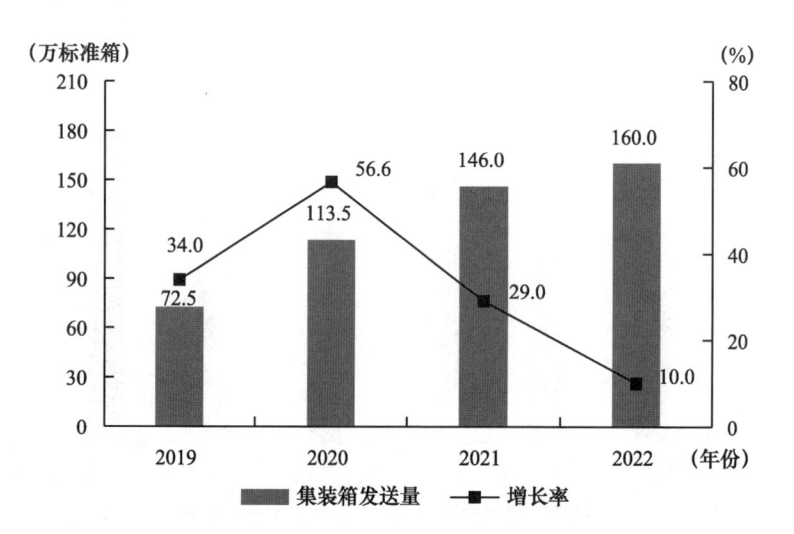

图8-5 2019—2022年中欧班列发送标准箱总数及增长率

资料来源：海外网：《2019年铁路中欧班列发送72.5万标准箱 境外铁路项目建设有序推进》，2020年1月2日，海外网（http://news.haiwainet.cn/n/2020/0102/c3541089-31692702.html）；新华社：《增长50%！2020年中欧班列全年开行12406列》，2021年1月19日，中国政府网（https：www.gov.cn/xinwen/2021-01/19/content_5581186.htm）；人民日报：《中欧班列2021年开行1.5万列》，2022年1月5日，中国政府网（https：//www.gov.cn/xinwen/2022-01/05/content_5666468.htm）；刘文文：《2022年中欧班列开行1.6万列》，2023年1月3日，光明网（https://m.gmw.cn/2023-01/03/content_1303242253.htm）。

（三）仓储指数波动较为明显

2022年，中国仓储指数略有波动。其中，第一季度波动较为明显；第二季度保通保畅成效逐渐显现，库存周转加快，订单数量增多，中国仓储指数呈上升趋势，6月份达全年最高值53.9%；第三季度总体保持平稳发展；第

---

① 訾谦：《"年货班列"运来"洋年货"》，2023年1月17日，光明网（https://news.gmw.cn/2023-01/17/content_36307584.htm）。

四季度因国内外不可抗力影响，中国仓储指数下降明显，11月份达全年最低值44.1%。随着疫情防控政策调整，行业运行有所恢复，年尾实现回升。2022年1—12月中国仓储指数如图8-6所示。

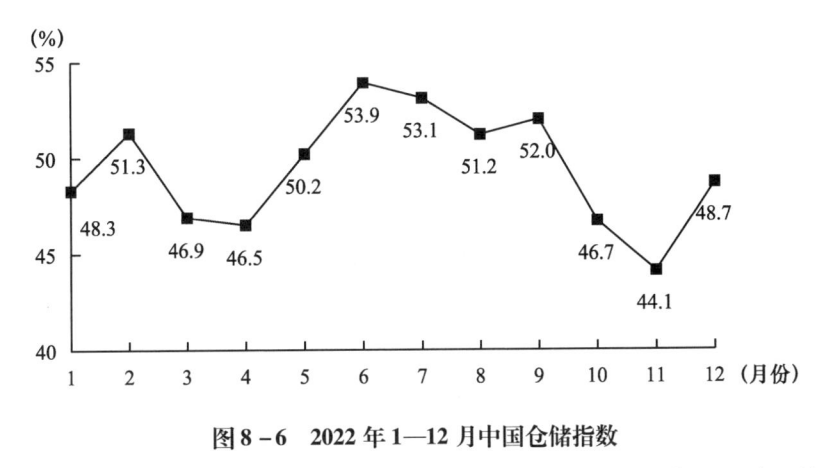

图8-6　2022年1—12月中国仓储指数

资料来源：中国物流与采购联合会：《2022年1月—12月份中国仓储指数》，2023年1月3日，中国物流与采购联合会网站（http://www.chinawuliu.com.cn/xsyj/tjsj/）。

2022年，全国大宗商品物流平稳发展，大宗商品库存指数波动较2021年趋缓。上半年受国内外不可抗力影响，整体库存指数较高，去库存难度较大，2月份大宗商品库存指数达到一年中最高值102.0%。下半年，国家政策及时调整，各企业推进产销平衡，库存压力有所减缓。其中，9月份大宗商品库存指数实现两连跌，达到年内最低点99.1%；年末，库存指数继续上升，库存压力有所增加[1]。2022年1—12月中国大宗商品库存指数如图8-7所示。

---

[1] 中国物流与采购联合会：《2022年12月份中国大宗商品指数（CBMI）为101.0%》，2023年1月6日，中国物流与采购联合会网站（http://www.chinawuliu.com.cn/xsyj/202301/06/596553.shtml）。

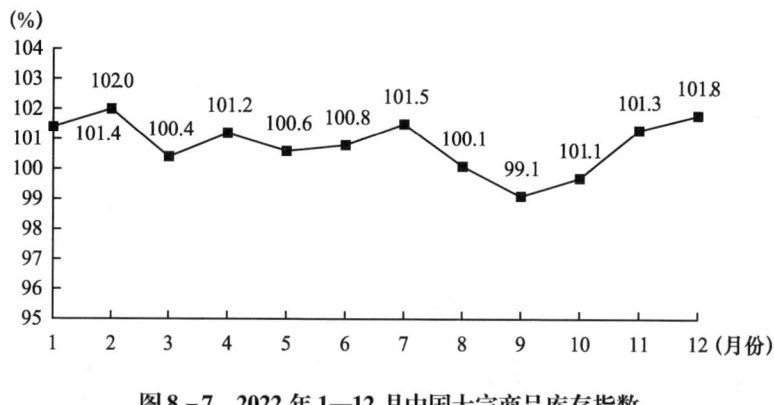

图8-7　2022年1—12月中国大宗商品库存指数

资料来源：中国物流与采购联合会：《2022年1月—12月中国大宗商品指数》，2023年1月6日，中国物流与采购联合会网站（http://www.chinawuliu.com.cn/xsyj/tjsj/）。

（四）部分细分行业规模发展略有放缓

全国快递行业增速有所减缓，但年末开始呈现回暖趋势。2022年，全国快递业务量完成1105.8亿件，同比增长仅为2.1%[1]，增速为十年来最低，如图8-8所示。2022年"双十一"期间（11月1—11日），全国邮政快递企业共处理快递包裹42.72亿件，同比下降10.6%，为2009年该网络促销活动设立以来首次出现负增长[2]。在"双十二"期间（12月1—12日），全网揽收量约为43.03亿件，同比上升5.6%[3]，呈现回暖趋势。

---

[1]　国家邮政局：《国家邮政局公布2022年邮政行业运行情况》，2023年1月18日，国家邮政局网站（https://www.spb.gov.cn/gjyzj/c100015/c100016/202301/c910dd57e739490ea60bda58174ef826.shtml）。

[2]　国家邮政局：《"双11"当天全国快递处理量达5.52亿件　是日常业务量水平的1.8倍》，2022年11月12日，国家邮政局网站（https://www.spb.gov.cn/gjyzj/c100015/c100016/202211/245afb19ee6445a59ae35185f594209d.shtml）。

[3]　国家邮政局：《快递业迎来新一轮业务高峰，末端投递压力较大，国家邮政局呼吁消费者多多理解》，2022年12月13日，国家邮政局网站（https：//www.spb.gov.cn/gjyzj/c100015/c100016/202212/af5b11c1eb2d470daf9b332e5ca7b07f.shtml）。

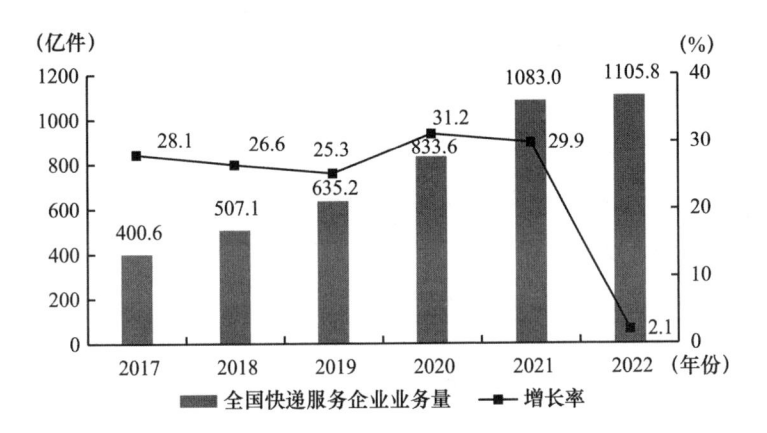

图 8-8　2017—2022 年全国快递服务企业业务量及增长率

资料来源：国家邮政局：《国家邮政局公布邮政行业运行情况》（2017—2022），国家邮政局网站（https://www.spb.gov.cn/gjyzj/c100276/common_list.shtml）。

在国际局势动荡的背景下，中国跨境寄递物流同比增速在 2022 年年初有所下降，但年尾实现逆势上扬，如图 8-9 所示。2022 年，国际我国港澳台地区业务量累计完成 20.2 亿件，同比下降 4.1%。总体来看，跨境寄递与 2021 年同期相比增速呈"V"形态势，即自 4 月触底以来逐月回升，7 月增速实现

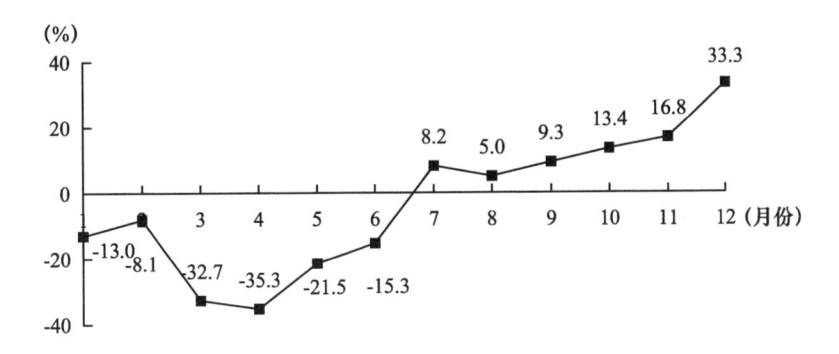

图 8-9　2022 年 1—12 月中国跨境寄递同比增速

资料来源：根据国家邮政局《国家邮政局公布 2022 年 1—12 月邮政行业运行情况》相关数据整理。

由负转正，10月重回10%以上，11月增速继续攀升至16.8%，12月份达到了33.3%的增速①。

中国网络货运稳步向好，商贸物流相关网络货运保持高速增长态势。截至2022年年底，全国共有2537家网络货运企业（含分公司），整合社会零散运力594.3万辆，整合驾驶员522.4万人。2022年，网络货运企业共上传运单9401.2万单，同比增长36.0%②。

二、商贸物流基础设施建设稳步推进

在国家政策的指引下，中国商贸物流基础设施区域一体化建设加快，国际物流网络不断延展，农村物流基础设施持续发展，定位明确、内外联通、城乡互惠的商贸物流网络基本形成。

一是国家物流枢纽、国家骨干冷链物流基地等重大物流基础设施建设稳步推进，商贸物流网络布局不断优化，区域物流协作得到进一步发展。2022年11月，国家公布天津、宁夏银川、湖南怀化、福建泉州、河南南阳入选2022年商贸服务型国家物流枢纽③。其中，银川商贸服务型国家物流枢纽占地面积约为739公顷，建设项目29个，总投资86亿元④。该枢纽以牛羊肉储备、肉类冷链为主要功能，为大型农批市场、冷链物流企业提供冷链集中仓储、生鲜农产品加工配送、进口冷链食品分销等服务。怀化商贸服务型国家物流枢纽总占地面积432公顷，拥有铁路口岸及10余条铁路

---

① 国家邮政局：《国家邮政局公布2022年邮政行业运行情况》，2023年1月18日，国家邮政局网站（https://www.spb.gov.cn/gjyzj/c100015/c100016/202301/c910dd57e739490ea60bda58174ef826.shtml）。

② 交通运输部微信公众号：《2022年网络货运行业运行基本情况发布》，2023年2月14日，交通运输部网站（https://www.mot.gov.cn/fenxigongbao/yunlifenxi/202302/t20230216_3758417.html）。

③ 国家发展改革委：《国家发展改革委发布2022年国家物流枢纽建设名单》，2022年11月18日，国家发展改革委网站（https://dofcom.nx.gov.cn/xwzx_274/tzgg/202211/t20221121_3850698.html）。

④ 刘峰、穆国虎：《银川市获批建设商贸服务型国家物流枢纽 探索黄河流域枢纽经济模式》，2022年11月22日，人民网（http://nx.people.com.cn/n2/2022/1122/c192493-40204869.html）。

专用线①，开通了至北部湾的铁海联运班列以及中老、中越等国际班列，帮助沅陵竭滩茶、麻阳冰糖橙等农产品实现出海。泉州商贸服务型国家物流枢纽总占地面积166.33公顷②，将发挥泉州市"一带一路"布局和"海丝名城"的优势，打造21世纪海上丝绸之路物流门户枢纽。南阳商贸服务型国家物流枢纽总占地面积244公顷，以"一枢纽两片区"的方式进行空间布局建设。截至2022年3月底，该枢纽已建成项目9个，累计完成投资约13.4亿元③。

二是海外商贸物流基础设施建设取得积极进展。第一，《"十四五"现代物流发展规划》明确提出，要加快"两沿十廊"国际物流大通道建设，即沿海、沿边物流走廊以及10条国际物流通道等。中欧班列通达欧洲24个国家196个城市，国际道路运输合作范围拓展至19个国家，水路国际运输航线覆盖100多个国家和地区，航空网络覆盖60余个国家和地区。第二，由商贸物流企业主导的海外商贸物流设施建设也在积极推进，2022年，中通在泰国建成曼谷、孔敬、彭世洛、素叻他尼4个转运中心；圆通宣布在菲律宾当地建立1个国际集运中心，4个省级集运中心，近120家终端门店，服务范围辐射该国首都马尼拉及其余各大城市。

三是农村商贸物流配送体系建设持续推进。中央一号文件提出的"加快完善县乡村电子商务和快递物流配送体系"得到进一步落实。截至2022年年末，中国县级电商公共服务中心和物流配送中心建设累计超过2600个，县级寄递公共配送中心990个；累计建设村级电商物流服务站点15.3万个，村级快递服务站点27.8万个，全国95%的建制村实现了快递服务覆盖，培育了业务量超千万件的快递服务现代农业金

---

① 掌上怀化：《怀化市入选国家物流枢纽建设名单》，2022年11月20日，怀化日报社官方账号（https://baijiahao.baidu.com/s?id=1749977813740101237&wfr=spider&for=pc）。
② 福建日报：《全省唯一！泉州入选2022年国家物流枢纽建设名单》，2022年11月21日，福建日报官方账号（https://baijiahao.baidu.com/s?id=1750063637755673615&wfr=spider&for=pc）。
③ 卧龙区融媒体中心：《南阳商贸服务型物流枢纽入选2022年国家物流枢纽建设名单》，2022年11月21日，大象网（https://www.hntv.tv/yshn/article/1/1594324753019781121）。

牌项目117个①。此外，民营头部物流企业也积极参与农村商贸物流配送体系建设，如菜鸟乡村共同配送业务覆盖1200多个县域、16000多个乡镇，建设县、乡、村三级共配站点近5万个②。

三、商贸物流体系保通保畅成效显著

2022年年初，世界经济发展的不稳定性、不确定性日益突出，加上国内新冠疫情的多点频发，全国商贸物流体系运行出现阻碍。为保障全国商贸物流体系的通畅运行，政府和企业采取了一系列措施，取得显著效果。

（一）政府多方措施打通商贸物流运输体系

2022年4月，国务院办公厅成立物流保通保畅工作领导小组，推动解决了一大批物流运输受阻、上下游衔接不畅的突出问题，全力打通堵点卡点。通过监管保障长三角、珠三角、京津冀等重点区域的港口、公路及铁路物流园和机场等枢纽运作，打通商贸物流大动脉；建立重点企业"白名单"，发布5批并动态调整"白名单"企业1722家，按照"一企一策"组织生产，保障商贸流通供应，并优化商贸物流中通信行程卡服务，助力保障疫情防控期间重要物资货运车辆及司乘人员顺畅通行；以医疗防控物资、生活必需品、邮政快递等民生物资为工作重点，分类分级推动涉疫地区的物流配送节点、邮政快递分拨中心和营业网点尽快恢复运营，打通各地区商贸流通微循环。至5月上旬，全国无因疫情导致的高速公路收费站或服务区关停，各物流枢纽基本正常运作，企业原材料供应、员工返岗、物流运输等基本恢复，邮政快递等民生物资流动基本得以保障。

（二）商贸物流企业助力商贸物流通畅运行

2022年，商贸物流企业发挥快速响应和有效对接市场需求的优势，结合

---

① 经济日报：《快递服务覆盖95%建制村》，2023年2月27日，中国物流与采购联合会网站（http：//www.chinawuliu.com.cn/zixun/202302/27/599718.shtml）。

② 洪勇：《2022年物流业回顾及2023年趋势和展望》，2022年12月30日，光明网（https：//economy.gmw.cn/2022-12/30/content_36270036.htm）。

技术化、智慧化应用，积极参与商贸物流的保通保畅建设。

在面向消费端的商贸物流服务方面，无接触配送、无人车及助老专车等成为保障民生物资配送的重要手段。例如，菜鸟开通"助老专车""助老专仓""药品优先配送专线"等，保障居民及时接收药品等民生物品。美团配送通过5G、高精度定位网络获得厘米级的定位能力，用无人车将物资直接送达客户门口。据不完全统计，2022年以来，已有京东、美团等10余家物流企业投入近800辆无人车用于生活物资及防疫物资的无接触配送，累计服务超过173万次，总行驶里程超过13万公里。

在面向生产端的物流服务方面，商贸物流企业通过电子化采购、供应链整合等方式解决原材料供应、调度和排产方面的困难，以保障产业链供应链稳定。例如，2022年由中铁物资打造的"铁建云采"平台在4家试点单位累计实现采购金额454.43亿元，审核通过项目信息1291条，发布采购公告1033条，降低了招标、投标、管理、时间等交易成本，畅通了产业链上下游需求和供给端[1]。2022年，物产中大集团围绕化工产业链，向生产型企业提供包括原料采购、集中备库物流和金融等供应链集成服务，并利用场内期权服务帮助企业锁定稳定的原材料价格和成品销售价格，实现收益提升。

四、商贸物流企业数字化转型进程加快

2022年，中国商贸物流数字化转型升级势头加快，商贸物流行业主要从以下三个方面进行数字化转型升级。

一是商贸物流企业自主数据平台研发，赋能自身实现数字化转型升级。例如，德邦快递充分应用云数据库、大数据、AI等先进技术，自主研发出一套高效率、低成本的全数字化仓配服务，实现自身快递服务24小时数字化仓

---

[1] 中国铁道建筑集团有限公司：《中铁物资集团：以数字化转型推动产业链供应链现代化水平提升》，2022年8月29日，国务院国有资产监督管理委员会网站（http://www.sasac.gov.cn/n4470048/n22624391/n24633216/n24633231/c25603721/content.html）。

储、智能分拣配送和监控指挥等方面的全面升级。该服务能够使企业自身运维成本降低70%，业务运营效率提升3倍多，日吞吐量提升5倍[1]。安能物流充分应用大数据、物联网、云计算等技术，通过自主研发的50多套数字化系统，搭建了一个高效协同平台，构建了服务全国的安能快运物流数字化网络。该系统能够实现信息数据的实时交互处理，以及全链路数字化运营和智能化决策[2]，从而提高安能自身物流系统的分析决策和智能执行能力。

二是商贸物流企业智能设施设备应用，助力企业数字化转型升级。2022年，中交兴路开发GIS+AI高清网络安全监控系统和智能门禁系统，实现车辆信息及动态的自动感知及自动放行，结合大宗物流数智平台[3]，可为商贸物流企业提供全链路全智能的数字化服务，助力商贸企业实现数字化转型升级。2022年6月，京东物流在温州和义乌的"亚洲一号"智能物流园区相继投入使用。依托自主研发的5G"地狼"智能拣选机器人，京东物流相继开发了高速矩阵分拣系统、交叉带分拣系统、阁楼货架等智能物流设备，实现物流全环节的智能化，并带动相关企业用户的数字化发展[4]。

三是制造业与商贸物流融合，驱动数字化转型升级。商贸物流企业与制造企业通过战略合作，实现物流业与制造业双边智慧生产运作。2022年11月底，雀巢中国与菜鸟在雀巢数智化供应链项目上达成新战略合作，菜鸟为雀巢定制化打造中国DTC（Direct to Consumer，直面消费者）履约中心[5]。菜鸟

---

[1] 东方网：《2022 IDC中国未来企业大奖颁布，德邦快递获优秀奖》，2022年9月20日，中国快递协会网站（http：//www.cea.org.cn/content/details_10_23050.html）。

[2] 财报网：《安能物流践行十四五现代物流发展规划，构建智慧物流生态系统》，2023年1月11日，凤凰网财经（https：//i.ifeng.com/c/8MUIZSpFhUk）。

[3] 江西网络广播电视台：《"规划+实施落地"推动绿色发展 中交兴路发布大宗物流数智平台》，2022年9月29日，中国日报中文网（https：//cn.chinadaily.com.cn/a/202209/29/WS6335614aa310817f312f07c8.html）。

[4] 经济参考网：《京东物流在浙江新投用两座"亚洲一号"》，2022年6月16日，经济参考网（http：//www.jjckb.cn/2022-06/16/c_1310624563.htm）。

[5] 菜鸟：《雀巢与菜鸟达成新战略合作》，2022年11月28日，中国快递协会网站（http：//www.cea.org.cn/content/details_10_23301.html）。

通过自动化设备的投放、智慧物流控制系统和供应链数智中心应用等举措，提升仓内运营效率和数智化管理水平，减少人工作业，实现人机协同或全流程自动化作业，从而帮助雀巢供应链实现数字化升级。2022 年年底，中国石化化工销售有限公司（以下简称"中石化化销"）与专塑物流在化工物流环节的数字化转型升级上达成深度合作①。中石化化销利用资源优势和业务场景优势，为专塑物流提供货源和应用场景，专塑物流则整合运力资源，打造物流集成系统，实现订单全过程线上化、可视化，从而优化运输方式，降低运输成本，共同实现化工物流领域的数字化转型升级。

五、商贸物流市场加速整合

2022 年，商贸物流行业开展多起并购和收购业务，头部聚集效应明显。2022 年 3 月，京东物流以 89.76 亿元收购德邦 66.49% 股份②，双方达成战略合作，进一步提升规模经济效应，优化成本结构，实现共赢。2022 年 2 月，顺丰控股旗下的嘉里物流以 15.19 亿元收购美国货代公司 Topocean③。2022 年 6 月，嘉里物流收购嘉峰国际货运余下的 39% 权益，嘉峰国际货运由嘉里物流的间接非全资附属公司变为全资附属公司，代价最高达 59.24 亿港元④。2022 年上半年，顺丰供应链与国际业务板块规模达到 465.3 亿元，同比增长 442.7%；净利润为 16.9 亿元，同比增幅高达 2661%。2022 年 8 月，广东宏川智慧物流股份有限公司支付 12.96 亿元人民币，完成对港股上市公司龙翔

---

① 中国日报网：《实体经济拥抱数字技术 中石化携手专塑物流打造数字化绿色化物流》，2022 年 12 月 27 日，中国日报网官方账号（https://baijiahao.baidu.com/s?id=1753337932798486360&wfr=spider&for=pc）。

② 乃河：《官宣！京东收购德邦物流 66.49% 股份：均保持独立运营》，2022 年 3 月 11 日，快科技网站（https://news.mydrivers.com/1/819/819721.htm）。

③ 电商报：《嘉里物流 15 亿收购 Topocean！美线最强货代横空出世》，2022 年 2 月 23 日，凤凰网财经（https://finance.ifeng.com/c/8DqI9DqxjRx）。

④ 物流指南：《嘉里物流收购嘉峰国际货运余下 39% 权益》，2022 年 6 月 10 日，搜狐网（https://www.sohu.com/a/555821110_343156）。

集团控股有限公司剩余股份的强制性收购，取得龙翔集团100%股权①。此次收购将有助于宏川企业扩大在长三角地区的业务覆盖范围，进一步提升业务规模及盈利能力。

2022年，商贸物流企业加快上市步伐，资本运作有序进行。2022年8月，中联航运向香港交易所递交招股书，拟在香港主板上市②，募集的资金计划用于扩大其船队，收购仓库和集装箱堆场，以进一步发展物流服务和扩大服务网络。11月，南方航空控股子公司南航物流，向中国证券监督管理委员会广东监管局提交了上市辅导备案申请材料③。

第三节 中国商贸物流热点领域发展状况

2022年，在新兴消费模式的发展带动下，即时物流④和电商直播物流表现亮眼。其中，即时物流市场规模快速增长，赋能实体经济需求发展，从业人员权益保障制度也逐渐完善。直播电商也呈现出巨大的市场潜力，吸引商贸物流企业竞相布局，供应链服务模式在不同环节上也不断创新。

一、即时物流呈现高质量发展态势

（一）即时物流市场规模快速增长

2022年，受社会大环境影响，消费者对"到家"服务的需求快速提升，

---

① 刘宇星：《宏川百科｜100%股权，完成龙翔集团私有化》，2022年9月7日，宏川智慧公众号（https：//mp.weixin.qq.com/s/E5kPw73xYDMqzBdtWMDWlw）。

② 新华社新媒体：《年收入超60亿元！中联航运申请港交所主板上市》，2022年8月8日，新华社官方账号（https：//baijiahao.baidu.com/s? id=1740591672094516059&wfr=spider&for=pc）。

③ Logclub：《南航物流拟筹备在境内上市！》，2022年12月1日，罗戈网（http：//www.logclub.com/articleInfo/NTY2NjA=）。

④ 即时物流是通过智慧和智能运力调度满足用户实施消费需求的物流服务，包括外卖配送、同城跑腿、超市代购等细分领域。即时物流专注于区域小范围的配送服务，时效要求高，因此末端运力配置较为灵活。

因此响应时效快的即时物流行业快速增长。从市场规模看，全年订单量预计超过400亿单，同比增长30%左右，市场规模达到约2000亿元；从用户规模看，中国即时配送行业用户规模呈增长态势，如图8-10所示；从从业人员数量上看，目前全国外卖平台注册的骑手数量已达到约1500万人，其中美团配送骑手接近400万人，蜂鸟即配骑手数量为300万人；从服务场景看，即时物流市场主体日益多样化，从"送外卖"到"送万物"，并且随着业务场景的不断扩展，出现了即时配、专人配送和落地配等多种服务模式。

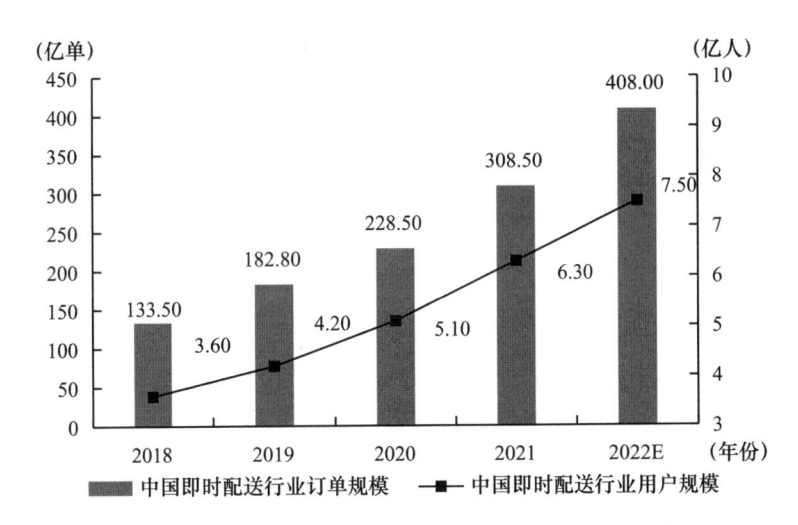

图8-10 2018—2022年中国即时配送行业订单规模及用户规模

注："E"表示预测值。

资料来源：中国物流与采购联合会、罗戈研究院、Mob研究院：《2022年中国即时配送行业研究报告》，2022年7月21日，Mob研究院网站（https://www.mob.com/mobdata/report/165）。

目前，中国即时物流主体可分为三类。第一类是配送平台类，主要为外卖餐饮和本地生活服务平台，如美团、蜂鸟即配等，目前平台配送规模约占即时配送总体的80%，头部两家配送平台企业占外卖配送的95%以上；第二类是企业直配类，传统商超或百货业自建即时配送体系，如物美超市、永辉超市、盒马生鲜等；第三类是第三方专营类，传统第三方物流企业布局同城

·237·

业务提供第三方即时配送服务,如顺丰同城,以及新进入者如闪送、UU 跑腿等。不同类型市场主体和业务模式的创新发展推动行业结构持续优化。

(二) 即时物流赋能实体经济发展

即时物流通过密集、灵活和快速的城市末端配送网络,打破了消费需求对于餐饮、商超、便利店、药店、各类专卖店等实体业态时间和空间的限制,延伸实体经济需求链,赋能实体经济,推动新经济增长点的出现。2022 年,随着网络购物消费速度增长放缓,即时零售市场崛起,即时零售 O2O 成为品牌接触更多消费者、发掘新消费场景的重要渠道。截至 2022 年前三季度,即时零售 O2O 销售额较 2021 年同期增长 17%,成为主流快消品牌获取消费者增量的新阵地[1]。例如,永辉超市凭借即时零售带动线上销售,以"线上 + 线下"的模式服务个人和家庭消费者,优化了门店布局,提升了经营效率。根据永辉超市股份有限公司 2022 年上半年度报告,2022 年上半年线上业务营收 75.9 亿元,同比增长 11.5%,占全部主营业务收入的比例达 15.7%。报告期内,"永辉生活"自营到家业务已覆盖 992 家门店,实现销售额 40.2 亿元,同比增长 9.2%,日均单量 29.2 万单,月平均复购率为 51.2%[2]。

(三) 即时物流从业人员权益保障制度逐步完善

随着即时物流从业人员数量的飞速增长,政府和企业联手着力解决其就业保障问题。2022 年 1 月,国家发展改革委、市场监管总局、中央网信办等九部门发布《关于推动平台经济规范健康持续发展的若干意见》,对外派送餐员劳动报酬、劳动安全、社会保障等方面的问题提出了明确要求。随后,平台企业依据政府政策,逐步开展相关从业人员权益保障工作。

劳动报酬方面,平台企业制定了科学合理的劳动定额标准和外卖送餐员

---

[1] 中国质量报:《贝恩公司联手凯度消费者指数发布最新研究显示 中国快消市场前三季度逆势增长显韧性》,2022 年 12 月 13 日,中国质量新闻网(https://www.cqn.com.cn/cg/content/2022-12/13/content_8889503.htm)。

[2] 永辉超市:《永辉超市股份有限公司 2022 年半年度报告》,2022 年 8 月 27 日,永辉超市官网(https://www.yonghui.com.cn/upload/Inv/8479950.PDF)。

接单最低报酬，确保外卖送餐员正常劳动的实际所得不低于当地最低工资标准；明确劳动报酬发放时间和方式，确保按时足额发放。例如，饿了么要求全职和兼职骑士收入分别不低于地方最低月工资和地方最低小时工资标准，并对法定及其他节假日、特殊配送场景、较难配送订单设立明确的补贴机制①。

劳动安全方面，平台企业通过"算法取中"等方式，将恶劣天气、夜间工作等情况考虑进去，合理确定订单数量、在线率等考核要素，适当放宽配送时限。美团优化算法规则，适当放宽配送时限，将"预计送达时间点"改为"预计送达时间段"，减少了骑手因超时、差评等问题导致的异常情况②；为降低法定节假日、恶劣天气、夜间等情况下导致的偶发事件对骑手收入造成的影响，美团配送推动合作商试点"差评超时扣款改扣分"，目前相关举措已推广至全国80余个城市。饿了么试点上线了"连续送单超过4小时，系统发出疲劳提示，20分钟不再派单"的休息提醒，提示骑手合理安排时间，保障骑手休息权③。

社会保障方面，平台企业依法为建立劳动关系的外卖送餐员缴纳社会保险；按照国家规定参加平台灵活就业人员职业伤害保障试点，防范和化解外卖送餐员职业伤害风险；针对平台就业特点，提供多样化商业保险保障方案，确保缴纳费用足额投保，提高多层次保障水平。例如，美团通过优化现有的商业保险体系，并提供职业伤害保障试点，为骑手提供更全面的风险防护。

二、直播电商物流实现多元化创新

直播电商物流通过设置直播仓/前置仓，直接连接销售与生产环节，解决

---

① 人民资讯：《外卖平台新规则：送达时间由"时间点"改为"时间段"》，2022年2月16日，人民科技官方账号（https://baijiahao.baidu.com/s?id=1724910607496558066&wfr=spider&for=pc）。
② 卢思叶：《美团外卖首次公开骑手配送时间算法，弹性"时间段"是否更合理?》，2021年9月10日，腾讯网（https://view.inews.qq.com/k/20210910A0B5YK00?web_channel=wap&openApp=false）。
③ 人民资讯：《外卖平台新规则：送达时间由"时间点"改为"时间段"》，2022年2月16日，人民科技官方账号（https://baijiahao.baidu.com/s?id=1724910607496558066&wfr=spider&for=pc）。

商贸流通中多层级供应链可能造成的牛鞭效应以及库存冗余，实现由真实需求驱动的供应链运作模式。2022年，中国直播电商市场高速增长，吸引各类商贸物流企业布局直播电商物流，并不断创新直播电商的供应链服务模式。

（一）直播电商市场保持高增长

2022年，直播电商作为电商业务新模式，发展态势迅猛。网经社发布的《2022年度中国直播电商市场数据报告》显示，2021年我国直播电商商品交易总额达2.36万亿元，同比增长83.77%。2022年，直播电商交易规模达3.50万亿元，同比增长48.21%，如图8-11所示。直播电商行业人均年消费额为7399.58元，同比增长59.5%。

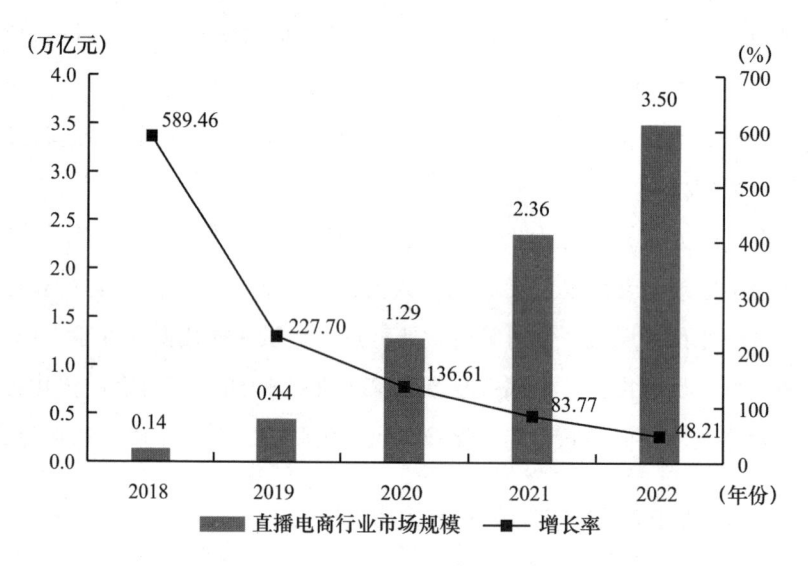

图8-11　2018—2022年中国直播电商行业市场规模及增长率

资料来源：网经社电子商务研究中心：《2022年度中国直播电商市场数据报告》，2023年3月22日，网经社网站（http://www.100ec.cn/detail—6625504.html）。

（二）直播电商吸引商贸物流企业竞相布局

近年来，越来越多的商贸物流企业布局直播电商物流业务。第一类为传统快递公司，如顺丰速运、圆通、中通、韵达和申通等，为淘宝直播、快手直播、京东直播等提供类似普通电商物流的配送物流服务；第二类为与电商直播平台密切合作的第三方物流企业，如菜鸟网络、京东物流、苏宁易购物流等，可为直播电商提供从采购、分销到配送的整体供应链服务；第三类为各大短视频平台，如抖音、快手等，通过自营物流供应链的建设，满足用户日益增长的需求。

与电商直播平台密切合作的第三方物流企业，往往通过参与电商直播供应链仓储和配送环节，实现直播电商供应链小批量、多款式、快更新、高柔性的物流需求。例如，菜鸟通过建立主播画像，根据其直播的爆发系数、品类偏好、同类商品历史信息、流量信息、价格力等影响销量的核心因素制定预测模型，指导商家精准备货①；京东基于直播电商出货集中爆发的碎片化订单特征，优化仓配一体化物流运作模式，根据预期订单量提前在多地区域仓备货，就近快速周转发货，至少减少了1次转运与分拨；苏宁易购物流基于直播电商人、车、货、场等物流全要素特点，推出集成化的系统"蕴仓WMS"，从"精准库存、商品安全、高效生产、数字运营"四个方面对仓库运营实现了整体升级②。

各大短视频平台构建自营物流供应链时，则多从电商直播供应链的采购等上游环节入手，在降低成本的同时从源头保证产品质量，实现高效、透明的供应链一体化建设。例如，抖音一方面在义乌、广州、杭州、成都等多个城市深度整合不同类型的仓储资源，推动平台商家可以就近入仓；另一方面推出电商供应链云仓，针对入驻商家的货品特性制定个性化的供应链服务方案，如根据平台大数据进行销量预测，提前储备运营能力，确保临时报单的正常发运。

（三）直播电商物流服务模式不断创新

物流企业通过发挥数字化优势提升直播电商从制造环节到直播仓（前置

---

① 刘钇杭：《"双11"直播购物潮起来》，2022年11月17日，中国交通新闻网（https://www.zgjtb.com/2022-11/17/content_332541.html）。

② 罗戈网号：《苏宁易购物流"突破"新思路，瞄准这个超2万亿的市场》，2022年11月4日，罗戈网（https://baijiahao.baidu.com/s?id=1748561611692676538&wfr=spider&for=pc）。

仓）的运作效率。例如，菜鸟供应链打造"菜鸟仓直播"，全程负责组货、销量预测和仓储管理等工作。中通云仓科技在全国建立 200 多个云仓，借助大数据平台，共享各仓库存、直播订单，帮助商家在货品生产地周边进行货品入仓发货，缩短补货的时间和路程①。

物流企业通过模式创新实现直播电商从直播仓（前置仓）到最终用户的差异化服务。例如，抖音先后推出极速达、音需达等系统，分别从时效、服务品质等方面管理快递订单。其中，"极速达"旨在改善商品履约和交付的问题，可实现商品同城当日达、周边城市次日达；"音需达"旨在改善末端配送服务不佳的问题，通过平台标记消费者相关需求，实现"电联+送货上门"，缓解抖音电商中占快递服务投诉超 50% 的末端派送问题。顺丰同城针对直播电商中订单量的不同，提供不同的解决方案——若直播订单量较大，商家可使用订单汇聚系统，与抖音、快手等直播平台系统联动，自动同步订单，由顺丰同城或顺丰速运完成物流配送；若直播订单量较小，则由商家手动在顺丰同城商家版 App 下单。

此外，直播电商及相关物流企业纷纷开始着手解决直播电商退换货率高的问题。一方面，直播电商企业从源头提高质量，减少消费者退换货率。例如，苏宁上线"质检优选"项目，自主联合 CVC 威凯、SGS 通标、江苏质检和中检集团等国内外权威第三方检测认证机构，成立了"苏宁拼购质检联盟"对平台商户的产品进行品质检测，并采用实地"验厂+验货"的方式淘汰劣品、提升优品，降低电商直播用户的退货率。另一方面，快递物流企业从消费者退货行为的"最前 100 米"改善服务。例如，菜鸟裹裹针对逆向物流"最前 100 米"的服务痛点，在北京、上海、广州、深圳等 50 座大中城市开通无忧寄服务，即 2 小时内准时上门取件寄回商品。

---

① 刘钇杭：《"双 11"直播购物潮起来》，2022 年 11 月 17 日，中国交通新闻网（https：//www. zgjtb. com/2022 - 11/17/content_332541. html）。

第九章　中国农产品物流发展状况

发展农产品物流是保障农产品市场供应、推动乡村振兴、促进消费升级的重要途径。随着社会经济发展和居民生活水平的提升，中国农产品产量与需求量持续增长，行业发展环境不断改善。在此背景下，中国农产品物流规模持续稳定增长，物流网络体系日益完善，数字化、智慧化水平不断提升，农产品跨境物流取得显著成果。作为农产品物流的典型领域，粮食物流与果蔬物流发展日益加快，呈现出良好的发展态势。

第一节　中国农产品物流发展环境

2022年，中国农产品物流发展环境继续优化。农产品产量与需求规模保持平稳增长，农村产业高质量发展稳步推进，农产品电子商务蓬勃发展。中国政府高度重视农产品物流，陆续出台多项相关政策与规划，为农产品物流发展创造了良好的政策环境。

一、农产品产量与需求规模持续增长

（一）农产品产量总体平稳增长

中国是农业生产大国。2022年，面对疫情、灾情等多重困难挑战，全国粮食实现了逆势夺丰收。粮食总产量68653万吨，比2021年增加368万吨，增长0.5%，创历史新高[1]。同时，牛羊禽肉、牛奶、水产品全面增产，蔬菜水果

---

[1] 人民日报：《2022年全国粮食产量稳中有增，连续8年稳定在1.3万亿斤以上》，2022年12月14日，中国政府网（http://www.gov.cn/xinwen/2022-12/14/content_5731827.htm）。

供应充足、种类丰富。2018—2022 年中国主要农产品产量如表 9-1 所示。

表 9-1 2018—2022 年中国主要农产品产量　　　　单位：万吨

指标	2018 年	2019 年	2020 年	2021 年	2022 年
粮食	65789	66384	66949	68285	68653
油料	3439	3495	3585	3613	3653
茶叶	261	280	297	318	335
肉类	8517	7649	7639	8887	9227
禽蛋	3128	3309	3468	3409	3456
牛奶	3075	3201	3440	3683	3932
水产品	6469	6450	6545	6693	6869

资料来源：根据国家统计局《中华人民共和国国民经济和社会发展统计公报》（2018—2022）相关数据整理。

（二）农产品需求保持稳定增长

中国居民收入持续增长明显带动农产品消费升级，粮食、果蔬、肉类等主要农产品需求旺盛。2021 年，粮食、肉、菜、蛋、奶、干鲜瓜果等农产品的总消费量与人均消费量均保持稳步增长，禽类消费量则较 2020 年略有下降。2017—2021 年中国居民主要农产品消费量如表 9-2 所示。

表 9-2 2017—2021 年中国居民主要农产品消费量[①]

品类	指标	2017 年	2018 年	2019 年	2020 年	2021 年
粮食	总消费量（万吨）	18215.4	17876.8	18345.1	19939.1	20426.2

---

① 该消费量是直接消费量而非实际消费量，即居民在家消费的所有粮、油、菜、肉、蛋、奶、水产品等农产品，在外饮食消费和购买的加工食品等均不计入。数据来源于全国住户收支与生活状况调查并主要使用记账方式采集基础数据，经过审核后上报至国家统计局，国家统计局通过统一的数据处理程序加权汇总。此外，一些农产品如玉米等粮食作物的主要去向并非食品，而是工业用途或动物饲料，也不进入该消费量统计。

续表

品类	指标	2017年	2018年	2019年	2020年	2021年
粮食	人均消费量（千克）	130.1	127.2	130.1	141.2	144.6
蔬菜及食用菌	总消费量（万吨）	13889.1	13506.0	13903.4	14643.7	15510.3
	人均消费量（千克）	99.2	96.1	98.6	103.7	109.8
肉类	总消费量（万吨）	3738.3	4146.0	3793.1	3502.1	4647.5
	人均消费量（千克）	26.7	29.5	26.9	24.8	32.9
禽类	总消费量（万吨）	1246.1	1264.9	1522.9	1793.4	1737.5
	人均消费量（千克）	8.9	9.0	10.8	12.7	12.3
水产品	总消费量（万吨）	1610.127	1602.167	1917.709	1962.847	2005.9
	人均消费量（千克）	11.5	11.4	13.6	13.9	14.2
蛋类	总消费量（万吨）	1400.1	1363.2	1508.8	1807.5	1864.6
	人均消费量（千克）	10.0	9.7	10.7	12.8	13.2
奶类	总消费量（万吨）	1694.1	1714.6	1762.6	1835.8	2034.1
	人均消费量（千克）	12.1	12.2	12.5	13.0	14.4
干鲜瓜果类	总消费量（万吨）	7014.6	7322.2	7952.9	7950.2	8616.9

续表

品类	指标	2017 年	2018 年	2019 年	2020 年	2021 年
干鲜瓜果类	人均消费量（千克）	50.1	52.1	56.4	56.3	61.0

资料来源：根据国家统计局《中国统计年鉴2022》相关数据整理。

（三）农产品进口规模增速趋缓

2022 年，中国农产品进口规模继续增长，但增速有所下降。农产品进口额达 2360.6 亿美元，同比增长 7.4%，增速比 2021 年下降 21.2 个百分点。2018—2022 年中国农产品进口额及增速如图 9-1 所示。

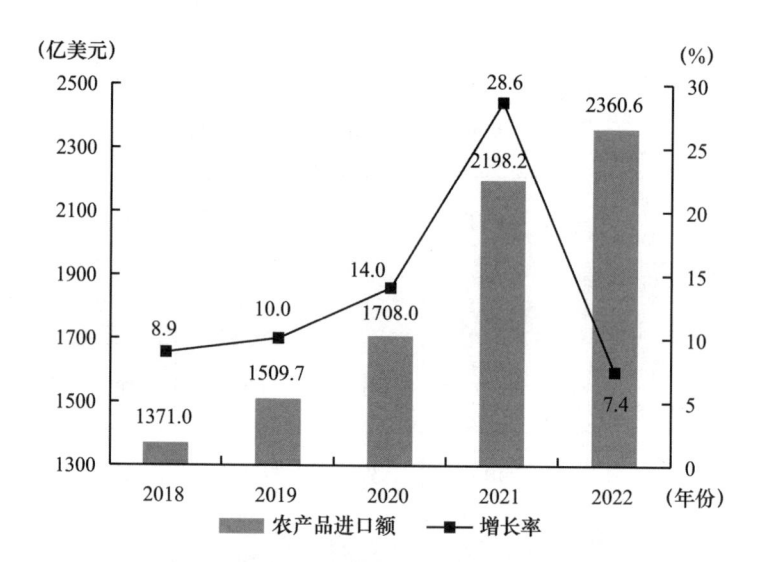

图 9-1　2018—2022 年中国农产品进口额及增速

资料来源：根据农业农村部《我国农产品进出口情况》（2018—2022）相关数据整理。

从具体品类来看，2022 年中国谷物进口数量同比减少 18.6%。这主要是因为极端天气、地区冲突导致国际粮食价格上涨，在一定程度上抑制了中国粮食进口，同时中国持续加大投入支持粮食生产，2022 年粮食增产丰收。此外，棉、油、糖、蔬菜等农产品的进口数量都出现不同程度的下降。2022年中国水产品进口额大幅增长，主要原因是近年来国内水产品消费量持续走高带动进口迅猛增长。2020—2022年中国主要农产品进口数量及进口额如表9-3所示。

表9-3 2020—2022年中国主要农产品进口数量及进口额

种类	进口数量（万吨）			进口额（亿美元）		
	2020年	2021年	2022年	2020年	2021年	2022年
谷物	3579.1	6537.6	5320.4	95.2	200.7	196.6
棉花	223.2	234.2	202.6	35.9	41.9	53.0
食糖	527.3	566.6	527.5	18.0	22.8	25.6
食用油籽	11000	10205.1	9610.9	432.7	580.7	658.4
食用植物油	1169.5	1131.5	726.4	87.2	115.7	95.5
蔬菜	—	—	—	10.4	11.9	9.6
水果	—	—	—	110.4	145.2	156.9
畜产品	—	—	—	475.7	523.4	515.5
水产品	—	—	—	155.6	180.1	237.0

资料来源：根据农业农村部《我国农产品进出口情况》（2020—2022年）相关数据整理。

二、农村产业高质量发展稳步推进

2022年，中国乡村产业培育壮大，农产品加工业、乡村特色产业、乡村新型服务业等产业基础进一步夯实，农民增收渠道持续拓宽。全国新建40个优势特色产业集群、50个国家现代农业产业园、200个农业产业强镇，认定395个村镇为全国"一村一品"示范村镇，推介199个镇为全国乡村特色产业产值超十亿元镇、306个村为全国乡村特色产业产值超亿元村。在产业带动、就业拉动下，2022年农村居民人均可支配收入达到20133元，实际增长4.2%。

农业产业基础不断夯实，链条持续延长。2022年的中央一号文件提出，"加快粮食烘干、农产品产地冷藏、冷链物流设施建设""做大做强农产品加工流通业"。2022年，中国农产品加工转化率达72%，规模以上农产品加工企业营业收入超过19.14万亿元，同比增长3.6%左右，支持各类经营主体建设1.6万多个农产品产地冷藏保鲜设施[①]。例如，河南省把农产品加工业作为促进乡村产业振兴的重要抓手，以面、肉、油、乳、果蔬五大农产品为重点，实施企业升级、延链增值、绿色发展、质量标准、品牌培育"五大行动"，制定扶持政策，加大支持力度，特色农产品加工业持续发展壮大，成为河南省两个超万亿元的产业之一。

新技术促进新业态，新产业催生新融合。近年来，大数据、人工智能等技术高速发展，文旅、康养等产业与农业跨界融合，智慧农业、共享农业、体验农业、创意农业等也大量涌现。例如，江苏省构建了"苏农云"智慧农业服务平台，汇聚了江苏省农业农村各领域业务数据、时空遥感影像及物联网等多源数据，建成智慧种植、智慧畜牧、智慧渔业等十大板块，全面服务江苏省涉农工作。此外，党的十八大以来，全国休闲农庄、观光农园、农家乐等达到30多万家，年营业收入超过7000亿元。农文旅融合、不断拓展农业多种功能，已成为推进乡村产业高质量发展的重要内容。

三、农产品电子商务蓬勃发展

中国农村网络零售市场主要指标持续增长，农产品网络零售市场规模再创新高。2022年，全国农村网络零售额达2.2万亿元，同比增长3.6%。其中，农产品网络零售增势较好，全年农产品网络零售额5313.8亿元，同比增长9.2%，增速较2021年提升6.4个百分点。从品类来看，休闲食品、

---

① 人民日报：《2022年，我国农产品加工转化率达72% 网络零售额同比增长9.2% 挖掘产业优势 推进乡村振兴》，2023年3月27日，西部网（http：//news.cnwest.com/szyw/a/2023/03/27/21350318.html）。

粮油、滋补食品位居农产品网络零售额前三，占比分别为17.3%、15.7%和11.9%。其中，滋补食品、奶类、粮油同比分别增长28.8%、23.6%和15%。从地区来看，东、中、西部和东北地区农产品网络零售额占全国农产品网络零售额比重分别为64.4%、14.6%、15.2%和5.8%，同比分别增长8.3%、5.1%、17.0%和11.2%[①]。电子商务在助力脱贫地区农产品销售，防止规模性返贫中发挥了重要作用。截至2022年年底，"832平台"[②]入驻脱贫地区供应商超2万家，2022年交易额超过136.5亿元，同比增长20%[③]。

农产品跨境电商贸易增长势头迅猛。2022年，中国农产品跨境电商贸易额达81亿美元，同比增长25.9%。其中，出口12.1亿美元，同比增长153%；进口68.9亿美元，同比增长15.7%。同时，农产品跨境电商贸易不断探索拓宽新渠道。进口方面，直播带货成为海外农产品拓展中国市场的重要模式。例如，2022年1月，盒马推出"上合多国大使直播带货"活动，俄罗斯的帝王蟹和鱼子酱、印度青龙虾等上合组织国家的商品销量大涨。出口方面，全国各地推动特色优势农产品与跨境电商深度融合，探索开辟农产品"走出去"的新通路。例如，河南省郑州市在综合保税区内建立艾草出口加工产业园，支持企业建设艾草产品出口检验检疫实验室、跨境电商线上商城等体系，帮助企业连接国内、国际两大市场；艾草产品通过电商平台出口额增长50%，销往80多个国家和地区。又如，安徽黄山市聚焦徽茶集群项目建设，着力推动黄山外销茶生产技术升级与跨境电商提升，对黄山外销茶的种植、生产、加工、销售等环节进行持续升级，搭建阿里巴巴国际站、Facebook、亚马逊等5个跨境电商平台，对外出口眉茶、珠茶、红茶及特种茶等

---

① 商务部电子商务和信息化司：《2022年中国网络零售市场发展报告》，2023年2月20日，全国电子商务公共服务网（https://dzswgf.mofcom.gov.cn/news/5/2023/2/1676871953636.html）。

② "832平台"是在财政部、农业农村部、国家乡村振兴局、中华全国供销合作总社四部门指导下，由中国供销电子商务有限公司建设和运营的脱贫地区农副产品网络销售平台。

③ 中国网信网：《中国数字乡村发展报告（2022年）》，2023年3月1日，国家互联网信息办公室（http://www.cac.gov.cn/2023-03/01/c_1679309717197252.htm）。

百余款产品①。

大宗农产品电子交易发展持续向好，已成为农产品流通的重要途径和组成部分。截至2022年年底，全国大宗商品电子交易市场达3500多个，其中28.3%是农产品电子交易市场，主要集中在粮食、棉花、花卉、茶叶、生猪、水果、食糖、中药材、畜牧业、渔业等品类②。国家粮食交易中心、全国棉花交易市场、昆明花卉拍卖交易中心、重庆生猪综合交易市场、广西糖网、亳州中药材交易中心、寿光果菜品种权交易中心等一批大型平台引领大宗农产品交易市场的发展，市场经营主体的综合实力进一步增强，流通效率得到进一步提升。

"数商兴农"工程深入实施，有力促进了农产品电商发展与产销对接。商务部组织各地方和电商企业举办"数商兴农"专场，指导电商乡村振兴联盟开展助农帮扶，2022年累计培训农产品企业2418家，帮助对接销售农产品累计超400亿元。此外，各电商平台积极开展形式多样的帮扶行动，深入农村帮助农户销售特色农产品。2022年9月，阿里巴巴发起丰收节"助农行动"，上线1000余个县域产地的60多万款特色农产品，配合线下的800多家门店、上百万社区团长，带动农产品出村进城③。同时，京东举办首届"京东农特产购物节"，上线30万款特色农产品，覆盖全国2336个农特产地及产业带，国家地理标志农产品超12万个，并通过联合合作伙伴开展线下活动、线上直播等方式助力农特产品销售④。

---

① 农业农村部信息中心、中国国际电子商务中心：《全国农产品跨境电子商务发展报告（2021—2022）》，2023年3月2日，搜狐网（https://www.sohu.com/a/648363925_121653066）。
② 闫碧洁：《"2023中国农产品电商高层研讨会"成功举办》，2023年3月20日，搜狐网（https://business.sohu.com/a/656488094_121434705）。
③ 环球网：《60万款特色农产品上线阿里平台　数字化助力丰收节增收》，2022年9月15日，人民网（http://finance.people.com.cn/n1/2022/0915/c1004-32526314.html）。
④ 央广网：《首届"京东农特产购物节"迎来三大升级　三年带动农村亿万产值有望提前实现》，2022年9月20日，央广网（https://food.cnr.cn/focus/20220920/t20220920_526015549.shtml）。

四、农产品物流政策环境持续优化

中国政府高度重视农产品物流的发展。2022 年,有关部门密集出台了多项关于支持农产品物流发展的政策与规划,内容主要涉及加强农产品流通体系建设、提升农产品冷链物流水平、完善农产品物流网络等方面,如表 9 – 4 所示。这些政策与规划的陆续出台,完善了行业发展的政策环境,为农产品现代物流体系建设与农产品物流产业健康发展打下了坚实基础。

表 9 – 4 2022 年中国出台的农产品物流主要相关政策

发文时间	发文部门	政策文件名称	主要内容
2022 年 2 月	中共中央、国务院	《关于做好 2022 年全面推进乡村振兴重点工作的意见》	加快实施"互联网+"农产品出村进城工程,推动建立长期稳定的产销对接关系;推动冷链物流服务网络向农村延伸,整县推进农产品产地仓储保鲜冷链物流设施建设
2022 年 2 月	国务院	《"十四五"推进农业农村现代化规划》	建设一批特色农产品标准化生产、加工和仓储物流基地,引导农产品加工流通企业建设加工园区和物流节点,加快建设产地储藏、预冷保鲜、分级包装、冷链物流、城市配送等设施,构建仓储保鲜冷链物流网络
2022 年 1 月	国家发展改革委	《"十四五"现代流通体系建设规划》	推进农产品产地市场、集配中心和低温加工处理中心改造升级,加快农产品运输、仓储设施专业化改造;支持农产品流通企业配备冷链物流设备装备,提高农产品冷链物流能力和标准化水平

续表

发文时间	发文部门	政策文件名称	主要内容
2022年2月	中华全国供销合作总社	《"十四五"公共型农产品冷链物流发展专项规划》	"十四五"期间基本构建起骨干网、省域网、区域网与信息平台相互交织、互为支撑、融合发展的供销合作社公共型农产品冷链物流服务网络
2022年3月	国家发展改革委	《2022年新型城镇化和城乡融合发展重点任务》	建设联结城乡的冷链物流、电商平台、农贸市场网络,建设重要农产品仓储设施和城乡冷链物流设施
2022年3月	农业农村部	《"十四五"全国农产品产地市场体系发展规划》	加快仓储设施建设;完善商品化处理设施;支持建设农产品产地集配中心,提高规模化、标准化加工配送能力,健全产地冷链物流体系,鼓励国家级、区域性农产品产地市场和田头市场加强冷藏保鲜设施共建共享
2022年4月	交通运输部等五部门	《关于加快推进冷链物流运输高质量发展的实施意见》	依托农产品优势产区、重要集散地和主要销区所在地货运枢纽、主要港口、铁路物流基地、枢纽机场,统筹冷链物流基础设施规划布局,支持有条件的县级物流中心和乡镇运输服务站拓展冷链物流服务功能,为农产品产地预冷、冷藏保鲜、移动仓储、低温分拣等设施设备提供运营场所

续表

发文时间	发文部门	政策文件名称	主要内容
2022年5月	财政部办公厅、商务部办公厅	《关于支持加快农产品供应链体系建设进一步促进冷链物流发展的通知》	抓住跨区域农产品批发市场和销地农产品冷链物流网络，加快城市冷链物流设施建设，健全销地冷链分拨配送体系，创新面向消费的冷链物流模式，推动农产品冷链物流高质量发展
2022年6月	农业农村部办公厅、财政部办公厅	《关于做好2022年农产品产地冷藏保鲜设施建设工作的通知》	聚焦鲜活农产品主产区、特色农产品优势区，重点围绕蔬菜、水果等鲜活农产品，合理集中建设产地冷藏保鲜设施，提升技术装备水平，推动冷链物流服务网络向农村延伸

资料来源：根据公开发布的农产品物流发展相关政策整理。

第二节　中国农产品物流发展现状

随着市场环境与政策环境的不断向好，中国农产品物流保持良好发展势头。农产品物流规模持续增长，物流网络建设体系不断完善，农产品物流数字化、智慧化水平稳步提升，跨境物流发展取得积极成果。同时，全国各地统筹多方资源、完善协调机制，畅通农产品物流渠道，推进产业链、供应链供需对接，对保障农产品民生供应与防疫安全起到了重要作用。

一、农产品物流总额保持稳定增长

近年来，中国农产品物流规模总体呈稳步增长态势。2022年，全国农产品物流总额达5.3万亿元，同比增长4.1%。2018—2022年中国农产品物流总额及增速如图9-2所示。

中国农产品物流总额占社会物流总额的比重总体保持稳定。2022年，农

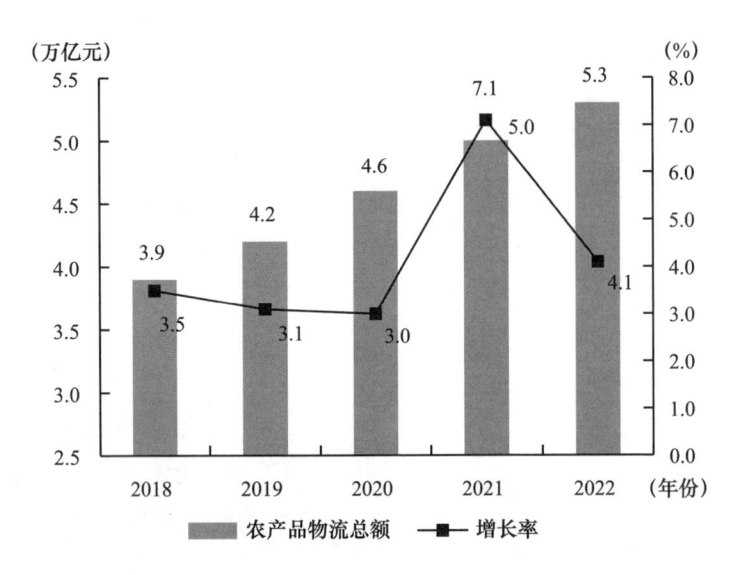

图 9 – 2　2018—2022 年中国农产品物流总额及增速

资料来源：根据国家发展改革委、中国物流与采购联合会《全国物流运行情况通报》（2018—2022）相关数据整理。

产品物流总额占社会物流总额的比重为 1.5%，与前两年持平，如表 9 – 5 所示。

表 9 – 5　2018—2022 年中国农产品物流总额及其占社会物流总额比重

年份	社会物流总额（万亿元）	农产品物流总额（万亿元）	农产品物流总额占比（%）
2018	283.1	3.9	1.4
2019	298.0	4.2	1.4
2020	300.1	4.6	1.5
2021	335.2	5.0	1.5
2022	347.6	5.3	1.5

资料来源：根据国家发展改革委、中国物流与采购联合会《全国物流运行情况通报》（2018—2022）相关数据整理。

二、农产品物流网络体系进一步完善

(一) 农产品冷链物流枢纽加快布局

为贯彻落实党中央、国务院有关决策部署，按照"十四五"规划纲要《"十四五"冷链物流发展规划》等有关工作安排，2021年12月，国家发展改革委印发《国家骨干冷链物流基地建设实施方案》（以下简称《方案》）。《方案》提出重点面向农产品优势产区、主要集散地和主销区，依托106个城市开展基地布局建设，打造国家层面的骨干冷链物流基础设施网络，并公布了首批17个国家骨干冷链物流基地建设名单。2022年10月，国家发展改革委印发《关于做好2022年国家骨干冷链物流基地建设工作的通知》，确定了第二批24个国家骨干冷链物流基地建设名单。第二批国家骨干冷链物流基地呈现出以下特点。

一是空间分布更加优化，有效拓展覆盖范围。24个基地中，东部地区8个，中部地区4个，西部地区9个，东北地区3个，统筹兼顾区域发展，健全完善空间布局，有力支撑了中国农产品物流通道网络建设，进而带动农产品冷链物流规模化、集约化、组织化、网络化发展。

二是辐射能力更加强大，有效支撑市场供应。相关基地具备良好的存量冷链设施条件和较大的冷链物流规模，仓储、加工、配送等冷链物流综合服务水平较高，有力保障了有关地区大中城市农产品物流服务需求。例如，保定国家骨干冷链物流基地冷库库容近300万立方米，生鲜农产品年周转量约1100万吨；西宁国家骨干冷链物流基地辐射范围涵盖西宁、德令哈、格尔木、拉萨、日喀则等城市，对加强区域农产品供应保障具有重要意义[①]。

三是优势条件更加明显，有效带动产业发展。这24个基地是围绕农产品特色产区、进出口重要节点、食品加工产业聚集地冷链产业发展需要而确定的，发展基础较好，潜力较大，有利于加强冷链物流与现代农业、农产品冷

---

① 国家发展改革委：《24个！2022年国家骨干冷链物流基地建设名单公布》，2022年12月7日，农业农村部官网（http://www.scs.moa.gov.cn/ccll/hydt/202302/t20230207_6419999.htm）。

链加工、商贸流通等产业融合发展，支撑带动相关产业做大做强做优。

截至 2022 年，已建和在建的国家骨干冷链物流基地已达 41 个，覆盖全国 27 个省（区、市）。国家骨干冷链物流基地的建设将有力促进国家级农产品冷链物流枢纽互联成网，推动完善以枢纽为支撑的"轴辐式"农产品物流服务体系，进一步提高农产品产运销一体化运作、全程"不断链"水平。

（二）县域物流网络建设畅通农产品上行渠道

县域物流是农产品流通体系的重要组成部分，对畅通和拓宽农产品上行渠道、提升农产品物流效率，建立完善以县城为中心、乡镇为重点、村为基础的农产品流通体系具有重要作用。在有关部门的大力推动下，中国县域物流网络建设取得了积极成果。

一是基础设施加快发展建设。截至 2022 年年底，普通国道通车里程 37.95 万公里，基本覆盖县级及以上行政区。农村公路总里程由 2012 年年底的 367.84 万公里增长至 2022 年年底的 453.14 万公里，10 年净增 85.3 万公里[①]。

二是县、乡、村三级物流配送体系加快完善。2022 年，全国邮政农村投递线路 10.4 万条，比 2021 年年末减少 0.1 万条；农村投递路线长度（单程）414.7 万公里，比 2021 年年末减少 0.9 万公里。国家邮政局推动邮政寄递物流体系建设助力农产品上行，累计建成 990 个县级寄递公共配送中心、27.8 万个村级快递服务站点，全国 95% 的建制村实现快递服务覆盖[②]；2022 年，培育快递服务现代农业年业务量超千万件金牌项目 117 个，产生业务量 24.1 亿件，覆盖全国 21 个省份、78 个城市，项目中茶叶、荔枝、樱桃、海鲜等高价值农产品持续增多[③]；培育邮政农特产品出村"一市一品"项目 822 个。

三是智慧物流发展新模式加速推广。近年来，一批现代物流智能装备与

---

① 交通运输部：《2022 年交通运输行业发展统计公报》，2023 年 6 月 16 日，交通运输部官网（https://xxgk.mot.gov.cn/2020/jigou/zhghs/202306/t20230615_3847023.html）。

② 国家邮政局：《2022 年邮政行业发展统计公报》，2023 年 5 月 26 日，国家邮政局官网（https://www.spb.gov.cn/gjyzj/c100276/202305/d5756a12b51241a9b81dc841ff2122c6.shtml）。

③ 经济日报：《快递进村促农货进城》，2023 年 2 月 3 日，中国政府网（http://www.gov.cn/xinwen/2023-02/03/content_5739834.htm）。

技术正在加快落地应用,促使县域物流的自动化、智能化水平不断提升。例如,由京东物流与山东省平邑县共同打造的"京东(平邑)数智物流产业园",结合当地的金银花、果蔬罐头等特色优势产品的电商物流需求,应用自动化立体仓库、箱式多层穿梭车、货到人搬运机器人等装备技术,成为集仓储、分拣、配送为一体的区域智能仓配中心。一期项目投入运营后,当地厂家可以实现就近入仓,配送时效提升1天以上,物流成本下降50%以上,大幅缩短了平邑县内农产品的上行距离[1]。2022年1月,"京东(平邑)数智物流产业园"进入二期建设阶段。

三、农产品物流数字化、智慧化加快建设

党中央、国务院高度重视农业数字化发展,国家出台的"十四五"规划、《数字乡村发展行动计划(2022—2025)》等政策文件,都强调了数字化是农业现代化的制高点和发展方向。近年来,农产品物流领域充分利用大数据、物联网、人工智能等现代信息技术,以数据为关键要素,聚集资源要素,创新运营模式,实现农产品物流数据资源互联共享、农产品供应链智慧赋能提质增效。

江苏省南京市浦口区以"浦口国家数字乡村试点区建设"项目为契机,聚焦浦口青虾产业发展实际需求,通过生产、流通、消费全环节智能化、数字化,打造青虾订单生产、透明供应、信任消费的产业供应链体系。具体措施包括利用无人投饵机、微孔增氧等各类物联网传感器和智能化装备,实现基地的智能化生产养殖、仓储保鲜、速冻加工全过程调控;围绕活体青虾物流冷链运输,形成浦口青虾冷链保活储运、分装数字标准;研发青虾充氧快递包装,解决鲜活水产品销售寄递难题。该项目实现青虾仓储加工物流配送成本节约20%以上,农户养殖收益增加15%以上[2]。

---

[1] 京东物流:《山东平邑数智产业园合作再升级,构建数智化供应链助推区域经济发展正向循环》,2022年1月24日,腾讯网(https://new.qq.com/rain/a/20220124A08CXV00)。

[2] 农业农村部信息中心:《中国数字乡村发展报告(2022年)》,2023年4月10日,农业农村部官网(https://www.moa.gov.cn/xw/zwdt/202303/P020230301615827357892.pdf)。

广西省容县建设沙田柚特色农产品数字化产地仓，成为集大型冷藏库、中央厨房加工车间、大宗农产品交易中心、绿色食品生产线等于一体的功能性仓储基地。通过数字化和自动化设备设施，可高效完成清洗、分选、分级、品控、包装、贴牌（品牌化）、装箱、保鲜、打单、分运等一系列流程，有效解决农产品远程销售中标准缺失、品牌缺失和溯源缺失等问题。不仅能够让产品储藏流通能力大幅提高，还能有效降低产品的损耗，延长农产品销售周期，提高农产品经济附加值和农业经营效益。项目建成投入使用后将带动75%的市场交易量，年销售收入可达33亿元，年利润4.95亿元，创税5000万元以上，带动周边就业3000余人[①]。

运满满依靠先进的大数据和车货匹配的算法优势，实施农产品运输需求和冷链运输车辆的快速匹配，帮助农民将蔬菜快速从田间地头运往商超和农贸市场，特别是在用车高峰期实现快速、灵活调配运力。2023年2月，运满满冷运上线独立App，通过大数据和强大的算法能力将货主端和运力端进行高效匹配和智能调度，实现发货后平均接单时间约为13分钟，最快可以秒接单。同时，运满满冷运推出"冷运优车服务"方案，贯穿运营、调度、运输质控、交易的全流程，可以结合历史数据、供需比、线路等因素，通过算法给予司机货主双端合理的建议价，促进价格标准化；并且实现全程跟单、质量控制，通过温控项目，解决"断链"痛点，降低运输中的货损货差[②]。

四、农产品跨境物流取得新进展

（一）农产品跨境物流通道不断延伸

随着"一带一路"倡议的深化实施，中国特色农产品跨境物流服务能力不断提升，物流链条通道不断延伸，在新冠疫情期间展现出强大的韧性和旺

[①] 金台资讯：《广西：推进数字化产地仓建设 加快乡村振兴步伐》，2022年12月30日，人民网精选资讯官方账号（https://baijiahao.baidu.com/s?id=1753604752813200555&wfr=spider&for=pc）。

[②] 蔡宇丹：《运满满冷运赋能农产品运输，随叫随到的冷藏车成刚需》，2022年12月16日，齐鲁晚报齐鲁壹点官方账号（https://baijiahao.baidu.com/s?id=1752355110468922423&wfr=spider&for=pc）。

盛的活力，也为中国农产品的国际贸易合作提供了重要保障。

2022年3月，甘肃省平凉市崇信县电商企业利用阿里巴巴国际站，顺利将22.5吨崇信红富士苹果出口至迪拜，这是崇信苹果首次出口中东地区。5月，平凉市宁静县21吨静宁苹果首次通过跨境电商B2B（9710）模式①直接出口阿联酋，这是继2021年静宁苹果通过该模式出口印度尼西亚之后，再次进军海外亚洲市场。截至2022年8月，静宁苹果已通过跨境电商B2B模式出口365万元，打开了走向国际市场的新通道②。

2022年4月，粤港澳大湾区首个开往老挝、泰国的国际冷链班列从深圳平湖南铁路物流园驶出。该专列搭载64个标准集装箱的麦芽、蔬菜、糖果等农产品，货重约1120吨，货值460万元。该专列也是华南地区首列"中老泰"冷链往返班列，标志着粤港澳大湾区与东盟地区间正式开辟了一条全新的农产品冷链国际物流通道。

（二）农产品跨境电商物流业务模式创新发展

鉴于农产品易腐烂、物流时效性强等特点，全国各地持续完善跨境电商政策制度体系和服务举措，不断创新农产品跨境电商物流业务模式，对提升口岸物流运作效率、挖掘跨境电商竞争新优势起到积极作用。

一是进口鲜活商品开启跨境电商保税备货模式。为满足跨境电商保税备货模式下进口鲜活类商品的实际需求，针对鲜活商品价高易腐的特点，大连大窑湾综保区建设运行跨境电商海产暂养池，配备专业的养殖设备，可容纳6.4吨海鲜的暂养，跨境鲜活商品的日出库量最高可达6000单。2021年5月，4.2吨美洲鳌龙虾顺利运抵，标志着大连进口鲜活商品跨境电商保税备货模式正式启动。

---

① B2B（9710）模式全称为"跨境电子商务企业对企业直接出口"，适用于跨境电商B2B直接出口的货物，境内企业通过跨境电商平台与境外企业达成交易后，通过跨境物流将货物直接出口至境外企业。

② 农业农村部信息中心、中国国际电子商务中心：《全国农产品跨境电子商务发展报告（2021—2022）》，2023年3月2日，搜狐网（https：//www.sohu.com/a/648363925_121653066）。

二是"保税进口+零售加工"新模式加快普及。该模式对传统的跨境零售进口供应链进行了流程改造，将海外的成品终端加工前置到国内保税区，通过进口原料保税加工后实现面向消费者的定制化销售，提升了短保类进口商品的供应链效率，缩短了向消费者供应产品的周期。自2020年该模式在杭州综保区联合天猫国际首创落地后，2021年开始陆续在海口、临沂、青岛、汕头、舟山等地推广实施，为马来西亚正典燕窝、加拿大大山行西洋参等海外品牌提供了优质的供应链加工服务，也为国内消费者提供了更加新鲜快捷的农产品供应。

三是"跨境电商+中欧班列"融合创新发展不断深入。这种模式既充分发挥了跨境电商在线营销、在线交易等优势，又有利于推动全国区域物流新通道建设。特别是中欧班列可以弥补海运时间长和空运费用高等不足，在全球供应链受疫情冲击的大背景下，作为相对稳定的农产品跨境物流渠道，其常态化运营发展得以提速。2022年1月，货值401万元的两批茶叶通过跨境电商B2B（9710）模式搭乘"贵阳—莫斯科"中欧班列，自贵阳始发经霍尔果斯口岸出境至俄罗斯。这是贵州省农产品首次通过"跨境电商+中欧班列"模式实现跨境出口，进一步丰富了贵州口岸的农产品贸易方式，提升了农产品口岸通关与物流运输效率。

五、农产品物流保障疫情期间市场供应稳定

2022年以来，中国国内疫情散点多发，物流运输环节受阻，给农产品生产流通、市场保供带来了挑战。对此，全国各地加大政策引导，积极采取和优化农产品物流措施，发挥流通企业快速响应和有效对接市场需求优势，助力农产品市场保供。

2022年4月初，河南省部分地区受疫情影响出现道路运输不畅，直接影响了农产品供应工作。河南省农业农村厅采取一系列措施，解决农产品运输受阻问题。一方面，下发应急物资运输车辆通行证，半月之内累计使用应急运输证1.17万次，累计运送农资与农产品13万吨，有效缓解了蔬菜、生鲜

乳、活畜禽等农产品运输受阻问题。另一方面，成立稳产保供专班，全力抓好米面油、肉蛋奶、果蔬菜、水产品等农产品稳产保供工作，积极协调相关部门解决企业的运输、销售等难题，先后协调解决了商丘市个别县区黄瓜难卖、焦作温县化肥运输不畅等问题①。

2022年9月贵州省发生新冠疫情后，省政府制定工作机制，将农产品物流保供任务细化为"任务分解、接单分拣、'点对点'运输、市内护送、组织卸货、配送到户"6个环节，逐一明确各环节、各部门职责。在供应端，贵阳农投集团依托全省50万亩订单合作基地，将安顺、兴义、从江、榕江四地的农产品市场作为接驳集散中心，保障分拣包装、冷链加工、线上分销等各环节，每天调集新鲜蔬菜660吨以上供应贵阳市场。在运输端，贵州现代物流集团产投公司发挥自有运力优势，调配冷链及各类运输车93台，保障蔬菜、粮油、肉类等农产品运输。在批发端，迅速调度启用贵阳农产品物流园、永辉物流分拣中心、乌当区蔬菜基地冷链配送中心等承担起全市农产品保供工作。在零售端，贵阳农投集团以旗下农投惠民生鲜超市为主体开展社区团购。在实施临时静态管理时期，贵阳贵安100余个惠民生鲜超市通过"社区团购"的方式，日均为周边群众配送农产品基本生活物资25万单②。

第三节 中国农产品物流重点领域发展状况

粮食物流是中国农产品物流的重点领域，果蔬则是生鲜农产品的典型代表。近年来，中国粮食物流应急保障体系建设力度加大，粮食运输结构不断

---

① 河南省农业农村厅：《稳农业生产 保农产品供给 河南省农业农村厅全力做好疫情防控期间全省农业运输保障工作》，2022年4月14日，河南省人民政府官网（https://www.henan.gov.cn/2022/04-14/2431672.html）。

② 贵州省商务厅：《彰显国企担当 这些企业用实际行动筑牢"保供"防线》，2022年9月24日，新华网贵州频道（http://gz.news.cn/2022-09/24/c_1129029526.htm）。

优化，"一带一路"国际物流通道建设取得良好成效。同时，中国果蔬等生鲜农产品物流需求旺盛，批发市场仍是果蔬集散流通的主要渠道，冷链物流基础设施建设持续推动果蔬物流提质增效。

一、粮食物流发展状况

（一）粮食物流保障体系不断完善

自 2020 年新冠疫情爆发以来，国内疫情防控工作进入常态化阶段，粮食的应急保供与流通问题成为疫情期间保证民生供应的重点。目前，国内已形成以加工、储备、配送、供应为重要节点的粮食应急物流保障体系，粮食应急保供能力日益强大。2021 年 9 月，国家粮食和物资储备局公布包括中粮集团在内的 68 家企业成为第一批国家级粮食应急保障企业；2022 年 9 月，又认定中国邮政集团有限公司等 51 家企业为第二批国家级粮食应急保障企业。截至 2022 年年底，全国共有粮食应急加工企业 6584 家、应急储运企业 4846 家、应急配送中心 3542 家、应急供应网点 56495 个，应急加工能力每天可达到 164 万吨[①]。

作为应急保供体系的初始节点，粮食仓储设施在整个粮食物流供应链中有着举足轻重的地位。全国各省市纷纷采取措施，加强粮食应急仓储设施建设。例如，湖北省将粮库准低温仓改造建设列入"十四五"粮食流通产业发展规划。2018 年以来，湖北省粮食局每年对各县市下达准低温仓建设改造任务，逐年滚动推进。截至 2022 年年底，已完成省级储备粮仓和部分县市储备粮仓准低温仓改造，储备粮准低温仓库容达到 63 亿斤，大幅提高了粮食安全保障能力[②]。又如，四川省大力开展粮仓仓顶光伏建设，为储粮库提供了生态电能；同时，利用光伏屋顶驱动，打造"恒准低温""零能耗"标准仓。

---

① 界面新闻：《国家粮储局：我国口粮绝对安全，粮食应急保障体系仍存在薄弱环节》，2023 年 5 月 11 日，腾讯网（https：//new.qq.com/rain/a/20230511A04R2U00）。
② 湖北日报：《湖北今明两年储备粮全部住进"空调房"》，2023 年 2 月 13 日，中国政府网（http：//www.gov.cn/xinwen/2023-02/13/content_5741316.htm）。

2022年11月，四川省广安市邻水县粮食现代物流园粮食储备库"仓顶阳光工程"开工建设，2023年2月完工实现并网发电。此外，广安国家粮食储备库、华蓥铜堡省粮食储备库等也正在实施"仓顶阳光工程"，打造粮食保鲜储藏的新途径。

（二）粮食运输结构持续调整优化

中国粮食运输主要有铁路运输、水路运输和公路运输三种方式，其中铁路运输与水路运输为主要运输方式。2021年，铁路粮食货运量6475万吨，同比下降14.5%；铁路粮食货物周转量1346.06亿吨公里，同比下降3.3%；港口粮食吞吐量38853万吨，同比增长18.6%。其中粮食出港量11163万吨，同比大幅增长20.8%；进港量27690万吨，同比增长17.7%。万吨级及以上散装粮食泊位为38个，比2020年减少1个。2017—2021年中国粮食铁路与港口运输情况如表9-6所示。

表9-6 2017—2021年中国铁路与港口粮食运输情况

年份	铁路 货运量（万吨）	铁路 货物周转量（亿吨公里）	港口 吞吐量（万吨）	港口 出港量（万吨）	港口 进港量（万吨）	万吨级及以上散装粮食泊位（个）
2017	7795	1538.90	21393	7103	14289	41
2018	8451	1608.10	21138	7090	14048	41
2019	7836	1552.04	30077	9350	20728	39
2020	7573	1391.53	32763	9243	23520	39
2021	6475	1346.06	38853	11163	27690	38

资料来源：根据国家统计局《中国统计年鉴》（2018—2022）、交通运输部《交通运输行业发展统计公报》（2017—2021）相关数据整理。

中国粮食物流多式联运持续推进。例如，烟台中远海运为客户制定粮食"公铁海"多式联运服务方案，利用甩挂运输实现35吨铁路敞顶箱下水，并通过定制化的甩挂车板保障海运安全；同时，充分组织资源，保障到港后的运力需求，确保配送时效。这种粮食运输新模式能够大幅降低货损率，加快贸易完成速度，同时通过使用铁路敞顶箱保障单位运输量和验货效率。2022 年 7 月，该公司首次使用该模式完成粮库至饲料厂的门到门全程多式联运服务，满载玉米的 14 个 20 英尺集装箱顺利抵达烟台。又如，2023 年 2 月，装载 2000 吨从大洋洲进口的小麦的货轮安全靠泊三江港综合码头，标志着鄂州三江港综合码头粮食"散改集"铁水联运示范线路正式开通。该批小麦经码头工人"散改集"作业后，被装进 64 个铁路粮食专用箱，由集装箱卡车短驳至国铁武九线鄂州北站，再由铁路运输到云南昆明中谊村站。三江港多式联运示范工程作为国家第三批多式联运示范工程，着力打造进口粮食类大宗物资江海联运、经三江港转运至川渝滇等地的绿色物流通道。

（三）"一带一路"粮食物流国际通道建设持续推进

中国粮食物流进出口通道进一步拓宽，与国内物流通道衔接能力逐步提高。特别是近年来依托"一带一路"倡议，我国加大跨境物流基础设施建设，拓宽东北、西北粮食陆路进口大通道，对发挥"一带一路"国际通道重要载体作用、拓宽中国粮食进口来源、保障中国粮食产业链供应链安全发挥了重要作用。

从 2022 年开始，宁夏持续推进宁夏（中卫）"一带一路"粮食储加销基地项目。作为《宁夏回族自治区粮食和物资储备发展"十四五"规划》中的重大基础设施建设项目，项目规划占地约 2268 亩，划分为粮食储备区、保税加工区、物流中转区、综合配套区四个功能区，重点储备大豆 93 万吨，同时配套玉米、小麦、大豆及油菜籽等农产品产业链加工规模 175 万吨。项目建成后，将依托中欧班列的优势，将优质小麦、玉米、大豆、亚麻籽等农产品"引进来"，大力发展保税加工，并将加工后的粮油产品辐射全国甚至出口到"一带一路"沿线国家，实现以加工带动物流，打通与中亚、中欧的粮食物流通道①。

东北方向上，在俄罗斯受西方经济制裁、中美贸易战等复杂多变的国际形势下，中俄粮食产业合作迎来重大历史机遇，中俄粮食走廊建设得到全面推进。2022年9月，由中国江苏丰尚公司承建的贝加尔斯克—满洲里粮食铁路运输货运站启用。这是世界上第一条专为运粮而建的陆路枢纽，也是中俄粮食出口走廊的首个关键要素，有效解决了缺乏转运基础设施，铁路轨距的宽度差异导致无法通过铁路直接运送粮食的困境，并且将俄罗斯对华粮食出口时间从三个月缩短至2—3周，极大地降低了物流成本，增加了谷物、豆类和油籽的出口量，预计每年转运800万吨大豆、油菜籽、小麦、燕麦、玉米、向日葵和大麦，释放了乌拉尔、西伯利亚和远东地区农业增产方面的巨大潜力②。

二、果蔬农产品物流发展状况

（一）批发市场承担了果蔬物流供给组织的重要功能

农产品批发市场是中国果蔬农产品规模化、组织化流通的主要载体，在承担果蔬集散流通功能、保障民生安全供应等方面发挥着重要作用。

例如，2014年京津冀协同发展战略实施后，河北高碑店新发地批发市场于2015年10月启动运营，承接北京部分果蔬产业外迁。经过多年发展，高碑店新发地已成为北方最大的水果蔬菜一级批发市场之一。截至2022年，市场入驻商户8400余户，2022年实现果蔬交易量1620万吨，交易额突破1190亿元。2020年6月，北京新发地批发市场出现疫情，市场暂停营业长达数周，高碑店新发地市场第一时间启动应急保供方案，建立应急储备区，积极与产地对接，调运蔬菜水果进京，有效地发挥了保障首都蔬果供应的作用。

---

① 吕超、秦波、张璐等：《"一带一路"倡议下我国西部粮食物流国际通道示范节点现状与建议》，《粮油食品科技》2022年第4期。

② 网易：《中俄最大粮食运输枢纽启用！粮食2—3周到中国》，2022年9月8日，网易（https://www.163.com/dy/article/HGP5EBGM0553JJA1.html）。

又如，2021 年 8 月，北京提出在北京西南、东南、东北、西北方向建设四个一级农产品批发市场，优化北京一级农产品批发市场布局。2021 年 12 月，北京确定的四个综合性一级农产品批发市场之一——北菜"鲜农批"开张试营业。该批发市场一期占地 305 亩，建筑面积 61.6 万平方米，与新发地形成错位互补，构成首都"菜篮子"供应保障的"双核"格局。截至 2022 年 1 月，日进出车辆 89 辆，日进场采购 583 人（含零售），日均上市蔬菜 36.77 吨、水果 27.7 吨。

（二）冷链物流基础设施建设赋能果蔬物流提效升级

近年来，中国各地大力推进果蔬生鲜农产品冷链物流基础设施建设，为提升生鲜果蔬物流服务水平，减少流通损耗，扩大高品质市场供给提供了重要保障。

2023 年 3 月，上海浦东盒马鲜生产业基地项目竣工交付。该项目位于上海市浦东新区，建筑面积约 10 万平方米，包含自动高架立体库、生鲜冷库、加工中心、物流集散车场等设施。投用后将成为高水平果蔬农产品加工中心、无人自动化冷链物流中心，预计年处理水果 15 万吨、蔬菜 22 万吨，服务范围覆盖上海各盒马门店。

2022 年 8 月，天津大沙河蔬菜批发市场实施改造升级工程。目前，项目一期新建的 1.3 万平方米交易棚厅已经正式投用；项目二期工程有序推进，拟建设建筑面积 5000 平方米的综合服务中心，打造集交易集散、信息数据、冷链物流、分拣加工、仓储配送、检验检测、品牌孵化等功能为一体的现代化大型综合果蔬生鲜农产品流通服务平台。

（三）物流装备与技术发展提升果蔬产品物流服务供给

当前，先进物流装备与技术在果蔬物流领域加速应用，主要体现在两个方面。

一是冷链物流装备与技术不断普及应用。例如，山东省滨州市沾化区 2020—2022 年累计建设冷藏保鲜设施 435 个，2022 年冷藏保鲜冬枣 4 万吨，延迟销售 90 天以上，增加效益 1.2 亿元；淄博市桓台县泓基农业专业合作社建设了 1590 立方米的机械冷库，蔬菜销售期从 3—5 天延长到 6 个月，产品损耗降低了 30%。再如农业大省四川，截至 2022 年年底，全省农产品产地冷藏保鲜设施新增库容量达 140 万吨、730 万立方米，农产品产地冷藏保鲜设施项目建设已覆盖全省 93.7% 的涉农县[①]。

二是新一代信息技术保障果蔬农产品质量安全可控。例如，由农业农村部信息中心指导，潍坊市农业农村局、中国电信共同打造的"区块链 + 韭菜"项目，借助区块链的分布式部署，以及上链内容不可篡改、不可伪造等技术特点，将韭菜生产、采摘、物流、销售的每一环节信息上链存证至区块链溯源管理平台。通过这种方式，"倒逼"韭菜生产过程标准化、智慧化，提高全要素可溯源能力，提升产品品牌价值。该项目成功申报 2022 年国家区块链创新应用试点，试点主体包括玉泉洼种植专业合作社联合社等 6 家实施主体，试点品种由单一的韭菜品种扩展到西红柿、黄瓜、生姜、茄子、辣椒、萝卜、西瓜等品种。目前，中国电信翼支付商城已上线"可追溯蔬菜专区"，销售"区块链溯源"蔬菜，推动信息技术赋能蔬菜物流成果转化。

---

① 任芳：《农产品产地冷链物流技术与应用》，《物流技术与应用》2023 年第 S1 期。

专题篇

导　言

本篇继续遵循及时追踪中国物流业发展最新热点的选题原则，选取中国航空物流补短板与转型发展、国家安全战略背景下中国大宗商品物流发展的新举措与新趋势、RCEP下中国—东盟国际物流发展与展望三个专题进行深入研究。

航空物流作为现代物流体系中面向高附加值产品的高时效性物流形态，在我国构建双循环新发展格局、保障产业链供应链安全稳定以及建立国家现代化产业体系等方面都具有重要作用。第十章总结了国家重大战略实施对我国航空物流转型发展提出的新要求，梳理了中国航空物流发展的现状和存在的短板。报告认为，中国航空物流总体实现了较快发展，具体体现为民航货运规模波动上行，空间分布较为集中；物流航线网络逐步完善，全货机运力持续增长；航空物流枢纽服务能力突出，专业货运机场建设取得突破；航空物流市场结构持续调整，邮政快递企业加码航空运输；无人机物流政策不断完善，试点工作稳步推进；航空物流智慧化绿色化发展水平持续提升。同时，航空物流仍是现阶段我国物流体系的发展短板，具体体现为主体服务能力不强，机队规模与航线覆盖范围有待扩展；基础保障能力不足，枢纽建设和时刻配置有待提升；集疏运体系存在短板，航空货运亟待向全程物流转型；数字化发展水平不高，部分领域仍存在低碳发展短板等。未来，在我国开启以中国式现代化全面推进中华民族伟大复兴的背景下，中国航空物流规模和服务能力将持续增长，货运网络将更加安全可靠和自主可控，航空物流信息化智慧化水平将显著提升，"民航强国"将取得阶段性建设成效。

大宗商品涉及能源化工、金属矿产、农林牧渔等重要领域，是国民经济发展的基石。大宗商品供应安全是国民经济平稳运行的重要支撑，也是国家安全和政治稳定的重要保障。第十一章在分析国家安全战略对中国大宗商品物流发展提出新要求的基础上，探讨了国家安全战略背景下中国发展大宗商品物流的新举措与新趋势。报告认为，大宗商品物流是保障大宗商品供应稳定的重要支撑，对维护国家安全具有重要意义。中央部门、各级政府、各类企业采取多项措施，积极构建大宗商品物流新发展格局，赋能国家安全战略。具体包括加快建设安全可靠的国际大宗商品物流基础设施，不断完善畅通稳定的大宗商品物流通道；持续提升自主可控的大宗商品货运能力，培育壮大具有国际竞争力的龙头物流企业；加快打造物通高效的多式联运体系，稳步推进大宗商品应急保障体系建设，大力推动物流数字技术赋能大宗商品安全高效流转。未来，随着大宗商品供应安全在国家安全体系中的地位持续上升，中国大宗商品进口储备基地将加强建设，大宗货物运输"公转铁、公转水"将加速推进；同时，大宗物资应急保障体系将更趋完善，大宗商品物流数智化转型也将加快推进。

东盟是中国的重要贸易伙伴，RCEP生效使中国—东盟国际经贸关系更加紧密。第十二章阐述了RCEP下中国—东盟国际物流的发展情况，并对未来物流发展进行了展望。报告认为，近年来，中国与东盟十国经贸往来日益密切，国际物流合作不断深入，国际物流规模快速增长。特别是RCEP生效一年来，中国—东盟国际物流基础设施建设明显加快，相关国际物流发展政策稳步出台，中国快递物流企业也在东盟国家加快布局。未来，中国—东盟国际物流基础设施网络将加快建设，海铁联运、公铁联运、海陆空联运等多式联运设施将是重点建设领域；中国物流企业将继续加大在东盟国家的投入，中国—东盟跨境物流服务能力将得到有效提升；在跨境电商需求快速增长的带动下，中国面向东盟的跨境专线和海外仓等跨境电商物流服务也将更趋完善。

第十章 中国航空物流补短板与转型发展

航空物流是我国现代物流体系的重要组成部分，航空物流的发展水平是衡量一国物流现代化水平的重要标志。"十三五"以来，中国航空物流虽然实现了较快增长，但在基础保障能力、主体服务能力等方面仍存在短板，迫切需要加快转型发展。2022年，我国先后出台《"十四五"现代物流发展规划》和《"十四五"航空物流发展专项规划》，明确提出要补齐航空物流发展短板，增强专业服务能力。未来，我国航空物流将加快转型发展，为我国加快构建双循环新发展格局、保障产业链供应链安全稳定和建设现代化产业体系提供强有力的支撑。

第一节 航空物流概述及其转型发展的意义

航空物流是指以航空器作为主要运载工具完成货物空中运输的综合性物流服务，是现代物流的子系统之一。相较于其他物流子系统，航空物流具有鲜明特征和独特优势，在国民经济中发挥着重要作用。尤其是在我国经济进入转变发展方式、优化经济结构、转换增长动力的转型期，时效性强、附加值高的航空物流对提升消费引领和支撑新发展格局构建具有不可替代的作用。

一、航空物流的主要特征及运输模式

（一）航空物流的主要特征

航空物流主要具有以下四大特征。

一是干线运输速度快、时效性强。相比于海运、陆运等其他运输方式，

航空器的运输速度更快，时效性优势明显。以全货机 B747-400F 机型为例，其巡航速度为 916 公里/小时[1]，远远超过公路、铁路和水路运输的速度，可以很好地满足生鲜冷链、快递包裹等对时效性要求较高的产品运输需求。

二是单次运输距离长、空间跨度大。与其他运输方式相比，航空器在相同时间内运输距离更长。同时，航空运输基本不受复杂地形、地势等地面条件的限制，只需依赖机场与必要的通信导航设施便可以实现最短距离的运输。B747-400F 机型最大巡航距离可达 8415 公里[2]，可以更好地满足长距离运输要求。

三是服务环节少、货物损耗低。航空物流的地面作业集中在机场货站，主要的集货、配载和装卸环节相对简单。航空运输一般为机场货站间的点对点直达，中间环节少。同时，航空运输运行平稳、相对时间短，作业过程中的货物损坏少。

四是运营成本高、规模经济和网络经济效应明显。在设施设备、燃油和劳动力方面，航空物流的生产要素成本偏高。此外，航空物流具有明显的规模经济和网络经济效应，只有货运需求庞大、基础设施完善，并达成覆盖性较高的服务网络，才能从根本上降低航空物流的运营成本。

（二）航空物流的运输模式

航空物流的运输模式主要分为客机腹舱运输和全货机运输两大类。客机腹舱运输模式是利用客运航班座位下方的飞机腹舱装载货物[3]，即利用客运航线同步完成货物运输。全货机运输是指采用专门运输货物的飞机运载物品，除少量机组人员外基本没有乘客。

---

[1] 数据来源于中国国际货运航空官方网站（http://www.airchinacargo.com/index.php?section=0-0001-0007-0028-0115）。

[2] 数据来源于中国国际货运航空官方网站（http://www.airchinacargo.com/index.php?section=0-0001-0007-0028-0115）。

[3] 民航客机的主要有效运载空间呈半圆柱体，客机主机舱下半部分一般为装载旅客行李、托运物品和航空货物的腹舱空间。少量客货同载的航空器采用前半部供旅客乘坐，后半部为货舱的形式，也被称为"客货机"。

两种运输模式存在一定差异。第一，运量方面，客机腹舱本身空间较小，而且需要为旅客的行李物品留出空间；全货机装卸货物的舱门更大，舱内可装载体积更大的货物，如电子仪器设备等。第二，品类方面，航空运输对旅客运输的安全标准要求更高，客机腹舱带货模式在一定程度上限制了可运输货物的种类，如很多危险品只能通过全货机运输。第三，时效方面，客机腹舱带货需要按照客运航班的时刻表作业，并需要完成乘客登机等客运流程；相比之下，全货机运输可以减少一些环节，时效性更强。第四，运价方面，由于客运机票收入在很大程度上分担了飞机的单次运营成本，因此，同一批货物使用客机腹舱运输的运价较低。

二、航空物流的运作模式及作业流程

（一）航空物流的参与主体及运作模式

航空物流全程参与主体众多，主要包括托运人、货运代理企业、机场、机场货站、航空公司、空港海关、收货人、相关政府部门，以及部分细分环节的物流服务商。从主要运作模式来看，托运人和收货人均可委托货运代理企业在发货和收货两个环节提供代理服务。货运代理企业可委托运输、仓储、报关、装箱打板等细分环节的物流企业完成相应的货物集疏运、仓储、通关和货物打包装箱服务。以跨境航空运输为例，如图10-1所示，托运人或航空货运代理企业将货物运送至出发地机场货站，货站完成集货、打板拼箱等登机准备工作，将货物运至机场装机。在海关、商检、空管等政府部门的管理下，航空公司完成航空干线运输，将货物运抵目的地机场，并在目的地机场货站完成货物拆分和分拨。最后由货运代理企业或收货人委托物流企业完成疏港运输，最终实现货物交付至收货人指定地点。

（二）航空物流的作业流程

在实际运营中，航空物流的具体作业流程可分为委托服务、货物交接、货场作业、干线运输和落地送达五个环节。在委托服务环节，由托运人联系货运代理，填写货物托运书同时提供各类单证。货运代理据此向航空公司订

第十章 中国航空物流补短板与转型发展

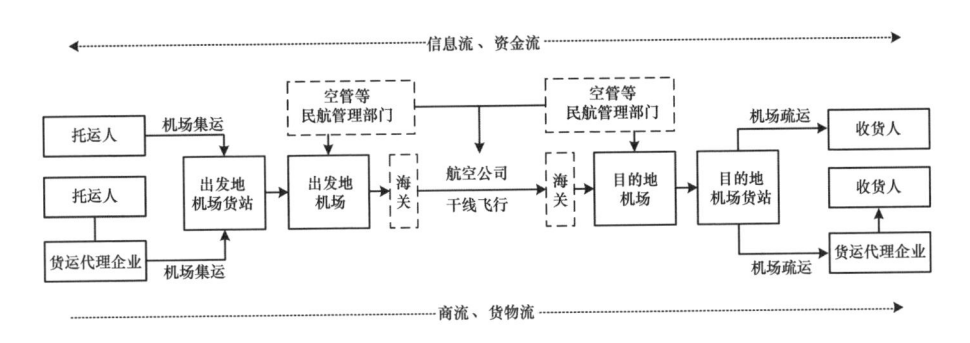

图 10-1 航空物流参与主体和运作模式

舱，并核对货物安全、包装、重量、尺寸等情况，填制各类单据。若是国际货物运输，还需进行报关申请，经海关核验后放行。在货物交接环节，货主或货运代理企业将货物交付到承运人指定的地点，一般是机场货场货站。在货场作业环节，货场或航空运输企业按照作业标准将货物进行组装、配载和出库，并在机场完成装机发货。在干线运输环节，航空公司派遣航空器完成机场间的航空运输过程。在落地送达环节，货物在目的地机场完成卸机、分拨等作业，并由后续的联运、集疏运和最后一公里服务完成货物的最终送达和交付。航空物流具体作业流程如图 10-2 所示。

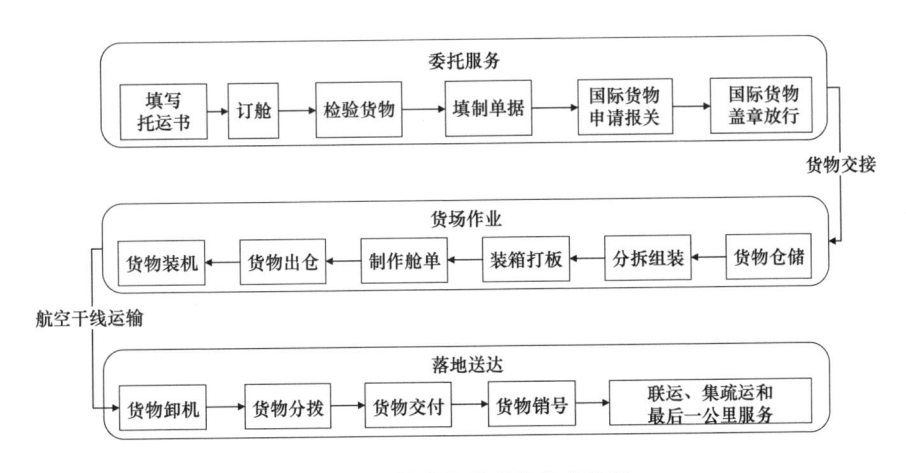

图 10-2 航空物流具体作业流程

三、国家重大战略实施对航空物流转型发展的新要求

航空物流作为现代物流体系中面向高附加值产品的高时效性物流形态，在我国构建双循环新发展格局、保障产业链供应链安全稳定以及建立国家现代化产业体系等方面都具有重要作用。新形势下一系列国家重大战略的深入实施，对我国航空物流的发展提出了更高要求。

（一）加快构建新发展格局，需要高效的航空物流服务支撑

中国正在加快构建以国内大循环为主体、国内国际双循环相互促进的新发展格局。在国内大循环方面，高水平的航空物流服务能力能够提升产品流通效率，进而推动形成强大的国内市场，提升各类要素资源的配置效率。一方面，我国幅员辽阔，存在东中西部空间跨度大、区域发展不均衡的问题，航空物流的高时效、远距离运输优势可以提升国内跨区域资源配置和产品流通效率；另一方面，我国已经形成拥有 14 亿人口、4 亿多中等收入群体的全球最大最有潜力的市场[①]，发挥超大规模经济体的市场优势，需要满足不同客户群体的流通和消费需求。在物流体系支撑上也需要加快提升以航空物流为代表的高附加值服务能力，以高质量的物流供给扩大内需、适应并引领消费升级，满足市场对高附加值产品和服务的物流需求。

在国内国际双循环相互促进方面，航空物流是联结国内国外两个市场、两种资源的高附加值物流形式。加快中国航空物流补短板和转型发展，将为"中国制造"产品快速进入全球流通网络、提高产品附加值提供重要支撑，从而推动中国市场深度对接国际分工体系，提升产品的国际竞争力。

（二）保障产业链供应链安全稳定，需要强大的航空物流能力支撑

当前国际形势复杂多变，全球产业链供应链加速重构。贸易保护主义、单边主义、新冠疫情、乌克兰危机、各类极端天气和突发灾害事故等加剧了

---

① 刘鹤：《加快构建以国内大循环为主体、国内国际双循环相互促进的新发展格局（学习贯彻党的十九届五中全会精神）》，《人民日报》2020 年 11 月 25 日第 6 版。

产业链供应链的不确定性。自主、高效的航空物流体系在保障产业链供应链安全稳定方面具有不可替代的支撑作用。

一是从产业和企业层面提升产业链供应链的稳定性。依托快捷空运网络，航空物流可以帮助国内大型制造企业、商贸流通企业在全球形成面向上游、下游客户的多点化产业矩阵和供应网络，摆脱单一产业链供应链带的脆弱性，从而在技术封锁和突发灾害的情况下有效保证产业持续发展，维护全球价值链分工地位，提升产品竞争力。

二是从物流运作层面提升产业链供应链的韧性。航空物流具备服务周期短、灵活和应急能力强的优势，强大的自主化航空物流体系可以在面临突发的双边贸易政策变动、港口物流中断、供应地灾害事故等冲击时，帮助企业按需将原有的海运、陆运国际物流体系升级为航空物流体系，实现对在途原料、成品的快速交付。同时，强大的航空物流体系可为国家的产业链供应链提供快速通达全球的大通道，帮助企业在更大范围选择供应商、制定物流方案，从而增强产业链供应链的韧性。

（三）建设现代化产业体系，需要完备的航空物流体系支撑

现代化产业体系是现代化国家的物质支撑，是实现经济现代化的重要标志和必然要求。航空物流作为国家物流产业的重要组成部分，对现代化产业体系的构建具有重要作用。第一，航空物流产业本身是现代化产业体系的重要组成部分，是国家流通产业、物流产业实现转型和高质量发展的重要内容之一。第二，航空物流对国民经济的诸多产业具有密切的协同联动作用。完备的航空物流体系能够提升物流和流通产业的整体效率，深化产业分工和提升产业协同发展水平，并直接为高端制造、商贸服务、国际贸易、农产品流通、现代服务等行业提供高质量的物流服务供给，从而提升相关行业的高质量发展水平，加快现代化产业体系的建设步伐。第三，航空物流体系对新业态的发展起到积极的辅助作用。在新技术条件下孵化的新业态是国家现代化产业体系的组成部分，航空物流对一些与高时效性物流需求、跨境电商包裹寄递、全球特色商品流通等相关的新业态的运营和发展起到积极的配套支撑作用。

第二节 中国航空物流的发展现状

近年来,中国航空物流实现较快增长,航线网络逐步完善,枢纽服务能力不断提升,市场结构持续调整,发展质量和效益都取得较好成绩,为经济社会发展提供了有力支撑,为新时期"民航强国"建设提供了新动能。

一、民航货运规模波动上行,空间分布较为集中

(一)民航货运规模从持续上升转为疫情期间的较大波动

2011—2019年,中国民航货邮运输量保持平稳上升态势,2019年全年完成货邮运输量753.14万吨,同比增长2.0%。2020年新冠疫情爆发以来,受企业生产经营活动间歇性中断、供应链不稳定、客运需求波动造成腹舱运力不稳定等因素影响,中国民航货邮运输量出现较大波动,2020年民航货邮运输量同比下降10.2%;2021年需求回弹,货邮运输量同比增长8.2%,达到731.84万吨,规模基本恢复到新冠疫情爆发前水平;2022年再次出现负增长,完成货邮运输量607.61万吨,恢复至2019年的80.7%。2011—2022年中国民航货邮运输量及增速如图10-3所示。

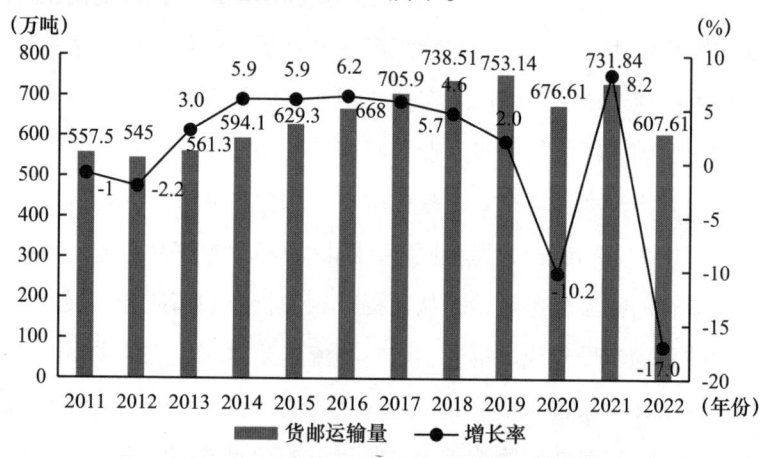

图10-3 2011—2022年中国民航货邮运输量及增速

资料来源:根据中国民用航空局《民航行业发展统计公报》(2011—2022)相关数据整理。

（二）货邮吞吐量空间分布较为集中

中国机场完成的货邮吞吐量在空间分布上较为集中，主要集中于京津冀、长三角、粤港澳、成渝等机场群。2022 年，京津冀机场群完成货邮吞吐量129.3 万吨，占全国货邮吞吐量的 8.90%；长三角机场群完成货邮吞吐量497.7 万吨，占全国货邮吞吐量的 34.25%；粤港澳大湾区机场群珠三角九市完成货邮吞吐量 342.6 万吨，占全国货邮吞吐量的 23.58%；成渝机场群完成货邮吞吐量 104.3 万吨，占全国货邮吞吐量的 7.18%[①]。同时，北京、上海和广州三大城市运输机场货邮吞吐量占全部境内运输机场货邮吞吐量的 43.4%。

二、物流航线网络逐步完善，全货机运力持续增长

（一）民航客运航线充足，腹舱带货物流网络覆盖范围广泛

随着中国客运航空的快速发展，各大航空公司致力于开拓国内、国际航线。截至 2022 年，我国共有定期航班航线 4670 条，其中，国内航线 4334 条（含港澳台地区航线 27 条），国际航线 336 条。按重复距离计算的航线里程为1032.79 万公里，按不重复距离计算的航线里程为 699.89 万公里[②]。客运航线网络的完善，大大提升了腹舱带货物流网络的覆盖范围以及运力的供给水平，降低了腹舱带货物流服务价格。

（二）全货机货运航线数量和覆盖范围逐步扩展

中国全货机货运航线在数量和覆盖城市方面日益扩展。2022 年，深圳机场累计新开河内、多哈、纽约、莱比锡、班加罗尔、利雅得 6 条国际货运航线，加密洛杉矶、胡志明、大阪、首尔、河内、吉隆坡、伊斯坦布尔、莱比锡、克拉克、曼谷 10 条国际货运航线，正在全力构建"国内主要城市速达、

[①] 中国民用航空局：《2022 年民航行业发展统计公报》，2023 年 5 月 30 日，交通运输部网站（https：//www.mot.gov.cn/fenxigongbao/hangyegongbao/202305/P020230530540257290212.pdf）。

[②] 中国民用航空局：《2022 年民航行业发展统计公报》，2023 年 5 月 30 日，交通运输部网站（https：//www.mot.gov.cn/fenxigongbao/hangyegongbao/202305/P020230530540257290212.pdf）。

国际周边城市畅达、洲际主要城市通达"的航空物流网络[1]。同年，圆通航空开通了无锡—大阪、西安—首尔、南宁—金奈等多条国际航线，丰富了圆通在亚洲地区的航线网络[2]；菜鸟国际与阿特拉斯、卡塔尔货航联合开通中国—美洲航空专线，连接中国香港与巴西圣保罗和智利圣地亚哥等地；天津货运航空开通了南宁—马尼拉国际航线[3]。

（三）客机腹舱运输为主要运输方式

当前，客机腹舱运输是我国航空货运的主要方式，约占航空货运总量的70%。其中，在国内航线中，客机腹舱运量占比高达82%；在国际航线中，客机腹舱运量占比49%[4]。2020—2022年新冠疫情流行，航空客运需求下降导致客机腹舱运输比例随之下降，但全货机的数量保持稳步提升。此外，一些航空公司开始采用"客改货"的方式运营。客机实现"客改货"主要采取三种模式，即纯腹舱载货、"腹舱+客舱不拆座椅载货"以及"腹舱+客舱拆座椅载货"。其中，"腹舱+客舱拆座椅载货"的"客改货"模式载运量最大，但改造后也仅能达到同类型全货机载运量的三分之一[5]。

（四）民航全货机运力持续增长，民营机队发展壮大

中国全货机数量持续增长。2017—2022年，中国货运飞机从148架增长到223架[6]，共增加75架。其中，中国三大国有航空物流公司（以下简称

---

[1] 陈发清：《深圳密织航空物流网》，《深圳商报》2022年12月15日第A01版。

[2] 张敏、熊悦：《南航物流分拆上市启动 三大航空物流公司有望齐聚A股》，《证券日报》2022年12月2日第B2版。

[3] 人民网：《菜鸟联手卡塔尔航空货运开通中国—巴西包机航线》，2022年3月10日，人民网—深圳频道（http://sz.people.com.cn/n2/2022/0310/c202846-35168132.html）。

[4] 国务院联防联控机制新闻发布会：《客机腹舱运输依然是我国航空货运的主要运输方式》，2020年3月29日，光明网（https://m.gmw.cn/baijia/2020-03/29/1301100407.html）。

[5] 南方都市报：《民航局：客机载货成本接近全货机3倍，将简化货运航线许可证审核》，2020年5月13日，搜狐网（https://www.sohu.com/a/394965478_161755）。

[6] 交通运输部：《2022年民航行业发展统计公报》，2023年5月30日，交通运输部网站（https://www.mot.gov.cn/fenxigongbao/hangyegongbao/202305/P020230530540257290212.pdf）。

"三大航司")① 的全货机多为宽体机，在国际货运航线中占据优势。随着中国快递公司的快速发展，民营航空公司的全货机机队也快速发展壮大。截至2022 年年底，顺丰航空全货机数量达到 77 架②，圆通自营航空机队数量为 11 架③。2022 年 8 月，京东航空获得中国民用航空局颁发的运行合格证，成为继顺丰、圆通之后国内第三家民营货运航空公司，京东航空的发展目标是2025 年拥有 114 架货机④。

三、航空物流枢纽服务能力突出，专业货运机场建设取得突破

（一）空港型国家物流枢纽建设稳步推进

2018 年 9 月，国家发展改革委、交通运输部联合印发《国家物流枢纽布局和建设规划》，提出选择具备一定基础条件的城市作为空港型国家物流枢纽承载城市，建设 23 个空港型国家物流枢纽。2019—2022 年，已有郑州、北京、深圳、天津、重庆、西安、南京、广州、成都共 9 个城市的空港被列入空港型国家物流枢纽建设名单⑤，占规划总数量的 39%。

2022 年，国家发展改革委印发《关于做好 2022 年国家物流枢纽建设工

---

① "三大国有航空物流公司"分别指中国国际货运航空有限公司（简称"国货航"）、东方航空物流股份有限公司（简称"东航物流"）、南方航空物流有限公司（简称"南航物流"）。三家公司分别隶属国务院国资委直接控股的三大集团公司，即中国航空集团有限公司（简称"中航集团"）、中国东方航空集团有限公司（简称"东航集团"）和中国南方航空集团有限公司（简称"南航集团"）。本章下文将使用"三大航司"作为"三大国有航空物流公司"的简称，并使用"国货航""东航物流""南航物流""中航集团""东航集团"和"南航集团"等相关简称。

② 陈云广：《2022，顺丰航空的当打之年》，2022 年 5 月 5 日，物流时代周刊公众号（https：//mp.weixin.qq.com/s?__biz=MjM5MTczMTM5Mw==&mid=2649952341&idx=1&sn=65a0625341fc40a4bc45ac5ad6731075&chksm=beb6abfb89c122ed2b243991d58f255e0742803191bc00b067d065c1488d51a4f33501f8c294&scene=27）。

③ 圆通速递：《2022 年度报告》，2022 年 4 月 25 日，圆通速递官网（https：//www.yto.net.cn/uploads/pdfs/1684464540555.pdf）。

④ 牛人牛话：《挑战顺丰、圆通，民营货运航空迎来新势力，2025 年将有 114 架飞机》，2022 年 9 月 17 日，网易新闻（https：//3g.163.com/dy/article/HHFRUFPH0511X1RK.html）。

⑤ 界面新闻：《国家发展改革委发布 25 个 2022 年国家物流枢纽建设名单》，2022 年 11 月 18 日，界面新闻官方账号（https：//baijiahao.baidu.com/s?id=1749824688228609838&wfr=spider&for=pc）。

作的通知》，指出 2022 年入选的空港型国家物流枢纽具有协同能力更强、多式联运功能突出、产业联动更加紧密三方面的显著特征。例如，广州空港型国家物流枢纽依托广州白云国际机场和综合保税区建设了亚太航空物流中心，并加强了与广州港口型国家物流枢纽、佛山生产服务型国家物流枢纽以及深圳空港型、港口型、商贸服务型国家物流枢纽的协同联动，积极打造服务粤港澳大湾区、辐射全球的航空物流门户网络。

（二）枢纽机场航空货运服务能力突出

中国枢纽机场完成的货邮吞吐量占比较大，货运服务能力突出。2022 年，国际航空枢纽完成货邮吞吐量 954.2 万吨，占全国货邮吞吐量的 65.67%；区域枢纽完成货邮吞吐量 438.1 万吨，占全国货邮吞吐量的 30.15%；非枢纽机场完成货邮吞吐量 60.7 万吨，占全国货邮吞吐量的 4.19%。货邮吞吐量 1 万吨以下的运输机场有 203 个，完成货邮吞吐量仅占全国货邮吞吐量的 1.50%[①]。

（三）专业货运机场建设取得零的突破

中国专业货运机场建设取得了零的突破。2022 年 11 月，由顺丰集团和湖北省政府共建的中国与亚洲第一座专业货运枢纽机场——鄂州花湖机场的货运航线正式开通运行。花湖机场投运后，后续建设项目也已完成融资准备，未来计划建设保税仓库、中转物流园区、国际货运口岸、空港综合保税区、国际多式联运综合服务信息平台等。此外，圆通航空在嘉兴市、京东物流在南通市的货运机场建设项目也在稳步推进。

---

① 中国民用航空局：《2022 年全国民用运输机场生产统计公报》，2023 年 3 月 16 日，中国民用航空局网站（http://www.caac.gov.cn/XXGK/XXGK/TJSJ/202303/t20230317_217609.html）。其中，国际航空枢纽、区域枢纽的统计范围参考《国家发展改革委 民航局关于印发全国民用运输机场布局规划的通知》（发改基础〔2017〕290 号），国际航空枢纽机场包括北京、上海、广州、成都、深圳、昆明、西安、重庆、乌鲁木齐、哈尔滨等；区域枢纽机场包括天津、石家庄、太原、呼和浩特、大连、沈阳、长春、杭州、厦门、南京、青岛、福州、济南、南昌、温州、宁波、合肥、南宁、桂林、海口、三亚、郑州、武汉、长沙、贵阳、拉萨、兰州、西宁、银川等；非枢纽机场为国际航空枢纽和区域枢纽之外的其他运输机场。

四、航空物流市场结构持续调整，邮政快递企业加码航空运输

（一）国有航空货运企业加快重组和上市步伐

国有航空公司通过货运板块独立、混改增资扩股和公开上市三步走实现公司重组和整合。新冠疫情爆发前，三大国有航空公司已迈开市场重组步伐，先是各自完成了货运板块的分离，形成国货航、东航物流、南航物流三大航司，进而加快推动三大航司混改，引入产业资本，提升物流竞争力。2017年6月，东航物流引入联想控股、普洛斯投资、德邦物流等投资者，共增资14.55亿元，增资扩股后非国有资本占股45%，核心员工持股10%。2020年11月，国货航引入菜鸟网络、深圳国际、国改双百发展基金等投资者，共计增资48.50亿元，合计占股31%。2020年12月，南航物流引入上海隐南、钟鼎远祥、国新双百壹号等共计8家股东，共增资33.55亿元，8家股东合计占股45%。在完成货运板块混改后，三大航司持续加快推动企业上市。2021年，东航物流完成A股上市；2022年，南航物流和国货航也开始进入上市辅导期。

（二）邮政快递企业不断扩大航空货运业务规模

2022年，中国邮政航空公司形成了以南京为枢纽中心、通达304个城市的货运网络，累计安全运行55.5万余小时[①]。顺丰航空已经成为国内机队规模最大的货运航空公司，2021年8月，顺丰集团收购了东南亚市场最大的第三方物流企业之一的嘉里物流，并与鄂州机场的东南亚物流航线形成协同，进一步落实了顺丰2022年以东南亚为核心的出海计划[②]。2022年12月，顺

---

① 中国民航网：《中国邮政航空公司2022年安全运行工作圆满收官》，2022年12月31日，中国民航网（http://www.caacnews.com.cn/1/6/202212/t20221231_1360169_wap.html）。

② 陈云广：《2022，顺丰航空的当打之年》，2022年5月5日，物流时代周刊公众号（https://mp.weixin.qq.com/s?__biz=MjM5MTczMTM5Mw==&mid=2649952341&idx=1&sn=65a0625341fc40a4bc45ac5ad6731075&chksm=beb6abfb89c122ed3d58f255e0742803191bc00b067d065c1488d51a4f33501f8c294&scene=27）。

丰航空投资 4.2 亿元成立四川添富航空公司，进一步扩展航空物流网络。此外，2022 年圆通连续引进了 7 架飞机，发力航空物流市场①。2022 年 8 月，京东航空获得中国民航局颁发的《航空承运人运行合格证》，正式投入运营。

此外，一些快递企业通过合作、投资等方式加紧布局航空物流市场。2022 年 8 月，极兔速递公司与海航货运公司签署了战略合作框架协议，双方已在全球范围内展开航空物流合作②。阿里巴巴集团也计划在 2023 年向土耳其投资超 10 亿美元，并在其伊斯坦布尔机场建立物流枢纽③。

五、无人机物流政策不断完善，试点工作稳步推进

在支线和"最后一公里"领域引入无人机物流，是全球物流发展的前沿领域。中国政府不断完善制度环境，鼓励企业积极推进无人机的多行业试点应用。其中，物流企业重点探索了无人机在支线运输、农村包裹快递和城市外卖等物流领域的多场景应用。

（一）政府积极出台相关文件支持无人机物流发展

中国政府积极制定和出台无人机领域相关政策和标准。早在 2013 年，中国民用航空局就出台了《民用无人驾驶航空器系统驾驶员管理暂行规定》，开始规范无人机的民用行为。2018 年 4 月，《民用无人驾驶航空器经营性飞行活动管理办法（暂行）》发布，标志着中国政府开始规范和支持无人机在物流等经营性领域的活动。2018 年 11 月，深圳市发布《深圳地区无人机飞行管理实施办法（暂行）》，标志着消费类无人机在深圳有了合法、合规的空域和使用渠道。此外，中国民航局还发布了《无人机围栏》《无人机云系统

---

① 电商君：《圆通成立航空公司，2022 年买下 7 架飞机》，2023 年 1 月 6 日，电商报（https：//www.dsb.cn/206880.html）。
② 电商君：《圆通成立航空公司，2022 年买下 7 架飞机》，2023 年 1 月 6 日，电商报（https：//www.dsb.cn/206880.html）。
③ 大数跨境：《阿里巴巴计划在土耳其投资 10 亿美元》，2023 年 1 月 16 日，搜狐网（https：//business.sohu.com/a/630876174_121478199）。

接口数据规范》等相关标准文件，进一步规范了行业应用。2022年1月，国务院发布《"十四五"现代综合交通运输体系发展规划的通知》，提出推广无人车、无人机运输投递。同年6月，中国民用航空局印发《"十四五"通用航空发展专项规划》，提出重点发展无人机应用。

（二）无人机物流试点工作稳步推进

通过建立区域无人机试验基地、颁发企业试运行牌照等方式，国家积极扩大无人机试点应用范围。2020—2021年，中国民用航空局陆续公布两批民用无人驾驶航空试验基地（试验区）名单，上海金山、浙江杭州、四川自贡等20个试验基地（试验区）入选。多个基地开始对海岛、城市、支线等不同物流场景进行无人机试点应用工作。同时，四川、湖南、海南、江西等省份正在推进低空空域管理改革试点，致力于建设城市低空公共航路网[1]。在企业试运行牌照方面，2020年12月，顺丰在粤港澳大湾区获批开展"低空无人机物流配送体系试点"[2]。2022年1月，顺丰旗下大型无人机公司丰鸟科技获得中国民用航空局正式颁发的全国首个支线物流无人机试运行经营许可证，成为全国首家可在特定场景下开展吨级大业载、长航时支线物流无人机商业试运行的企业。截至2022年8月，美团在深圳开通了无人机航线11条，为外卖顾客提供3公里15分钟的标准配送服务[3]。

（三）物流无人机发展路线图逐步明确

在一系列试点应用的基础上，我国进一步明确物流无人机的未来发展路线图。2022年8月，中国民用航空局对《民用无人驾驶航空发展线路图V1.0》公开征求意见，提出我国民用无人机应用的发展路径为"先载货后载客、先通用后运输、先隔离后融合"，主要任务包括"推广无人驾驶航空

---

[1] 黄琼：《国内无人机产值有望破千亿 物流龙头企业构建航空网络》，2022年7月24日，第一财经网（https：//www.yicai.com/news/101484221.html）。
[2] 深圳市无人机行业协会：《无人机物流在深先行先试，低空经济：新的万亿产业投资风口》，2023年1月8日，深圳特区报公众号（https：//mp.weixin.qq.com/s/2w-dDcz_W8QYR5mesCZBrQ）。
[3] 刘晓鹏：《美团无人机助力"最后三公里"配送》，《中国物流与采购》2022年第18期。

器物流配送，逐步扩大中小型无人驾驶航空器末端物流配送服务范围，开展城市无人驾驶航空器配送试点示范；探索大型无人驾驶航空器物流商业化和城市通勤短距离载人飞行试运行，形成现代化无人驾驶航空器物流配送网络"。

六、航空物流智慧化绿色化发展水平持续提升

（一）航空物流的智慧化发展水平不断提升

中国航空物流智慧化发展水平提升主要体现在不同流程数据打通、信息系统辅助监管和设施设备自动化三个方面。在流程数据打通方面，2022年5月，深圳国际贸易单一窗口航空物流公共信息平台投入使用，可对接货站、航司、货代、报关行等不同主体的信息系统，将物流上下游单证精准对接，申报人员跑现场申报的次数预计可由4次减至1次，有效降低企业成本[1]。

在信息系统辅助监管方面，广州白云机场是全国三大国际航空枢纽之一，位于广州白云机场附近的广东航空邮件处理中心则是全国三大国际邮件互换局之一，海关单日监管进出境邮件最高超70万件。广州海关在白云机场采用"智能审图"系统辅助通关物品查验，该系统采用动植物风险源CT智能审图检疫算法，可对进出境寄递物品中的水果、种子、肉、奶、蛋、花卉苗木等动植物类检疫风险源进行智能识别。2022年，广州海关应用"智能审图"在旅检和寄递渠道对1283万幅图像进行机检审图，查获各类违法违规案件共计181宗，同比增长19.1%[2]。

在设施设备自动化方面，鄂州花湖机场按照"云、场、车"一体化的设计理念，建设了"少人化"的停机坪。鄂州机场的升降平台车、平板车等设备采用自动化运作。机场在跑道下方埋设光纤传感器以实现全时、全域的信

---

[1] 金台咨询：《深圳空港航空物流公共信息平台投入使用》，2022年5月18日，人民网精选资讯官方账号（https：//baijiahao.baidu.com/s? id=1733125161209745090&wfr=spider&for=pc）。

[2] 广州日报：《广州海关"智能审图"促口岸通关高效畅通》，2023年2月5日，《广州日报》官方账号（https：//baijiahao.baidu.com/s? id=1756966232619807229&wfr=spider&for=pc）。

第十章　中国航空物流补短板与转型发展

息感知，并通过通信技术和云技术进行全场统一调度①。

（二）航空物流加快绿色低碳转型发展

近年来，航空物流企业从空中运输和地面物流两方面着手提升低碳发展水平。空中运输方面，各大航空公司通过降低非预期燃油携带比例，采用新机型提升设备燃油效率、试点采用低排放航空燃料、减少飞机滑行距离和等待时间等措施，降低碳排放水平。地面物流方面，机场和航空公司通过加强航站楼和货站的绿色节能设计，以及采用电动巴士、低碳排放型集疏运车辆等措施，实施节能减排。

例如，东航机队连续开展燃油成本专项管控，采用新型辅助动力装置（APU）提升燃油效率，优化飞机动力装置。同时，实施地面车辆"油改电"，地面保障车辆中的新能源车辆已超过1000辆，其中东航在北京大兴机场的地面保障车辆全部为新能源车辆②。又如，南航机队的平均机龄保持在6.5年左右，南航通过引进空客A320NEO、A321NEO等新一代高效机型，淘汰波音733、77A等老旧机型，提升机队整体航油使用效率③。

第三节　中国航空物流发展存在问题及主要短板

尽管中国航空物流已持续快速发展，但相较于发达国家还存在诸多发展短板和薄弱环节。在我国开启以中国式现代化全面推进中华民族伟大复兴的背景下，中国航空物流产业需要加快转型升级，构建能够满足市场需求的服务体系，补齐航空物流的发展短板。

---

① 王艺超：《智慧赋能丨鄂州机场少人机坪背后的智慧密码》，《中国民航报》2022年5月18日第8版。
② 民航资源网：《全国低碳日｜航司坚持"绿色飞行"，让地球不"碳"气！》，2021年8月25日，民航资源网公众号（https：//mp.weixin.qq.com/s/-l06QNd95hQAWHFietexeQ?）。
③ 赵瑜：《航空公司助力绿色发展大有可为》，2021年9月14日，中国民航网（http：//www.caacnews.com.cn/1/tbtj_/202109/t20210914_1330749.html）。

一、主体服务能力不强，机队规模与航线覆盖范围有待扩展

（一）航空物流企业全货机规模偏小

中国全货机存量规模总体偏小，已经成为制约航空物流专业化服务能力的短板之一。中国航空货运的主流依然是客机腹舱，全货机运量占比不足三分之一，与发达国家相比存在较大差距。2022年，全国航空公司全货机数量仅占全球总量的10%左右①。截至2022年4月，全国货机机队规模较大的国航、东航、南航、顺丰、邮政和圆通六家航空公司的全货机总数量约155架，同期美国的联邦快递公司和联合包裹公司拥有的全货机数量分别达到469架和288架②，远远超过中国六大航空货运公司的总和。

（二）国际货运航线覆盖范围有待扩展

我国国际货运航线网络建设仍然处于起步阶段，航空物流国际全货运网络尚未实现自主可控，不能较好地满足跨境电商、冷链运输等新兴消费需求。2019年年底，美国联邦快递航空货运航线通达211个国家和地区，空间上可覆盖全球99%的GDP产出范围，同期中国货运航线基础较好的顺丰速运仅有18条国际航线和210个海外网点③。整体上，我国国际航空货运网络布局多集中在东南亚和日韩地区，国际货运航线密度较低，全球连接能力只有美国和德国的一半。2021年疫情期间，由于客运腹舱运力减少，中国国际航空货运市场一度有60%的运力资源来自国外航空公司。

（三）航空物流市场主体的竞争力有待提升

中国航空物流市场主体数量不多，市场竞争力有待提升。截至2022年年

---

① 乔雪峰：《货机市场需求旺盛，未来20年中国货机数量将超过全球货机的20%》，2022年10月30日，人民网（http://finance.people.com.cn/n1/2022/1030/c1004-32554844.html）。

② 电商君：《极兔快递野心爆棚，布局全球航空物流》，2022年8月10日，电商报（https://www.dsb.cn/194105.html）。

③ 新华社客户端：《半月谈｜国际航空物流供应链：我国短板，却是当前全球产业重构的"基础设施"》，2020年10月10日，新华社客户端官方账号（https://baijiahao.baidu.com/s?id=1680153025754522392&wfr=spider&for=pc）。

底，中国仅有全货机航空货运企业 10 余家，数量偏少。货运航空公司的规模和服务能力也相对有限，整体竞争力有待提升。2022 年 8 月，国际航空运输协会（IATA）公布了 2021 年世界航空运输统计排名，联邦快递以 207 亿吨公里再度夺得世界第一，中国大陆地区仅有南航和国航进入全球航空公司货运量前 25 名，分别排在第 10 位和第 12 位。我国台湾地区的中华航空公司排在第 11 位[①]。

二、基础保障能力不足，枢纽建设和时刻配置有待提升

（一）专业货运枢纽发展水平有待提升

在鄂州花湖机场落成之前，我国境内运输机场（不含香港、澳门和台湾）共 248 个，均为专业客运机场或客货兼营机场。主要原因有以下两点。一是现阶段航空货运的规模效应和附加值不足，机场可持续运营的收益主要来源于航空客运，导致中国民航企业和机场形成了"重客轻货"的观念；二是传统中国市场的物流运输方式以成本导向的公路运输和海运为主，对价格较高的专业航空物流需求总体不足。但是，随着中国现代产业体系的发展和"质量强国"战略的实施，市场对时效性强、附加值高的航空物流需求逐步提升，由专业货运机场支撑运营的高水平航空物流网络将成为国家参与全球产业链重构的竞争力来源，专业货运机场发展水平亟待提升。

（二）货运航班时刻资源配置有待完善

很多机场的航班起降时刻资源分配不合理，主要表现为客运班次较多但旅客不足，大量货运需求却因货运航班班次少无法得到及时满足，甚至被迫选择公路等其他运输方式。据统计，我国货运航班数量仅为客运的 24%。以国际货运规模较大的浦东机场为例，机场货运航班时刻仅占 8%，且大多数货运时刻分布在凌晨 0—6 时，平均有效飞行时间只有 5 小时，仅为客运的一

---

① 看航空：《2021 全球 TOP 25 货运航空公司出炉》，2022 年 8 月 22 日，中国航空报社有限公司官方账号（https：//baijiahao. baidu. com/s？id = 1741842914244922424&wfr = spider&for = pc）。

半，难以满足货运需求①。

三、集疏运体系存在短板，航空货运亟待向全程物流转型

现代航空物流的发展趋势是按照客户需求提供定制化的"门到门"全程物流服务。我国航空物流企业提供的服务目前主要集中于航空运输中货物到达起运机场前的"头程物流"阶段和货物从目的地机场运抵客户指定场地的"尾程物流"阶段，中国航空物流服务体系仍然存在较为明显的短板。从货运服务向全程物流转型，是中国航空物流未来转型和补短板的重要内容。

（一）航空物流集疏运服务体系存在短板

首先，头程物流阶段的集运体系有待完善。随着航空货运规模的扩大，机场周边航空货站服务能力、海关出口清关服务能力等需要进一步提升。从货主仓库到机场货站的物流运输阶段，需要更多符合航空作业要求的专业物流企业，提供面向医药、电子、跨境电商包裹及生鲜食品等适空产品的定制化物流服务。同时，航空货运代理企业在货源组织、运输组织、打板装箱、订舱报关等方面的服务水平也需要进一步提升，并实现与国际航空货源标准对接。

其次，在尾程物流阶段，航空货物的在港处理、疏港运输等环节也存在短板。一是基础设施保障能力相对薄弱，服务功能不全。很多机场货站缺乏对生鲜、冷链产品的暂养、低温暂存和快速分拨处理能力；缺乏保税仓、奢侈品保险库等专业仓储服务；缺乏对国际邮件和快递集中分拨处理的能力。二是国际货物通关效率不高。机场口岸、海关、检验检疫的整体时效和协同能力仍有待提升，一些智慧型、创新型通关模式，如单一窗口、以信用为基础的通关模式等也有待推广。三是疏港运输方式单一、多式联运发展水平滞

---

① 新华社客户端：《半月谈｜国际航空物流供应链：我国短板，却是当前全球产业重构的"基础设施"》，2020年10月10日，新华社客户端官方账号（https://baijiahao.baidu.com/s? id = 16801530257 54522392&wfr = spider& for = pc）。

后，服务能力有待提升。目前航空物流公司开发的疏港运输方式主要为公路卡车航班。除公路外，空水联运和空铁联运项目较少①，设施和服务体系发展也相对滞后②，很难通过多式联运"一票到底"的服务发挥协同效应。

（二）现代航空物流的全程服务能力有待提升

除了头程和尾程物流阶段的短板，中国航空物流企业还缺乏整合服务和一体化供应链服务能力。据统计，目前部分航空货物在进出港机场货站的处理时间占航空运输总时间的80%左右③，反映出航空运输作业的堵点集中在机场枢纽的场站作业中，需要通过对全程物流的统一专业化设计和协调，整体实现航空物流全程服务的提质增效。此外，我国航空全程物流的头程物流总时间约占34%，干线运输时间仅约占8%，尾程物流时间约占58%④，反映出航空物流的全程作业中，除空侧干线运输之外，陆侧物流服务水平仍然是航空物流的短板所在，也是航空物流服务全程服务补短板的重要着眼点。

四、数字化发展水平不高，部分领域仍存在低碳发展短板

（一）航空物流数字化智慧化水平有待提升

我国航空物流的数字化和智慧化发展水平有待提升。一是航空物流市场主体的信息化水平不均衡，部分机场、航司信息化建设滞后，能力不足。二是航空物流各主体数据对接不足，各自的信息系统相对独立，数据接口、格

---

① 这里提及的空水联运项目是指以国内机场为尾程联运枢纽节点的项目。从全球范围来看，中国物流企业（不限于空运企业）参与的不以中国机场为枢纽机场的空海国际多式联运项目较多。如从中国主要海港经水路运输到阿联酋迪拜机场，再通过国际航班运输到非洲大陆相关机场；从中国主要港口经水路运输到韩国仁川，再通过仁川国际机场的国际航班运输至欧洲或者美国；从中国主要港口经水路运输至美国洛杉矶或迈阿密，再通过航班运输至中南美洲，等等。空铁联运方面，国家积极推动空铁联运等综合运输体系发展，很多项目也在运营或建设过程中，但整体项目数量和运营规模相对偏小。
② 喜崇彬：《新格局下我国航空物流发展现状及未来》，《物流技术与应用》2021年第4期。
③ 喜崇彬：《航空物流如何建设智慧化体系》，《物流技术与应用》2021年第11期。
④ 杨娟、王芳、王巍：《天府国际机场大通关体系规划方案研究》，《物流工程与管理》2019年第1期。

式及信息交换标准不统一，信息孤岛现象严重。三是货运站、机场、海关相关设施设备的数字化、智慧化水平仍有待提升。四是航空物流公共信息平台的整合度不高，政府部门之间尚未建立数据共享机制，没有实现数据互联互通，还不能有效支撑物流链条化运营和监管。例如，2021年，海关总署开始航空物流公共信息平台试点建设工作，但目前仅有南航和海航两家公司实现了与海关总署物流平台的直连对接[①]。整体来看，智慧物流在电商快递和供应链领域的应用远高于在航空物流领域的应用[②]，航空物流的智慧化发展依然任重道远。

（二）航空物流部分领域仍存在低碳发展短板

中国航空物流的绿色低碳发展在部分领域仍然存在短板。从行业运行看，航空公司和机场在清洁燃油利用、设施设备减排、地面物流作业减排等方面有待系统性提升，需要持续推进绿色低碳技术应用和提升航空物流全程的绿色化发展水平。从政策保障看，政府也需完善对航空物流碳排放的监测、报告和核查机制，完善行业能耗与排放的核算统计制度，并强化减污降碳的指标管理[③]。

第四节　中国航空物流转型发展展望

中国式现代化建设需要中国航空物流发展的支撑。随着中国经济持续、稳定、健康发展，中国航空物流规模和服务能力将持续增长，航空网络体系自主可控能力将大幅提升，航空物流信息化智慧化水平将显著提升，"航空强国"战略将进一步取得建设成效。

---

① 电商报：《海航货运与海关总署物流平台实现企业直连对接》，2022年12月7日，电商报（https：//www.dsb.cn/news-flash/106079.html）。
② 喜崇彬：《航空物流如何建设智慧化体系》，《物流技术与应用》2021年第11期。
③ 中国民用航空局、国家发展改革委、交通运输部：《"十四五"民用航空发展规划》，2021年12月14日，中国民用航空局网站（http：//www.caac.gov.cn/XXGK/XXGK/FZGH/202201/t20220107_210798.html）。

一、航空物流规模和服务能力将持续增长

随着中国经济持续、稳定、健康发展，航空物流的总体业务规模和服务能力将获得持续增长。按照《"十四五"航空物流发展专项规划》提出的目标，预计"十四五"时期航空货邮运输量将保持快速增长，年均增速可达7.0%。2025年航空货邮运输量可达950万吨，其中国际航空货邮运输量达330万吨，在全球主要经济体中位于前列。全球航空货运网络持续拓展，有效支撑"全球123快货物流圈"建设[①]。同时，全国3家航空公司进入全球货邮周转量排名前10位。

二、安全可靠、自主可控的航空货运网络将逐步形成

为应对复杂多变的国际形势，确保国家产业链供应链稳定安全，中国将强化多元力量统筹，培育多家能力多元、资源共享、运行协同的本土化航空物流企业，提升我国航空物流企业的整体竞争力，并以此构建安全可靠、自主可控的航空货运网络。"十四五"期间，预计实现中国大陆航空企业在中国国际货运市场份额不低于40%的目标，联通国家数量持续增加，国际物流链条加快延伸。我国将在重要战略通道布局建设一批海外货站、转运中心、海外仓，与境内外大型物流集成商、地面配送企业、金融机构等加强合作，提升航空物流链条的风险防控能力。

三、航空物流信息化智慧化水平将显著提升

"十四五"期间，中国将着力在加快现代化技术装备研发、推广应用智能设施、推广货运电子化、促进物流信息互联互通等方面建设智慧航空货运

---

① 2021年2月，中共中央、国务院印发了《国家综合立体交通网规划纲要》，提出到2035年基本建成"全球123快货物流圈"，即中国国内1天送达、周边国家2天送达、全球主要城市3天送达。

体系；充分发挥无人机在交通不便地区物流配送的技术优势，提升无人机物流在快递进村、脱贫攻坚、助力产业升级方面的作用。同时，在航空物流新基础设施建设方面，我国将加强港区联动平台建设，建立港区联动管理平台，实现机场与综合保税区、自由贸易试验区等一体化运营；在机场推广无人驾驶牵引车运输，构建机场货物无人运输的操作规范、运行维护、安全监管等行业标准；推进实施货检信息化工程和航空物流全流程跟踪工程。

四、"民航强国"将取得建设成效

到 2035 年，中国"民航强国"建设将取得阶段性成效，航空物流体系将逐步完善，具有国际竞争力的航空物流企业将成长壮大，国际航空物流网络将更加健全，综合保障能力将大幅提升，治理能力将显著增强，有效支撑物畅其流。航空物流对区域经济和实体产业实现高质量发展的支持保障更加有力，引领作用更加突出，为加快形成新发展格局、构建高水平对外开放、保障国家经济安全奠定更加坚实的基础。

第十一章　国家安全战略背景下中国大宗商品物流发展的新举措与新趋势

大宗商品供应安全是国民经济平稳运行的重要支撑，也是国家安全和政治稳定的重要保障。近年来，随着国内外环境的深刻变化，我国来自各方面的风险挑战明显增多，大宗商品物流作为保障大宗商品稳定供应的重要支撑，在国家安全体系中的地位持续上升。为此，我国正在加快建设安全可靠的国际大宗商品物流基础设施，不断完善畅通稳定的大宗商品物流通道，持续提升自主可控的大宗商品货运能力。同时，积极培育壮大具有国际竞争力的行业龙头物流企业，加快打造畅通高效的多式联运体系，稳步推进大宗商品应急保障体系建设，大力推动物流数字技术赋能大宗商品安全高效流转。未来，我国还将持续加强大宗商品进口储备基地建设，加速推进大宗货物运输"公转铁、公转水"发展，加快大宗商品物流数智化转型升级。

第一节　国家安全战略对中国大宗商品物流发展的新要求

大宗商品涉及能源化工、金属矿产、农林牧渔等重要领域，是国民经济发展的基石。大宗商品供应安全事关民生福祉和宏观经济大盘，是构建新发展格局的重要基础。大宗商品物流是保障大宗商品供应稳定的重要支撑，对维护国家安全具有重要意义。党中央、国务院多次强调要高度重视国家安全，并对我国大宗商品物流发展提出了一系列新要求。

一、国家安全战略的提出

统筹发展和安全，增强忧患意识，做到居安思危，是我们党治国理政的重大原则。党中央、国务院一直高度重视国家安全问题，多次强调要提升国家各领域的安全治理水平。2013年11月，党的十八届三中全会决定成立中央国家安全委员会，完善国家安全体制和战略。2014年4月，习近平总书记在国家安全委员会第一次会议上首次提出总体国家安全观，揭示了国家安全的本质和内涵，并重点强调了包括资源、能源、粮食安全等非传统安全领域的重要性。2015年7月，第十二届全国人大常委会第十五次会议正式通过《中华人民共和国国家安全法》，以法律形式正式确立总体国家安全观，并要求对资源能源运输通道建设、粮食储备流通制度加以完善。2017年2月，习近平总书记在国家安全工作座谈会上强调要牢固树立和认真贯彻总体国家安全观，并要求提高交通运输与重点资源能源的储备能力。同年10月，中国共产党第十九次全国代表大会将坚持总体国家安全观纳入新时代坚持和发展中国特色社会主义的基本方略，并写入党章。

新冠疫情发生后，各国产业链供应链受到巨大冲击，保障产业链供应链安全成为各国重要战略目标以及增强国家安全能力的关键环节。同时，面对中华民族伟大复兴战略全局和世界百年未有之大变局，习近平总书记指出要"在发展中更多考虑安全因素，努力实现发展和安全的动态平衡，全面提高国家安全工作能力和水平"。2020年10月，党的十九届五中全会通过《中共中央关于制定国民经济和社会发展第十四个五年规划和二〇三五年远景目标的建议》（以下简称《建议》），首次把统筹发展和安全纳入"十四五"时期我国经济社会发展的指导思想，强调要加强国家安全体系和能力建设，统筹传统安全和非传统安全，筑牢国家安全屏障。《建议》还对推动大宗商品物流发展、完善能源产供储销体系做出重大部署，并提出要提升清洁能源储运体系、完善传统能源跨区域运输通道和集疏运体系及油气互联互通网络。2021

第十一章　国家安全战略背景下中国大宗商品物流发展的新举措与新趋势

年11月，中共中央政治局召开会议审议《国家安全战略（2021—2025年）》，会议指出，新形势下维护国家安全，必须牢固树立总体国家安全观，加快构建新安全格局，同时，强调要增强产业韧性和抗冲击能力，确保粮食安全、能源矿产安全。

2022年2月，乌克兰危机爆发，能源、原材料、农产品等大宗商品价格剧烈波动，前期受疫情重创的全球供应链再受打击，大宗商品产业链供应链安全进一步受到国家高度重视。2022年10月，党的二十大报告中17次强调国家安全，报告还特别增加国家安全篇幅，内涵包括"粮食、能源资源、重要产业链供应链安全"等。2023年3月，习近平总书记在第十四届全国人民代表大会第一次会议上对国家安全战略做出重大部署，强调要贯彻总体国家安全观，健全国家安全体系，增强维护国家安全能力，以新安全格局保障新发展格局。

二、国家安全战略对大宗商品物流提出新要求

（一）要求打造安全可靠的国际物流体系，保障大宗商品供应安全

安全可靠、畅通高效的国际大宗商品物流体系是保障我国大宗商品供应安全、稳定社会发展以及提升国家安全治理水平的重要支撑。目前，我国已成为全球第一大石油、液化天然气（LNG）、粮食和铁矿石进口国，对粮食、能源、矿石等大宗商品进口依赖程度较高。2022年，我国分别进口原油、天然气5.08亿吨和1.09亿吨，对外依存度分别高达71.2%和40.2%[1]；全年累计进口粮食1.47亿吨，相当于2022年国内粮食总产量的21.4%[2]；铁矿砂及其精矿进口量为11.1亿吨[3]。但是，我国大宗商品物流体系仍存在国际物

---

[1] 新华网：《中国油气产业分析与展望系列蓝皮书发布》，2023年4月15日，新华网（http://www.xinhuanet.com/energy/20230415/d94b8af9ba7140c3a17d5136283049a2/c.html）。

[2] 第一财经：《2022年粮食进口量较上年下降，进口占国内粮食总产量21.4%》，2023年1月14日，第一财经官方账号（https://baijiahao.baidu.com/s?id=1754991639045930974&wfr=spider&for=pc）。

[3] 中商产业研究院：《2022年中国铁矿砂及其精矿进口数据统计分析》，2023年2月8日，中商情报网（https://www.askci.com/news/data/maoyi/20230208/1755582675850158137715 52.shtml）。

流基础设施相对薄弱、国际运输网络不完善、物流行业国际竞争力不高等问题。因此，为保障我国大宗商品物流稳定畅通，维护国家产业安全，要求我国拥有安全可靠的大宗商品物流运输基础设施，覆盖不同运输方式、不同地区的多元化、创新型大宗商品物流通道网络和自主可控的国际货运能力，以及一批具有国际竞争力的现代大宗商品物流企业，从而形成安全可靠、畅通全球的大宗商品国际物流体系。

（二）要求建设安全高效的国内物流体系，提升大宗商品运输效率

大宗商品物流链是支撑国家生产建设、保障民生福祉的"大动脉"，安全高效的国内大宗商品物流体系对保障战略物资高效转运、维护稳定的生产生活秩序具有重要作用。目前，我国大宗商品物流仍存在综合运输网络不完善、运输结构不合理、不同运输方式衔接转换效率低等问题。因此，为提高大宗商品运输效率，增强国家生产生活保障能力，要求我国依托具备条件的国家物流枢纽发展现代化大宗商品物流中心，加快大宗商品货运枢纽布局建设，完善集装箱公铁联运衔接设施建设，健全港区、园区等集疏运体系；充分整合利用不同运输资源的优势，开展多式联运，加快大宗货物运输"公转铁""公转水"，发展铁路散粮运输、棉花集装箱运输、能源和矿产重载运输等，从而打造安全高效的国内大宗商品物流体系。

（三）要求大宗商品物流加速数字化升级，赋能大宗商品供应安全高效

在数字经济背景下，大宗商品物流体系的数字化是构建高效大宗商品供应链体系、维护产业安全的重要途径，也是畅通国民经济循环、促进国内国际双循环的重要驱动因素。目前，我国大宗商品物流仍存在信息不对称、信息技术应用水平不高等问题。大宗商品物流作为连接重要行业生产和大宗交易活动的关键节点，应加速数字化转型升级，积极探索发展大宗商品的电子仓单、提单，构建衔接生产流通、串联物流贸易的大宗商品供应链服务平台；要用数据量化、追踪、管理路线规划、车货匹配、在途运输等运营要素，提高大宗商品物流运输效率；要加强人工智能、数字孪生等技术的应用，促进智慧物流枢纽、数字仓储等新型基础设施建设，提升大宗商品物流的数字化、

智能化、信息化水平，为大宗供应链的安全稳定提供保障。

（四）要求完善大宗商品应急物流保障体系，提升大宗商品应急安全能力

应急物流是指为应对严重自然灾害、突发性公共卫生事件、公共安全事件及军事冲突等突发事件而对物资、人员、资金的需求进行紧急保障的一种特殊物流活动，具有突发性、弱经济性、不确定性和非常规性等特点。加快构建和完善大宗商品应急物流体系，对保障国家公共安全具有重要意义。目前，我国大宗商品应急物流仍存在应急基础设施不完善、运输效率低下、保障水平可靠性低等问题。因此，提升国家大宗商品应急保障安全能力，要求完善大宗商品应急物流基础设施，既要推动现有物流设施嵌入应急功能，又要加强大宗商品新型应急基础设施建设。同时，要建立专常兼备的大宗商品应急物流管理体系，提升大宗商品应急储运能力，保障大宗商品应急安全。

第二节　国家安全战略背景下中国发展大宗商品物流的新举措

为维护国家安全，保障大宗商品流通稳定畅通，维护大宗商品供应安全，中央部门、各级政府、各类企业积极采取多项措施，构建大宗商品物流新发展格局，赋能国家安全战略。这些措施主要包括加快建设安全可靠的国际大宗商品物流基础设施，不断完善畅通稳定的大宗商品物流通道；持续提升自主可控的大宗商品货运能力，培育壮大具有国际竞争力的龙头物流企业；加快打造畅通高效的多式联运体系，稳步推进大宗商品应急保障体系建设，大力推动物流数字技术赋能大宗商品安全高效流转。

一、加快建设安全可靠的国际大宗商品物流基础设施

基础设施是现代物流体系的重要组成部分，也是国际大宗商品物流安全稳定的重要保障。我国积极完善海外物流基础设施布局，加快建设大宗物资专业化码头，大力推进大宗物资进口储备基地建设。

一是积极完善海外物流基础设施布局。2018年4月，中国招商局港口控股有限公司完成对巴西巴拉那瓜集装箱码头的收购。该码头是巴西第二大集装箱码头，也是大豆、木材等巴西大宗商品出口至中国的重要启运码头[①]。2022年12月，中国宝武与赢联盟、力拓几内亚子公司Simfer和西非几内亚政府共同签署《西芒杜基础设施项目条款清单》，标志着各方就西芒杜铁矿整体开发所需的铁路、港口等基础设施的共同投资开发达成了重要合作共识。该矿为世界级的大型优质露天赤铁矿，对提高我国铁矿石资源保障水平具有重要的战略意义[②]。

二是加快建设大宗物资专业化码头。2021年7月，青岛港董家口原油码头二期、液体化工码头投产运营，推动青岛港加快打造国际原油中转分拨基地。其中，原油码头二期年设计通过能力2550万吨，包括一座30万吨级油品泊位和一座10万吨级油品泊位；液体化工码头年设计通过能力353.6万吨，包含5万吨级和2万吨级液体化工品泊位各1个[③]。2022年9月，国家粮食现代物流（武汉）基地码头二期工程开工建设，该项目建成后将具备每年400万吨粮食的进出口能力[④]。2023年2月，国家管网集团深圳天然气码头改扩建工程竣工验收。该码头可经营0.6万—26.6万立方米的LNG运输船和加注船的靠泊、装卸作业，并新增30万吨/年的装船能力，充分保障民生用气及粤港澳大湾区高质量发展[⑤]。

三是大力推进大宗物资进口储备基地建设。2020年11月，宁波舟山港与

[①] 人民日报：《互联互通带来中巴双赢》，2018年4月9日，人民日报社（https：//baijiahao. baidu. com/s？ id ＝1597253338273865060&wfr ＝spider&for ＝pc）。

[②] 吴丹璐：《宝武入局世界级铁矿又有新进展：多方就基础设施投资达成合作共识》，2022年12月25日，上观新闻（https：//www. shobserver. com/staticsg/res/html/web/newsDetail. html？ id ＝565302&sid ＝67）。

[③] 中华新网：《董家口港原油码头二期泊位投运》，2021年8月4日，中国危化品物流网（ht-tp：//www. hcls. org. cn/article/97133. html）。

[④] 潇湘晨报：《阳逻粮食码头二期工程开工，未来每年可进出口粮食400万吨》，2022年9月29日，潇湘晨报官方百家号（baijiabao. baidu. com/s？ id ＝1745300187002173576&wfr ＝spider&for ＝pc）。

[⑤] 深圳特区报：《华南首家！深圳LNG加注船首次靠泊装船顺利完成》，2023年2月11日，深圳特区报社（https：//baijiahao. baidu. com/s？ id ＝1757463927776121475&wfr ＝spider&for ＝pc）。

巴西淡水河谷国际有限公司签约,合作建设西三区码头及配套堆场与设施项目,打造集铁矿石装卸、中转、储备、交易、保税物流等多种功能于一体的国际铁矿石物流基地。舟山岙山岛是全国最大的国家石油储备基地和商用石油中转基地,2022年4月,中化兴中公司的岙山基地六期扩建项目正式交工验收。该项目共建14座燃料油储罐,总容量41万立方米,进一步提高了全岛储备能力[1]。2023年2月,广西(中国—东盟)粮食物流产业园部分项目已投入使用,园区建成后将有效打通东盟国家粮食进口到国内、国内粮食出口到东盟的双向物流枢纽渠道,推动构建更为紧密的中国—东盟粮食命运共同体[2]。2023年4月,中央储备粮秦皇岛直属库有限公司海港粮食储备基地项目一期顺利通过竣工验收。该项目是落实国家保障粮食能源安全的重点建设项目,一期总投资7亿元,建成20座共计25万吨仓容大直径筒仓[3]。

二、不断完善畅通稳定的大宗商品物流通道

畅通稳定的大宗商品物流通道,是维护国家安全的重要支撑。我国积极拓展高效直达的大宗商品海运通道,不断完善互联互通的大宗商品铁路通道,持续构建外通内畅的油气管网。

一是积极拓展高效直达的大宗商品海运通道。粮食方面,2016年2月,美洲至日照港首条大豆散货班轮航线开通,年发运量600万吨,搭建起从全球最大粮食生产地到全球最大粮食进口口岸的高速通道[4]。2023年1月,首艘进入长江的巴西进口玉米运输船在江阴港安全靠泊,标志着我国从巴西进

---

[1] 中化能源:《中化兴中六期扩建项目正式交工验收》,2022年4月27日,中国化工官网(https://www.sinochem.com/s/16245-48676-160659.html)。

[2] 中国日报网:《中缅"海陆公"新通道助力缅甸粮食进口中国》,2022年1月2日,中国日报网(https://yn.chinadaily.com.cn/a/202201/02/WS61d14f67a3107be497a00557.html)。

[3] 朱旭东:《中储粮海港粮储基地项目一期竣工》,2023年4月28日,新华网(http://www.news.cn/photo/2023-04/28/c_1129577264.htm)。

[4] 郝雪莹:《美洲至我国首船大豆散货班轮抵达日照港》,《大众日报》2016年3月22日第9版。

口玉米进入长江渠道完全打通，对我国玉米供应渠道实现多元化具有重要里程碑意义。作为"北粮南运"第一港的锦州港，近年来陆续开设了广西、漳州、靖江等 6 条散粮班轮航线，覆盖南方沿江沿海主要港口，发挥了畅通国家粮食海上通道的重要枢纽作用①。能源方面，2017 年 9 月，连接卡塔尔哈马德港与中国上海港的新直航线路"中国海湾快线"开通，用于进口 LNG 和石化产品。2023 年 2 月，我国与澳大利亚煤炭进口航线实现重启，湛江、连云港等港口先后靠泊澳洲煤炭船，拓展了能源多元化进口渠道，进一步保障了我国能源安全。铁矿石方面，2016 年 8 月，几内亚至烟台港远洋矿石航线开通，开拓了中非之间高效便捷的海上"黄金通道"。依托该航线，烟台港已成为中国最大的铝矾土矿接卸港，2020 年烟台港铝矾土矿吞吐量达到 1.2 亿吨②。

二是不断完善互联互通的大宗商品铁路及铁水联运通道。煤炭、矿石通道方面，2019 年 9 月，世界最长运煤专线浩吉铁路（内蒙古浩勒报吉—江西吉安）通车运营，填补了我国北煤南运、陆路直达、大能力运输通道的空白。2022 年 7 月，中蒙乔巴山—毕其格图新建铁路项目正式开工建设；9 月，中蒙跨境铁路塔旺陶勒盖—嘎舒苏海图铁路正式开通；11 月，中蒙宗巴彦—杭吉铁路建成通车，为我国进口蒙俄的煤炭、铁矿石等大宗物资开辟了重要通道。2023 年 4 月，首趟浩吉铁路与陇海铁路跨线货物列车正式开行，标志着浩吉、陇海铁路两大煤炭通道实现互联互通。跨境铁路通道方面，2021 年 12 月，中老铁路全线通车运营，首趟运载天然橡胶等物资的货运列车由老挝万象抵达昆明，助力构建便捷高效的橡胶物流通道。2023 年 3 月，中泰铁路一期工程进入全面建设阶段。该铁路是我国与东南亚国家进行大宗商品国际贸易的"黄金动脉"，建成后可进一步提高我国与东南亚国家的铁路互联互通

---

① 东北新闻网、北斗融媒：《港口雄开万里流 | 锦州港："北粮南运"第一港》，2022 年 8 月 17 日，东北新闻网（http://liaoning.nen.com.cn/network/liaoningnews/lnnewsyuanchuang/2022/08/17/414414992658404088.shtml）。

② 杨兵、王娇妮：《几内亚至中国海上班轮航线运量创新高》，2021 年 3 月 22 日，中国新闻网（https://www.chinanews.com.cn/ny/2021/03-22/9437888.shtml）。

水平。铁水联运通道方面，山东省济宁市梁山港上连"晋陕蒙"能源基地，下达京杭运河"江浙沪"经济带，是目前京杭大运河通航河段最北端的港口，也是山东省最大的内河港及山东省储备煤基地。2021年4月，梁山港公铁水多式联运通道正式通航，成为连接中西部煤炭、粮食产地和长三角经济带的重要通道。2021年8月，中缅印度洋新通道海路公路铁路联运试通首发成功。通过该通道，欧洲、非洲、中东及南亚各国货物从仰光港上岸，通过陆路运输，从临沧清水河口岸进入中国，再经铁路运输进入内地。目前该通道已成为我国向南亚、东南亚出口化肥以及自缅甸进口粮食等大宗商品的新通道。中欧班列方面，2022年4月，中欧班列（长江号）首趟锌精矿专列自俄罗斯抵达武汉，为中俄锌矿贸易运输开辟了新的物流通道[1]。2022年5月，曹妃甸首趟经满洲里口岸直达俄罗斯班列顺利发车，回程进口俄罗斯大豆、玉米、小麦、亚麻籽、菜籽油、大麦等大宗商品，形成"重去重回"钟摆式运输通道，助力"新粮食陆路走廊"建设。2023年2月，中欧班列（江苏号）首列苏粮集团回程专列满载100个标准集装箱的俄罗斯进口大豆抵达南京龙潭铁路专用场站。此外，合肥、武汉、甘肃、广州等地也相继通过中欧班列进口小麦、大麦等大宗商品，完善了我国粮食进口通道。

三是持续构建外通内畅的油气管网。进口油气方面，2017年6月，中缅油气管道全线投产。该管道南起缅甸Kyaukpyu港，经瑞丽市入境我国。入境后，输油管道继续向北抵达云南昆明，输气管道转向东南，终点为广西贵港。2019年12月，中俄东线天然气管道正式投产通气。该管道已累计向国内输送天然气超300亿立方米，大幅提升了东北、华北及华东地区天然气保供能力[2]。截至2022年，中国—中亚天然气管道ABC三线已通气投产，以土库曼

---

[1] 汪文汉：《锌矿行业贸易运输又添新通道，中欧班列（长江号）首趟锌精矿专列抵汉》，2022年4月12日，武汉长江日报传媒集团有限公司官方账号（https://baijiahao.baidu.com/s?id=1729879230386312391&wfr=spider&for=pc）。

[2] 央视网：《中俄东线日输气量超6000万立方米　开启冬季保供模式》，2023年1月2日，央视网（https://news.cctv.com/2023/01/02/ARTIhwHG9w4Mz12mXnZUtCQ5230102.shtml）。

斯坦复兴气田为气源的 D 线管道正在铺设，预计修建完成后中亚天然气管道每年从中亚国家输送到国内的天然气将占中国同期消费总量的 20% 以上①。2022 年 12 月，中俄东线天然气管道工程山东泰安至江苏泰兴段正式投产，标志着我国东部能源通道全面贯通，来自西伯利亚的清洁能源，经东北三省、京津冀、环渤海南下抵达上海，为我国东部地区能源保障和高质量发展注入强劲动力。国内调配方面，2021 年 4 月，国家天然气基础设施互联互通重点工程——蒙西天然气管道一期工程（天津—河北定兴）开工建设。该项目建成后可实现陕京二线、三线、中俄东线等干线管道以及沿线大港、华北、苏桥等储气库群的互联互通，有力保障华北地区天然气的供应安全。2021 年 9 月，西气东输三线中段天然气管道中卫二站开工建设，该项目对进一步完善我国中东部地区管网布局，构建中国天然气管网"五纵五横"新格局和加快完善"全国一张网"具有重要意义。

三、持续提升自主可控的大宗商品货运能力

大宗商品物流对运力资源的依赖较强，自主可控的运力保障对大宗商品供应安全具有重要作用。为此，我国持续扩大大宗商品国际航运运力，不断提高港口码头大宗商品接卸效率及大宗商品铁路重载化水平，大力强化油气管网传输能力。

一是持续扩大大宗商品国际航运运力。2018 年 3 月，中船重工武船集团建造的世界最大的 40 万吨超大型矿砂船"ORE TIANJIN"号完成交付，用于巴西—中国航线铁矿石运输。2021 年 9 月，中远海运散运定制的 16 艘 21 万载重吨 Newcastlemax 型散货船全部交付，用于进口非洲新几内亚铝土矿航线。2023 年 2 月，深圳市燃气集团股份有限公司定制的第一艘 8 万立方米 LNG 运输船"大鹏公主"号正式交付。该船总长 239 米，型宽 36 米，运力近 8 万立方米，是深圳市属国企第一艘 LNG 运输船，也是全球最大的浅水航道 LNG

---

① 孙少雄、杨皓、孙振楠：《夯实向西开放桥头堡》，《瞭望》2023 年第 4—5 期。

船。截至 2022 年年底，中远海能拥有 LNG 船订单 21 艘，累计 365 万立方米[1]；招商轮船拥有油轮订单 4 艘，累计 65 万载重吨，LNG 船订单 23 艘，累计 187 万载重吨[2]。

二是不断提高港口码头大宗商品接卸效率。南沙粮食通用码头是珠江西岸最大型化、专业化的粮食码头。截至 2021 年 5 月，该码头共拥有 6 个深水泊位，2 台 1200 吨/时的卸船机，20 台起吊能力 40 吨的门机，日最高卸船能力超过 5.7 万吨，码头年粮食接卸能力超过 1000 万吨[3]。截至 2022 年年底，深圳港投入运营 3 座 LNG 接收站，在建 1 座，是目前我国唯一规划四座接收站的港口，接收站储气能力达 136 万立方米[4]。截至 2023 年 1 月，宁波舟山港历年累计接卸全球最大的 40 万吨矿船达 300 艘次，全卸最快纪录刷新至 37.08 小时[5]。截至 2023 年 3 月，青岛港董家口港区 LNG 码头累计接卸 LNG 船舶 140 船次，LNG 接收站累计接卸量突破 1000 万吨，年接转能力达 900 万吨[6]。

三是持续提升大宗商品铁路重载化水平。大秦铁路是中国境内首条双线电气化重载铁路，拥有每列长达 2.6 公里、总重 2.1 万吨的重载列车约 63 辆，平均日开行 90 趟重载列车，日运量达 130 万吨，其煤炭运量占国家铁路煤运总量的 1/5[7]。朔黄铁路作为国内两条规模化、常态化开行 2 万吨列车重

---

[1] 中远海能：《2022 年年度业绩推介 PPT》，2023 年 4 月 3 日，中远海能官网（https://energy.coscoshipping.com/module/download/down.jsp?i_ID=318116&colID=19517）。

[2] 招商轮船：《招商局能源运输股份有限公司 2022 年年度报告》，2023 年 3 月 30 日，上海证券交易所官网（http://static.sse.com.cn/disclosure/listedinfo/announcement/c/new/2023-03-30/601872_20230330_PN7R.pdf）。

[3] 人民资讯：《建大湾区最大粮食码头，广州港粮食通过能力将超 3500 万吨》，2021 年 5 月 20 日，人民科技官方账号（https://baijiahao.baidu.com/s?id=1700276177734367940&wfr=spider&for=pc）。

[4] 易东：《深圳港 LNG 接卸量全国首位》，《深圳特区报》2023 年 1 月 20 日第 A04 版。

[5] 周晖：《300 艘次！浙江宁波舟山港接卸 40 万吨"巨无霸"矿船创新高》，2023 年 1 月 30 日，人民号（https://rmh.pdnews.cn/Pc/ArtInfoApi/article?id=33670374）。

[6] 董梅雪、杨立鹏：《董家口 LNG 接卸量 突破千万吨大关》，2023 年 3 月 7 日，西海岸信息港（https://www.xihaian.tv/article/article_3634.html）。

[7] 韩荣：《大秦铁路累计货运量突破八十亿吨》，2023 年 2 月 19 日，中国科技网（http://www.stdaily.com/index/kejixinwen/202302/1dcccf667bee4855a2d8fe4ed49ed9f2.shtml）。

载铁路之一，自 2016 年 3 月开行以来，最高年运量超过 3.6 亿吨，是国家能源运输的"大动脉"①。浩吉铁路是世界上一次性建成并开通运营里程最长的重载铁路，通过使用双和谐固定重联机车牵引运行，列车总长度达到 1350 米，最高运送量由 6000 吨提高至 12000 吨②。

四是不断强化油气管网传输能力。2022 年 8 月，国家石油天然气基础设施重点项目——董东原油管道成功投产。该项目年设计输油能力 1500 万吨，提升输油能力 260 万吨/年，日输量达到 4.3 万吨，主要输送青岛董家口港区接卸的进口原油，服务山东省及长江沿线炼油炼化企业③。2022 年 9 月，国家石油天然气基础设施重点项目西气东输三线中段（中卫—吉安）天然气管道工程项目正式启动。该管道全长 2090 公里，设计年输气能力 250 亿立方米，将有效提升西气东输管道运输能力。2022 年 11 月，国家管网集团川气东送管道增压工程（二期）全面完成，川气东送管道年输气能力提高至 170 亿立方米，进一步提升了"川气出川"通道的输送能力和长江经济带的天然气供应保障能力④。

四、培育壮大具有国际竞争力的龙头物流企业

我国积极出台各项政策和措施，引导和鼓励油品、LNG、钢铁等大宗商品领域的龙头物流企业完善全球物流服务网络，提升全球运力规模和创新物流服务，一大批具有国际竞争力的现代大宗商品物流企业加速涌现。

---

① 搜狐网：《我国首创重载铁路基础设施智能运维技术在朔黄铁路发布》，2023 年 5 月 30 日，搜狐网（http://news.sohu.com/a/680354958_121119270）。

② 张伟：《浩吉铁路万吨重载列车开行突破 1000 列》，2023 年 2 月 12 日，央广网（https://www.cnr.cn/sxpd/jd/20230212/t20230212_526151851.shtml）。

③ 杜燕飞：《"十四五"期间我国首条 1500 万吨输量级输油管道投产》，2022 年 8 月 26 日，人民科技官方账号（https://baijiahao.baidu.com/s?id=1742183514644907157&wfr=spider&for=pc）。

④ 国家石油天然气管网集团有限公司：《川气东送管道增压工程（二期）全面完成 年输气能力提升至 170 亿立方米》，2022 年 11 月 14 日，国务院国有资产监督管理委员会（http://www.sasac.gov.cn/n2588025/n2588124/c26451963/content.html）。

第十一章　国家安全战略背景下中国大宗商品物流发展的新举措与新趋势

中远海能是中远海运集团旗下从事油品、LNG 等能源运输及化学品运输的专业化公司，公司油轮运力规模居世界第一位，同时也是全球油轮船队中船型最齐全的航运公司。截至 2022 年第三季度末，中远海能拥有和控制油轮 160 艘，累计 2350 万载重吨。其中，自有 154 艘，运力合计约 2200 万载重吨，占据 3.2% 的市场份额，为世界第一大油轮船东；自有超大油轮 49 艘，运力合计约 1500 万载重吨，全球排名第二[1]。此外，中远海能也是中国 LNG 运输业的龙头企业之一。公司通过建立 LNG 项目商务开发、融资、技术、监造以及服务的作业标准与规范，提高 LNG 项目全链条服务水平，不断完善 LNG 船舶航线。截至 2022 年年底，公司 LNG 船舶航线已覆盖澳洲、欧洲、美洲等气源地，及中国、日本、韩国、印度、法国、西班牙等主要 LNG 需求地。2022 年上半年，中远海能承运 LNG 进口量 806 万吨，占中国进口总量的 25.8%[2]。

招商轮船是以油气、干散货海运为双核心，集装箱、汽车滚装运输为有机补充的综合货物运输航运龙头企业，其油运、散货船队规模稳居世界前五，超大油轮运力规模多年位居世界第一。公司坚持超大型油轮（VLCC）船队"全球化、规模化"运营，同时更新和发展中小型阿芙拉型油轮（Aframax）船队，并通过搭建全球货源网络和航线组合，形成了"油、散+气、车、集、管、网"全业态的"2+N"业务格局。截至 2022 年年底，公司船舶总运力 306 艘（含订单），共计 4348 万载重吨。其中，油轮船队 56 艘，运力合计 1634 万载重吨；散货船 147 艘，运力合计 2224 万载重吨；LNG 船 21 艘，运力合计 166 万载重吨。

2019 年 12 月，我国整合中石油、中石化、中海油三家公司的油气管网资源和业务，成立国家石油天然气管网集团有限公司，以进一步提高油气资源

---

[1] 中远海能：《3Q22 中远海能业绩推介材料》，2022 年 10 月 28 日，中远海能官网（https://energy.coscoshipping.com/module/download/down.jsp?i_ID=287018&colID=19517）。

[2] 李昊隆：《中远海能秦炯：构建中国方案，携手促进 LNG 产业链安全与高质量发展》，2022 年 11 月 14 日，中国石油天然气交易中心（https://www.shpgx.com/html/xyzx/20221114/4952.html）。

配置效率，更好地服务国家战略需要。国家石油天然气管网集团有限公司主要从事油气干线管网及储气调峰等基础设施的投资建设和运营，负责干线管网互联互通和与社会管道联通，以及全国油气管网的运行调度等，着力打造智慧互联大管网，致力于建设具有全球竞争力的世界一流能源基础设施运营商。截至2022年4月，公司在役天然气管道4.9万公里，形成了"四大战略通道"和"三纵三横"管网布局，连接14座LNG接收站和14座地下储气库①。

厦门象屿是国内大宗供应链综合服务商龙头，位列2022年《财富》世界500强第160位，也是国家5A级物流企业。公司通过构建以"公、铁、水、仓"为核心、连接海内外市场的网络化物流服务体系，包括贯通东西、串联南北的铁路运输网络，辐射全国的公路运输网络，立足国内主要口岸延伸至"一带一路"沿线的水路运输网络，以及覆盖东部沿海、中西部大宗商品集散区域的仓储集群，为客户提供高品质、全流程、定制化的大宗商品物流服务。同时，公司依托全球大宗干散货国际租船能力及国际班列物流通道服务能力，构建中国—印尼物流通道、中国—越南物流通道、中国—泰国物流通道、中欧班列双向运输通道等，打造国际多式联运体系，强化海外本土化物流能力②。

物产中大物流公司是以钢铁为主的大宗商品智慧物流集成服务商，以及国家5A级物流企业。公司在长三角经济带、珠三角粤港澳大湾区、渤海湾京津冀区域基本形成沿海弓形网络布局，构建了钢材"北材南下"多条优势线路，形成集仓储、加工、配送、金融等于一体的智慧物流集成服务模式。截至2022年年底，物产中大物流在华北、华东和华南等大宗商品核心物流节点区域布局物流网点数154个，其中码头18个、泊位51个、铁路专用线10

---

① 渠沛然：《我国主干天然气管道向更多市场主体开放》，2022年4月7日，中国能源网（http://www.cnenergynews.cn/youqi/2022/04/07/detail_20220407121194.html）。

② 厦门象屿：《厦门象屿：2022年年度报告》，2023年4月29日，新浪财经网（https://vip.stock.finance.sina.com.cn/corp/view/vCB_AllBulletinDetail.php?stockid=600057&id=9176559）。

条，并试点合作运行中老、中欧班列，搭建与东盟、欧洲地区之间高效、经济、安全、便捷的国际物流新通道，综合物流服务量达5500万吨。此外，公司全面推行物流智能仓建设，自助终端、移动终端等物联网技术应用已覆盖50%以上的仓库，远程协同、数字孪生、电子签章及区块链存证等技术日益完善，助力大宗商品物流数字化升级①。

五、加快打造畅通高效的多式联运体系

加快多式联运发展、优化调整运输结构是构建高效的现代大宗商品综合运输体系的重要抓手。近年来，我国加快多式联运枢纽建设，不断健全港区、园区等集疏运体系，积极推动大宗商品多式联运模式创新。

一是加快多式联运枢纽建设。2021年4月，重庆正式开工建设陆海新通道无水港，规划打造集"物流+贸易+产业+金融"多位一体的国际物流分拨中心，服务并促进重庆"东南西北"四向通道、"铁空水公"四式联运融合发展②。2022年7月，金华港兰溪铁公水多式联运枢纽项目开工建设，着力构建以水运为基础支撑，铁路、公路货运体系高效衔接的现代化综合多式联运作业区。2022年8月，全球首个江海铁多式联运全自动化码头——广州南沙港区四期自动化码头正式投入运行，标志着以南沙为中心，辐射整个泛珠三角地区的江海铁物流枢纽正在形成。2022年10月，深圳提出打造LNG集散分拨和多式联运中心，实施"三步走"战略，高标准建设前海天然气贸易集聚区、大鹏LNG走廊、盐田国际船舶保税LNG加注中心，构建形成"一区一廊一中心"的发展格局。2022年11月，川渝鄂皖苏五省市的30多家港口、航运、物流企业共同签署新田港多式联运战略合

---

① 物产中大：《物产中大集团股份有限公司2022年年度报告》，2023年4月25日，巨潮资讯网（http：//static.cninfo.com.cn/finalpage/2023-04-25/1216561074.PDF）。

② 重庆市沙坪坝区物流办公室：《陆海新通道重庆无水港（国际物流枢纽园区）项目正式开工》，2021年4月27日，重庆市沙坪坝区人民政府（http：//www.cqspb.gov.cn/bm/qwlb_64154/sy_64155/bmdt_64157/202104/t20210427_9222383.html）。

作协议，将以新田港为核心打造集"水公铁"于一体的多式联运枢纽，以发挥新田港在长江上游中的重要枢纽和关键节点作用。2023年1月，渝新欧国际铁路（果园港）多式联运枢纽一期项目正式开工建设，打造集国际铁路多式联运枢纽、国际集装箱堆存转运、进出口冷链货物储存加工、大宗物资展示交易、智慧物流商贸配送中心、供应链金融服务六大功能于一体的综合物流枢纽。

二是不断健全港区、园区等集疏运体系。2021年4月，黄大铁路至龙口港运输通道开通，形成了"一路对三港"的运输格局，助推山东与陕西、内蒙古、山西间煤炭运输"公转铁"比例提升。同月，南京港龙潭港区铁路专用线正式开通，对长江三角洲和长江中上游、中西部内陆地区能源、原材料等战略物资的江海中转、铁水联运具有重要作用。2022年3月，大秦线聂庄至东港站增二线及东港站改造工程一阶段贯通，为临港企业原材料等大宗货物的高效运输提供强力支撑。2022年7月，沧州黄骅港集疏运体系项目正式开工建设，项目建成后，沧港铁路可与朔黄铁路、邯黄铁路连接贯通，共同组成煤炭、铁矿石、铝矾土、有色矿等大宗散货到鲁北、冀中南、山西、陕北、内蒙古等中西部地区的高效低成本物流通道，实现港口大宗货物"公转铁、散转集"。2022年12月，宜万铁路万州新田港铁路集疏运中心工程铁路设备正式投用，有效助推新田港成为长江上游航运中心的铁公水联运枢纽型港口。2023年1月，华北地区投资规模最大的内陆无水港——迁安天道仓储物流港铁路专用线正式开通运营。该专用线年设计吞吐量3500万吨，可大幅提升河北鑫达钢铁、河北荣信钢铁大宗货物铁路运输比例，对推进我国大宗货物运输"公转铁"、推动运输结构调整具有重要意义。

三是大宗商品多式联运模式不断创新。2019年4月，广东双水码头开启"无轨铁路货场"新模式，开行稳定后每月新增玉米等粮食类货物约1万吨[①]。

---

① 刘倩：《粤港澳大湾区开启铁水联运新模式》，2019年4月5日，南方网（https：//economy.southcn.com/node_84ddb04e50/bec2b2bba1.shtml）。

2022 年 2 月，南京港推出煤炭 35 吨敞顶箱"铁水联运＋集散转换"新模式，将原煤炭散货运输转为集装箱运输，通过铁路到达龙潭港区后无缝衔接水路，以集改散的方式保供各大煤炭企业需求。2022 年 7 月，烟台中远海运甩挂物流公司利用甩挂运输实现 35 吨铁路敞顶箱下水，顺利完成从东北到山东的"公铁海"多式联运服务，首次实现从粮库至饲料厂门到门全程多式联运，助力北粮南运[①]。2022 年 8 月，"京唐港—宁夏惠农"首列铁矿石敞顶箱班列开行，实现了 35 吨敞顶箱在唐山港的高效运用。2022 年 9 月，中国（云南）自由贸易试验区中老铁路"一单制"货运首发列车满载化肥发出，中老铁路多式联运"一单制"的创新实践对促进国内国际物流便捷化具有重要意义。2023 年 2 月，湖北鄂州三江港综合码头粮食"散改集"铁水联运示范线路正式开通。该线路充分利用三江港深水良港和国铁武九线的资源优势，着力打造进口粮食类大宗物资江海联运、经三江港转运至川渝滇等地的绿色物流通道。

六、稳步推进大宗商品应急保障体系建设

应急物资保障是国家应急管理体系和能力建设的重要内容，是国家和社会应对多种安全威胁的重要物资支撑。为满足国家安全战略需要，完善大宗物资应急保障体系建设，国家部委和地方政府陆续出台了一系列政策文件，指导和推进大宗商品应急保障体系建设。

一是建立全链条粮食应急保障体系。2017 年 3 月，国家发展改革委、国家粮食局印发《粮食物流业"十三五"发展规划》（以下简称《规划》）。该《规划》明确提出要改造建设一批区域性骨干粮食应急配送中心，提高突发事件发生时粮食的应急供给、调运、配送能力，同时依托骨干企业，在大城市群、边疆及偏远地区建设一批成品粮应急储备设施。随后，浙江、北京等

[①] 李宗峰：《中远海运物流"公铁海"多式联运助力北粮南运》，2022 年 8 月 9 日，掌链（https://baijiahao.baidu.com/s? id=1740680116042225445&wfr=spider&for=pc）。

省市也相继出台"十三五""十四五"粮食物流规划，不断优化粮食应急网点布局，健全粮食应急保障体系。目前，我国已基本建立了涵盖储运、加工、配送、供应等全链条的粮食应急保障体系，成为保障国家粮食安全的重要支撑。截至 2022 年年底，全国共有粮食应急加工企业 6584 家，应急储运企业 4846 家，应急配送中心 3542 家，应急供应网点 56495 个[①]。

二是健全能源供应保障和储备应急体系。2022 年 1 月，国家发展改革委、国家能源局印发《"十四五"现代能源体系规划》，明确提出在华北、东北、西南、西北等地打造数个百亿立方米地下储气库群，在煤炭生产地、消费地、铁路交通枢纽、主要中转港口建设煤炭储备基地。随后，浙江、北京、重庆、上海、辽宁等省市相继出台《浙江省煤炭石油天然气发展"十四五"规划》《北京市"十四五"时期能源发展规划》《重庆市能源发展"十四五"规划（2021—2025 年）》等规划和措施，积极制定完善煤炭、电力、成品油、天然气等供给保障应急预案，健全能源安全储备机制，不断推进能源供应保障和储备应急体系建设。目前，我国已在四川广安、湖北武汉、广西北海等地建设了一批国家级大型煤炭应急储备基地，在舟山、镇海、大连、黄岛、独山子、兰州、天津等地建成一批国家石油储备基地。此外，中国规模最大的 LNG 储备基地于 2022 年 9 月在江苏盐城投产。

三是启动矿产资源应急储备基地建设。作为我国最大的铁矿石中转基地，舟山港围绕浙江自贸区建设，对标世界一流强港，加快铁矿石战略储备基地建设。2022 年 8 月，宁波舟山铁矿石国家储运基地启动工程（衢山基地）开展地质勘探作业；2023 年 4 月，宁波舟山铁矿石国家储运基地工程（马迹山基地）进行围堤施工。此外，鞍山市发展改革委也于 2023 年 3 月公开对外招标《辽宁省国家矿石储备基地项目可行性研究报告》项目，中国矿产资源集团拟与鞍钢集团合作推进辽宁省国家矿石储备基地工作。

---

① 李洪鹏：《我国粮食应急加工能力：每天可达到 164 万吨，能满足全国人民 2 天需要》，2023 年 5 月 11 日，重庆晨报上游新闻官方账号（https：//baijiahao.baidu.com/s？id＝1765570375759564739&wfr＝spider&for＝pc）。

七、数字技术赋能大宗商品物流安全高效运转

近年来,京东数科、端点科技、华为云、中国物流集团、中外运、中远海运等企业充分发挥科技创新的支撑引领作用,利用区块链、物联网等新技术赋能大宗商品物流,服务国家安全战略。

京东数科基于人工智能(AI)和区块链等数字科技能力,结合大宗商品流通领域的特点,打造了一整套大宗商品产业数字化解决方案。该方案将大宗商品产业数字化转型分解为数字科技服务、数据服务、金融服务和产业升级四个步骤,针对产业链协同、智慧仓储、金融服务和交易风控等各个环节的需求痛点,将大宗商品流通过程中的仓储、物流、交割、交易、金融、风险管理等环节实现数字化、线上化和智能化,提升了大宗商品产业链的运行效率和安全性。2022年4月,青岛自贸片区联合京东科技聚焦仓储物流的安全和效率,创新落地大宗商品数字仓库,实现了大宗商品贸易链条中商流、物流、资金流和信息流的四流匹配,助力数字仓单质押融资操作更高效便捷,解决贸易企业在业务起步阶段数字化程度低、资金短缺等痛点,赋能大宗商品安全。

端点科技面对大宗商品交易领域数字化变革需求,推出涵盖企业供、销、服等核心业务链路的智慧大宗商品供应链解决方案。在采购端,该方案通过系统的高效寻源、内外协同、业务在线、全面评价、数据应用、技术支撑等能力,帮助企业构建采购业务全链路数字化能力。在销售端,该方案重点帮助生产制造企业构建电商平台,解决现有管理和渠道问题。在服务端,帮助企业进一步实现供销协同,通过销售端的数据预测未来的需求变化,以此调整生产与库存,建立"采、产、销"三位一体协同体系,降本增效,提升客户体验。目前,中国海油、中国管网、山东能源集团等企业已采用该解决方案,推进大宗商品供应链数字化转型。

华为云区块链危化品溯源平台利用区块链技术,实现了汽油运输过程中油库、加油站、承运人、交管、应急管理等多方角色协同,做到危化品端到

端可追溯、可管理。基于区块链技术的数字化资质证明可联网验证，成本低、无法造假、过期告警，使监管部门通过平台能够查询各个节点采集的信息，实现汽油运输精细化监管。同时，在各流通节点发现危化品出现系统预警后，监管部门可通过追溯码逐级上报，对于危化品的监管与溯源具有重要的促进作用。

招商轮船推出的"丝路云链"大宗货贸运一体区块链平台，综合应用区块链、大数据、物联网等数字新科技，连接大宗货贸运产业链主要相关方，提供大宗商贸运营的智慧化服务，提升产业链整体效率。该平台能够降低企业间协同成本，逐步推进大宗商品的全程数字化、智能化贸易运输，让大宗货物贸运更简单、安全、高效和透明。

2022年7月，山西大宗商品交易集团有限公司建设的"陆港商"大宗商品数字供应链产业服务平台正式上线运营。该平台主要服务煤焦、钢材、石化等大宗商品产业，拥有交易博览门户、银行结算及票据流转、供应链金融、智慧仓储等多重系统功能，在上、中、下游企业之间架设起了一座服务桥梁。

2022年11月，由中国物流集团、中外运、中远海运、上海港等9家单位共同发起的全国性大宗商品仓单注册登记中心落地上海浦东。该平台围绕大宗商品数据管理、区块链仓单服务、市场信息发布三大领域，实现大宗商品仓单"统一登记、数字监管、期现结合、产融互通"，保障大宗商品的安全流通和高效运转。

第三节　国家安全战略背景下中国大宗商品物流发展的新趋势

随着大宗商品供应安全在国家安全体系中地位的持续上升，我国大宗商品进口储备基地将加强建设，大宗货物运输"公转铁、公转水"将加速推进。同时，大宗物资应急保障体系将更趋完善，大宗商品物流数智化转型也将加快推进。

一、大宗商品进口储备基地将加强建设

2022年12月，国务院印发《"十四五"现代物流发展规划》，强调要推进国家大宗战略资源物流枢纽建设，加快推动进口储备基地与国际国内运输通道衔接。一方面，要适度超前建设国家粮食、能源、矿产资源进口储存基地，提升枢纽能级，加强沿边沿海地区中转储备仓库和集装箱码头建设，依托具备条件的国家物流枢纽发展现代化大宗商品物流中心。另一方面，要加强口岸中转、通关设施扩能改造，优化进口储备基地布局，补齐内陆地区设施结构和功能短板，积极与其他国家基础设施互联互通，发展大宗进口商品储运一体化。

二、大宗货物运输"公转铁、公转水"将加速推进

国务院印发的《推进多式联运发展优化调整运输结构工作方案（2021—2025年）》《"十四五"现代物流发展规划》等多项文件，均强调要推动大宗物资"公转铁、公转水"，促进运输结构调整，加强铁路与港口互通互联，实现铁水联运。一方面，要加强铁路枢纽建设，扩大铁路货运班列、大宗直达班列开行范围，开展大宗物资专业化运输，加快构建关键区域铁路网络；提升内河港口专业化、规模化水平，合理集中布局专业化码头，提升沿海水运通道、长江黄金水道大宗物资物流服务能力和港口容量，推进主要适箱大宗货物"散改集"。另一方面，要加强集装箱、大宗货物铁路运输骨干通道与港口集疏运体系规划建设，推动海港功能向内陆延伸；加快集装箱铁水联运发展，优化以高等级航道和干线铁路为骨干的沿江综合运输大通道，推动铁路和水路运输网络的高效衔接，完善大宗商品物流运输结构。

三、大宗物资应急保障体系将更趋完善

"十四五"时期，我国发展处于重要战略机遇期，党中央把完善国家应

急管理体系、保障公共安全摆到了前所未有的高度。2022年，国务院、应急管理部等部门分别印发《"十四五"国家应急体系规划》和《"十四五"应急物资保障规划》，强调要建设多元协同、反应迅速的大宗物资应急保障体系，努力形成共建共治共享的战略资源应急管理新格局。一方面要优化应急物资储备结构，对粮食、能源、战略资源等大宗商品实行分层级、分区域储备，重点考虑人口密集和交通不便区域，适当向中西部地区和经济欠发达地区倾斜，建设中央和地方综合应急保障物资储备库。另一方面要提升大宗商品应急调运能力，充分发挥综合性国家级集中储备基地的作用，提升高效调运、快速集散的能力，开辟应急物资专用运输通道，建立铁路、公路、水路和航空紧急联运机制，推进应急物资集装单元化储运能力建设。

四、大宗商品物流数智化转型将加快推进

"十四五"期间，随着大数据、物联网、云计算、人工智能等新兴信息技术的不断成熟，大宗商品物流将进一步向数字化、信息化、智能化等方向发展。大宗商品物流基础设施将向智慧化发展方向改造，智慧物流枢纽、智慧物流园区、智慧仓储基地将成为主要的新型物流基础设施；大宗商品物流运输服务网络也将不断加速数字化、智能化升级。另外，我国将加快建设智能化铁路、公路、航运系统，推进多式联运数字化建设，加大不同运输方式之间的数据共享程度，提升各个环节的衔接效率，保障大宗商品物流运输过程安全稳定。同时，将加大对自动感应、自动控制以及智慧决策等智能管理技术的应用程度，促进大宗商品物流设施全面联网、作业流程清晰透明。

第十二章　RCEP 下中国—东盟国际物流发展与展望

《区域全面经济伙伴关系协定》（RCEP）是由东盟十国[①]和中国、日本、韩国、澳大利亚、新西兰等 15 个亚太国家共同签署的区域经济一体化合作协议。东盟十国是 RCEP 的发起国家和重要组成部分。近年来，中国与东盟十国经贸往来日益密切，国际物流合作不断深入，国际物流规模快速增长。特别是 RCEP 生效一年来，中国—东盟国际物流基础设施建设明显加快，相关国际物流发展政策稳步出台，中国快递物流企业也在东盟国家加快布局。未来，随着经贸环境逐渐完善，中国—东盟国际物流产业将迎来更大的发展机遇。

第一节　RCEP 与中国—东盟国际经贸关系

RCEP 的生效实施，标志着全球人口最多、经贸规模最大、最具发展潜力的自由贸易区正式落地[②]。RCEP 成员之间经济结构高度互补，域内资本要素、技术要素、劳动力要素齐全。随着协定的生效实施，中国—东盟国际经贸关系日益密切。

[①] "东盟"是"东南亚国家联盟"（Association of Southeast Asian Nations）的缩写。"东盟十国"指东盟 10 个成员国，即文莱、柬埔寨、印度尼西亚、老挝、马来西亚、菲律宾、新加坡、泰国、缅甸、越南。

[②] 商务部新闻办公室：《〈区域全面经济伙伴关系协定〉（RCEP）于 2022 年 1 月 1 日正式生效》，2022 年 1 月 1 日，商务部网站（http://www.mofcom.gov.cn/article/syxwfb/202112/20211203233822.shtml）。

一、RCEP 的核心内容和主要作用

2022 年 1 月 1 日，RCEP 对文莱、柬埔寨、老挝、新加坡、泰国、越南 6 个东盟成员国和中国、日本、新西兰、澳大利亚 4 个非东盟成员国正式生效，之后陆续对其他成员国生效实施。RCEP 是迄今为止世界上最大的自由贸易协定，15 个成员国总人口达 22.7 亿，GDP 达 26.0 万亿美元，出口总额达 5.2 万亿美元，约占全球总量的 30%[①]。RCEP 的实施意味着全球约三分之一的经济体量将形成一体化大市场。RCEP 的 15 个成员国中，东盟国家占三分之二。RCEP 整合了东盟与 5 个对话伙伴的 "10+1" 自贸协定，东盟对 RCEP 的落地发挥了重要作用。

RCEP 是一个现代、全面、高质量、互惠的大型区域自贸协定。RCEP 的核心内容包括增强货物贸易、服务贸易、投资以及人员流动方面的市场开放，特别是在关税上实行"渐进式"零关税政策；采用区域原产地累积规则，只要达到最终出口产品增值 40% 的原产地标准就可被认定为 RCEP 区域原产；采用新技术推动海关便利化，促进新型跨境物流发展；采用负面清单作为投资准入承诺，提升投资政策透明度；纳入高水平的知识产权、电子商务管理内容，以适应数字经济时代发展的需要。RCEP 的实施将使成员国之间货物、服务、投资等领域的市场准入进一步放宽，原产地规则、海关程序、检验检疫、技术标准等逐步统一，从而促进区域内经济要素自由流动，强化成员国之间的生产分工合作，最终推动区域内产业链、供应链和价值链高度融合发展。

RCEP 的零关税措施和原产地累积规则将显著降低贸易成本。零关税措施方面，各国将在较短时间内兑现货物贸易自由化承诺，同时伴随海关通关流程、检验检疫、技术标准等货物贸易便利规则的落地实施，这些关税和非关

[①] 张淑静：《坚持高水平实施〈区域全面经济伙伴关系协定〉》，《光明日报》2022 年 8 月 31 日第 06 版。

税举措将产生叠加效应。区域原产地累积规则规定降低了产品获得关税减让的门槛，原产地声明制度由官方授权的签证机构签发模式转变为企业信用担保的自主声明模式，进一步提高了货物通关时效，也使更多商品有机会享受关税优惠。

RCEP的多边电子商务规则将推动跨境电商蓬勃发展。一是协定单独设立电子商务章节，列出了大量鼓励缔约方加强电子商务合作与交流的条款；二是首次在亚太区域内达成范围全面的多边电子商务规则，增强了各成员在电子商务领域的政策互信、规则互认和企业互通；三是将在区域内逐步建立起统一的制度和政策，为RCEP成员国之间的跨境电商发展奠定制度基础。

二、中国—东盟国际经贸关系发展概况

东盟是中国的重要贸易伙伴。近年来，中国和东盟双边贸易持续快速增长，双方在农业、食品、化工、纺织服装、建筑和物流等多个领域的产业合作不断加强。随着数字经济的兴起与发展，中国—东盟国际经贸服务模式不断创新，跨境电商迅猛发展。

2021年，双方通过《中国—东盟关于合作支持〈东盟全面经济复苏框架〉的联合声明》，充分体现了双方命运与共、携手发展的共同意愿。2022年，双方发布《中国—东盟全面战略伙伴关系行动计划（2021—2025年）》，就共同推进建设和平伙伴关系、安全伙伴关系、促进繁荣的伙伴关系、可持续发展伙伴关系、友好伙伴关系提出了明确目标和要求。截至2022年，中国已连续13年成为东盟最大的贸易伙伴，东盟连续3年成为中国第一大贸易伙伴。2019—2022年，双方进出口总额从6420亿美元增至9753亿美元，年均增长15.0%。2019—2022年中国—东盟进出口贸易额及增长率如表12-1所示。

表 12-1 2019—2022 年中国—东盟进出口贸易额及增长率

年份	进口额（亿美元）	出口额（亿美元）	总额（亿美元）	增长率（%）
2019	3603.0	2817.0	6420.0	9.2
2020	3008.8	3837.2	6846.0	6.6
2021	3945.1	4836.9	8782.0	28.3
2022	4080.0	5673.0	9753.0	11.1

资料来源：根据驻东盟使团经济商务处公布数据整理，2022 年 1 月 7 日，商务部网站（http://asean.mofcom.gov.cn/article/o/g/202201/20220103236066.shtml）。

共建"一带一路"、中国—东盟自贸区建设、RCEP 生效实施均为增进中国与东盟之间的产业合作创造了有利条件，双方在多领域的合作不断深化。东盟是中国最大的农产品贸易伙伴，农产品、食品是中国—东盟产业合作的重要领域。中国现已同东盟十国签署了 30 多项双边农业合作协议，与其中八国建立了司局级及以上农业合作工作机制，双方还多次合作举办促进农业产业发展的论坛和研讨会。中国对东盟农业投资领域主要为粮食作物、经济作物、畜牧业、渔业、农机等。除农业外，双方在石油化工、纺织服装、建筑和物流等领域的合作也在不断加强。

近年来，随着数字经济的兴起，中国—东盟国际经贸服务模式不断创新，跨境电商成为中国与东盟合作中快速成长的新业态。据天猫国际发布的《RCEP 区域跨境电商进口（B2C）指数报告》，2019—2021 年，RCEP 区域跨境电商进口（B2C）指数年均增长率达到 33.2%，是同期海关总署中国东盟贸易指数增长速度的 1.69 倍[①]。作为中国面向东盟开展跨境电商进出口业务往来的重要枢纽，广西已经吸引了 100 多家跨境电商企业进驻。京东与泰国 Central 集团合资成立了泰国线上零售平台 JD Central，JD Central 聚合了京东领先的电商平台经验、物流网络优化能力及 Central 集团在泰国完善的线下销

---

① 王文博：《共享 RCEP 机遇 跨境电商迎来更大市场空间》，2022 年 8 月 15 日，新华社客户端官方账号（https://baijiahao.baidu.com/s?id=1741219162281942247&wfr=spider&for=pc）。

售网络及品牌声誉,已成为泰国第三大综合电商平台。

三、RCEP 对中国—东盟区域经济发展的影响

在世界经济陷入衰退、国际贸易投资萎缩、部分国家保护主义抬头的背景下,RCEP 将显著提升区域经济一体化水平,为经济复苏和区域经济长期可持续发展释放巨大潜力。根据联合国贸发会议的研究,到 2025 年,RCEP 将给 15 个成员国带来 10% 以上的出口增长[1]。据中国商务部研究院的预测,到 2035 年,RCEP 将带动区域整体实际国内生产总值、出口和进口增量将分别较基准情形累计增长 0.86%、18.30% 和 9.63%,出口和进口累计增量规模将分别达到 8571 亿美元和 9837 亿美元[2]。

RCEP 生效后,中国与东盟间的国际经贸关系将更加紧密。中国—东盟服务贸易和投资开放水平将显著高于原有的中国—东盟自由贸易区,并纳入高水平的知识产权、电子商务、竞争政策、政府采购等现代化议题。中国和东盟已宣布建立全面战略伙伴关系,依托高水平贸易投资制度安排和互补性产业基础,中国与东盟两个最具活力和潜力的市场将实现进一步融合。

RCEP 也将给中国经济带来全方位影响,可进一步推动中国经济转型升级并助力双循环新发展格局的构建。RCEP 生效后,中国近 30% 的出口可以实现零关税待遇,给中国企业带来了巨大的发展机遇。中国各产业可以更充分地参与市场竞争,更好地打通区域产业链和供应链,提升在国际国内两个市场配置资源的能力。同时,中国政府将逐一落实协定涉及的 701 条约束性义务,中国经济将进一步走向"制度型开放",继续深化"放管服"改革和要素市场化配置改革。

---

[1] 罗珊珊:《积极推动 RCEP 生效 我国已完成协定核准工作》,《人民日报》2021 年 3 月 26 日第 02 版。

[2] 国际商报:《商务部研究院发布〈RCEP 对区域经济影响评估报告〉》,2021 年 12 月 30 日,商务部网站(http://asean.mofcom.gov.cn/article/jmxw/202112/20211203233707.shtml)。

第二节　中国—东盟国际物流发展现状

随着中国与东盟国家经贸往来不断密切，中国—东盟国际物流基础设施建设不断加快，区域间国际物流业务规模快速增长，中国快递物流企业加速布局东盟国家，中国—东盟国际物流发展政策环境日趋完善。

一、"中国—东盟"国际物流基础设施加快完善

中国与东盟各国政府积极推进区域物流交通互联互通和物流体系建设，在物流枢纽、物流园区、港口等物流节点和铁路、公路、内河航运、海运、空运等通道建设方面取得了显著进展。

（一）国际物流节点布局基本形成

国内方面，广西、云南两省区的国家物流枢纽是我国面向东盟的主要物流节点。截至2022年年底，两省区已获批6个国家物流枢纽，即南宁陆港型国家物流枢纽、钦州—北海—防城港港口型国家物流枢纽、昆明商贸服务型国家物流枢纽、柳州生产服务型国家物流枢纽、凭祥陆上边境口岸型国家物流枢纽和昆明—磨憨陆港型（陆上边境口岸型）国家物流枢纽，如表12-2所示。

表12-2　广西、云南已获批的国家物流枢纽

国家物流枢纽	发展定位
南宁	依托南宁国际铁路港，打造集铁路港、公路港、海关监管等功能于一体的现代智慧物流枢纽，建设中国—东盟国际物流枢纽、西部陆海新通道战略性枢纽、面向东盟和西南中南地区的高铁快速分拨中心
柳州	以汽车产业为特色和样板，推进物流枢纽、产业枢纽和数字枢纽深度融合发展，实现物流基础设施功能与产业发展深度融合

续表

国家物流枢纽	发展定位
钦州—北海—防城港	对接粤港澳大湾区发展、长江经济带发展、海南自由贸易港建设及成渝地区双城经济圈建设的前沿基地和供应链管理运营中心，多式联运示范样板及航运物流产业集聚和综合物流增值服务创新平台，服务国内国际双循环发展，衔接"一带一路"和西部陆海新通道，推动向海洋经济发展的战略支点
凭祥	依托"边"的优势打造跨区域的物流通道，推动建设产业园区、口岸、交通、仓储物流基础设施，带动制造、商贸等产业集聚，与物流融合创新发展，培育边境地区经济发展新动能
昆明	形成集快消品配送、供应链服务、先进装备制造、国际物流和智慧物流等于一体的物流功能体系，建设成为最大的对内连接成渝经济区、粤港澳大湾区、长三角地区，对外辐射南亚、东南亚的商贸服务型物流枢纽
昆明—磨憨	推进中老铁路沿线经济带快速发展，支撑和服务西部陆海新通道物流网络体系，实现中老班列与中欧班列对接，并成为我国国际货运班列网络南向辐射的战略补充

资料来源：根据《南宁国家物流枢纽建设"十四五"规划》与《昆明市"十四五"现代物流业发展规划》等相关政策整理。

同时，广西、云南、海南等省（自治区）还抢抓 RCEP 生效实施、中国—东盟自贸区 3.0 版建设等重大机遇，加快建设面向东盟国家的物流园区。中国面向东盟国家的主要物流园区如表 12-3 所示。

表 12-3　中国面向东盟国家的主要物流园区

物流园区	占地面积（亩）	投资金额（亿元）	主营业务或功能定位
广西北部湾国际生鲜冷链物流园	1800	40	汇集仓储、贸易、集散、加工、多式联运、供应链金融六大功能，以中国—东盟海鲜、水果等农产品和冷链食品物流、加工和贸易为核心业务

续表

物流园区	占地面积（亩）	投资金额（亿元）	主营业务或功能定位
中新南宁国际物流园	4273	100	具备全国性、一站式的仓储、干线、配送等专业服务能力，物流业务已逐步覆盖国内一线城市及内陆核心城市，打造集产、储、运、展、商贸、金融于一体的多功能综合型物流产业园区
中国—东盟（河口）跨境电商物流产业园	2250	—	依托河口县国家一类口岸优势，发展成为中国面向东盟的"海关监管+跨境电商+公铁联运"现代智慧物流联运中心、加工制造基地和中越经济走廊创新合作示范区
中老磨憨—磨丁经济合作区	7200	—	借力中老铁路辐射带动贸易发展和昆明托管磨憨发展良机，组织磨憨—磨丁经济合作区申报以东盟农产品、水果进口为特色的国家进口创新示范区
海南洋浦国际海产品及冻品物流产业园	50	2	建设国际冻品期货交易大厅、冻品跨境电商办公大楼、冷链仓储、冷链物流服务设施、海产品加工区、冻品加工区等。主要从省内、国内沿海省份及"海上丝绸之路"沿线国家采购水产鲜品及冻品，并在产业园内进行集散加工

资料来源：根据广西、云南、海南等各省（自治区）政府部门网站和物流园区官网等信息整理。

　　东盟方面，随着中国—东盟区域经济一体化进程不断深入，东盟各国也积极推进建设本国面向中国的物流枢纽。例如，老挝大力推进磨丁经济特区建设，依托磨丁—磨憨口岸，接入中国昆明及西部陆海新通道。该特区通过加强与中国昆明的联动，支撑开行中南半岛至中国西部的国际集装箱班列，并衔接中欧班列，打通东盟至中国西南、西北和中亚地区的陆路物流大通道。海防市是越南北部最大的港口城市，该市充分利用自身区位优势，大力发展海运、空运、公路、铁路和内陆水运，通过多式联运积极与我国西部陆海新通道对接，同时衔接中欧班列。海防市还积极开发至我国粤港澳大湾区以及海南省等地的海上贸易航线，已逐渐发展成为越南全国、东盟区域性物流枢纽。

中国企业还积极参与投资和建设东盟国家港口设施。招商局集团与中远海运集团等企业在东盟国家建设的海外港口稳步推进。柬埔寨、马来西亚、菲律宾等国家也在加快港口基础设施升级改造。中国—东盟港口共建工程主要项目情况如表 12-4 所示。

表 12-4 中国—东盟港口共建工程主要项目情况

国家	港口共建工程项目
柬埔寨	金边港新建集装箱码头项目
	西哈努克港的西港特区工程
	南部国公岛港口项目
	贡布港 2 万吨码头港池及航道疏浚项目
马来西亚	马六甲皇京港项目
	马六甲州瓜拉宁宜国际港项目
	关丹深水港码头项目一期工程
缅甸	皎漂特别经济区深水港一期工程
	马德岛深水港原油管道工程
印度尼西亚	丹戎不碌港卡里布鲁扩建项目
	占碑钢铁工业园综合性国际港口项目
菲律宾	马尼拉港集装箱 7 号泊位堆场（南）扩建工程
	达沃市海港 208 公顷填海造地项目
新加坡	巴西班让港区新泊位项目
越南	西贡国际码头工程
泰国	和黄兰查邦港 D 区码头项目
文莱	文莱摩拉港集装箱码头项目

资料来源：根据招商局集团官网和相关新闻资料汇总整理。

（二）多种运输方式的国际物流通道加快建设

在国家层面的引领和相关部门的密切配合下，我国与东盟国家间的跨境交通基础设施投资合作不断扩大，铁路、公路、内河航运、海运、空运等多种运输方式的国际物流通道建设进展显著。

铁路方面,已有多条跨境铁路建成通车或在规划建设中,如表12-5所示。其中,中老铁路大幅缩短了昆明与万象之间的时空距离,昆明—万象铁路单程运输时间已缩短在24小时之内,时效提升高达一倍。中老铁路与西部陆海新通道、中欧班列等对接,联通环渤海、长三角、珠三角、粤港澳大湾区等经济圈,全国已有25个省(自治区、直辖市)依托中老铁路开展国际货物运输业务,出境货物可达泰国、缅甸、老挝、越南、马来西亚、柬埔寨、新加坡等多个RCEP国家。货物品类也由开通初期的橡胶、化肥、百货扩展到电子、光伏、通信、汽车、鲜花等1200多种。

表12-5 中国—东盟跨境铁路规划建设进展情况

铁路名称	进展情况
中越铁路 (昆明—海防)	中越铁路境内段(昆明—河口)已于2019年9月正式开通运营动车组列车,境外段(老街—海防)目前处于规划评审阶段
中老铁路 (昆明—万象)	中老铁路已于2021年12月正式开通运营
中缅铁路大保段 (大理—保山)	中缅铁路大保段已于2022年7月正式开通运营
中缅铁路保瑞段 (保山—瑞丽)	中缅铁路保瑞段预计2023年通车
中缅铁路境外段	目前处于规划勘测阶段

资料来源:根据公开资料整理。

公路方面,云南5条出境公路中,中越(昆明—海防)高速、中老泰(昆明—曼谷)公路、中老泰通道境内昆明至磨憨高速公路已全线建成,境外老挝万象至万荣段已建成通车。中缅(昆明—瑞丽、昆明—猴桥)高速公路目前已全线通车；中缅（昆明—清水河）公路境内昆明至临沧已实现全程高速公路；临沧至清水河高速公路正在加快推进剩余路段建设，预计2024年建成通车[①]。广西共规划了13条高速公路通往与越南衔接的边境口岸，已建成5条，在建8条。2023年，广西将继续加大面向东盟国际大通道的高速公路建设力度。一方面加快推进与越南交通互联互通中国境内段项目建设，另一方面还将积极推动越南与广西连通的公路越南境内段的规划建设，构建中越多通道路网格局，逐步实现互联互通[②]。

内河航运方面，澜沧江—湄公河是我国西南地区与东盟国家唯一的一条河运通道。2014年12月，中、老、缅、泰4国在澜沧江—湄公河国际航运发展规划（2015—2025年）会议上提出，到2025年，建成从中国云南思茅港南得坝至老挝琅勃拉邦的通航500吨级船舶的国际航道[③]。2022年2月，云南省交通运输厅印发《云南省水路交通"十四五"发展规划》，明确将建设景洪港国际航运中心，积极推进澜沧江临沧港以下段航道整治，构建澜沧江—湄公河国际通道。2022年9月，因疫情防控暂停的澜沧江—湄公河国际水运航道恢复货物运输。

海运方面，广西北部湾港、海南洋浦港已与东盟国家主要沿海港口实现全面通航。广西北部湾港是中国面向东盟的门户港。2022年，北部湾港先后开通日本、缅甸、越南、泰国等多条RCEP直航航线。其中，至东盟国家航线达到36条，实现东盟主要港口全覆盖[④]。海南洋浦港已初步构建起以洋浦

[①] 缪超：《云南将构建5条出境综合交通大通道》，2021年5月20日，中国新闻网（https：//www.chinanews.com.cn/gn/2021/05-20/9481833.shtml）。

[②] 广西壮族自治区人民政府新闻办公室：《广西举行构建面向东盟国际大通道全面提升交通基础设施通达和服务能力新闻发布会》，2023年2月28日，国务院新闻办公室网站（http：//www.scio.gov.cn/xwfbh/gssxwfbh/xwfbh/guangxi/Document/1737402/1737402.htm）。

[③] 商务部驻昆明特派员办事处：《澜沧江—湄公河国际航运发展规划磋商会在昆召开2025年将建成思茅港至老挝通航500吨级船舶国际航道》，2014年12月22日，商务部网站（http：//kmtb.mofcom.gov.cn/article/shangwxw/201412/20141200841509.shtml）。

[④] 杨陈、覃洋洋：《广西初步建成面向东盟的国际大通道》，2023年2月28日，中国新闻网官方账号（https：//baijiahao.baidu.com/s?id=1759058565346604133&wfr=spider&for=pc）。

为枢纽，对内连接国内沿海主要港口，对外贯通东盟、南太平洋和印度洋以及西非的航线布局，内外贸航线达到40条①。我国沿海主要港口全面开通了与东盟国家之间的海上航线。2020年，天津港首次直航越南胡志明和归仁、马来西亚民都鲁等港口②。截至2022年7月，天津港已与越南、泰国、新加坡、马来西亚、印尼等多个东盟成员国有海运往来③。2021年，广州港新增的21条外贸集装箱班轮航线中，超过70%为通达RCEP成员国的航线，为广州市乃至粤港澳大湾区对接RCEP营造了良好的基础条件④。

航空运输方面，我国与东盟国家国际货运航线网络不断加密。2021年，有19家国内航司、22家国外航司运营中国东盟全货和客改货航班，每周共计1175班⑤。其中，南宁吴圩机场以东盟航线网络布局为重点，目前累计开通国际货运航线达16条以上，覆盖越南、菲律宾、孟加拉国、尼泊尔等国家，每周航班飞行量达35班，基本覆盖东南亚主要枢纽机场。未来，广西将着力畅通西部陆海新通道"空中丝绸之路"，将南宁吴圩机场建设成为面向东盟的门户枢纽机场，并以航空货运为重点，建设面向东盟的国际航空物流通道⑥。昆明长水国际机场也基本实现了南亚、东南亚国家首都和重点城市全覆盖，2020年还先后新开昆明至巴基斯坦拉合尔、昆明至泰国曼谷、昆明至马

---

① 海南日报：《洋浦国际集装箱码头加大创新力度，打造区域国际集装箱枢纽港》，2023年4月3日，海南省人民政府网站（https：//www.hainan.gov.cn/hainan/5309/202304/5cbdf2f11c24596a141096fe8a6c7cc.shtml）。

② 今晚报：《天津港开通"一带一路"新航线》，2020年6月24日，商务部网站（http：//fec.mofcom.gov.cn/article/fwydyl/zgzx/202006/20200602976255.shtml）。

③ 天津日报：《天津港"地中海东南亚航线"首航》，2022年7月25日，天津市人民政府网站（https：//www.tj.gov.cn/zmhd/hygqx/202207/t20220725_5940819.html）。

④ 南方日报：《南沙港铁路建成通车，企业抢抓RCEP落地机遇》，2022年1月7日，广州市人民政府网站（https：//www.gz.gov.cn/ysgz/xwdt/ysdt/content/post_8015630.html）。

⑤ 中国日报网：《第二届中国—东盟民航合作论坛在南宁举办》，2022年9月18日，中国日报网（https：//gx.chinadaily.com.cn/a/202209/18/WS63266feea310817f312ee90f.html）。

⑥ 中国—东盟自由贸易区：《中国—东盟民航业：一段正飞往春天的航程》，2022年11月4日，中国—东盟自由贸易区网站（http：//www.cafta.org.cn/show.php？contentid=100831）。

来西亚吉隆坡3条全货运国际航线①。2021年，郑州新郑国际机场开通直飞菲律宾马尼拉的直航货运航线，为中菲两国特别是中国中原腹地与菲律宾之间的经贸合作搭建了一条便捷高效的空中运输通道②。2023年年初，长沙开通了菲律宾马尼拉、泰国曼谷的定期货运航线③。截至2022年年底，深圳保安国际机场的东盟定期货运航线包括"深圳—吉隆坡""深圳—新加坡""深圳—曼谷"等④。

（三）西部陆海新通道覆盖范围不断扩大

西部陆海新通道是以重庆为通道物流和运营组织中心，以四川、贵州、云南、广西、陕西、甘肃、青海等西部省份为关键节点，利用铁路、公路、海运等运输方式，向南经广西北部湾港等沿海沿边口岸，通达东南亚以及世界各地的一条快捷通道。西部陆海新通道主要有铁海联运班列、跨境公路班车和国际铁路联运三种物流组织模式。西部陆海新通道的建设缩短了贸易距离，降低了贸易成本，加强了中国西部地区与东盟国家的贸易、投资和物流联系。

铁海联运班列方面，自重庆经贵州贵阳、广西南宁至北部湾出海口，自重庆经湖南怀化、广西柳州至北部湾出海口，自四川成都经四川泸州或四川宜宾、广西百色至北部湾出海口的3条铁路主通道，依托北部湾港（钦州港、北海港、防城港）、洋浦港和湛江港连通国际海运网络，目的地已覆盖6大洲113个国家及地区的338个港口⑤。RCEP生效后，重庆、广西、云南等西部

---

① 昆明市人民政府办公室：《昆明市人民政府办公室关于印发昆明市"十四五"现代物流业发展规划的通知》，2022年11月3日，昆明市人民政府网站（https：//www.km.gov.cn/c/2022-11-03/4571470.shtml）。

② 河南省机场集团：《河南省机场集团：郑州至马尼拉全货机国际航线开通》，2021年6月22日，河南省人民政府国有资产监督管理委员会网站（https：//gzw.henan.gov.cn/2021/06-22/2169307.html）。

③ 长沙晚报：《长沙至曼谷定期货运航线开通》，2023年3月17日，长沙市人民政府网站（http：//www.changsha.gov.cn/bmrl/bmrlzwdt/202303/t20230317_11032859.html）。

④ 深圳特区报：《深圳机场国际及地区货量前两月同比增长6.6%》，2023年3月11日，深圳特区报社（https：//baijiahao.baidu.com/s?id=1760041549238960189&wfr=spider&for=pc）。

⑤ 西部陆海新通道物流和运营组织中心：《西部陆海新通道2022年1—9月运行情况》，2023年2月23日，西部陆海新通道门户网（https：//www.xibulhxtd.cn/html/2023/02/337.html）。

地区加快推进建设，铁海联运班列增加了原糖、淀粉、木材等特色货源项目，开通了"RCEP—北部湾港—河南""东南亚—钦州—西安"和"印度—北部湾港—贵阳"等特色铁海联运外贸线路。

跨境公路班车方面，截至2022年，已开行的跨境公路班车有重庆、成都经凭祥到越南河内、胡志明市以及柬埔寨金边，重庆、成都经磨憨到老挝万象以及泰国曼谷，重庆、成都经瑞丽到缅甸仰光，以及广西各市经凭祥到河内、胡志明、万象、金边、曼谷等地。

国际铁路联运方面，主要线路是通过广西凭祥、云南磨憨等口岸出境至越南、老挝等东盟国家，与中欧班列等国际铁路无缝连接。截至2022年，已开通的国际铁路联运有重庆—越南河内、重庆—老挝万象、广西南宁—越南河内等。在中老、中越班列常态化运行基础上，还将争取开行至泰国、缅甸、马来西亚等国家的国际铁路联运班列。

二、中国—东盟间国际物流规模快速增长

中国—东盟跨境物流节点与通道建设的快速推进，特别是西部陆海新通道的开通运行，极大地促进了中国与东盟成员国之间的经贸往来和区域间国际物流规模的快速增长。

西部陆海新通道的铁海联运班列、跨境公路班车、国际铁路联运三种运输方式均保持高速增长。2021年，西部陆海新通道共运输箱量约33.7万标准箱，同比增长18.2%；运输货值476.0亿元，同比增长56.0%。2022年1—9月，三种运输方式共运输箱量35.6万标准箱，同比增长38.0%；运输货值398.1亿元，同比增长46.0%[①]。2021年和2022年1—9月西部陆海新通道三种运输方式运行情况如表12-6和表12-7所示。

---

① 西部陆海新通道物流和运营组织中心：《西部陆海新通道2022年1—9月运行情况》，2023年2月23日，西部陆海新通道门户网（https://www.xibulhxtd.cn/html/2023/02/337.html）。

表 12-6　2021 年西部陆海新通道三种运输方式运行情况

运输方式	开行数量（列/班）	同比增幅（%）	运输箱量（标准箱）	同比增幅（%）	运输货值（亿元）	同比增幅（%）
铁海联运班列	6347	19.5	317409	19.8	426.7	50.6
跨境公路班车	3347	19.0	7446	17.1	20.3	45.2
国际铁路联运	434	26.5	12240	135.4	29.0	262.0

数据来源：根据西部陆海新通道门户网相关资料汇总整理。

表 12-7　2022 年 1—9 月西部陆海新通道三种运输方式运行情况

运输方式	开行数量（列/班）	同比增幅（%）	运输箱量（标准箱）	同比增幅（%）	运输货值（亿元）	同比增幅（%）
铁海联运班列	6694	37	334851	37	351.54	29
跨境公路班车	2055	-21	4622	-21	11.9	-23
国际铁路联运	619	—	16814	115	34.68	100

数据来源：根据西部陆海新通道门户网相关资料汇总整理，"—"表示未统计相关数据或无对比数据。

西部陆海新通道去程货物品类（出口）主要包括汽车与摩托车零配件、机电机械设备、电子产品与电子零配件、光伏产品、日用杂货、化工产品等，回程货物品类主要有粮食、电子产品、金属矿类、生鲜水果、生活用品等。

云南省陆路与缅甸、老挝、越南接壤，拥有多个铁路、公路和水运边境口岸，是中国与东盟国家开展陆上国际物流业务的重要地区。铁路运输方面，中老铁路是中国与东盟国家间铁路运输的主要通道。2022 年 1—10 月，全国经中老铁路进出口货物总额为 115.9 亿元，出口 86.0 亿元，进口 29.9 亿元。其中，云南省经中老铁路进出口总额为 46.8 亿元，占中老铁路进出口总额的 40.3%[1]。中老铁路正式开通一年来，累计运输货物超千万吨，跨境货物超过

---

[1] 云南省人民政府新闻办公室：《云南举行中老铁路通车运营一周年新闻发布会》，2022 年 12 月 2 日，国务院新闻办公室网站（http://www.scio.gov.cn/xwfbh/gssxwfbh/xwfbh/yunnan/Document/1734020/1734020.htm）。

190万吨①。公路运输方面，瑞丽是中缅之间最繁忙的公路口岸，也是贸易量最高的公路口岸。2022年，瑞丽口岸进出口贸易额634亿元，较2021年同期增长36.6%，监管进出口货运量1320万吨，同比增加3.2%②。内河航运方面，西双版纳州关累港是云南省与缅、老、泰经贸交往的重要水路节点。关累港口岸于2020年4月1日因疫情防控暂时关闭客货运输，2022年9月15日正式恢复货运业务。截至2022年12月31日，出境船舶53艘次（中国籍46艘次，缅甸籍7艘次），共计出口19058吨；入境船舶47艘次（中国籍40艘次，外籍船7艘次），共计进口1151吨③。

广西北部湾港和海南洋浦港是中国面向东盟国家海运业务的主要港口。2022年，北部湾港货物吞吐量超3.5亿吨，集装箱吞吐量同比增长21.4%④；洋浦港全年集装箱吞吐量完成176.73万标准箱，同比增长34.06%⑤。

航空运输方面，南宁吴圩机场和昆明长水国际机场是中国与东盟国家空运的重要节点。截至2022年12月20日，南宁吴圩机场完成国际货邮吞吐量超过7万吨，同比增长220%，往返东盟的货量占机场国际货量的78%⑥。2021年，昆明长水国际机场完成国际货邮吞吐量已超过6万吨；2022年第一季度完成国际货邮吞吐量2.1万吨，同比增长214.2%⑦。

---

① 云南省人民政府新闻办公室：《云南举行中老铁路通车运营一周年新闻发布会》，2022年12月2日，国务院新闻办公室网站（http：//www.scio.gov.cn/xwfbh/gssxwfbh/xwfbh/yunnan/Document/1734020/1734020.htm）。

② 德宏团结报：《瑞丽海关各项工作再上新台阶》，2023年3月30日，云南网（https：//m.yunnan.cn/system/2023/03/30/032526785.shtml）。

③ 澎湃新闻：《高质量发展看西双版纳》，2023年3月1日，澎湃新闻网（https：//www.thepaper.cn/newsDetail_forward_22134780）。

④ 广西商务厅：《2022年广西壮族自治区政府工作报告》，2022年1月18日，广西南宁商务局网站（http：//nnsw.nanning.gov.cn/zcfg/t5050947.html）。

⑤ 人民日报：《海南自贸港建设蓬勃兴起》，《人民日报》2023年3月31日第10版。

⑥ 中国新闻网：《广西南宁国际航空货邮吞吐量突破7万吨》，2022年12月22日，搜狐网（https：//www.sohu.com/a/620125038_123753）。

⑦ 新华网：《昆明机场一季度国际货邮吞吐量同比增长214.2%》，2022年4月21日，新浪财经（https：//cj.sina.com.cn/articles/view/2810373291/a782e4ab02002c13y？finpagefr＝p_104&sudaref=www.so.com&display=0&retcode=0）。

三、中国快递物流企业积极布局东盟国家

东南亚是全球电子商务增长最快的地区之一，电商市场潜力巨大。中国跨境电商物流企业抢抓机遇，积极布局 RCEP 市场。现已有顺丰、百世、圆通、中通、申通和韵达等 11 家中国快递物流企业在东南亚投资及开展业务，投资总额超过 100 亿美元[①]。其中，马来西亚、印尼、泰国、越南和缅甸是中国企业在东南亚布局的主要国家。

例如，顺丰在缅甸投资 Kospa 公司，在印尼成立多家合资物流企业，通过轻重结合的模式开拓海外市场；百世在泰国的快递业务已覆盖泰国全境，在越南全境设有 7 个转运中心；圆通国际开通了越南国际快递包裹业务，在越南河内及胡志明市均布局了网点，为中越及国际客户提供全方位的快递和物流解决方案；中通加紧布局缅甸快递市场，目前已建成木姐转运中心、曼德勒转运中心、仰光转运中心，分别辐射缅甸北、中、南部地区，并不断完善运输主干线及各地网点的运输分支线，进一步提升快件的转运时效。京东在印度尼西亚建立了稳定高效的供应链基础设施，配送网络覆盖该国大多数省份。除京东外，中国多家电商平台也加快在东盟国家建设海外仓。中国主要快递物流企业在东盟国家布局情况如表 12 - 8 所示。

表 12 - 8　中国主要快递企业在东盟国家布局情况

快递企业	年份	进展情况
顺丰	2010	设立新加坡营业网点
	2019	以 400 万美元投资缅甸物流公司 Kospa
	2021	收购东南亚本土头部快递公司嘉里物流
	2022	顺丰速运国际电商专递正式开通新马泰服务

---

① 涂蕾、尹野平、马梦阳等：《看中电商增长潜力，面临激烈国际竞争，中国快递企业加速布局东南亚》，2022 年 11 月 28 日，海外网官方账号（https：//baijiahao.baidu.com/s? id = 1750692781140639694&wfr = spider&for = pc）。

续表

快递企业	年份	进展情况
圆通	2017	出资10.41亿港元收购国际货运代理商先达国际物流
	2018	开通东南亚航线，与云南国际班列开发中老铁路货运市场
	2019	开通越南快递业务，宣布深耕东南亚跨境包裹市场
	2022	与云南国际班列战略合作，布局东南亚物流供应链服务网络
	2022	圆通速递国际控股有限公司菲律宾公司启动当地"门到门"国内国际快递包裹服务
中通	2015	联合菜鸟为新加坡合作伙伴DPEX和马来西亚合作伙伴SKYNET推出淘宝海外直送服务，布局东南亚市场跨境业务
	2017	中通（柬埔寨）公司试运营，同年布局老挝市场本土网络
	2018	扩展东南亚业务区域，新增越南、缅甸本土网络
	2019	中通快递泰国有限公司（简称"泰国中通"）成立
	2020	泰国中通曼谷转运中心试运营，启动泰国全境快递业务；本土业务落地马来西亚；柬埔寨公司开通柬埔寨至越南陆运往返专线
	2022	中通国际小程序上线中国至新加坡、马来西亚、新西兰、澳洲等地5条集运航空专线，国内建设2个国际仓和9个城市仓
百世	2019	战略调整，将东南亚市场作为战略重心
	2020	完成泰国、越南、马来西亚、柬埔寨、新加坡五个国家的快递网络布局，打通中国至东南亚跨境物流网络
	2021	联手菜鸟启动中国至泰、越、柬全链路跨境直送服务
	2022	启动马来西亚快运网络

资料来源：根据公开资料整理。

中国快递物流企业还积极提升跨境服务能力，推动海外服务多样、高效发展。例如，2023年1月，圆通旗下航空公司开通"宁波—曼谷""宁波—河内"两条国际航线，实现跨境"端到端"直达，提升了东南亚市场服务时效与辐射范围；2023年2月，圆通协助昆明铁路局集团成功开行"中国—老挝—泰国"国际冷链班列，助力云南农产品跨境出海。

中老铁路"澜湄快线①+跨境电商"组织模式取得较好效果,截至2022年6月底,澜湄快线开行跨境电商班列23列,货值超过1.1亿元②。递四方在东盟十国推出了"澜沧江计划",为国内到东盟十国间跨境电商货物的进出口提供集货、运输和配送全链路服务。

四、中国—东盟国际物流发展环境加快完善

中国和东盟各国政府积极推动有关部门加强物流合作发展的政策、规划对接工作,区域物流发展政策环境持续改善。中国—东盟已达成多项合作共识,支持交通互联互通和物流体系建设。例如,2019年11月双方签署《中国—东盟关于"一带一路"倡议同〈东盟互联互通总体规划2025〉对接合作的联合声明》,2020年8月签署《关于澜湄合作与"国际陆海贸易新通道"对接合作的共同主席声明》,双方还多次发布《中国—东盟交通部长联合声明》。这些声明包括加强海关、检验检疫标准等合作,加强对物流合作的金融、税收等政策支持力度,支持物流产业园区建设,共同打造物流合作示范工程等内容。

RCEP生效后,中国与东盟各国又出台多项利好国际物流发展的相关政策。一是我国出台了货物进出口贸易便利化政策。2022年5月,商务部等14部门发布《关于开展内外贸一体化试点的通知》,提出进一步提高贸易便利化水平,支持企业利用跨境电商、市场采购贸易等新业态和新模式开拓国际市场。各地通关口岸通过建立进境水果"绿色通道"、实行"7×24小时"预约通关、实施分层查验等措施,对标RCEP对于易腐鲜活货物"最快6小时通关"的要求,提升口岸通关效率。二是RCEP各成员国承诺促进无纸化贸

---

① 澜湄快线是往返于昆明和万象之间的"客车化"货运服务产品,有定点、定时、定线等特点。澜湄快线运行于中老铁路,始发站为中铁联集昆明中心站,经磨憨铁路口岸出境,运输范围覆盖老挝、泰国、缅甸、马来西亚、柬埔寨、新加坡等国家和地区。

② 刘昕:《云南经贸"并蒂",双向奔赴彩云南》,2022年9月15日,国际商报社官方账号(https://baijiahao.baidu.com/s?id=1744000050579949314&wfr=spider&for=pc)。

易、承认电子签名的效力，为网络交易的开展提供制度性保障，也有利于企业借助跨境电商平台扩大出口。跨境铁路方面，2022年11月，中越两国联合发布的《关于进一步加强和深化中越全面战略合作伙伴关系的联合声明》中明确提到，"尽快完成老街—河内—海防标准轨铁路规划评审""推进跨境基础设施建设，重点推动就老街（越南）—河口（中国）铁路对接方案商谈一致"。11月，习近平主席同泰国总理巴育举行会谈时提出，要加快中老泰三方铁路合作，积极推进"中老泰联通发展构想"。巴育表示要加快泰中铁路建设并与中老铁路衔接，落实中老泰联通发展构想。

中国也在加快与东盟国家之间的物流信息化建设步伐。广西方面，广西物流公共信息服务平台（行·好运网）将与国家交通运输物流公共信息平台有效衔接，基本实现北部湾经济区物流服务一体化；广西国际贸易"单一窗口"、北部湾港无纸化（智慧湾）项目建成，北部湾港统一客户服务门户网站（北港网）投入使用；钦州港口岸通关无纸化申报率达90%以上，电子支付率维持在95%以上，国际贸易"单一窗口"申报率达100%；2022年12月，广西还发布了《中国—东盟信息港建设实施方案（2022—2025年）》。2023年年初，云南昆明海关在中老铁路运行中大力推进"智慧海关"建设，积极探索中老铁路智能监管，包括加强与铁路部门的信息数据共享，畅通"单一窗口"和"数字口岸"双路径数据传输，打通中老铁路国际货运监管信息链路，实现协同监管等。

第三节　RCEP下中国—东盟国际物流发展问题与展望

RCEP使中国与东盟之间形成更为紧密的供应链伙伴关系，为中国—东盟国际物流的发展创造了良好条件。由于东盟各国发展水平差异较大，中国与东盟国家间物流业的发展仍存在诸多问题。未来，随着RCEP的深入实施，中国—东盟国际物流一体化程度将不断提高，中国与东盟国家间的跨境电商物流服务将快速发展。

一、中国—东盟国际物流发展中存在的问题

(一) 东盟各国物流业发展水平总体相对落后

东盟国家物流业发展水平各异，但总体相对落后。根据世界银行发布的全球物流绩效指数（LPI），东盟国家大致可分为三个层次。新加坡处于领先地位，物流基础设施完善，物流能力与服务水平较高；马来西亚、泰国、越南和印度尼西亚处于中上水平，其物流基础设施、国际货运能力、物流追踪能力和及时性方面较好，但物流服务质量与竞争力、海关效率方面较弱；菲律宾、柬埔寨、缅甸和老挝等处于中等或中低水平，物流能力与服务水平相对落后。

从基础设施看，综合交通运输网络和信息化水平是制约东盟国家物流业发展的明显短板。一方面是综合交通基础设施薄弱，铁路基础设施缺乏，水运和公路运输的设施等级较低，特别是多式联运缺失环节较多；另一方面是信息基础设施落后，信息化水平不高，建立物流合作信息共享平台难度较大。

从物流业发展规划看，东盟各国间缺乏统一的物流业顶层规划。一是物流规划不统一，国家间的物流网络节点、通道之间缺乏有效的衔接；二是物流标准不统一，各国的物流标准各自为政，相互之间没有统一的物流服务标准。物流标准不匹配、口岸通关不协调、运输周期长，导致物流服务的效率低、费用高。

(二) 东盟国家物流业发展环境仍有待完善

根据世界银行评估，东盟国家贸易便利化评价指标的综合水平低于中国，推动物流快速发展的出口组货模式、口岸物流的贸易便利化等普惠性行业规范比较缺乏。同时，国家间的合作机制也不完善。例如，尽管中老铁路已建成通车，但关于中老铁路互联互通的合作机制还不健全，当前中老铁路尚未被系统性地纳入区域主要合作机制。

此外，东盟国家经济形势和发展前景面临地缘政治风险及政策风险的挑

战。东南亚国家国内政治因素复杂，文化传统差异较大，部分国家法律体系不健全，政治、经济、社会等各类风险相互交织。这也给中国物流企业海外生产经营的安全管理带来很大压力。

（三）中国物流企业的国际化经营面临较多不确定性

RCEP下中国与东盟物流市场的融合是一个循序渐进的过程，企业层面的"获得感"在很大程度上取决于协议生效的速度和程度。RCEP很多重要规则的实际生效有较长的过渡期。例如，除货物贸易零关税政策采取"渐进式"安排外，原产地区域累积制度也需全部成员国自协定生效起五年内完成审议后，其适用范围才能扩大至缔约方的所有生产和货物增值，区域内的产业转移与融合也难以一蹴而就。

中国物流企业还面临着激烈的市场竞争和自身国际化经营能力建设方面的挑战。东盟统一区域市场下，市场主体增多，竞争将更加激烈。国内外物流企业加快在东盟布局，在市场发展尚不成熟的情况下，同质化竞争可能带来相互竞价等恶性竞争风险。中国物流企业如何适应东盟国家的法规政策和风俗文化，提供有针对性的差异化物流服务，在RCEP成员基础设施水平参差不齐的情况下提高企业合作效率，走出符合自身实际情况的国际化路径和发展模式，仍需深入探讨和摸索。

二、RCEP生效后中国—东盟国际物流发展展望

（一）中国—东盟国际物流基础设施网络将加快建设

东盟国家物流交通基础设施相对落后，提升空间较大。RCEP规则有利于境外资本投资东盟物流基础设施。随着RCEP的生效实施，中国—东盟国际物流基础设施网络将加快建设。

从东盟国家的经济发展水平和地理条件看，打造各具特色、互为补充、畅通安全的海陆空通道综合物流服务体系，加快与中国紧密衔接的海铁联运、公铁联运、海陆空联运等多式联运基础设施建设，将是近期中国—东盟物流基础设施建设的重点领域。中老铁路是"一带一路"的标志性工程。作为连

通中国—东盟的物流大通道，中老铁路沿线将建设多个国际陆港，形成联通老挝、泰国、马来西亚的国际多式联运通道，打造海铁联运、海陆联运、跨境陆运等多种跨境物流产品。未来，中泰铁路建成并与中老铁路实现连接后，还将进一步辐射印度洋和南海区域。

东盟内部新加坡、越南、泰国、印尼和马来西亚等物流基础条件较好的国家，也将加大物流枢纽建设力度，加快整合重构干线运输、仓储、配送等业务所需的物流基础设施，连点成网，逐步实现中国—东盟区域物流一体化。泰国和越南将重点建设辐射东盟北部缅甸、老挝、柬埔寨等国家的物流基础设施，新加坡、马来西亚和印度尼西亚将重点建设辐射东盟南部国家的物流基础设施。同时，RCEP成员国之间也将加强港航企业间的合作，丰富航线类型，扩展海上航线规模，构建陆海物流闭环通道。

（二）中国物流企业的跨境服务能力将得到有效提升

首先，制造和商贸企业"走出去"给中国物流企业提高海外经营能力带来了难得的市场机会。物流企业可为客户提供面向东盟国家的国际货代、跨境通关、海外仓储及运输配送等多种物流服务，并在深入了解"走出去"企业需求的基础上提供定制化的物流服务产品。

其次，具备中国—东盟跨境全链路资源的物流企业将得到快速发展。RCEP下中国物流企业可与东盟各国相关港口和物流企业建立稳定的合作关系，形成国内外一体化运作能力。例如，物流企业可通过加强与铁路部门合作，构建海铁联运平台，探索跨国铁路运输协调机制，做大班列规模，打造类型丰富的精品路线。

最后，RCEP有利于中国平台型物流企业与东盟国家供应链整合服务企业形成战略协同，提升跨境服务能力。东盟物流市场相对分散，且处于快速发展阶段，跨境物流服务整合空间巨大。例如，印尼的极兔速递已经建立起覆盖中国境内揽货、干线运输和东南亚主要国家末端派件的业务网络，其干线和东南亚本土优质物流网络可以弥补中国物流企业海外网络的不足。

（三）中国—东盟跨境电商物流服务将快速发展

RCEP 采取的预裁定、抵达前处理、信息技术运用等高效管理手段要求更高的清关时效，对于跨境电商的全流程数智化提出了更高要求。目前，东盟国家还缺乏数字化物流服务平台型企业。中国大型电商物流企业具有先发优势，可在东盟国家加快建设数字化电商物流服务平台。

跨境专线和海外仓建设也将快速发展。跨境专线契合 RCEP 区域快速发展的电商物流需求，经过资源优化整合，中国—东盟之间将形成多种形式的跨境电商海、陆、空专线。海外仓具有更高的时效性，RCEP 生效也将增强中国物流企业在东盟各国投资的信心，加快采用兼并、自建和租用等方式经营海外仓。

参考文献

[1] 北京日报:《"一带一路"迎来十周年:推动全球共同发展》,2023年2月9日,京报网(https://news.bjd.com.cn/2023/02/09/10329371.shtml)。

[2] 菜鸟集团:《2021—2022菜鸟社会责任报告》,2022年6月1日,菜鸟集团官网(cainiao.com/cn-pc-esg.html)。

[3] 陈发清:《深圳密织航空物流网》,《深圳商报》2022年12月15日第A01版。

[4] 陈婕:《菜鸟入选2022年浙江省首批数字工厂标杆企业》,2022年7月6日,钱江晚报百家号(https://baijiahao.baidu.com/s?id=1737591988631093681&wfr=spider&for=pc)。

[5] 陈金龙:《中国式现代化的探索历程、鲜明特征及重要意义》,《党的文献》2022年第2期。

[6] 陈洧洧:《2022年中国航空货运发展回顾 在变化中加快发展步伐》,2023年1月19日,中国民航网(http://www.caacnews.com.cn/1/tbtj_/202301/t20230119_1361597.html)。

[7] 东方财富网:《汽车物流行业研究:2021年市场规模约为4084亿元》,2022年12月7日,东方财富网(https://caifuhao.eastmoney.com/news/20221207144855654510690)。

[8] 杜衡、刘浩、李航:《国际航空物流供应链:我国短板,却是当前全球产业重构的"基础设施"》,2020年10月10日,新华社客户端(https://baijiahao.baidu.com/s?id=1680153025754522392&wfr=spider&for=pc)。

[9] 甘肃日报:《2023年政府工作报告——2023年1月15日在甘肃省第十四届人民代表大会第一次会议上》,2023年1月20日,甘肃省人民政府网(http://www.gansu.gov.cn/gsszf/c100190/202301/49805904.shtml)。

[10] 光明日报:《"一带一路"在疫情挑战中前行》,2021年1月5日,光明网(https://m.gmw.cn/2021-01/05/content_1302002961.htm)。

[11] 中国网科技:《抗疫救灾中的互联网力量:货拉拉"运力公益"的四年实践》,2022年3月18日,中国网(http://tech.china.com.cn/roll/20220318/385937.shtml)。

[12] 光明网:《十年总里程突破600万公里!我国综合立体交通网络加速完善》,2022年9月26日,光明网(https://m.gmw.cn/baijia/2022-09/26/36048713.html)。

[13] 广西壮族自治区人民政府：《广西初步建成面向东盟的国际大通道》，2023 年 3 月 1 日，广西壮族自治区人民政府网站（http：//www.gxzf.gov.cn/gxydm/yw_29788/t15906659.shtml）。

[14] 广州日报：《广州海关"智能审图"促口岸通关高效畅通》，2023 年 2 月 5 日，《广州日报》官方账号（https：//baijiahao.baidu.com/s？id=1756966232619807229&wfr=spider&for=pc）。

[15] 贵州省商务厅：《彰显国企担当　这些企业用实际行动筑牢"保供"防线》，2022 年 9 月 24 日，新华网贵州频道（http：//gz.news.cn/2022-09/24/c_1129029526.htm）。

[16] 郭兆晖：《正确认识人与自然和谐共生的现代化》，2020 年 12 月 16 日，光明网（https：//www.gmw.cn/xueshu/2020-12/16/content_34469565.htm）。

[17] 国际货币基金组织：《世界经济展望报告》（2019 年 10 月、2020 年 10 月、2021 年 10 月、2022 年 10 月、2023 年 4 月），国际货币基金组织网站（https：//www.imf.org/en/publications/weo）。

[18] 国家发展改革委、中国物流与采购联合会：《全国物流运行情况通报》（2011—2022）。

[19] 国家发展改革委：《24 个！2022 年国家骨干冷链物流基地建设名单公布》，2022 年 12 月 7 日，农业农村部官网（http：//www.scs.moa.gov.cn/ccll/hydt/202302/t20230207_6419999.htm）。

[20] 国家发展改革委：《国家发展改革委发布 2022 年国家物流枢纽建设名单》，2022 年 11 月 18 日，国家发展改革委网站（https：//dofcom.nx.gov.cn/xwzx_274/tzgg/202211/t20221121_3850698.html）。

[21] 国家发展改革委：《国家发展改革委新闻发布会　介绍〈"十四五"现代物流发展规划〉有关情况》，2022 年 12 月 28 日，国家发展改革委（https：//www.ndrc.gov.cn/xwdt/wszb/xdwlfzgh/？code=&state=123）。

[22] 国家发展改革委政研室：《聚焦五大任务　探索物流降本增效"河南经验"》，2021 年 12 月 27 日，国家发展改革委网（https：//www.ndrc.gov.cn/fzggw/jgsj/zys/sjdt/202112/t20211227_1310004.html）。

[23] 国家能源局：《梁昌新：我国充电基础设施快速发展，已建成世界上数量最多、分布最广的充电基础设施网络》，2023 年 2 月 13 日，国家能源局网站（http：//www.nea.gov.cn/2023-02/13/c_1310697052.htm）。

[24] 国家统计局：《2022 年 12 月社会消费品零售总额下降 1.8%》，2023 年 1 月 17 日，国家统计局网站（http：//www.stats.gov.cn/xxgk/sjfb/zxfb2020/202301/t20230117_1892127.html）。

[25] 国家统计局：《2022 年四季度和全年国内生产总值初步核算结果》，2023 年 1 月 18 日，国家统计局网站（http：//www.stats.gov.cn/sj/zxfb/202302/t20230203_1901718.html）。

[26] 国家统计局：《中国统计年鉴 2022》，中国统计出版社 2022 年版。

[27] 国家统计局：《中华人民共和国 2022 年国民经济和社会发展统计公报》，2023 年 2 月 28 日，

国家统计局（http：//www. stats. gov. cn/sj/zxfb/202302/t20230228_1919011. html）。

[28] 国家邮政局：《2022年邮政行业发展统计公报》，2023年5月26日，国家邮政局官网（https：//www. spb. gov. cn/gjyzj/c100276/202305/d5756a12b51241a9b81dc841ff2122c6. shtml）。

[29] 国家邮政局：《邮政行业运行情况》（2011—2022），国家邮政局网站（https：//www. spb. gov. cn/gjyzj/c100276/common_list. shtml）。

[30] 国务院新闻办公室：《国新办举行2022年全年进出口情况新闻发布会》，2023年1月13日，国务院新闻办公室网站（http：//www. scio. gov. cn/xwfbh/xwbfbh/wqfbh/49421/49446/wz49449/Document/1735262/1735262. htm）。

[31] 国务院新闻办公室：《国新办举行2022年商务工作及运行情况新闻发布会》，2023年2月2日，国务院新闻办公室网站（http：//www. scio. gov. cn/xwfbh/xwbfbh/wqfbh/49421/49554/wz49556/Document/1735988/1735988. htm）。

[32] 国务院新闻办公室：《云南举行中老铁路通车运营一周年新闻发布会》，2022年12月2日，国务院新闻办公室网站（http：//www. scio. gov. cn/xwfbh/gssxwfbh/xwfbh/yunnan/Document/1734020/1734020. htm）。

[33] 海关总署：《2022年12月货运监管业务统计快报表》，2023年1月13日，海关总署网站（http：//www. customs. gov. cn/customs/302249/zfxxgk/2799825/302274/302275/4794512/index. html）。

[34] 海关总署：《海关总署2022年全年进出口情况新闻发布会》，2023年1月13日，海关总署网站（http：//www. customs. gov. cn/customs/xwfb34/302330/4795072/index. html）。

[35] 海南省人民政府：《洋浦国际集装箱码头加大创新力度，打造区域国际集装箱枢纽港》，2023年4月3日，海南省人民政府网站（https：//www. hainan. gov. cn/hainan/5309/202304/5cbdf2f111c24596a141096fe8a6c7cc. shtml）。

[36] 郝雪莹：《美洲至我国首船大豆散货班轮抵达日照港》，《大众日报》2016年3月22日第9版。

[37] 何星亮：《中国式现代化的理论与现实意义》，《人民论坛》2022年11月1日第1版。

[38] 河南省农业农村厅：《稳农业生产　保农产品供给　河南省农业农村厅全力做好疫情防控期间全省农业运输保障工作》，2022年4月14日，河南省人民政府官网（https：//www. henan. gov. cn/2022/04－14/2431672. html）。

[39] 洪勇：《2022年物流业回顾及2023年趋势和展望》，2022年12月30日，光明网（https：//economy. gmw. cn/2022－12/30/content_36270036. htm）。

[40] 侯冰玉：《河南省今年外贸总值有望达9000亿元　在豫世界500强企业达198家》，2022年10月13日，中原网视台网（https：//www. hnmdtv. com/yaowen/2022/1013/175323. html）。

[41] 华经情报网：《2021年中国冷链物流市场规模、需求量及行业相关企业注册量》，2022年5月26日，华经情报网（https：//baijiahao.baidu.com/s？id＝1733851237278758244&wfr＝spider&for＝pc）。

[42] 环球网：《外交部：目前中国已累计向非方提供了近2亿剂疫苗》，2021年11月26日，环球网官方账号（https：//baijiahao.baidu.com/s？id＝1717462468617556886&wfr＝spider&for＝pc）。

[43] 黄琼：《国内无人机产值有望破千亿　物流龙头企业构建航空网络》，2022年7月24日，第一财经（https：//www.yicai.com/news/101484221.html）。

[44] 贾大山、徐迪、蔡鹏：《2022年沿海港口发展回顾与2023年展望》，《中国港口》2023年第1期。

[45] 江源：《工业生产总体稳定　新动能持续成长》，2023年1月18日，中国经济网（http：//m.ce.cn/bwzg/202301/18/t20230118_38353494.shtml）。

[46] 交通发布：《中西部交通可达性与东部差距明显缩小》，2022年9月22日，中国交通报社官方账号（https：//baijiahao.baidu.com/s？id＝1744597175422256983&wfr＝spider&for＝pc）。

[47] 交通运输部：《2022年交通运输行业发展统计公报》，2023年6月16日，交通运输部（https：//xxgk.mot.gov.cn/2020/jigou/zhghs/202306/t20230615_3847023.html）。

[48] 交通运输部：《2022年水路运输市场发展情况和2023年市场展望》，2023年3月21日，交通运输部网站（https：//xxgk.mot.gov.cn/2020/jigou/syj/202303/t20230321_3778865.html）。

[49] 交通运输部：《2022年网络货运行业运行基本情况发布》，2023年2月14日，交通运输部网站（https：//www.mot.gov.cn/fenxigongbao/yunlifenxi/202302/t20230216_3758417.html）。

[50] 交通运输部：《推动研究绿色金融支持交通运输绿色发展相关政策》，2022年1月21日，人民科技官方账号（https：//baijiahao.baidu.com/s？id＝1722543568454540316&wfr＝spider&for＝pc）。

[51] 交通运输部微信公众号：《2022年网络货运行业运行基本情况发布》，2023年2月14日，交通运输部网站（https：//www.mot.gov.cn/fenxigongbao/yunlifenxi/202302/t20230216_3758417.html）。

[52] 交通运输部综合规划司：《水运"十四五"发展规划解读》，2022年1月29日，交通运输部网站（https：//www.mot.gov.cn/2022zhengcejd/202202/t20220204_3639756.html）。

[53] 京东物流：《2022年京东物流环境、社会及治理（ESG）报告》，2023年4月28日，京东物流官网（https：//www.jdl.com/esgreport）。

[54] 劳光伟、杨陈：《2022年西部陆海新通道班列开行8800列》，2022年12月31日，中国新闻网（https：//m.chinanews.com/wap/detail/sp/cj/shipin/cns-d/2022/12-31/news9925257.shtml）。

[55] 李华：《中欧班列长安号年开行量首次突破4600列》，2023年1月6日，光明网（https：//m.gmw.cn/baijia/2023-01/06/1303245968.htm）。

| 参考文献 |

[56] 李翕坚：《保稳提质 蓄力前行》，2023年4月17日，云南日报网（https：//yndaily.yunnan.cn/pad/content/202304/17/content_132982.html）。

[57] 刘鹤：《加快构建以国内大循环为主体、国内国际双循环相互促进的新发展格局（学习贯彻党的十九届五中全会精神）》，《人民日报》2020年11月25日第6版。

[58] 刘倩：《粤港澳大湾区开启铁水联运新模式》，2019年4月5日，南方网（https：//economy.southcn.com/node_84ddb04e50/bec2b2bba1.shtml）。

[59] 刘晓鹏：《美团无人机助力"最后三公里"配送》，《中国物流与采购》2022年第18期。

[60] 刘垠：《全面市场化的新能源汽车，如何迈向高质量发展》，《科技日报》2023年4月3日第3版。

[61] 刘勇：《中国式现代化提出的深刻背景与光明前景》，2022年11月8日，宣讲家网（http：//www.71.cn/2022/1108/1184352.shtml）。

[62]［意大利］罗科·拉科尔特：《［红星何以照耀中国］"一带一路"是助推世界发展的新引擎》，2022年10月11日，光明网（https：//world.gmw.cn/2022-10/11/content_36079556.htm）。

[63] 吕超、秦波、张璐等：《"一带一路"倡议下我国西部粮食物流国际通道示范节点现状与建议》，《粮油食品科技》2022年第4期。

[64] 毛有佳、赵昌文：《充分发挥超大规模市场优势》，2021年8月18日，中国经济网（http：//views.ce.cn/view/ent/202108/18/t20210818_36817536.shtml）。

[65] 民航资源网：《全国低碳日｜航司坚持"绿色飞行"，让地球不"碳"气!》，2021年8月25日，民航资源网公众号（https：//mp.weixin.qq.com/s/-l06QNd95hQAWHFietexeQ?）。

[66] 农业农村部信息中心、中国国际电子商务中心：《全国农产品跨境电子商务发展报告（2021—2022）》，2023年3月2日，搜狐网（https：//www.sohu.com/a/648363925_121653066）。

[67] 农业农村部信息中心：《中国数字乡村发展报告（2022年)》，2023年4月10日，农业农村部官网（https：//www.moa.gov.cn/xw/zwdt/202303/P020230301615827357892.pdf）。

[68] 彭园园：《合肥中欧班列累计发运突破2800列，2022年净增100列》，2023年1月3日，安徽省人民政府网（https：//www.ah.gov.cn/zwyw/ztzl/fkxxgzbdgrdfyyq/jkkp/554202531.html）。

[69] 青海日报：《政府工作报告——2023年1月15日在青海省第十四届人民代表大会第一次会议上》，2023年1月20日，青海省人民政府网（http：//www.qinghai.gov.cn/zwgk/system/2023/01/20/030008933.shtml）。

[70] 人民日报：《2022年全国粮食产量稳中有增，连续8年稳定在1.3万亿斤以上》，2022年12月14日，中国政府网（http：//www.gov.cn/xinwen/2022-12/14/content_5731827.htm）。

[71] 人民日报：《互联互通带来中巴双赢》，2018年4月9日，人民日报社（https：//baijiahao.

baidu. com/s？id＝1597253338273865060&wfr＝spider&for＝pc）。

［72］人民网：《扩投资、稳就业、保畅通、促融合 推动"四好农村路"高质量发展》，2023年4月28日，人民网（http：//finance. people. com. cn/n1/2023/0428/c1004－32676014. html）。

［73］人民网：《专家：构建现代物流转型发展任务体系 明确发展战略方向》，2023年1月5日，人民网（finance. people. com. cn/n1/2023/0105/c1004－32600570. html）。

［74］任芳：《移动机器人：全能型升级 全球化发展》，《物流技术与应用》2023年第2期。

［75］任豪祥：《积极落实碳达峰碳中和目标，加快推进物流行业绿色低碳转型》，《物流技术与应用》2022年第7期。

［76］锐观网：《2023年中国智慧物流行业投资规划及前景预测报告》，2023年3月23日，商业新知（https：//www. shangyexinzhi. com/article/7125830. html）

［77］沙坪坝区融媒体中心：《重庆国际物流枢纽园区获批"一带一路"进出口商品集散中心》，2023年4月28日，重庆市沙坪坝区人民政府网（http：//www. cqspb. gov. cn/zwyw/zwxw/dtxw/yw/202304/t20230428_11926882. html）。

［78］商务部：《区域全面经济伙伴关系协定》（RCEP），2022年1月1日，商务部网站（http：//www. mofcom. gov. cn/article/syxwfb/202112/20211203233822. shtml）。

［79］商务部电子商务和信息化司：《2022年中国网络零售市场发展报告》，2023年2月20日，全国电子商务公共服务网（https：//dzswgf. mofcom. gov. cn/news/5/2023/2/1676871953636. html）。

［80］上海市发展改革委：《浦东机场四期扩建工程智能货站项目开工啦!》，2023年1月30日，国家发展改革委网站（https：//www. ndrc. gov. cn/fggz/zcssfz/dffz/202301/t20230130_1347622. html）。

［81］深圳市无人机行业协会：《无人机物流在深先行先试，低空经济：新的万亿产业投资风口》，2023年1月8日，深圳特区报公众号（https：//mp. weixin. qq. com/s/2w-dDcz_W8QYR5 mesC-ZBrQ）。

［82］深圳特区报：《华南首家! 深圳LNG加注船首次靠泊装船顺利完成》，2023年2月11日，深圳特区报社（https：//baijiahao. baidu. com/s？id＝1757463927776721475&wfr＝spider&for＝pc）。

［83］世界贸易组织："Global Trade Outlook and Statistics"，2023年4月5日，世界贸易组织官网（https：//www. wto. org/english/res_e/publications_e/trade_outlook23_e. htm）。

［84］顺丰航空：《顺丰航空实现安全运行十三周年》，2022年12月31日，顺丰航空网站（https：//www. sf-airlines. com/sfa/zh/article_3409. html）。

［85］顺丰控股：《2022年度顺丰控股可持续发展报告》，2023年3月28日，顺丰官网（https：//www. sf-express. com/uploads/2022_8a7477b59e. pdf）。

［86］四川日报：《2023年四川省人民政府工作报告》，2023年1月20日，四川省人民政府网站

（https：//www. sc. gov. cn/10462/c105962/2023/1/20/00ade04b7fa54c5f81e1e9b895eb7f3e. shtml）。

［87］搜狐网：《2022 年度销量榜出炉：235850 辆，8 家企业年销量破万辆，都有谁?》，2023 年 1 月 16 日，搜狐网（https：//www. sohu. com/a/630682523_233844）。

［88］搜狐网：《三大央企货航混改开花有望齐聚 A 股　百亿年收入国货航冲击主板 IPO》，2023 年 1 月 11 日，搜狐网（https：//www. sohu. com/a/627924376_130887）。

［89］搜狐网：《我国首创重载铁路基础设施智能运维技术在朔黄铁路发布》，2023 年 5 月 30 日，搜狐网（http：//news. sohu. com/a/680354958_121119270）。

［90］孙少雄、杨皓、孙振楠：《夯实向西开放桥头堡》，《瞭望》2023 年 1 月 21 日第 4—5 期。

［91］王淑芹、何珊：《如何理解"物质文明和精神文明相协调的现代化"》，《光明日报》2022 年 3 月 4 日第 13 版。

［92］王艺超：《智慧赋能丨鄂州机场少人机坪背后的智慧密码》，《中国民航报》2022 年 5 月 18 日第 8 版。

［93］网易新闻：《几百万外卖骑手，在 10 年内将面临失业》，2023 年 3 月 7 日，网易新闻网（https：//m. 163. com/dy/article/HV8TCTR10553MZMC. html）。

［94］魏弘毅、叶昊鸣：《2022 年全国完成交通固定资产投资超 3.8 万亿元》，2023 年 2 月 23 日，新华社官方账号（https：//baijiahao. baidu. com/s? id = 1758636323650391314&wfr = spider&for = pc）。

［95］中华人民共和国中央人民政府：《铁路水路联手　物流降本增效》，2023 年 4 月 17 日，中国政府网（https：//www. gov. cn/zhengce/2023 - 04/17/content_5751792. htm）。

［96］西部陆海新通道物流和运营组织中心：《西部陆海新通道 2022 年 1—9 月运行情况》，2023 年 2 月 23 日，西部陆海新通道门户网（https：//www. xibulhxtd. cn/html/2023/02/337. html）。

［97］喜崇彬：《航空物流如何建设智慧化体系》，《物流技术与应用》2021 年第 11 期。

［98］喜崇彬：《新格局下我国航空物流发展现状及未来》，《物流技术与应用》2021 年第 4 期。

［99］肖晗：《互联网公路货运平台降低"三空"　助力年减少碳排放超千万吨》，2021 年 10 月 19 日，深圳商报官方账号（https：//baijiahao. baidu. com/s? id = 1714045223015067834&wfr = spider&for = pc）。

［100］新华财经：《京东率先建成中国首个"零碳"物流园区》，2022 年 3 月 11 日，新华网（http：//www. news. cn/enterprise/20220311/c5118dc5238140ea8c1b3c6202abc1/c. html）。

［101］新华社：《服务"双循环"稳固供应链——西部陆海新通道成长观察》，2022 年 8 月 25 日，新华社官方账号（https：//baijiahao. baidu. com/s? id = 1742144072500387575&wfr = spider&for = pc）。

［102］新华社：《新春，再加速——西部陆海新通道绽放勃勃生机》，2023 年 1 月 26 日，新华社

官方账号（https：//baijiahao. baidu. com/s？ id =1756087901403622851&wfr = spider&for = pc）。

[103] 新华社：《郑州—卢森堡"空中丝绸之路"国际合作论坛开幕》，2022 年 11 月 16 日，国务院新闻办公室网站（http：//www. scio. gov. cn/31773/35507/35510/35524/Document/1733366/1733366. htm）。

[104] 新华社客户端：《半月谈丨国际航空物流供应链：我国短板，却是当前全球产业重构的"基础设施"》，2020 年 10 月 10 日，新华社客户端官方账号（https：//baijiahao. baidu. com/s？ id =1680153025754522392&wfr = spider&for = pc）。

[105] 新华网：《中国油气产业分析与展望系列蓝皮书发布》，2023 年 4 月 15 日，新华网（http：//www. xinhuanet. com/energy/20230415/d94b8af9ba7140c3a17d5136283049a2/c. html）。

[106] 新疆维吾尔自治区人民政府：《2023 年自治区政府工作报告》，2023 年 1 月 23 日，新疆维吾尔自治区人民政府网（http：//www. xinjiang. gov. cn/xinjiang/xjzfgzbg/202301/7cc6e53ea0da40beb436177ed60b2044. shtml）。

[107] 新京报：《十年来中欧班列已通达欧洲 208 个城市，累计开行突破 6.5 万列》，2023 年 3 月 17 日，新京报社官方账号（https：//baijiahao. baidu. com/s？ id =1760510569257668924&wfr = spider&for = pc）。

[108] 新浪财经：《重磅通知，REITs 新一轮扩容开启！高速公路 REITs 分红近 10 亿元，产业园区 REITs 上市后表现亮眼》，2023 年 3 月 26 日，新浪财经网（https：//finance. sina. com. cn/stock/jsy/2023 -03 -26/doc-imynfatx8855730. shtml）。

[109] 央视财经：《商务部：2022 年全国农产品网络零售额突破 5000 亿元》，2023 年 1 月 30 日，央视财经官方账号（https：//baijiahao. baidu. com/s？ id =1756417946614438651&wfr = spider&for = pc）。

[110] 央视网：《国家邮政局：中国 95% 的建制村实现快递服务覆盖》，2023 年 2 月 22 日，央视网（http：//news. cctv. com/2023/02/22/ARTIgrNmIRhNHLyCjfLaGGsZ230222. shtml）。

[111] 央视网：《中俄东线日输气量超 6000 万立方米　开启冬季保供模式》，2023 年 1 月 2 日，央视网（https：//news. cctv. com/2023/01/02/ARTIhwHG9w4Mz12mXnZUtCQ5230102. shtml）。

[112] 杨兵、王娇妮：《几内亚至中国海上班轮航线运量创新高》，2021 年 3 月 22 日，中国新闻网（https：//www. chinanews. com. cn/ny/2021/03 -22/9437888. shtml）。

[113] 杨娟、王芳、王巍：《天府国际机场大通关体系规划方案研究》，《物流工程与管理》2019 年第 1 期。

[114] 杨文佳：《国家发改委：更好发挥现代物流民生保障作用》，2022 年 12 月 29 日，中央纪委国家监委网站（https：//www. ccdi. gov. cn/yaowenn/202212/t20221229_238773. html）。

[115] 杨永明：《能源发展回顾与展望（2022）——油气篇》，2023 年 2 月 1 日，北极星能源网

（https：//news. bjx. com. cn/html/20230201/1285590. shtml）。

[116] 杨质高、刘圆莉：《云南十项措施打造万亿级现代物流业》，2022 年 8 月 26 日，云南网（https：//yn. yunnan. cn/system/2020/08/26/030916244. shtml）。

[117] 云南省网上新闻发布厅：《"云南这十年"系列新闻发布会·高原特色农业专场发布会》，2022 年 8 月 24 日，云南省人民政府网（https：//www. yn. gov. cn/ynxwfbt/html/2022/zuixinfabu_0823/4906. html）。

[118] 云南省网上新闻发布厅：《云南举行"云南这十年"系列新闻发布会·重点产业及战略性新兴产业发展专场》，2022 年 8 月 17 日，国务院新闻办公室网（http：//www. scio. gov. cn/xwfbh/gssxwfbh/xwfbh/yunnan/Document/1729231/1729231. htm）。

[119] 云南网：《瑞丽海关各项工作再上新台阶》，2023 年 3 月 30 日，云南网（https：//m. yunnan. cn/system/2023/03/30/032526785. shtml）。

[120] 张科、苏庆丰、汪文汉：《中欧班列（武汉）2022 年开行 539 列，创开行十年最好纪录》，2023 年 1 月 10 日，武汉市发展改革委网（http：//fgw. wuhan. gov. cn/xwzx/tpxw/202301/t20230112_2130774. html）。

[121] 张向晨：《中国基建企业的国际化道路：历程、现状与展望》，《国际经济合作》2022 年第 3 期。

[122] 赵安琪：《中老铁路开通运营一周年：跨越国境的合作发展之路》，2022 年 12 月 3 日，搜狐网（https：//roll. sohu. com/a/613077217_119038）。

[123] 赵颖竹：《抢抓 RCEP 红利陆海新通道新年首批班列从重庆发往东盟》，2023 年 1 月 1 日，西部陆海新通道门户网（https：//www. xibulhxtd. cn/html/2023/01/320_h5. html）。

[124] 赵瑜：《航空公司助力绿色发展大有可为》，2021 年 9 月 14 日，中国民航网（http：//www. caacnews. com. cn/1/tbtj_/202109/t20210914_1330749. html）。

[125] 证券时报 e 公司：《中谷物流：拟不超 10 亿元投建中谷国际集装箱供应链仓储物流基地项目》，2022 年 11 月 9 日，新浪财经网（http：//finance. sina. com. cn/roll/2022 - 11 - 09/doc-imqqsmrp5524149. shtml）。

[126] 郑州市人民政府：《全货机航线"全球通""空中丝路"飞出"国际范"》，2022 年 10 月 18 日，郑州市人民政府网站（https：//www. zhengzhou. gov. cn/news1/6754352. jhtml）。

[127] 中关村绿色冷链物流产业联盟：《全国冷链物流企业分布图（2022 版）》，中关村绿色冷链物流产业联盟网站（http：//www. lenglianwuliu. org. cn/menu/details. html? menuId = 78）。

[128] 中国财富网：《京东支援京沪等地抗疫保供投入 20 亿元》，2022 年 6 月 1 日，中国财富网（https：//baijiahao. baidu. com/s? id = 1734421188650773661&wfr = spider&for = pc）。

[129] 中国船舶工业行业协会：《2022 年船舶工业经济运行分析》，2023 年 1 月 28 日，中国船舶工业行业协会网站（http：//www.cansi.org.cn/cms/document/18490.html）。

[130] 中国—东盟自由贸易区：《中国—东盟民航业：一段正飞往春天的航程》，2022 年 11 月 4 日，中国—东盟自由贸易区网站（http：//www.cafta.org.cn/show.php？contentid=100831）。

[131] 中国国家铁路集团有限公司：《国家铁路 1 月至 11 月货物运输持续保持高位运行》，2022 年 12 月 14 日，中国国家铁路集团有限公司网站（http：//www.china-railway.com.cn/xwzx/ywsl/202212/t20221214_124730.html）。

[132] 中国国家铁路集团有限公司：《货运服务实现重大变革 国铁核心业务完成数字化转型 95306 货运电子商务平台升级半年成效明显 累计网上办理 1790 万单 电子运单使用比例达 97%》，2022 年 6 月 9 日，中国国家铁路集团有限公司网站（http：//www.china-railway.com.cn/xwzx/ywsl/202206/t20220609_122021.html）。

[133] 中国国家铁路集团有限公司：《全国铁路营业里程达到 15.5 万公里》，2023 年 1 月 29 日，中国国家铁路集团有限公司网站（http：//www.china-railway.com.cn/xwzx/ywsl/202301/t20230129_125641.html）。

[134] 中国国家铁路集团有限公司：《铁路货运为经济复苏注入强劲动力》，2023 年 3 月 14 日，中国国家铁路集团有限公司网站（http：//www.china-railway.com.cn/xwzx/zhxw/202303/t20230314_126688.html）。

[135] 中国国家铁路集团有限公司：《新华每日电讯：中国同中亚畅通"钢铁驼队"》，2023 年 5 月 15 日，中国国家铁路集团有限公司网站（http：//www.china-railway.com.cn/xwzx/mtjj/xhs/xinhuanet/202305/t20230515_127847.html）。

[136] 中国国家铁路集团有限公司：《中国国家铁路集团有限公司 2022 年统计公报》，2023 年 3 月 17 日，中国国家铁路集团有限公司（http：//www.china-railway.com.cn/xwzx/zhxw/202303/t20230317_126718.html）。

[137] 中国互联网协会：《〈中国互联网发展报告（2022）〉正式发布》，2022 年 9 月 14 日，中国互联网协会网站（https：//www.isc.org.cn/article/13848794657714176.html）。

[138] 中国江苏网：《长江与京杭运河航道网电子航道图实现互联互通》，2023 年 4 月 26 日，中国江苏网网站（http：//jsnews.jschina.com.cn/yuanchuang/202304/t20230426_3205600.shtml）。

[139] 中国民用航空局、国家发展改革委、交通运输部：《"十四五"民用航空发展规划》，2021 年 12 月 14 日，中国民用航空局网站（http：//www.caac.gov.cn/XXGK/XXGK/FZGH/202201/t20220107_210798.html）。

[140] 中国民用航空局：《2022 年民航行业发展统计公报》，2023 年 5 月 10 日，中国民用航空局

| 参考文献 |

网站（http：//www.caac.gov.cn/XXGK/XXGK/TJSJ/202305/t20230510_218565.html）。

［141］中国民用航空局：《2022年全国民用运输机场生产统计公报》，2023年3月16日，中国民用航空局（http：//www.caac.gov.cn/XXGK/XXGK/TJSJ/202303/t20230317_217609.html）。

［142］中国日报：《万科进军物流第8年　锚定实体经济做出三大转变》，2022年9月14日，中国日报（http：//cn.chinadaily.com.cn/a/202209/14/WS63218335a310817f312edfdc.html）。

［143］中国日报网：《中缅"海陆公"新通道助力缅甸粮食进口中国》，2022年1月2日，中国日报网（https：//yn.chinadaily.com.cn/a/202201/02/WS61d14f67a3107be497a00557.html）。

［144］中国日报网浙江记者站：《浙江：以数字化改革实战实效推进产业链上下游物流畅通》，2022年11月2日，中国日报网（https：//zj.chinadaily.com.cn/a/202211/02/WS6362333aa310817f312f431f.html）。

［145］中国石化报：《端牢能源饭碗　走稳转型步伐——我国能源行业回顾与展望》，2023年1月16日，中国石化新闻网（http：//www.sinopecnews.com.cn/xnews/content/2023-01/16/content_7056995.html）。

［146］中国石油新闻中心：《悉数2022年全球能源格局巨变》，2023年2月24日，中国石油新闻中心网站（http：//news.cnpc.com.cn/system/2023/02/24/030094302.shtml）。

［147］中国水运网：《全球最大电池容量纯电池动力船"长江三峡1"交付》，2022年3月25日，三峡航运服务网（http：//www.sanss.net/WenZhangList.aspx?mid=80045&aid=84162）。

［148］中国网信网：《中国数字乡村发展报告（2022年）》，2023年3月1日，国家互联网信息办公室（http：//www.cac.gov.cn/2023-03/01/c_1679309717197252.htm）。

［149］中国物流与采购联合会、中国物流信息中心：《疫情下物流韧性恢复，高质量发展势头显现——2022年物流运行情况分析》，2023年2月24日，中国物流信息中心网站（http：//www.clic.org.cn/wltjwlyx/309312.jhtml）。

［150］中国物流与采购联合会：《2022年12月份中国大宗商品指数（CBMI）为101.0%》，2023年1月6日，中国物流与采购联合会网站（http：//www.chinawuliu.com.cn/xsyj/202301/06/596553.shtml）。

［151］中国信通院：《区块链白皮书（2022年）》，2022年12月，中国信通院（http：//www.caict.ac.cn/kxyj/qwfb/bps/202212/t20221229_413462.htm）。

［152］中商情报网：《2022年中国新能源物流车电机装机量排行榜TOP 10》，2023年2月7日，网易（https：//www.163.com/dy/article/HSVJGFQ4051481OF.html）。

［153］中物联物流园区专业委员会：《中物联发布第六次全国物流园区调查报告》，2022年12月16日，中物联物流园区专业委员会网站（http：//yqzwh.chinawuliu.com.cn/xwdt/202212/16/595013.

· 351 ·

shtml）。

［154］朱旭东：《中储粮海港粮储基地项目一期竣工》，2023 年 4 月 28 日，新华网（http：//www.news.cn/photo/2023 - 04/28/c_1129577264.htm）。

［155］祝传鹏：《郑州航空货运枢纽再添"生力军"》，2023 年 1 月 5 日，河南省人民政府网（https：//www.henan.gov.cn/2023/01 - 05/2667769.html）。

附录 A 2022 年中国物流相关政策一览表

发布部门	文号	文件名称	相关内容	发布时间
中共中央、国务院	无	中共中央 国务院关于做好 2022 年全面推进乡村振兴重点工作的意见	《意见》提出加快农村物流快递网点布局，实施"快递进村"工程，鼓励发展"多站合一"的乡镇客货邮综合服务站、"一点多能"的村级寄递物流综合服务点，推进县乡村物流共同配送，促进农村客货邮融合发展；推动冷链物流服务网络向农村延伸，整县推进农产品产地仓储保鲜冷链物流设施建设；支持供销合作社开展县域流通服务网络建设提升行动，建设县域集采集配中心；培育发展物流配送等生活性服务业	2022.02.22
中共中央、国务院	无	中共中央 国务院关于加快建设全国统一大市场的意见	《意见》提出推动国家物流枢纽网络建设，大力发展多式联运，推广标准化托盘带板运输模式；大力发展第三方物流，支持数字化第三方物流交付平台建设，推动第三方物流产业科技和商业模式创新，培育一批有全球影响力的数字化平台企业和供应链企业，促进全社会物流降本增效；加强应急物流体系建设，提升灾害高风险区域交通运输设施、物流站点等设防水平和抗灾能力，积极防范成品粮食、能源等重要产品供应短缺风险；完善国家综合立体交通网，推进多层次一体化综合交通枢纽建设，推动交通运输设施跨区域一体化发展	2022.04.10

· 353 ·

续表

发布部门	文号	文件名称	相关内容	发布时间
中共中央办公厅、国务院办公厅	无	关于推进社会信用体系建设高质量发展促进形成新发展格局的意见	《意见》提出深入实施质量提升行动，提升产业链供应链安全可控水平；鼓励银行创新专项领域信贷产品，发展订单、仓单、保单、存货、应收账款融资和知识产权质押融资	2022.03.29
中共中央办公厅、国务院办公厅	无	关于推进以县城为重要载体的城镇化建设的意见	《意见》提出健全商贸流通网络，包括发展物流中心和专业市场，打造工业品和农产品分拨中转地；根据需要建设铁路专用线，依托交通场站建设物流配送中心，发展物流共同配送，建设具备运输仓储、集散分拨等功能的物流配送中心，完善冷链物流设施，建设面向城市消费的生鲜食品低温加工处理中心。《意见》还提出建设城乡联结的冷链物流，电商平台、农贸市场网络，带动农产品进城和工业品入乡	2022.05.06
国务院	国发〔2021〕33号	国务院关于印发《"十四五"节能减排综合工作方案》的通知	《方案》要求实施城镇绿色节能改造工程，以冷链物流等为重点，更新升级绿色节能技术、设备；实施交通物流节能减排工程，包括推动绿色铁路、绿色公路、绿色港口、绿色航道、绿色机场建设，有序推进充换电、加注（气）、加氢、港口机场岸电等基础设施建设；提高物流等车辆使用新能源汽车的比例；加快大宗货物和中长途货物运输"公转铁""公转水"，大力发展水、公铁、公水等多式联运；鼓励重型柴油货车更新换代；加强船舶清洁能源动力推广应用，推动船舶岸电受电设施改造，大力发展智能交通，积极运用大数据优化运输组织模式；加快绿色仓储建设，鼓励建设绿色物流园区，加快标准化物流周转箱推广应用，全面推广绿色快递包装	2022.01.24

· 354 ·

附录 A 2022 年中国物流相关政策一览表

续表

发布部门	文号	文件名称	相关内容	发布时间
国务院	国发〔2022〕2号	国务院关于支持贵州在新时代西部大开发上闯新路的意见	《意见》提出促进贸易投资自由便利，包括加快发展跨境电商、外贸综合服务、海外仓等新业态新模式，积极推动中欧班列开行；畅通对内对外开放通道，包括加快主通道建设，研究建设铁路集装箱货运大通道，积极开展与周边省份高速公路繁忙路段扩容改造，积极开展与周边省份公路通道项目建设，推进航道提等升级，推进港口建设，加快全国性综合交通枢纽和支线机场建设	2022.01.26
国务院	国函〔2022〕8号	国务院关于同意在鄂尔多斯等27个城市和地区设立跨境电子商务综合试验区的批复	《批复》同意在鄂尔多斯等27个城市和地区设立跨境电子商务综合试验区，支持企业共建共享海外仓	2022.02.08
国务院	国函〔2022〕42号	国务院关于同意在海南自由贸易港暂时调整实施《中华人民共和国船舶登记条例》有关规定的批复	《批复》同意对海南自由贸易港登记、仅从事海南自由贸易港内航行、作业的船舶，取消船舶登记主体外资股比限制，采取必要的技术措施，加强对相关船舶登记环节以及航行、作业全过程的监督管理	2022.05.11

· 355 ·

续表

发布部门	文号	文件名称	相关内容	发布时间
国务院	国发〔2022〕12号	国务院关于印发扎实稳住经济一揽子政策措施的通知	《通知》提出完善交通物流保通保畅政策，全面取消对来自疫情低风险地区货运车辆的防疫通行限制，着力打通制造业物流瓶颈；统筹加大对物流枢纽和物流企业的支持力度，包括加快宁波舟山大宗商品储运基地布局规划研究；择优支持全国性重点枢纽城市，提升枢纽的货物集散、中转运输、仓储、应急保障能力，引导加快推进多式联运融合发展，降低综合货运成本；支持加快农产品主产区和特色农产品优势区支持建设一批小型冷藏保鲜设施，推动建设一批产销对接冷链集配中心	2022.05.31
国务院	国发〔2022〕13号	国务院关于印发《广州南沙深化面向世界的粤港澳全面合作总体方案》的通知	《方案》提出增强国际航运物流枢纽功能，包括推动粤港澳大湾区内航运服务资源跨境跨区域深化合作；加快广州港南沙港区水水中转、铁水联运等领域建设，充分利用园区已有铁路，进一步提高四期自动化码头建设；支持广州南沙航运交易所拓展粤港澳大湾区航运联合服务功能，支持粤港澳三地在南沙携手共建大湾区大宗商品交易中心；依托广州港南沙综合保税区，建立粤港澳供应链管理平台，建设工程塑料、消费品、艺术品、食品、粮食、红酒展示交易中心，设立期货交割仓	2022.06.14

· 356 ·

附录A 2022年中国物流相关政策一览表

续表

发布部门	文号	文件名称	相关内容	发布时间
国务院	国发〔2022〕18号	国务院关于支持山东深化新旧动能转换推动绿色低碳高质量发展的意见	《意见》提出优化交通建设施布局和结构，包括推动通道建设、推进京杭运河黄河以北段适宜河段复航，加快建设世界一流海港，强化与沿海省份港口合作互动，共同打造世界级港口群；完善多式联运体系，推进大宗物资运输"公转铁""公转水"；支持建设大宗干散货智慧绿色示范港口，构建以电气化铁路、节能环保船舶为主的中长途绿色货运系统	2022.09.02
国务院	国函〔2022〕126号	国务院关于同意在廊坊等33个城市和地区设立跨境电子商务综合试验区的批复	《批复》同意在廊坊等33个城市和地区设立跨境电子商务综合试验区，支持企业共建共享海外仓	2022.11.24
国务院办公厅	国办发〔2021〕54号	国务院办公厅关于印发《推进多式联运发展优化调整运输结构工作方案（2021—2025年）》的通知	《方案》要求提升多式联运承载能力和衔接水平；创新多式联运组织模式；促进重点区域运输结构调整；加快技术装备升级；营造统一开放的市场环境；完善政策保障体系	2022.01.07
国务院办公厅	国办发〔2021〕57号	国务院办公厅关于做好跨周期调节进一步稳外贸的意见	《意见》指出进一步发挥海外仓的带动作用，包括促进海外仓高质量发展，鼓励金融机构加大对物流企业建设和使用海外仓的金融支持；缓解国际物流压力，包括鼓励外贸企业与航运企业签订长期协议，引导地方、进出口商协会组织中小微外贸企业与航运企业进行直客对接，支持政策性金融机构向符合条件的小微外贸企业提供金融支持，持续加强国际海运领域监管	2022.01.11

· 357 ·

续表

发布部门	文号	文件名称	相关内容	发布时间
国务院办公厅	国办发〔2021〕59号	国务院办公厅关于促进内外贸一体化发展的意见	《意见》提出完善内外联通物流网络，包括加强国际航空货运能力建设，提升国际海运竞争力，推动中欧班列高质量发展，加快推进国际道路运输便利化；引导外贸企业、跨境电商、物流企业加强业务协同和资源整合，加快布局海外仓、配送中心等物流基础设施网络；优化城市物流配送网络，补齐城市配送"最后一公里"短板；持续支持中西部地区、县域商贸物流基础设施建设，畅通区域间、城乡间流通网络	2022.01.19
国务院办公厅	国办发〔2022〕9号	国务院办公厅关于进一步释放消费潜力促进消费持续恢复的意见	《意见》提出落实好民航、铁路运输等特困行业纾困扶持措施；推进商品包装和流通环节包装绿色化、减量化、循环化；加快健全生活物资保障体系，畅通重要生活物资流通通道；在各大中城市科学规划建设一批集仓储、分拣、加工、包装等功能于一体的城郊大仓基地；加快健全城乡配送体系，包括进一步完善电子商务配套设施建设，加快发展冷链物流，加强末端环节及配套设施建设，加快发展冷链物流，大力推广标准化包装，鼓励企业研发应用适合果蔬等农产品的单元化冷藏车，健全进口冷链食品检验检疫制度和进口冻品集中监管制度	2022.04.25

· 358 ·

附录 A　2022 年中国物流相关政策一览表

续表

发布部门	文号	文件名称	相关内容	发布时间
国务院办公厅	国办发〔2022〕18号	国务院办公厅关于推动外贸保稳提质的意见	《意见》要求促进外贸货物运输通保畅，包括将外贸物资纳入重点物资范围，全力保障货运物流运输畅通；进一步压缩国际航班等泊时间；用好航空货运运力，保障重要零部件、装备和产品运输；加强与国际货运班列沿线国家沟通协调，同步提高铁路口岸通关及作业效率；进一步提升深港服务稳外贸功能，包通行能力。《意见》还要求增强海运物流服务稳外贸功能，加强对国际海运领域的市场监管，加强对接公司大客户直客对接的业务规模，加强对国际海运领域的市场监管，提升主要港口的货物中转效率等	2022.05.26
国务院办公厅	国办发〔2022〕29号	国务院办公厅关于进一步加强商品过度包装治理的通知	《通知》提出指导寄递企业制修订包装操作规范，细化限制快递过度包装要求；鼓励快递企业通过优化包装结构减少填充物使用量；推行快递包装绿色产品认证，推广使用绿色包装；督促指导电商企业加强上下游协同，设计并应用符合快递配送需求的电商商品包装，推广电商快件原装直发	2022.09.08
国务院办公厅	国办发〔2022〕30号	国务院办公厅关于进一步优化营商环境降低市场主体制度性交易成本的意见	《意见》提出推动降低物流服务收费，包括强化口岸、货场、专用线等货运领域减收费监管，加快推动大宗货物和集装箱中长距离运输"公转铁""公转水"等多式联运改革，推进运输载运工具和相关单证标准化，推动建立集装箱、托盘等标准化装载器具循环共用体系；着力优化跨境贸易服务，包括拓展跨境电商零售进口的"单一窗口"功能，优化跨境电商零售进口工作流程等	2022.09.15

· 359 ·

续表

发布部门	文号	文件名称	相关内容	发布时间
国务院办公厅	国办发〔2022〕37号	国务院办公厅关于印发《第十次全国深化"放管服"改革电视电话会议重点任务分工方案》的通知	《方案》要求提升港口集疏运水平，包括在有条件的港口推进进口货物"船边直提"和出口货物"抵港直装"，加快推动大宗货物和集装箱中长距离运输"公转铁"与"公转水"等多式联运改革，推进铁路集装箱专用线建设。《方案》还要求延长允许货车在城市道路上通行的时间，放宽通行吨位限制，进一步便利货车在城市道路通行；推进物流保障畅通、保障今冬明春煤炭、液化天然气（LNG）等重点物资水路运输	2022.10.26
国务院办公厅	国办发〔2022〕35号	国务院办公厅关于复制推广营商环境创新试点改革举措的通知	《通知》提出持续提升跨境贸易便利化水平的5项举措，包括优化进出口货物查询服务；加强铁路运输信息系统与海关信息系统的数据交换共享；推进水铁空公多式联运信息共享；进一步深化进出口货物"提前申报""两步申报""船边直提""抵港直装"等改革；探索开展科研设备和耗材跨境自由流动，简化研发用途设备和样本样品进出口手续	2022.10.31
国务院应对新型冠状病毒感染肺炎疫情联防联控机制	国办发明电〔2022〕3号	国务院应对新型冠状病毒感染肺炎疫情联防联控机制关于切实做好货物流通保畅工作的通知	《通知》要求全力物畅通交通运输道；优化防疫通行管控措施；全力组织应急物资中转；切实保障重点物资和邮政快递通行；加强从业人员服务保障，着力纾困解难，维护行业稳定	2022.04.11

续表

发布部门	文号	文件名称	相关内容	发布时间
国务院促进中小企业发展工作领导小组办公室	工信部企业函〔2022〕103号	关于印发加力帮扶中小微企业纾困解难若干措施的通知	《通知》要求做好大宗原材料保供稳价，制定出台减并港口收费项目，定向降低沿海港口引航费政策措施；加强生产要素保障，重点加强对企业人员到厂难、物料运输难等阻碍复工达产突出问题的协调解决力度，建立中小微企业人员、物流保障协调机制	2022.05.09
国务院应对新型冠状病毒感染肺炎疫情联防联控机制春运工作专班	交运明电〔2022〕3号	国务院应对新型冠状病毒感染肺炎疫情联防联控机制春运工作专班关于印发《2022年综合运输春运疫情防控和运输服务保障总体工作方案》的通知	《方案》提出加强冷链等物流防控管理，督促指导进口冷链食品物流企业加强防控知识培训，加强对引航员、直接接触冷链食品的港口装卸人员等一线人员的劳动保护；按规定做好进口高风险非冷链集装箱装载运输工具，以及箱体内壁消毒工作	2022.01.07
国务院联防联控机制综合组交通运输管控与运输保障专班	交运明电〔2022〕81号	国务院联防联控机制综合组交通运输管控与运输保障专班关于全力做好货运物流保通保畅工作的通知	《通知》提出全力做好公路保通保畅工作；加强从业人员服务保障，建立统一规范的通行证制度；分类精准做好货运车辆通行管理；全力保障水路运输通道畅通；切实做好上海港集装箱运输保障工作；切实保障国际航行船舶船员换班；切实加强动态跟踪督导检查	2022.04.14

· 361 ·

续表

发布部门	文号	文件名称	相关内容	发布时间
国务院物流保通保畅工作领导小组办公室	国物流领导小组办发电[2022]191号	国务院物流保通保畅工作领导小组办公室关于进一步畅通邮政快递服务保障民生物资运输的通知	《通知》提出科学精准保障邮政快递稳定运行，保障民生物资运输效率的5项举措，包括统筹做好邮政快递通保畅工作；有效落实网络稳定运行属地责任；充分发挥骨干邮政快递企业作用；全面落实邮政快递疫情防控举措；切实加强行业抗疫保供宣传引导	2022.12.29
国务院物流保通保畅工作领导小组办公室	国物流领导小组办发电[2022]197号	国务院物流保通保畅工作领导小组办公室关于进一步做好医疗物资运输保障工作的通知	《通知》要求各地物流保通保畅工作机制认真落实最新疫情防控优化措施，包括加强供需对接、"一企一策"做好运输服务保障；健全运力储备，畅通末端配送服务网络；发挥骨干企业作用，确保春节假期医疗物资运输稳定有序；强化值班值守、"一事一协调"解决医疗物资物流不畅不通问题	2022.12.29
工业和信息化部等10部门	工信部联政法[2021]215号	十部门关于促进制造业有序转移的指导意见	《意见》提出有序疏解超大特大城市中心城区一般性制造业，区域优化制造业基地，因地制宜建设先进制造业集群，发挥大中城市综合成本较低的优势，充分发挥专业服务中心、完善港口、物流园区集疏运铁路、公路多式联运，推动完善港口、物流园区集疏运铁路、公路	2022.01.14
国家发展改革委等9部门	发改高技[2021]1872号	国家发展改革委等部门关于推动平台经济规范健康持续发展的若干意见	《意见》提出鼓励平台企业发展跨境电商和海外经贸合作区建设，积极推动海外仓培育建设，结合通关、物流、支付、结汇等跨境电商产业链生态圈；推动农业数字化转型，提升农业生产、加工、销售、物流等产业链各环节数字化水平	2022.01.18

附录 A　2022 年中国物流相关政策一览表

续表

发布部门	文号	文件名称	相关内容	发布时间
国家发展改革委等 7 部门	发改就业〔2022〕107 号	国家发展改革委等部门关于印发《促进绿色消费实施方案》的通知	《方案》提出提高城市物流配送、邮政快递等新能源汽车应用占比；加快发展绿色物流配送，包括积极推广绿色快递包装，鼓励企业使用商品和物流一体化包装、可循环快递包装等新产品；加快城乡物流配送体系和快递公共末端设施建设，高强度使用快递包装纸箱、免胶纸箱、循环配送箱等快递设施建设，完善农村配送网络，创新绿色低碳、集约高效的配送模式，大力发展集中配送、共同配送、夜间配送	2022.01.21
国家发展改革委等 7 部门	发改环资〔2022〕109 号	国家发展改革委等部门关于加快废旧物资循环利用体系建设的指导意见	《意见》提出加强废旧物资分拣中心规范建设，包括合理布局分拣中心、因地制宜新建和改造提升绿色分拣中心分类，推进综合型分拣中心和专业型分拣中心建设	2022.01.21
国家发展改革委、商务部	发改体改〔2022〕135 号	国家发展改革委 商务部关于深圳建设中国特色社会主义先行示范区放宽市场准入若干特别措施的意见	《意见》提出鼓励金融机构开展存货、仓单、订单质押融资等供应链金融业务；探索智能网联无人系统在工业生产、物流配送、冷链运输等领域的产业化应用	2022.01.26
商务部等 6 部门	商国际发〔2022〕10 号	商务部等 6 部门关于高质量实施《区域全面经济伙伴关系协定》（RCEP）的指导意见	《意见》提出除特殊情况外，进出口环节监管证件单统一纳入"单一窗口"受理，最大限度实现通关单证环节单证无纸化；鼓励电子商务平台企业全球化经营，完善仓储、物流、支付等全球电子商务基础设施建设，鼓励引导地方营销服务平台，培育建立多元主体投入建设海外仓，构建国际物流供应链服务保障体系，提升物流水平	2022.01.26

· 363 ·

续表

发布部门	文号	文件名称	相关内容	发布时间
国家发展改革委等14部门	发改财金〔2022〕271号	关于促进服务业领域困难行业恢复发展的若干政策	《政策》提出公路、水路、铁路运输业纾困扶持措施，包括2022年暂停铁路运输企业预缴增值税；2022年中央财政进一步加大车辆购置税收入补助地方资金力度，支持公路、水运综合运输枢纽、集疏运体系建设等；引导金融机构创新符合道路、水路运输企业特点的动产质押类贷款产品等。民航业纾困扶持措施，包括2022年暂停航空运输企业预缴增值税一年、统筹资源加大对民航基础设施建设资金支持力度等	2022.02.18
国家发展改革委等12部门	发改产业〔2022〕273号	关于印发促进工业经济平稳增长的若干政策的通知	《通知》提出鼓励具备跨境金融服务能力的金融机构在依法合规、风险可控前提下，加大对传统外贸、跨境电商和物流等企业海外仓建设和使用的金融支持；进一步加强对海运市场相关主体收费行为的监管；鼓励出口商签订长期协议，引导各地方、进出口协会组织中小微外贸企业与航运企业进行直客对接；增加中欧班列车次，引导企业通过中欧班列扩大向西出口	2022.02.18
商务部、中国出口信用保险公司	商财函〔2022〕54号	商务部 中国出口信用保险公司关于加大出口信用保险支持 做好跨周期调节 进一步稳外贸的工作通知	《通知》提出鼓励加大对跨境电商、海外仓、外贸综合服务企业等外贸新业态的支持力度；在依法合规、风险可控前提下，加大对传统外贸企业、跨境电商和物流企业等海外仓建设和使用的承保支持	2022.02.23

· 364 ·

附录 A 2022 年中国物流相关政策一览表

续表

发布部门	文号	文件名称	相关内容	发布时间
交通运输部、国家发展改革委	交水发〔2022〕26号	交通运输部、国家发展改革委关于减并港口收费有关事项的通知	《通知》决定减并港口收费项目，定向降低沿海港口引航费，完善拖轮收费政策，进一步规范收费行为	2022.03.02
交通运输部、国家发展改革委	交运发〔2022〕30号	交通运输部、国家发展改革委关于印发《多式联运示范工程管理办法（暂行）》的通知	《办法》提出加强多式联运示范工程管理的规范化、制度化，不断提升多式联运发展水平，更好服务加快建设交通强国等国家战略实施；适用于多式联运示范工程申报及评选、组织实施、验收与命名、动态评估等工作	2022.03.14
交通运输部、公安部、商务部	交运发〔2022〕32号	交通运输部、公安部、商务部关于印发《城市绿色货运配送示范工程管理办法》的通知	《办法》提出加快推动城市货运配送体系绿色低碳发展，进一步加强城市绿色货运配送示范工程管理工作规范化、制度化，不断提升城市绿色货运配送发展水平，更好服务加快建设交通强国等国家绿色货运配送战略实施；适用于城市绿色货运配送示范工程申报，组织实施、验收与命名、动态评估等工作	2022.03.15
财政部、海关总署、税务总局	财税〔2022〕9号	财政部、海关总署、税务总局关于陆路启运港退税试点政策的通知	《通知》指出对符合条件的出口企业从启运地启运报关出口，由中国国家铁路集团有限公司及其下属公司承运，从铁路转关运输直达离境口岸离境的集装箱货物，实行启运港退税政策	2022.03.16
国家发展改革委等部门	发改开放〔2022〕408号	国家发展改革委等部门关于推进共建"一带一路"绿色发展的意见	《意见》提出加强国际航运领域国际合作，积极推动国际海运和清洁交通领域国际合作；推广新能源和清洁能源车船等节能低碳型交通工具；鼓励企业参与境外铁路电气化升级改造项目，巩固稳定提升中欧班列良好发展态势，发展多式联运和绿色物流	2022.03.28

· 365 ·

续表

发布部门	文号	文件名称	相关内容	发布时间
交通运输部、国家铁路局、中国民用航空局、国家邮政局、中国国家铁路集团有限公司	交运发〔2022〕49号	关于加快推进冷链物流运输高质量发展的实施意见	《意见》要求加快完善基础设施网络，推动技术装备创新升级，创新运输组织服务模式，健全完善运输监管体系，强化政策支持保障	2022.04.11
财政部办公厅、商务部办公厅、国家乡村振兴局综合司	财办建〔2022〕18号	关于支持实施县域商业建设行动的通知	《通知》引导支持的主要方向为包括补齐县域商业基础设施短板、完善县乡村三级物流配送体系、改善优化县域消费渠道、增强农村产品上行动能、提高生活服务供给质量	2022.04.13
中国人民银行、国家外汇管理局	银发〔2022〕92号	中国人民银行 国家外汇管理局关于做好疫情防控和经济社会发展金融服务的通知	《通知》要求加大对物流航运循环畅通的金融支持力度，包括金融机构主动跟进和有效满足运输企业融资需求，对承担疫情防控和应急运输任务较重的运输物流企业开辟"绿色通道"；对因疫情影响偿还贷款有暂时困难的运输物流企业和货车司机，科学合理地给予贷款展期和续贷安排；用好用足民航应急贷款等工具，多措并举加大对航空公司和机场的信贷支持力度	2022.04.18

· 366 ·

附录 A　2022 年中国物流相关政策一览表

续表

发布部门	文号	文件名称	相关内容	发布时间
农业农村部、国家卫生健康委	农经发〔2022〕4 号	农业农村部　国家卫生健康委关于印发《统筹新冠肺炎疫情防控和春季农业生产工作导则》的通知	《导则》针对封控区农业生产作业，要求组建应急保障车队，开展集中采购、集中储运、集中配送，保证必要的人员开展分选、分级、预冷、储藏、包装等工作，保障农产品流通"最先一公里"；针对农资保障农产品流通，要求对常态化疫情防控重点保障物资、优先发车辆通行证、优先承运、优先装卸、优先查验、优先放行；精准实施农业生产资料和农产品运输车辆管理；充分发挥铁路、水路运输能大的优势，在严格做好防疫措施的前提下，可通过开通专列、专船的方式，集中运输大宗农业生产资料和农产品中转调运站、接驳区或分区尽快设立农业生产资料和农产品中转调运站、接驳区或分拨场	2022.04.22
农业农村部、财政部、国家发展改革委	农规发〔2022〕17 号	农业农村部　财政部　国家发展改革委关于开展 2022 年农业现代化示范区创建工作的通知	《通知》提出发挥园区政策集成效等优势，引导科技研发、加工物流、营销服务等主体在示范区投资兴业；推进智慧农业发展，加强 5G、物联网、快递网点等建设，加快农田水利、冷链物流、加工仓储等设施智能化转型	2022.04.25
财政部、税务总局	财政部　税务总局公告 2022 年第 18 号	财政部　税务总局关于快递收派服务免征增值税政策的公告	《公告》决定自 2022 年 5 月 1 日至 2022 年 12 月 31 日，对纳税人为居民提供必需生活物资快递收派服务取得收入，免征增值税	2022.04.29

· 367 ·

续表

发布部门	文号	文件名称	相关内容	发布时间
商务部等14部门	商建函〔2022〕114号	商务部等14部门关于开展内外贸一体化试点的通知	《通知》提出支持商贸、物流企业"走出去",整合市场资源,建立国际化营销、物流和售后服务网络,提升产业链、供应链稳定性和竞争力;支持企业完善覆盖全球的海外仓网络,打造支撑内外贸一体化发展的海外平台;推动中欧班列运贸一体化发展,增强中欧班列支撑内外贸发展动力;推进内外贸同船运输,提升内外贸泊位共享、资源利用综合效能	2022.05.10
国家发展改革委、工业和信息化部、财政部、人民银行	发改运行〔2022〕672号	关于做好2022年降成本重点工作的通知	《通知》提出推进物流提质增效降本,包括完善现代物流体系、调整优化运输结构、规范降低物流收费、降低国际物流成本	2022.05.10
住房和城乡建设部办公厅、国家邮政局办公室	建办城函〔2022〕181号	住房和城乡建设部办公厅 国家邮政局办公室关于做好疫情防控期间寄递服务保障工作的通知	《通知》提出保障邮政快递民生服务畅通运行,畅通"最后一百米"服务,推广无接触配送,落实疫情防控要求,点和网点管理、严格落实疫情防控要求	2022.05.10
中国人民银行、交通运输部	银发〔2022〕120号	中国人民银行 交通运输部关于设立交通物流专项再贷款有关事宜的通知	《通知》提出贯彻落实党中央、国务院关于保障物流畅通促进产业链供应链稳定的决策部署,支持交通物流畅通,要求设立交通物流专项再贷款,助力交通物流纾困,支持金融机构向交通物流领域提供专项再贷款支持领域、发放对象、规模、利率和期限、发放和管理及工作要求	2022.05.20

· 368 ·

附录 A 2022 年中国物流相关政策一览表

续表

发布部门	文号	文件名称	相关内容	发布时间
财政部办公厅、商务部办公厅	财办建〔2022〕36 号	关于支持加快农产品供应链体系建设 进一步促进冷链物流发展的通知	《通知》提出引导支持的主要方向包括增强农产品批发市场冷链流通能力、提高冷链物流重点干支线配送效率、完善农产品零售终端冷链环境、统筹支持农产品市场保供	2022.05.27
农业农村部等 11 部门	农市发〔2022〕6 号	农业农村部 国家发展改革委 财政部 自然资源部 生态环境部 交通运输部 商务部 国家卫生健康委 市场监管总局 中国证监会 中国银保监会关于印发《统筹新冠肺炎疫情防控和"菜篮子"产品保供稳价工作指南》的通知	《指南》提出加强"菜篮子"产品保供稳价应急准备，包括抓好做好日常监测预警，管好用好政府储备、稳定"菜篮子"产品生产供应，长效应对接机制，建好应急保供网络；积极组织新型农业经营主体开展分选分级、冷藏保鲜、包装储藏等产后商品化处理，严防发生疫情传播，保障"菜篮子"产品流通"最先一公里"畅通；多措并举提高"菜篮子"产品运输通行效率，包括着力提升运输效率，优化防疫通行措施，做好应急中转调运，切实用足用好"菜篮子"产品对接机制，包括发挥保供机制作用，创新应急保供模式，主动寻求外部支持；全力以走顺畅"菜篮子"产品市内分销，包括保障分销集道畅通，放宽市内通行限制；综合施策保障"菜篮子"产品终端配送，包括科学设置配送站点，保障足够配送力量，创新社区配送方式	2022.06.01

· 369 ·

续表

发布部门	文号	文件名称	相关内容	发布时间
商务部等8部门	商流通函[2022]143号	商务部、国家邮政局等八部门关于加快贯通县乡村电子商务体系和快递物流配送体系有关工作的通知	《通知》提出完善基础设施，优化网络布局；补齐冷链短板，提升冷链流通效率；整合快递物流资源，扩大电子商务覆盖面，提升服务能力；培育市场主体，促进协同发展；规范行业秩序，优化发展环境	2022.06.01
农业农村部办公厅、财政部办公厅	农办市[2022]5号	农业农村部办公厅 财政部办公厅关于做好2022年农产品产地冷藏保鲜设施建设工作的通知	《通知》提出四项重点突出任务，包括合理集中建设产地冷藏保鲜设施，深入开展产地冷藏保鲜整县推进，推动冷链物流服务网络向农村延伸，组织冷藏保鲜实用技术和运营管理培训	2022.06.06
中国人民银行办公厅、交通运输部办公厅	无	中国人民银行办公厅 交通运输部办公厅关于用好交通物流专项再贷款的补充通知	《通知》对《关于设立交通运输专项再贷款有关事宜的通知》（银发〔2022〕120号）进行了细化和说明，进一步明确了交通物流专项贷款政策的适用对象、申请条件、审核及报销要求等，为政策精准落地提供参考	2022.06.09
生态环境部等7部门	环综合[2022]42号	关于印发《减污降碳协同增效实施方案》的通知	《方案》指出要推进交通运输协同增效，包括加快推进"公转铁"、"公转水"，提高铁路、水运在综合运输中的承运比例；发展城市绿色配送体系，加快新能源汽车发展，探索开展中重型电动、燃料电池货车示范应用和商业化运营；加快淘汰老旧船舶，推动新能源、清洁能源动力船舶应用，加快港口供电设施建设，推动船舶靠港使用岸电	2022.06.13

· 370 ·

附录 A 2022 年中国物流相关政策一览表

续表

发布部门	文件名称	文号	相关内容	发布时间
交通运输部、国家铁路局、中国民用航空局、国家邮政局	国家铁路局 国家民用航空局 国家邮政局贯彻落实《中共中央 国务院关于完整准确全面贯彻新发展理念做好碳达峰碳中和工作的意见》的实施意见	交规划发〔2022〕56号	《意见》提出优化交通运输结构,包括加快建设综合立体交通网,提高铁路水路在综合运输中的承运比重,优化客货运组织;推广节能低碳型综合交通工具,包括积极发展新能源和清洁能源运输工具,加强交通电气化替代,提高燃油车船能效标准	2022.06.24
国家发展改革委、工业和信息化部、财政部、市场监管总局	国家发展改革委等部门关于印发《涉企违规收费专项整治行动方案》的通知	发改价格〔2022〕964号	《方案》提出开展交通物流领域涉企违规收费问题专项整治,重点整治水运、公路、航空、铁路等领域政策不到位问题;降费优惠政策巧立名目违规收费行为、查处部分企业利用承担疫情防控任务方便有关单位以疫情收费监管力名向交通物流企业实行强制摊派等;加大海运收费监管力度,严格执行收费项目和标准公示制度,依法查处违规收费或价格欺诈等违法行为	2022.06.28
工业和信息化部等5部门	工业和信息化部 国家市场监督管理总局 国家药品监督管理局 国家知识产权局助力消费品工业"三品"行动方案(2022—2025年)》的通知	工信部联消费〔2022〕79号	《方案》提出加快推动消费品行业质量追溯体系建设,推动实现产品源头追溯、一码到底、物流跟踪、认定和信用评价;支持企业加快人机智能交互、工业机器人、智慧物流等技术装备应用,推动实现研发、生产、采购、营销、物流等关键环节的数据集成和信息共享;鼓励企业加强协同研发、协同制造、协同配送、协同供应链开展协同采购,协同制造、协同配送、协同供应链协同管理水平	2022.07.02

·371·

续表

发布部门	文号	文件名称	相关内容	发布时间
市场监管总局等16部门	国市监标技发〔2022〕64号	关于印发贯彻实施《国家标准化发展纲要》行动计划的通知	《通知》提出围绕现代流通体系建设，研制一批智慧物流、跨境电子商务、海外仓等重点领域标准，健全多式联运标准体系；完善快递安全生产和包装治理等相关标准	2022.07.08
财政部、交通运输部	财建〔2022〕219号	关于支持国家综合货运枢纽补链强链的通知	《通知》指出引导带动不同类型的综合货运枢纽在基础设施及装备硬联通、规则标准及服务软联通、运营机制一体化等方面开展工作	2022.07.08
农业农村部办公厅、国家乡村振兴局综合司、国家开发银行办公室、中国农业发展银行办公室	农办计财〔2022〕20号	农业农村部办公厅 国家乡村振兴局综合司 国家开发银行办公室 中国农业发展银行办公室关于推进政策性开发性金融支持农业农村基础设施建设的通知	《通知》提出支持农产品仓储保鲜冷链物流设施建设、重点发展农产品产地冷藏保鲜设施、建设产地冷链集配中心和骨干冷链物流基地；推进"农村四好路"和乡村产业路、旅游路、资源路建设、完善农村交通运输体系，加快城乡冷链物流设施建设	2022.07.15
工业和信息化部、国家发展改革委、生态环境部	工信部联节〔2022〕88号	工业和信息化部 国家发展改革委 生态环境部关于印发《工业领域碳达峰实施方案》的通知	《方案》指出支持行业龙头企业将绿色低碳理念贯穿于产品设计、原料采购、生产、运输、储存、使用、回收处理的全过程，推动供应链全链条绿色低碳发展；鼓励有条件的工业企业加快铁路专用线和管道基础设施建设，推动优化大宗货物运输方式和厂内物流运输结构	2022.08.01

· 372 ·

附录 A 2022 年中国物流相关政策一览表

续表

发布部门	文号	文件名称	相关内容	发布时间
科技部等 6 部门	国科发规〔2022〕199 号	科技部等六部门关于印发《关于加快场景创新以人工智能高水平应用促进经济高质量发展的指导意见》的通知	《意见》提出鼓励在制造、农业、物流、金融等重点行业深入挖掘人工智能技术应用场景；在物流领域优先探索机器人分拣、物料搬运、智能立体仓储以及追溯终端等智能场景；在交通运输领域优先探索自动驾驶和智能航运技术在园区内运输、摆渡接驳、智能配送、货车编队行驶、港区集装箱运输、港区智能作业、船舶自主航行等方面的智能应用场景	2022.08.12
中国银保监会办公厅、商务部办公厅	银保监办发〔2022〕82 号	中国银保监会办公厅 商务部办公厅关于开展铁路运输单证金融服务试点更好支持跨境贸易发展的通知	《通知》提出鼓励银行参照海运提单下金融服务模式进行创新；鼓励保险公司探索扩大服务范围，为在途铁路运输货物提供风险保障；鼓励银行探索借助区块链等技术，实现铁路运输单证信息的快速传输校验；支持银行深化同铁路承运人、货运代理人、仓储物流公司等合作，综合研判企业经营状况，为提供授信服务做好支撑；支持银行与铁路承运人、货运代理人、仓储物流公司、货运代理人、外贸企业等订立合同；鼓励银行依托铁路承运人、货运代理人、仓储物流公司的相关系统和平台，加强对货物状况的监控	2022.09.02
交通运输部办公厅、中华全国总工会办公厅	交办运函〔2022〕1369 号	交通运输部办公厅 中华全国总工会办公厅关于进一步推进"司机之家"建设 切实改善货车司机停车休息环境的通知	《通知》要求提升"司机之家"运营服务质量，加强"司机之家"停车休息安全保障，强化"司机之家"服务宣传推广，加强"司机之家"服务跟踪监测，做好"司机之家"专项补助发放，加快"司机之家"建设验收工作	2022.09.14

· 373 ·

续表

发布部门	文号	文件名称	相关内容	发布时间
公安部、市场监管总局、生态环境部、交通运输部	公交管〔2022〕295号	关于印发《关于深化机动车检验制度改革优化车检服务工作的意见》的通知	《意见》提出全面推行货运车辆审审跨省通办，道路货运经营者可通过互联网道路运输便民服务系统在全国范围内办理道路运输证年审，交通运输部门办理审审业务时，直接认可检验机构上传到全国道路运输车辆检测信息系统的机动车检验报告，实现全国范围货运车辆审审跨省通办	2022.09.16
商务部等6单位	商贸函〔2022〕473号	商务部等6单位关于《海运　航空　铁路进出口货物标准作业程序参考》的通知	《通知》涵盖了不同类型口岸进口货物的作业程序、工作用时及收费情况等，以提升外贸进口货物流转效率，减轻企业负担，助力外贸保稳提质	2022.09.27
工业化信息部等5部门	工信部联重装〔2022〕131号	工业和信息化部　发展改革委　财政部　生态环境部　交通运输部联合发布《关于加快内河船舶绿色智能发展的实施意见》	《意见》提出优先发展绿色动力技术，包括积极稳妥发展LNG动力船舶，加快发展电池动力船舶，推动甲醇、氢等动力技术应用；加快先进适用安全环保智能技术应用，推动在大型货船、客船上的应用能系统设备研发	2022.09.28
交通运输部、财政部	交公路明电〔2022〕282号	交通运输部　财政部关于做好阶段性减免收费公路货车通行费有关工作的通知	《通知》提出2022年10月1日0时至12月31日24时，在继续执行现有各类通行费减免政策的基础上，全国收费公路统一对货车通行费再减免10%	2022.09.30

· 374 ·

附录 A　2022 年中国物流相关政策一览表

续表

发布部门	文号	文件名称	相关内容	发布时间
交通运输部办公厅、国家邮政局办公室	交办运函〔2022〕1475号	交通运输部办公厅国家邮政局办公室关于公布第三批农村物流服务品牌并组织开展第四批农村物流服务品牌的通知	《通知》决定组织开展第四批农村物流服务品牌宣传推广工作，具体包括加快资源整合，进一步健全农村物流服务体系；深化融合联动，进一步提升农村物流服务能力；注重标准引领，进一步优化农村物流服务品质；加大政策支持，进一步优化农村物流发展环境；推进互学互鉴，进一步深化农村物流服务品牌培育	2022.10.10
交通运输部、国家标准化管理委员会	交科技发〔2022〕97号	交通运输部国家标准化管理委员会关于印发《交通运输智慧物流标准体系建设指南》的通知	《指南》明确交通运输智慧物流标准体系包括基础通用标准、设施设备标准、系统平台与数据单证标准、服务与管理标准四个部分，标准明细表包括标准72项，其中现行有效标准28项，在研标准9项，待制定标准35项	2022.10.24
交通运输部、国家铁路局、中国民用航空局、国家邮政局	交规划发〔2022〕108号	交通运输部国家铁路局中国民用航空局国家邮政局关于加快建设国家综合立体交通网主骨架的意见	《意见》提出10项重点任务，具体包括完善网络布局，加快主轴建设，加强走廊建设，推进通道建设，提升枢纽能级，完善多式联运，提升管养效能，加快智慧升级，推进绿色转型，提升安全水平	2022.10.24
农业农村部等8部门	农计财发〔2022〕29号	关于印发《关于扩大当前农业农村基础设施建设投资的工作方案》的通知	《方案》要求加强农产品仓储保鲜冷链物流设施建设，具体包括产地冷藏保鲜设施、产地冷链集配中心、产地区域性冷链物流基地、水产品就地加工和冷链设施设备	2022.10.25

· 375 ·

续表

发布部门	文号	文件名称	相关内容	发布时间
国家发展改革委、商务部	中华人民共和国国家发展和改革委员会 中华人民共和国商务部令 第52号	鼓励外商投资产业目录（2022年版）	《目录》列出全国鼓励外商投资产业目录，农、林、牧、渔业涉农产品仓储保鲜冷链物流设施建设、交通运输、仓储和邮政业涉及相关仓储业务设施建设，农村、社区物流配送，一般商品的共同配送，鲜活农产品冷链物流和特殊药品低温配送等相关技术服务的提供和运用，大宗商品进出口分拨物流中心建设等	2022.10.28
市场监管总局等9部门	国市监计量发〔2022〕92号	关于印发《建立健全碳达峰碳中和标准计量体系实施方案》的通知	《方案》提出加强交通运输低碳发展标准制修订，针对公路水运、铁路和城市轨道交通、民航等交通基础设施和运输装备，开展节能降碳设计、建设、运营、监控、评价等标准制修订，完善物流绿色设备设施、运输和评价等标准	2022.10.31
工业和信息化部、国家发展改革委、生态环境部、住房和城乡建设部	工信部联原〔2022〕149号	四部门关于印发《建材行业碳达峰实施方案》的通知	《方案》提出推进绿色运输，打造绿色供应链，包括中长途运输优先采用铁路或水路，中短途运输鼓励采用新能源车辆或达到国六排放标准的车辆；厂内物流加快建设皮带、轨道、辊运输系统，减少厂内物料二次倒运及汽车运输量	2022.11.07
市场监管总局等18部门	国市监质发〔2022〕95号	关于印发《进一步提高产品、工程和服务质量行动方案（2022—2025年）》的通知	《方案》提出持续推进快递绿色包装标准体系建设；提升快递"最后一公里"投递服务能力；推动物流网络化一体化发展，加快城市配送绿色货运，冷链物流、完善农村物流服务体系，推广标准化、集装化、单元化物流装载器具和包装基础模数	2022.11.10

· 376 ·

附录 A 2022 年中国物流相关政策一览表

续表

发布部门	文号	文件名称	相关内容	发布时间
生态环境部等 15 部门	环大气〔2022〕68 号	关于印发《深入打好重污染天气消除、臭氧污染防治和柴油货车污染治理攻坚战行动方案》的通知	《方案》提出构建绿色交通运输体系，加快推进"公转铁""公转水"，提高机动车船和非道路移动机械绿色低碳水平	2022.11.14
工业和信息化部、国家发展改革委、国务院国资委	工信部联运行〔2022〕160 号	关于巩固回升向好趋势加力振作工业经济的通知	《通知》要求提升港口集疏运和境内运输效率，确保出口货物快转快运；加快推动通过中欧班列运输新能源汽车和动力电池，支持跨境电商、海外仓等新业态发展；各地严格执行疫情防控"九不准"要求，指导企业建立闭环生产方案和应急处置预案，做好生产物资储备、生活和防疫物资供应等相关工作，保障物流畅通	2022.11.29
商务部等 10 部门	商资函〔2022〕549 号	商务部等 10 部门关于支持国家级经济技术开发区创新提升更好发挥示范作用若干措施的通知	《通知》提出在产业链中运用智能采购、智能物流、供应链集成等技术，推动整体产业链融合和智慧物流发展；建立物流保障机制，包括指导各地加强与制造业企业的跟踪对接，保障物流运输畅通，推动物流运输保障重点制造业项目尽快落地，对港口、航运等物流枢纽集疏运条件的企业，予以物流运输政策加大完善纳人互认范围的企业；对防疫给予政策扶持的政府疫补贴力度；鼓励地方政府对纳入运输、成品保障原材料对策，保障原材料、成品运输畅通	2022.12.13

· 377 ·

续表

发布部门	文号	文件名称	相关内容	发布时间
生态环境部、交通运输部	环大气[2022]76号	生态环境部 交通运输部关于推进原油成品油码头和油船挥发性有机物治理工作的通知	《通知》提出六项要求，包括提高认识，将原油成品油码头和油船作为当前挥发性有机物治理的重要领域；倒排工期，按标准要求推进油气回收设施建设；船岸协同，严格落实油气回收设施运行维护要求；积极支持回收设施油品资源化定向利用；压实企业主体责任，确保油气回收设施安全运营；部门协作，强化督导帮扶和监督管理	2022.12.29
国家发展改革委	发改就业[2022]77号	国家发展改革委关于做好近期促进消费工作的通知	《通知》提出加快贯通县乡村电子商务体系和快递物流配送体系，支持大型商贸流通企业、电商平台等服务企业向农村延伸拓展；丰富村级商业网点快递收发、农产品经纪等服务，满足农村居民便利消费，就近销售需求	2022.01.17
国家发展改革委	发改规划[2022]266号	《长江中游城市群发展"十四五"实施方案》的通知	《方案》提出完善综合交通运输体系，包括加快构建多向立体综合交通运输大通道，推进主要港口集约化规模化发展，推进主要港口铁路进港全覆盖，发展全货机航班等；构建畅通高效的流通体系，包括完善内外联通、多向拓展的物流通道，打造一批国家物流枢纽，健全县乡三级物流配送体系，创建国家级示范物流园区，铁水联运、水水中转模式发展，加快发展冷链物流，加快建立储备充足、反应迅速、抗冲击能力强的应急物流体系等	2022.03.15

· 378 ·

附录A 2022年中国物流相关政策一览表

续表

发布部门	文号	文件名称	相关内容	发布时间
国家发展改革委	发改规划〔2022〕371号	国家发展改革委关于印发《2022年新型城镇化和城乡融合发展重点任务》的通知	《任务》要求健全便民服务设施，建设智能快件箱（信包箱），加大低成本场地安排和物流配送等配套政策帮扶力度；推进城镇基础设施向乡村延伸，建设联结城乡的冷链物流电商平台、农贸市场物流网络，建设重要农产品仓储设施和城乡冷链物流设施	2022.03.17
国家发展改革委	发改规划〔2022〕482号	国家发展改革委关于印发《北部湾城市群建设"十四五"实施方案》的通知	《方案》提出推动交通设施互联互通，包括打造北部湾现代化港口群，畅通陆海运输大通道，完善城际综合交通网络，强化综合交通枢纽功能	2022.04.07
国家发展改革委	发改振兴〔2022〕423号	国家发展改革委关于印发《赣州革命老区高质量发展示范区建设方案》的通知	《方案》提出推进赣州商贸服务型国家物流枢纽建设，鼓励快递物流企业在赣州设立区域分拨中心，加强农产品仓储保鲜冷链物流设施建设，积极推进进口冷冻食品集散地；推进赣州国际陆港建设，积极推动中欧班列到达赣州，建设国际物流分拨中心；支持黄金机场航空口岸与综合保税区联动发展，建设航空产业园；积极推进赣州跨境电商综合试验区建设	2022.04.13
国家发展改革委	发改振兴〔2022〕424号	国家发展改革委关于印发《闽西革命老区高质量发展示范区建设方案》的通知	《方案》提出完善城镇功能布局，因地制宜建设区域性中心城市，打造先进制造业基地，商贸物流中心和智慧城市，加强对内对外开放合作，支持符合条件的地区设立综合保税区、保税监管场所，提升陆港和公铁联运基础设施，包括支持三明培育建设生产服务型国家物流枢纽，推进普速铁路网改造升级，鼓励发展公铁、公水等多式联运等	2022.04.13

· 379 ·

续表

发布部门	文号	文件名称	相关内容	发布时间
国家发展改革委	发改办经贸〔2022〕458号	关于推进现代冷链物流体系建设工作的通知	《通知》明确重点支持国家骨干冷链物流基地、产销冷链集配中心、冷链设施智能化绿色化改造提升、冷链物流新业态新模式发展、骨干冷链物流企业培育等5方面	2022.06.02
国家发展改革委	发改规划〔2022〕960号	国家发展改革委关于印发"十四五"新型城镇化实施方案》的通知	《方案》提出强化综合交通运输网络支撑,发展货物多式联运,推广全程"一站式""一单制"服务;增强防灾减灾能力,建设一批综合性国家储备基地,优化地方和企业储备仓储资源信息库,优化重要民生商品、防疫物资及应急物资等末端配送网络;推进城镇基础设施向乡村延伸,发展联结城乡的冷链物流、配送投递、电商平台和农贸市场网络	2022.07.12
国家发展改革委	发改规划〔2022〕979号	国家发展改革委关于印发《关于中平原城市群建设"十四五"实施方案》的通知	《方案》提出推动国家物流枢纽承载城市建设布局,支持合作共建物流设施共建共享,统筹货运场站、物流中心等建设布局,推进物流设施多式联运,大力发展多式联运,提高货物换装的便捷性、兼容性和安全性;加强中欧班列等境外物流设施布局组网,推动中欧班列国际贸易结算与国际化运输一体化发展	2022.07.22
国家发展改革委	发改投资〔2022〕1652号	国家发展改革委关于进一步完善政策环境加大力度支持民间投资发展的意见	《意见》指出支持民营企业参与铁路、高速公路、港口码头及相关站场、服务设施建设	2022.11.07

附录A 2022年中国物流相关政策一览表

续表

发布部门	文号	文件名称	相关内容	发布时间
国家发展改革委	发改法规〔2022〕1562号	国家发展改革委关于印发《长三角国际一流营商环境建设三年行动方案》的通知	《方案》要求持续提升贸易便利化水平,包括建立健全长三角区域内直属海关一体化协同工作机制,深化货物转运等领域一体化改革,深化国际贸易"单一窗口"建设,推动"单一窗口"服务功能由口岸通关向口岸物流、贸易服务等全链条拓展;推进铁路、公路、水路、航空货运等信息对接共享,提升多式联运便利化水平;深化货运领域"放管服"改革,实现长三角货运资质资格互查互认	2022.11.10
国资委	国资发财评〔2022〕40号	关于中央企业助力中小企业纾困解难促进协同发展有关事项的通知	《通知》提出落实好民航、公路、铁路、水路等特困行业有关纾困扶持措施;积极建设云平台,大力推进"云采购""云签约""云结算""云物流";发挥物流企业的基础性保障功能,统筹运力、优化航线,加快打造畅通、安全、高效的物流运输通道,促进物流循环畅通	2022.05.25
海关总署	署令〔2022〕256号	中华人民共和国海关综合保税区管理办法	《办法》在《中华人民共和国海关保税港区管理暂行办法》规定的业务范围基础上,根据国发〔2019〕3号文件新增了融资租赁、跨境电商和期货保税交割等业务,明确了特殊政策适用问题,优化了海关具体监管措施	2022.01.01
海关总署	公告〔2022〕12号	海关总署公告2022年第12号（关于调整内外贸集装箱船同船运输以及国际航行船舶沿海捎带业务有关事项的公告）	《公告》对航运公司拟开展内外贸集装箱船同船运输业务的船舶备案及同船运输集装箱箱体的标准,以及航运公司拟开展国际航行船舶沿海捎带业务的备案手续等方面进行了规定	2022.01.28

· 381 ·

续表

发布部门	文号	文件名称	相关内容	发布时间
海关总署	公告〔2022〕73号	海关总署公告2022年第73号（关于明确承运境内水运转关货物的运输企业及其船舶备案管理有关事项的公告）	《公告》对承运境内水运转关货物的运输企业及其船舶备案管理做出进一步规范，明确了受理备案海关、申请备案运输企业条件及需要提供的资料、备案条件及需要提供的资料、备案有效期、注销情况以及开展同船运输、沿海捎带业务有关的企业和船舶备案	2022.08.09
海关总署	署令〔2022〕260号	中华人民共和国海关过境货物监管办法	《办法》增加相关法律法规作为立法依据，增补禁止过境的货物，明确实施指定口岸进境的过境货物，明确过境货物监管环节检查要求，进一步推进关检业务深度融合；允许具有全程提运单但在境内需换装运输工具的过境货物，一次性向海关申请在境内申请过境货物换装作业要求；简化过境货物申报材料，删除原办法中有关流转作业要求和审核纸质单证的规定	2022.09.26
商务部	商贸发〔2022〕152号	商务部关于印发《支持外贸稳定发展若干政策措施》的通知	《通知》提出进一步发挥跨境电商稳外贸的作用，包括出台进一步支持跨境电商、海外仓等外贸新业态发展的政策措施，共同支持跨境电商、海外仓等外贸新业态发展；优化海关备案流程，加强中欧班列运输组织，支持海外仓出口货物运输，进一步促进贸易畅通，包括提升港口集运和境内集运效率，印发口岸收费目录清单；进港内及港外推场等海运口岸收费监管，加强对口岸货物标准化作业程序参考	2022.09.27

附录 A 2022 年中国物流相关政策一览表

续表

发布部门	文号	文件名称	相关内容	发布时间
商务部办公厅	商办财函〔2022〕47 号	商务部办公厅关于用好服务贸易创新发展引导基金支持贸易新业态新模式发展的通知	《通知》提出支持构建适应跨境电商发展的配套服务体系，支持提高海外仓数字化、智能化水平，优化完善布局，发挥"蓄水池"作用，帮助中小微外贸企业借船出海；支持跨境物流服务高质量发展壮大，促进国际物流服务体系建设	2022.03.17
商务部办公厅	商办流通函〔2022〕242 号	商务部办公厅关于建立商贸物流企业重点联系制度的通知	《通知》要求各地商务主管部门引导重点联系企业积极参与商贸物流高质量发展专项行动，完善商贸物流服务网络，提升城乡配送服务水平，推进物流标准化、智慧化、绿色化建设	2022.09.06
交通运输部	交安监发〔2022〕4 号	交通运输部关于进一步加强交通运输安全生产体系建设的意见	《意见》提出强化安全生产风险管控，加强危险货物运输、港口危险货物存储和装卸、公路运营、工程建设施工等重点领域及新业态风险评估和管控；在确保安全的前提下，积极推动优化危险货物运输车辆限行政策；提升运输装备本质安全水平，推进危险货物技术鉴定和检测机制建设；研究加入危险货物国际道路运输公约	2022.01.18
交通运输部	交运发〔2022〕24 号	交通运输部关于印发《城乡交通运输一体化示范县创建管理办法》的通知	《办法》提出示范创建县应当结合本地实际，聚焦农村客货邮融合发展，农村运输信息化服务、客运服务、货运与物流服务一体化等主题，持续推进城乡交通运输基础设施、客运服务、货运与物流服务一体化建设	2022.03.02

· 383 ·

续表

发布部门	文号	文件名称	相关内容	发布时间
交通运输部	交规划发〔2022〕7号	交通运输部关于印发《交通强国建设评价指标体系》的通知	《通知》围绕"安全、便捷、高效、绿色、经济",从"基本特征、评价维度、评价指标"三级设置了"全球123快货物流圈覆盖率""货物多式联运水平"等20项具体评价指标	2022.03.17
交通运输部	交安监发〔2022〕43号	交通运输部关于印发《交通运输安全生产强化年实施方案》的通知	《方案》要求对公路运输"百吨王"、危险货物非法运输,危险货物港口违规存储装卸、内河船非法涉海运输等典型违法行为实施集中整治;强化危险货物道路运输安全监管,加快提升危险货物道路运输电子单覆盖率;突出危险货物港口违规集装箱超重治理车辆和重型货车动态整治,违规动火作业、开展内贸集装箱运力更新,强化危险货物船舶运力更新,强化危险货物运输船舶过闸安全管理	2022.04.08
交通运输部	交公路明电〔2022〕77号	交通运输部关于进一步统筹做好公路交通疫情防控和保通保畅工作的通知	《通知》提出有条件的高速公路服务区、地区和冷链物流车辆等开放专用停车区以及可乘人员休息专区,可设置高、中风险者设置集装箱运输车辆临时专用服务区,实施闭环管理;保障路网畅通,对保通保畅工作不力、严重影响货运物流畅通,造成物资供应短缺中断,引发社会负面舆情的,依法规追究有关单位和人员的责任	2022.04.12

· 384 ·

附录 A　2022 年中国物流相关政策一览表

续表

发布部门	文号	文件名称	相关内容	发布时间
交通运输部	交水明电〔2022〕78 号	交通运输部关于切实加强水路运输保通保畅有关工作的通知	《通知》提出全力保障港口畅通有序，包括全力以赴保障上海港畅通运转，保障港口正常运转，加强港口集疏运保障，着力优化服务措施；全力保持内河航道畅通，包括加强内河航道运行监测，科学合理设置防疫检查点；全力保障国际海运物流供应链畅通，包括加强主要外贸航线运力保障，加强国际航运服务	2022.04.12
交通运输部	交公路明电〔2022〕114 号	交通运输部关于切实做好春季农业生产服务保障工作的通知	《通知》要求加强运行监测，确保路网畅通，包括巩固骨干路网"大动脉"畅通成果，确保普通公路特别是农村公路"微循环"畅通；优化组织调度，保障运输顺畅，包括强化运输组织协调，加强重点物资运输保障	2022.04.24
交通运输部	交水明电〔2022〕163 号	交通运输部关于进一步加强航道通畅及建筑物疫情防控保通畅及安全生产工作的通知	《通知》指出要切实保障重点物资水上运输，通建筑物运行单位建立重点物资运输绿色通道，对运输医疗防疫救灾物资和粮食、化肥、能源等重要生产生活物资的船舶，实施优先过闸等措施，鼓励对运输防疫防灾物资的船舶减免过闸费	2022.06.13
交通运输部	交通运输部令 2022 年第 30 号	交通运输部关于修改《道路货物运输及站场管理规定》的决定	《规定》将道路货物运输站（场）经营许可改为备案管理，明确备案材料要求、程序要求、备案公开监督要求以及不按规定备案的罚则；在保留现有监管措施的基础上，对运货站标准化运营和信用管理做了原则性规定，进行了相应调整，对规章中引用的相关法规名称及个别文字进行了相应调整，以与相关法规严格保持一致	2022.09.28

· 385 ·

续表

发布部门	文号	文件名称	相关内容	发布时间
交通运输部	交通运输部令 2022 年第 24 号	铁路危险货物运输安全监督管理规定	《规定》全面取代旧规章，进一步完善和加强铁路危险货物运输安全监督管理，修改的主要内容一是进一步明晰了危险货物运输范围，二是进一步强化了危险货物运输全链条管理	2022.10.19
交通运输部	交运明电〔2022〕357 号	交通运输部关于做好 2023 年道路水路货物运输春运疫情防控和运输服务保障工作的通知	《通知》明确了加强交通物流保障物流五项措施，包括保障交通物流持续稳定运行，保障医疗物资运输安全高效，保障邮政快递末端服务畅通，保障能源粮食等重点物资运输有序，强化交通物流从业人员服务保障	2022.12.28
交通运输部办公厅	无	交通运输部办公厅关于强化道路货物运输重点领域安全管理工作的通知	《通知》提出强化重点货运企业安全监督检查；强化重点岗位从业人员安全监管；强化重型货车本质安全管理；强化危险货物运输源头安全监管；强化危险货物运输罐车治理；强化重点货运车辆运行风险处置；强化电子运单应用；强化道路货运安全协同治理；强化道路货运事故应急处置；强化典型事故案例警示教育	2022.04.11
交通运输部办公厅	交办水函〔2022〕675 号	交通运输部办公厅关于开展冷藏集装箱港航服务提升行动的通知	《通知》提出开展基于区块链和物联网的冷藏集装箱港航服务提升行动，主要任务包括推进基于区块链的冷藏集装箱电子放货，提升冷藏集装箱道路水路联运服务质量，提升港口冷藏集装箱堆存处置能力，研究制定冷藏集装箱运输相关指南	2022.05.10

续表

发布部门	文号	文件名称	相关内容	发布时间
交通运输部办公厅	交办规划〔2022〕21号	交通运输部办公厅关于印发《扎实推动"十四五"规划交通运输重大工程项目实施工作方案》的通知	《方案》提出"十四五"时期重点推进的沿海港口提升工程、现代综合交通"三位一体"枢纽工程、"北斗领航"工程、交通运输新基建赋能工程、绿色低碳交通可持续发展工程等11项交通运输重大工程项目包	2022.05.20
交通运输部办公厅	交办运函〔2022〕824号	交通运输部办公厅关于进一步做好道路运输安全生产专项整治巩固提升阶段有关工作的通知	《通知》提出进一步抓好风险防范化解工作，聚焦道路危险货物运输等重点领域，全面开展安全风险辨识及隐患排查，切实强化危险货物运输全过程管控，包括加大对非法托运、违规充装等行为的查处力度，深入推进常压液体危险货物罐车治理，加快推进危险货物道路运输电子运单普及应用；切实提升车辆本质安全水平，严格执行道路运输车辆达标核查制度，督促经营者加强车辆维护管理和检验检测	2022.06.02
交通运输部办公厅	交办水函〔2022〕827号	交通运输部办公厅关于印发《基于区块链的进口干散货进出港业务电子平台建设指南》的通知	《指南》提出基于区块链技术的进口干散货进出港业务电子平台的建设架构，明确提单、提货单证单及其他业务流转信息上链的数据格式及交互要求等	2022.06.17
交通运输部办公厅	交办科技〔2022〕36号	交通运输部办公厅关于印发《绿色交通标准体系（2022年）》的通知	《体系》将绿色交通标准体系划分为100基础通用标准，200节能降碳标准，300污染防治标准，400生态环境保护修复标准，500资源节约集约利用标准，900相关标准	2022.08.18

续表

发布部门	文号	文件名称	相关内容	发布时间
交通运输部办公厅	交办水函〔2022〕1312号	交通运输部办公厅关于开展港口装卸内贸集装箱超重治理工作的通知	《通知》要求进一步加强港口装卸内贸集装箱超重治理，消除安全生产隐患，保障水路内贸集装箱运输安全发展，主要任务包括强化内贸集装箱码头闸口称重、完善内贸集装箱重量信息记录、加强超重内贸集装箱信息共享与管理	2022.09.06
交通运输部办公厅	交办水函〔2022〕1300号	交通运输部办公厅关于印发《散粮港口作业减损节约管理指南》的通知	《指南》明确提出散粮港口作业的一般要求、装卸作业要求和中转仓储要求等减损管理要求	2022.09.14
交通运输部办公厅	交办水函〔2022〕1377号	交通运输部办公厅关于印发《智能冷藏集装箱终端设备技术指南》的通知	《指南》阐述了智能冷藏集装箱系统构成和11项系统功能要求，提出了智能冷藏集装箱物联网终端设备的具体要求，详细规定了外观检查、编码检验、功能与性能测试等方面，对智能冷藏集装箱终端设备的测试方法和流程；介绍了基于智能冷藏集装箱终端的冷藏集装箱业务流程，阐述了智能冷藏集装箱在货物全程状态监控、冷机故障监测、货物运输安全监测、全程运输路径记录和异常路径监测等方面的优势	2022.09.22
交通运输部办公厅	交办科技〔2022〕52号	交通运输部办公厅关于印发《综合交通运输标准体系（2022年）》的通知	《体系》提出综合交通运输标准体系包括基础标准、设施标准、运输装备标准、运输服务标准、统计评价标准五个部分，包括标准92项，其中现行有效标准53项，含6项正在修订标准，另有待制定标准39项。此外，标准体系还梳理了其他部门和标准化委会管理的、与综合交通运输密切相关的现行有效标准21项	2022.09.23

· 388 ·

续表

发布部门	文号	文件名称	相关内容	发布时间
交通运输部办公厅	交办规划〔2022〕61号	交通运输部办公厅关于印发《交通强国建设试点工作管理办法（试行）》的通知	《办法》共分总则、试点申报、试点实施、试点验收、成果推广、保障措施和附则七章，以科学规范做好交通强国建设试点工作	2022.10.12
交通运输部办公厅	交办水函〔2022〕1717号	交通运输部办公厅关于印发《内河水上服务区服务指南（试行）》的通知	《指南》要求服务区提供快递物流服务，包括提供快递物流件寄存、（代）收发服务；设置快递作收发专门区域及设施，做好物流设施标志清晰、便于使用，做好快件收发登记，保管、防止丢失；鼓励配置智能快递柜	2022.12.28
交通运输部办公厅	交办科技〔2022〕82号	交通运输部办公厅关于印发《交通运输安全应急标准体系（2022年）》的通知	《通知》提出货物运输安全标准400，包括公路货运安全标准、水路货物运输安全标准两个方面，涉及与货物公路运输车辆、货运场站、服务和管理标准和与货物水路运输设备、港口作业的技术、服务和管理标准和与货物水路运输设备、港口作业安全、运输作业安全及企业安全生产标准化建设相关的技术、服务和管理标准	2022.12.30
交通运输部安全委员会	交安委明电〔2022〕13号	交通运输部安全委员会关于扎实做好夏季危险货物港口作业安全工作的通知	《通知》提出以危险货物港口作业为重点，组织开展一次港口安全生产大检查，特别要对港口重大危险源和易燃易爆剧毒危险化学品的装卸储存场所进行一次彻底的自查自纠，突出危险货物港口作业监测，危险货物港口建设项目安全审查关，严把危险源管控；严把危险货物港口建设项目安全审查关，加强应急管理	2022.06.08

· 389 ·

续表

发布部门	文号	文件名称	相关内容	发布时间
国家邮政局	无	关于帮助寄递企业纾困解难 稳定行业发展态势的通知	《通知》从落实减免税政策、保障末端网点运行、维护快递员合法权益等方面，提出6项任务23条具体措施，力促稳定行业发展态势	2022.05.28
国家邮政局	无	国家邮政局关于支持贵州邮政快递业高质量发展助力贵州在新时代西部大开发上闯新路的实施意见	《实施意见》提出了4个方面14项重点任务，一是激发活力优化布局，主要包括激发邮政市场主体活力，助力贵州内陆开放型经济发展，构建内联外畅寄递枢纽网络等；二是促进城乡服务均等，更好助推邮政普遍服务，提升服务"三农"能力，主要包括加强邮政寄递服务支撑等；三是推进深度协同发展，主要包括扩大"政邮合作""黔货出山"等效应，深度服务贵州轻工制造业，支持推进"以邮促游"等；四是强化各项要素支撑，主要包括加快建设绿色邮政，加强行业科技创新，维护行业安全稳定，加强行业人才支撑，关心关爱从业人员等	2022.10.13
国家邮政局	无	关于切实畅通邮政快递服务保障民生物资医疗物资寄递的通知	《通知》要求全力畅通邮政快递服务网络，有效保证企业末端投递能力；重点保障医疗物资寄递服务，完善医疗物资寄递工作机制，在分拨中心设立服务专班，保持农作的优先寄递服务机制，在农村地区服务稳定畅通	2022.12.19
工业和信息化部办公厅	工信厅科〔2021〕59号	工业和信息化部办公厅关于印发《制造业质量管理数字化实施指南（试行）》的通知	《指南》提出企业应建立与数字化制造相适应的仓储物流体系，在采购、生产、仓储、物流、交付及售后服务全过程提高物料数字化追溯管理水平	2022.01.07

· 390 ·

附录 A　2022 年中国物流相关政策一览表

续表

发布部门	文号	文件名称	相关内容	发布时间
工业和信息化部办公厅	工信厅信管〔2022〕23号	工业和信息化部办公厅关于印发《5G全连接工厂建设指南》的通知	《指南》将仓储物流作为关键环节应用之一，提出支持企业融合5G与射频识别、图像识别、AGV小车等设备、北斗导航等技术，运用智能天车、货物码放、危险品运输等环节智能化，少人化，支持厂区智能物流、智能管货、全域物流监测等应用场景，提升配送效率，保障货物与人身安全	2022.09.06
工业和信息化部办公厅	工信厅信发〔2022〕33号	工业和信息化部办公厅关于印发《中小企业数字化转型指南》的通知	《指南》要求开展业务数字化，包括推动研发设计、生产制造、仓储物流等业务环节数字化；应用云化数字化产品、数字化制造（MES）和高级计划与排程（APS）等数字化产品，优化生产制造资源配置，实现按需柔性生产；应用仓库管理（WMS）、订单管理（OMS）、运输管理（TMS）等软件，使用第三方物流平台，推动仓储物流运车（AGV）等硬件，解决方案和无人大搬环节数字化	2022.11.08
国家粮食和物资储备局	国粮仓规〔2022〕211号	国家粮食和物资储备局关于印发《中央储备糖管理办法》的通知	《办法》共7章34条，主要对中央储备糖的运营机构和承储企业条件、储存堆码、保管养护、出入库管理和监督检查等方面的内容做了详细规定	2022.11.01
国家粮食和物资储备局办公室	国粮办规〔2022〕26号	国家粮食和物资储备局办公室关于印发《高标准粮仓建设技术要点（试行）》的通知	《通知》聚焦储备仓型，强化绿色储粮技术应用和提高储设施及装备信息、化水平为思路，以智能控温、智能通风、智能气调等为技术途径，建设绿色智能粮仓房	2022.01.26

· 391 ·

续表

发布部门	文号	文件名称	相关内容	发布时间
国家药监局	2022 年第 94 号	国家药监局关于发布《医疗器械经营质量管理规范附录：专门提供医疗器械贮存服务的企业质量管理》的公告	《附录》从质量管理体系建立与改进、设备、计算机信息系统以及质量人员、机构与人员、设施与器械贮存运输、储存服务的企业提出具体要求。《附录》鼓励企业充分利用现代物流信息化、数字化与互联网、物联网等新技术，推动医疗器械行业信息化、数字化实施，推进医疗器械唯一标识的落地实施，推进医疗器械全程可追溯；鼓励企业集约化、一体化、数字化发展，采用新技术发展现代物流，提升医疗器械供应保障服务能力	2022.11.01
农业农村部	农发〔2022〕1 号	农业农村部关于落实党中央国务院 2022 年全面推进乡村振兴重点工作部署的实施意见	《意见》提出加强农产品流通体系建设，大力推进农产品仓储保鲜冷链物流设施建设，支持特色农产品优势区和鲜活农产品生产大县整县推进，促进合作联合、成网配套	2022.03.01
应急管理部	应急〔2022〕22 号	应急管理部关于印发《"十四五"危险化学品安全生产规划方案》的通知	《方案》提出深入开展危险化学品运输安全集中整治，突出特别管控危险化学品运输监管；加快推动危险化学品停车场建设；大力推广电子运单系统，推动建全国"一张网"监管体系；科学设置运输管控措施，畅通长距离、大宗危险化学品运输通道	2022.03.21
中国人民银行	银发〔2022〕74 号	中国人民银行关于做好 2022 年金融支持全面推进乡村振兴重点工作的意见	《意见》提出依托主产区和重要物流节点，加大对重要农产品生产加工、仓储保鲜冷链物流金融服务，规范发展供应链设施建设等金融支持	2022.03.30

· 392 ·

附录A 2022年中国物流相关政策一览表

续表

发布部门	文号	文件名称	相关内容	发布时间
生态环境部	环环评[2022]26号	关于印发《"十四五"环境影响评价与排污许可工作实施方案》的通知	《方案》提出提升基础设施建设行业环评管理水平，包括推动铁水、公铁、空陆等联运发展以及多式联运型、干支衔接型货运枢纽建设；推动重点区域港口、机场落实岸电设施，强化污染物收集处理要求，出台相关文件推进"绿色机场"建设；强化船舶溢油等环境风险评价，推动加强应急能力建设	2022.04.02
中国银保监会办公厅	银保监办发[2022]40号	中国银保监会办公厅关于支持货运物流保通保畅工作的通知	《通知》提出鼓励银行保险机构对承担疫情防控和应急运输任务较重的交通运输企业开辟绿色通道，鼓励保险公司根据疫情防控实际情况，提高出险理赔效率，适度延后货运汽车保险保费缴纳时间；鼓励银行机构创新符合陆运、水路运输企业特点的动产质押类信贷产品，鼓励政府性融资担保机构为符合条件的运输企业、货车司机提供融资增信支持；鼓励保险公司针对货车司机、快递员等特殊岗位人群特点，开发意外伤害保险等产品，积极发展货物运输保险、道路货物运输承运人责任保险等财险业务	2022.04.15
科技部	国科发规[2022]228号	科技部关于支持建设新一代人工智能示范应用场景的通知	《通知》提出开展船舶自动配载、自动作业路径及泊位计划、智能优化，水平运输车辆及新型轨道交通设备的协同调度，智能堆场选位等关键技术研究，打造世界一流的超大型智能港口；针对智能仓储、智能配送、冷链运输等关键环节，运用人机交互、物流机械臂控制、反向定制、需求预测与供应链技术等智能物流关键技术，推进智能物流技术规模化落地应用	2022.08.15

·393·

续表

发布部门	文号	文件名称	相关内容	发布时间
中国民用航空局	民航发〔2022〕15号	民航局关于加快成渝世界级机场群建设的指导意见	《意见》提出打造高效航空物流服务，包括打造成渝地区产业布局和消费升级相匹配的国际航空物流集散中心；加快提升国际邮件快件、跨境电商和冷链物流等专业化保障能力；支持货运航空、快递物流等企业在成渝地区设立基地，航空转运、航空货运航班、推进空铁联运示范运行，打造辐射西部地区的物流集疏体系；发挥比较优势，因地制宜开展无人机物流服务；支持设立货运航空公司，提高航空货运专业化水平	2022.02.22
中国民用航空局	无	海外航空货站建设运营指南	《指南》从"海外货站"的定义及建设运营的基本原则入手，从投资运营模式、布局选址、企业合作、服务体系、产品供给、风险防控等方面明确了海外货站建设运营的基本要素与主要内容，并倡导搭建平台、多元合作、智慧建设、便捷高效、防范风险、安全发展的基本原则	2022.10.20
公安部办公厅	公交管〔2022〕299号	关于进一步便利货车在城市道路通行的通知	《通知》优化调整货车进城政策，放宽中型货车的城市通行权利	2022.09.16

· 394 ·

附录 B 2022 年中国物流相关规划一览表

发布部门	文号	文件名称	相关内容	发布时间
中共中央、国务院	无	扩大内需战略规划纲要（2022—2035 年）	《纲要》提出加快交通基础设施建设，加强能源基础设施建设，完善物流基础设施网络，全面发展融合基础设施，完善乡村市场体系，发展现代物流体系	2022.12.14
国务院	国发〔2021〕29 号	国务院关于印发《"十四五"数字经济发展规划》的通知	《规划》提出大力发展智慧物流，包括加快对传统物流设施的数字化改造升级，促进现代物流业与农业、制造业等产业融合发展；加快建设跨行业、跨区域的物流信息服务平台，实现需求、库存物流信息的实时共享，探索推进电子提单应用；建设智能仓储体系，提升物流仓储的自动化、智能化水平	2022.01.12
国务院	国发〔2021〕27 号	国务院关于印发《"十四五"现代综合交通运输体系发展规划》的通知	《规划》明确 9 个方面的主要任务，包括构建高质量综合立体交通网，夯实城乡区域协调发展基础支撑，推进城市群和都市圈交通现代化，扩大优质运输服务供给，加快智能交通技术深度推广应用，全面推进绿色低碳转型，提升安全应急保障能力，推动高水平对外开放合作，加强现代化治理能力建设	2022.01.18
国务院	国发〔2021〕30 号	国务院关于印发《"十四五"市场监管现代化规划》的通知	《规划》提出完善网络货运等交通运输新业态监管规则和标准，完善现代物流标准体系	2022.01.27

·395·

续表

发布部门	文号	文件名称	相关内容	发布时间
国务院	国发〔2021〕37号	国务院关于印发《计量发展规划（2021—2035年）》的通知	《规划》要求提升交通运输计量保障能力，包括开展交通一体化综合检测、监测设备量值溯源和保证计量测试技术、测试方法研究，民航领域相关计量保障，提升港口物流效率和安路、公路、水运、加强船舶和港口领域计量配送等相关基础设施建设全环保水平；加强物流配送等相关基础设施建设	2022.01.28
国务院	国函〔2022〕11号	国务院关于《河南郑州等地特大暴雨洪涝灾害灾后恢复重建总体规划》的批复	《规划》指出尽快恢复公路、铁路、机场和内河航运基础设施功能，物流业恢复提质，全面恢复重建，包括加快损毁仓储、配送网点、智能快件箱等城市物流设施服务功能，修复重点物流企业（园区）完善农村区农村物流设施；支持重点物流企业（园区）完善应急仓储、快递中转等功能设施；支持建设应急运输核心枢纽；加强航空、铁路、公路综合交通紧急运输协调联动，强化与大型骨干物流企业紧急运输合作	2022.01.30
国务院	国发〔2021〕25号	国务院关于印发《"十四五"推进农业农村现代化规划》的通知	《规划》提出推进县域、镇域产业集聚，引导农产品加工流通企业在有条件地建设产地（乡）所在地建设加工园区和物流节点；加快城市建设产地建设加工园区和物流节点；城市配送等设施，构建仓储保鲜冷链物流网络；加快农村电子商务发展，引导物流、供销、邮政、商贸、快递农村市场主体到乡村布局；完善农村交通运输体系；建设农村物流体系	2022.02.11

· 396 ·

附录 B 2022 年中国物流相关规划一览表

续表

发布部门	文号	文件名称	相关内容	发布时间
国务院	国发〔2021〕36 号	国务院关于印发《"十四五"国家应急体系规划》的通知	《规划》提出将道路运输、其他交通运输（民航、铁路、邮政等）等作为安全生产治本攻坚重点；加快推进城市群、重要口岸等地区的多通道、多方式、多路径交通建设，提升交通网络系统韧性；加快建设航空应急救援力量；强化应急物资储备；强化紧急运输准备；在关键物流枢纽建设一批快递物资调运平台和区域配送中心，依托大型快递物流企业建设一批综合应急物流基地	2022.02.14
国务院办公厅	国办发〔2021〕56 号	国务院办公厅关于印发《"十四五"城乡社区服务体系建设规划》的通知	《规划》明确推动物流配送、快递、再生资源回收网点设施辐射符合条件的村（社区）；大力发展社区电子商务，探索推动无人物流配送进社区	2022.01.21
国务院办公厅	国办发〔2022〕17 号	国务院办公厅关于印发《"十四五"现代物流发展规划》的通知	《规划》提出六大重点方向，包括加快物流枢纽资源整合建设、构建现代国内物流服务大通道、完善现代物流服务体系、延伸物流服务价值链条、强化现代物流安全应急保障、提升现代物流服务对社会民生的服务能力、强化现代物流转型升级新动能；提出三方面发展任务，包括加快培育现代物流发展支撑体系、深度挖掘现代物流增长领域潜力、强化优化营商环境、创新体制机制、强化政策支持、深化国际合作和加强组织实施	2022.12.15

· 397 ·

续表

发布部门	文号	文件名称	相关内容	发布时间
国务院安委会办公室	安委办〔2022〕8号	国务院安委会办公室关于印发《"十四五"全国道路交通安全规划》的通知	《规划》提出健全道路交通安全现代治理体系,提高道路交通安全依法治理能力,打造道路安全有序的道路运行环境,强化车辆本质安全和运行安全,完善道路交通应急处置和救援应急救助机制,深化道路交通安全科技创新应用等工作任务	2022.07.28
国家发展改革委、国家能源局	发改能源〔2022〕210号	国家发展改革委 国家能源局关于印发《"十四五"现代能源体系规划》的通知	《规划》提出建设山西、蒙东、蒙西、陕北、新疆五大煤炭供应保障基地,完善煤炭跨区域运输通道和集疏运体系;统筹推进地下储气库、液化天然气(LNG)接收站等储气设施建设;构建绿色低碳交通运输体系,优化调整运输结构,大力发展多式联运,推动大宗货物中长距离运输"公转铁""公转水",鼓励重载卡车、船舶领域使用LNG等清洁燃料替代,加强交通运输行业清洁能源供应保障;加强电力和油气跨省区输送通道建设	2022.03.22
交通运输部、科学技术部	交科技发〔2022〕11号	交通运输部 科学技术部关于印发《交通领域科技创新中长期发展规划纲要(2021—2035年)》的通知	《纲要》提出7项主要任务,包括提升基础设施高质量建养技术水平,提升交通装备关键技术自主化水平,大力推动交通装备智能高效发展,大力推动交通深度融合的智慧交通建设,推进一体化协同的平安交通建设,提升新时期交通运输绿色全寿命周期绿色交通技术体系,提升新时期交通运输科技创新能力	2022.03.25
交通运输部、科学技术部	交科技发〔2022〕31号	交通运输部 科学技术部关于印发《"十四五"交通领域科技创新规划》的通知	《规划》对接《交通领域科技创新中长期发展规划纲要(2021—2035年)》,从基础设施、交通装备、运输服务3个要素维度和智慧、安全、绿色3个价值维度,布局了六大领域18个重点研发方向	2022.04.08

附录 B 2022 年中国物流相关规划一览表

续表

发布部门	文号	文件名称	相关内容	发布时间
住房和城乡建设部、国家发展改革委	建城〔2022〕57号	住房和城乡建设部 国家发展改革委关于印发《"十四五"全国城市基础设施建设规划》的通知	《规划》要求完善城市交通基础设施；完善城市物流配送体系；完善城市生活垃圾分类收集运输体系，建立健全与生活垃圾分类相衔接的运输网络；完善城市生活垃圾资源回收利用体系；开展特定区域以"车城协同"为核心的智能物流配送等场景的测试运行及示范应用；开展基于无人驾驶汽车的无人物流、移动零售等新型服务业，满足多样化智能交通运输需求	2022.07.29
国家发展改革委、交通运输部	发改基础〔2022〕1033号	国家发展改革委 交通运输部关于印发《国家公路网规划》的通知	《规划》提出到 2035 年基本建成覆盖广泛、功能完善、集约高效、绿色智能、安全可靠的现代化高质量国家公路网；规划方案提出，国家公路网规划总规模约 46.1 万公里，由国家高速公路网和普通国道网组成；《规划》要求依托国家公路网发展通道经济，注重与沿线旅游、物流、制造、电子商务等关联产业深度融合发展，引导优化区域产业布局，促进产业链供应链安全稳定	2022.07.12
科技部、应急部	国科发社〔2022〕246号	科技部 应急部关于印发《"十四五"公共安全与防灾减灾科技创新专项规划》的通知	《规划》要求加强交通运输和物流安全风险监测预警与防控，重点研发交通参与者安全风险监测预警与防控技术、运输货物和寄递物品安全风险检测与防控技术、交通运行安全风险防控关键技术等，保障交通运输和物流安全	2022.11.10

·399·

续表

发布部门	文号	文件名称	相关内容	发布时间
交通运输部、国家发展改革委	交规划发〔2022〕110号	交通运输部 国家发展改革委关于印发《长江干线港口布局及港口岸线保护利用规划》的通知	《规划》提出要完善港口功能布局，包括优化港口布局，打造区域港口群，提升港口运输系统效能；集约高效利用港口岸线，包括调整港口岸线存量，做优港口岸线利用效率，提升港口岸线利用效率，推动港口高质量发展，包括加快发展多式联运、提升现代航运服务功能、水港产城一体融合、强化航道能力保障，加快绿色港口建设、加快智慧港口建设、加快平安港口建设	2022.11.24
国家发展改革委	发改经贸〔2022〕78号	国家发展改革委关于印发《"十四五"现代物流通体系建设规划》的通知	《规划》提出加快发展现代物流体系，包括构建现代物流基础设施网络，拓展物流服务新领域新模式，培育充满活力的现代物流企业，提升多元化国际物流竞争力，加强高效应急物流体系建设；增强交通运输综合承载能力，包括提升综合立体交通网流通功能、提高交通运输组织和服务水平，推进交通运输智能化低碳化发展	2022.01.24
交通运输部	交规划发〔2021〕104号	交通运输部关于印发《绿色交通"十四五"发展规划》的通知	《规划》提出7项主要任务，包括优化空间布局，建设绿色交通基础设施，优化交通运输结构，提升综合运输能效，推广应用新能源，构建低碳交通运输体系；坚持标本兼治，推进交通污染深度治理；坚持创新驱动，强化绿色交通科技支撑；健全推进机制，完善绿色交通监管体系；深化国际交流与合作	2022.01.21

· 400 ·

附录 B 2022年中国物流相关规划一览表

续表

发布部门	文号	文件名称	相关内容	发布时间
农业农村部	农科教发〔2021〕13号	农业农村部关于印发《"十四五"全国农业农村科技发展规划》的通知	《规划》要求发展海陆联动加工技术与智能装备，研究海上快速分选、保活运输装置，水产品全链条加工与品控技术、冷链流通过程品质保持技术等；集成研发农产品自动化与收（屠宰）、智能仓储物流、绿色保鲜、冷链耦合等关键技术	2022.01.06
农业农村部	农市发〔2022〕3号	农业农村部关于印发《"十四五"全国农产品产地市场体系发展规划》的通知	《规划》要求提高仓储物流能力，包括加快仓储设施建设、完善商品化处理能力，健全产地冷链物流体系；加快融入现代供应链体系，包括提高农业生产组织效率、提升产地物流服务水平等；主动嵌入国际消费市场，包括培育国际农产品物流通道、提高国际贸易服务能力竞争优势、融入国际农产品物流通道，提高农产品服务能力；提高农产品应急保供能力，包括统筹推进应急保供体系建设、建立健全应急保供机制	2022.03.03
中国民用航空局	民航发〔2022〕7号	"十四五"航空物流发展专项规划	《规划》提出重点推进实施"打造优质高效的服务体系"建设先进完备的保障体系"，"构建精准协同的治理体系"三大任务，包括培育优质市场主体、优化航空物流网络、提升航空物流服务能力、延伸拓展服务领域、优化航空枢纽功能布局、完善基础设施、建设智慧货运、完善集疏运体系、完善规章标准、优化资源配置、加强协同治理、创新治理手段共12项具体任务	2022.02.16

· 401 ·

续表

发布部门	文号	文件名称	相关内容	发布时间
应急管理部	应急〔2022〕22号	应急管理部关于印发《"十四五"危险化学品安全生产规划方案》的通知	《规划》要求开展化学品储罐区安全风险评估并分类整治，建立覆盖危险废物产生、收集、储存、转移、运输、处置等全过程的监管体系；深入开展危险化学品运输安全集中整治；加快推动地方规划建设危险化学品停车场；大力推行危险化学品运输电子运单系统，强化道路运输动态监控；研究优化危险化学品最优安全运输体系建设，畅通长距离、大宗危险化学品运输；支持有条件的化学园区在物流仓储、物料互供等方面加强基础设施投入	2022.03.21
应急管理部	应急〔2022〕61号	应急管理部关于印发《"十四五"应急救援力量建设规划》的通知	提出引导专业和鼓励民航空货运企业建设具备一定规模的航空应急救援力量，增强快速运援、高原救援能力；建设完善国家危险化学品、煤化工、危险化工、水上危险化学品应急救援队，提升大型储罐、水上危险化学品、危险化学品物流等救援保障水平	2022.06.30
住房和城乡建设部	建标〔2022〕23号	住房和城乡建设部关于印发《"十四五"住房和城乡建设科技发展规划》的通知	《规划》明确智慧城市与智能网联汽车协同发展，包括研究支持车路协同运行的城市道路、建筑、公共设施融合感知体系；研发耦合时空信息的城市动态感知车载网平台；开发智能网联汽车在公交、旅游、特种作业、物流运输等多场景的应用技术及装备	2022.03.11

· 402 ·

续表

发布部门	文号	文件名称	相关内容	发布时间
国家邮政局	无	国家邮政局关于印发《成渝地区双城经济圈邮政业发展规划》的通知	《规划》提出六大主要任务 15 项具体举措，包括健全寄递网络，加快能力提升；完善服务体系，深化产业协同；融入开放平台，拓展国际市场；强化科技赋能，促进提质增效；注重生态环保，推进绿色发展；加强部门协同，提升治理效能	2022.12.01
国家减灾委员会	国减发〔2022〕1号	国家减灾委员会关于印发《"十四五"国家综合防灾减灾规划》的通知	《规划》提出要优化结构布局，提升救灾物资保障能力，加强物资储备体系建设，建设物资调配现代化工程	2022.07.21

附录 C 2017—2022 年中国物流相关统计数据

第一部分 中国大陆物流相关统计数据

一、国内生产总值

表 C-1 国内生产总值及三次产业增加值情况

年份	指标	国内生产总值	第一产业增加值	第二产业增加值	第三产业增加值
2017	增加值（亿元）	832035.9	62099.5	331580.5	438355.9
	占国内生产总值（%）	100	7.5	39.8	52.7
2018	增加值（亿元）	919281.1	64745.2	364835.2	489700.8
	占国内生产总值（%）	100	7.0	39.7	53.3
2019	增加值（亿元）	986515.2	70473.6	380670.6	535371.0
	占国内生产总值（%）	100	7.1	38.6	54.3
2020	增加值（亿元）	1013567.0	78030.9	383562.4	551973.7
	占国内生产总值（%）	100	7.7	37.8	54.5
2021	增加值（亿元）	1143669.7	83085.5	450904.5	609679.7
	占国内生产总值（%）	100	7.3	39.4	53.3
2022	增加值（亿元）	1210207.0	88345.0	483164.0	638698.0
	占国内生产总值（%）	100	7.3	39.9	52.8

资料来源：2017—2021 年数据根据国家统计局《中国统计年鉴 2022》相关数据整理，2022 年数据根据国家统计局《中华人民共和国 2022 年国民经济和社会发展统计公报》相关数据整理。

二、农业

表 C-2 主要农产品产量

单位：万吨

产品名称	2017 年	2018 年	2019 年	2020 年	2021 年	2022 年
粮食	66160.7	65789.2	66384.3	66949.2	68284.7	68653.0
棉花	565.3	610.3	588.9	591.0	573.1	598.0
油料	3475.2	3433.4	3493.0	3586.4	3613.2	3653.0
糖料	11378.8	11937.4	12169.1	12014.0	11454.4	11444.0
肉类	8654.4	8624.6	7758.8	7748.4	8990.0	9227.0
水产品	6445.3	6457.7	6480.4	6549.0	6690.3	6869.0

资料来源：2017—2021 年数据根据国家统计局《中国统计年鉴 2022》相关数据整理，2022 年数据根据国家统计局《中华人民共和国 2022 年国民经济和社会发展统计公报》相关数据整理。

三、工业

表 C-3 全国规模以上工业企业工业增加值增长速度

单位：%

指标	2017 年	2018 年	2019 年	2020 年	2021 年	2022 年
规模以上企业	6.6	6.2	5.7	2.8	9.6	3.6
其中：国有及国有控股企业	6.5	6.2	4.8	2.2	8.0	3.3
集体企业	0.6	—	—	—	—	—
股份制企业	6.6	6.6	6.8	3.0	9.8	4.8

· 405 ·

续表

指标	2017年	2018年	2019年	2020年	2021年	2022年
外商及港澳台投资企业	6.9	4.8	2.0	2.4	8.9	-1.0
私营企业	5.9	6.2	7.7	3.7	10.2	2.9
其中：纺织业	4.0	1.0	1.3	0.7	1.4	-2.7
农副食品加工业	6.8	5.9	1.9	-1.5	7.7	0.7
通用设备制造业	10.5	7.2	4.3	5.1	12.4	-1.2
电气机械及器材制造业	10.6	7.3	10.7	8.9	16.8	11.9

资料来源：根据国家统计局《中华人民共和国国民经济和社会发展统计公报》（2017—2022）相关数据整理。

四、固定资产投资

表C-4 固定资产投资额

单位：亿元

指标	2017年	2018年	2019年	2020年	2021年	2022年	2022年同比增长（%）
全社会固定资产投资	461284	488499	513608	527270	552884	579556	4.9
固定资产投资（不含农户）	451729	478460	504212	518907	544547	572138	5.1
其中：第一产业	9810	11075	11136	13302	14275	14293	0.2
第二产业	135970	144455	149005	149154	167395	184004	10.3
第三产业	305949	322931	344071	356451	362877	373842	3.0

资料来源：2017—2021年数据根据国家统计局《中国统计年鉴2022》相关数据整理，2022年数据根据国家统计局《中华人民共和国2022年国民经济和社会发展统计公报》相关数据整理。

附录 C 2017—2022 年中国物流相关统计数据

表 C-5 交通固定资产投资新增主要生产与运营能力

指标	单位	2017 年	2018 年	2019 年	2020 年	2021 年	2022 年
新建铁路投产里程	公里	3038	4683	8489	4933	4208	4100
增、新建铁路复线投产里程	公里	3223	4711	6448	3380	2769	2658
电气化铁路投产里程	公里	4583	6474	7919	5480	4189	3452
新改建公路	公里	313607	356045	327626	—	—	—
其中：高速公路	公里	6796	6063	8313	12713	9028	8771
港口万吨级及以上泊位新增通过能力	万吨/年	24858	26428	12022	30562	25368	25561
新增民用运输机场	个	11	6	3	3	7	6

资料来源：根据国家统计局《中华人民共和国国民经济和社会发展统计公报》（2017—2022）相关数据整理。

五、国内贸易

表 C-6 分地区社会消费品零售总额及增长速度

地区	2017 年 社会消费品零售总额（亿元）	增长（%）	2018 年 社会消费品零售总额（亿元）	增长（%）	2019 年 社会消费品零售总额（亿元）	增长（%）	2020 年 社会消费品零售总额（亿元）	增长（%）	2021 年 社会消费品零售总额（亿元）	增长（%）	2022 年 社会消费品零售总额（亿元）	增长（%）
全国	366261.6	10.2	377783.1	8.8	408017.2	8.0	391980.6	-3.9	440823.2	12.5	439733.0	-0.2
北京	11575.4	5.2	14422.3	3.5	15063.7	4.4	13716.4	-8.9	14867.7	8.4	13794.2	-7.2

· 407 ·

续表

地区	2017年 社会消费品零售总额(亿元)	2017年 增长(%)	2018年 社会消费品零售总额(亿元)	2018年 增长(%)	2019年 社会消费品零售总额(亿元)	2019年 增长(%)	2020年 社会消费品零售总额(亿元)	2020年 增长(%)	2021年 社会消费品零售总额(亿元)	2021年 增长(%)	2022年 社会消费品零售总额(亿元)	2022年 增长(%)
天津	5729.7	1.7	4231.2	0.5	4218.2	-0.3	3582.9	-15.1	3769.8	5.2	—	-5.2
河北	15907.6	10.7	11973.9	7.5	12985.5	8.4	12705.0	-2.2	13509.9	6.3	13720.1	1.6
山西	6918.1	6.8	6523.3	7.7	7030.5	7.8	6746.3	-4.0	7747.3	14.8	7562.7	-2.4
内蒙古	7160.2	6.9	4852.3	4.5	5051.1	4.1	4760.5	-5.8	5060.3	6.3	4971.4	-1.8
辽宁	13807.2	2.9	9112.8	4.8	9670.6	6.1	8960.9	-7.3	9783.9	9.2	9526.2	-2.6
吉林	7855.8	7.5	4073.8	2.0	4212.9	3.4	3824.0	-9.2	4216.6	10.3	3807.7	-9.7
黑龙江	9099.2	8.3	5275.0	3.9	5603.9	6.2	5092.3	-9.1	5542.9	8.8	5210.0	-6.0
上海	11830.3	8.1	14874.8	8.6	15847.6	6.5	15932.5	0.5	18079.3	13.5	16442.1	-9.1
江苏	31737.4	10.6	35472.6	8.1	37672.5	6.2	37086.1	-1.6	42702.6	15.1	42752.1	0.1
浙江	24308.5	10.6	25161.9	8.8	27343.8	8.7	26629.8	-2.6	29210.5	9.7	30467.0	4.3
安徽	11192.6	11.9	16156.2	12.8	17862.1	10.6	18334.0	2.6	21471.2	17.1	21518.4	0.2
福建	13013.0	11.5	17178.4	11.6	18896.8	10.0	18626.5	-1.4	20373.1	9.4	21050.1	3.3
江西	7448.1	12.3	9045.7	11.4	10068.1	11.3	10371.8	3.0	12206.7	17.7	12853.5	5.3
山东	33649.0	9.8	27480.3	7.6	29251.2	6.4	29248.0	0.0	33714.5	15.3	33236.2	-1.4
河南	19666.8	11.6	21268.0	10.3	23476.1	10.4	22502.8	-4.1	24381.7	8.3	24407.4	0.1
湖北	17394.1	11.1	20598.2	11.2	22722.3	10.3	17984.9	-20.8	21561.4	19.9	22164.8	2.8

· 408 ·

附录 C 2017—2022 年中国物流相关统计数据

续表

地区	2017 年 社会消费品零售总额（亿元）	2017 年 增长（%）	2018 年 社会消费品零售总额（亿元）	2018 年 增长（%）	2019 年 社会消费品零售总额（亿元）	2019 年 增长（%）	2020 年 社会消费品零售总额（亿元）	2020 年 增长（%）	2021 年 社会消费品零售总额（亿元）	2021 年 增长（%）	2022 年 社会消费品零售总额（亿元）	2022 年 增长（%）
湖南	14854.9	10.6	15134.3	9.7	16683.9	10.2	16258.1	-2.6	18596.9	14.4	19050.7	2.4
广东	38200.1	10.0	39767.1	8.7	42951.8	8.0	40207.9	-6.4	44187.7	9.9	44882.9	1.6
广西	7813.0	11.2	7663.5	8.9	8200.9	7.0	7831.0	-4.5	8538.5	9.0	8539.1	0.0
海南	1618.8	11.4	1852.7	7.1	1951.1	5.3	1974.6	1.2	2497.6	26.5	2268.4	-9.2
重庆	8067.7	11.0	10705.2	9.6	11631.7	8.7	11787.2	1.3	13967.7	18.5	13926.1	-0.3
四川	17480.5	12.0	19340.7	11.1	21343.0	10.4	20824.9	-2.4	24133.2	15.9	24104.6	-0.1
贵州	4154.0	12.0	7105.0	10.2	7468.2	5.1	7833.4	4.9	8904.3	13.7	8507.1	-4.5
云南	6423.1	12.2	9197.3	12.2	10158.2	10.4	9792.9	-3.6	10731.8	9.6	10838.8	1.0
西藏	523.3	13.9	711.8	15.0	773.4	8.7	745.8	-3.6	810.3	8.7	726.5	-10.3
陕西	8236.4	11.8	9510.3	10.4	10213.0	7.4	9605.9	-5.9	10250.5	6.7	10401.6	1.5
甘肃	3426.6	7.6	3435.6	7.2	3700.3	7.7	3632.4	-1.8	4037.1	11.1	3922.2	-2.8
青海	839.0	9.3	899.9	6.8	948.5	5.4	877.3	-7.5	947.8	8.0	842.1	-11.2
宁夏	930.4	9.5	1330.1	6.1	1399.4	5.2	1301.4	-7.0	1335.1	2.6	1338.4	0.2
新疆	3044.6	7.7	3429.1	5.5	3617.0	5.5	3062.5	-15.3	3584.6	17.0	3240.5	-9.6

注：国家统计局根据第四次全国经济普查结果对 2018 年社会消费品零售总额进行了修订，2019 年进行了相应调整。

资料来源：2017—2021 年数据根据国家统计局《中国统计年鉴》（2018—2022）相关数据整理；2022 年数据中，全国社会消费品零售总额来自国家统计局《中华人民共和国 2022 年国民经济和社会发展统计公报》，贵州省数据来自贵州省统计局，除贵州省外的其他省、市、自治区数据来自各省、市、自治区 2022 年国民经济和社会发展统计公报，贵州省数据来自贵州省统计局《贵州省 2022 年经济运行情况》。

表 C-7 限额以上单位商品零售额增长速度

单位：%

类别	2017年	2018年	2019年	2020年	2021年	2022年
汽车类	5.6	-2.4	-0.8	-1.8	7.6	0.7
石油及制品类	9.2	13.3	1.2	-14.5	21.2	9.7
通信器材类	11.7	7.1	8.5	12.9	14.6	-3.4
家用电器和音像器材类	9.3	8.9	5.6	-3.8	10.0	-3.9
建筑及装潢材料类	10.3	8.1	2.8	-2.8	20.4	-6.2
日用品类	8.0	13.7	13.9	7.5	14.4	-0.7
家具类	12.8	10.1	5.1	-7.0	14.5	-7.5
服装、鞋帽、针纺织品类	7.8	8.0	2.9	-6.6	12.7	-6.5

资料来源：根据国家统计局《中华人民共和国国民经济和社会发展统计公报》（2017—2022）相关数据整理。

表 C-8 企业电子商务销售额与采购额

单位：亿元

指标	2017年	2018年	2019年	2020年	2021年
企业电子商务销售额	130480.7	152424.5	169325.9	189334.7	227611.3
企业电子商务采购额	74365.1	85597.8	101275.1	109133.4	125987.2

资料来源：根据国家统计局《中国统计年鉴》（2018—2022）相关数据整理。

六、对外经济

表 C-9 货物进出口总额情况

单位：亿元

指标	2017 年	2018 年	2019 年	2020 年	2021 年	2022 年	2022 年同比增长（%）
货物进出口总额	277923	305050	315505	321557	391009	420678	7.7
货物出口额	153321	164177	172342	179326	217348	239654	10.5
其中：一般贸易	83325	92405	99546	106460	132445	152468	15.4
加工贸易	51381	52676	50729	48589	53378	53952	1.1
其中：机电产品	89465	96457	100631	106608	128286	136973	7.0
高新技术产品	45150	49374	50427	53692	63266	63391	0.3
货物进口额	124602	140874	143162	142231	173661	181024	4.3
其中：一般贸易	73299	83947	86599	86048	108395	115624	6.7
加工贸易	29180	31097	28778	27853	31601	30574	-3.2
其中：机电产品	57785	63727	62596	65625	73657	69661	-5.4
高新技术产品	39501	44340	43978	47160	54088	50864	-6.0
货物进出口顺差	28718	23303	29180	37096	43687	58630	35.4

资料来源：根据国家统计局《中华人民共和国国民经济和社会发展统计公报》（2017—2022）相关数据整理。

· 411 ·

表 C-10 对主要国家和地区货物进出口额

单位：亿元

国家和地区	2017年 出口额	2017年 进口额	2018年 出口额	2018年 进口额	2019年 出口额	2019年 进口额	2020年 出口额	2020年 进口额	2021年 出口额	2021年 进口额	2022年 出口额	2022年 进口额	2022年同比增长 出口额(%)	2022年同比增长 进口额(%)
东盟	18902	15942	21066	17722	24794	19456	26550	20807	31255	25489	37907	27247	21.7	6.8
欧盟	25199	16543	26974	18067	29564	19063	27084	17874	33483	20028	37434	19034	11.9	-4.9
美国	29103	10430	31603	10195	28865	8454	31279	9319	37224	11603	38706	11834	4.2	1.9
日本	9301	11204	9709	11906	9875	11837	9883	12090	10722	13298	11537	12295	7.7	-7.5
韩国	6965	12013	7174	13495	7648	11960	7787	11957	9617	13791	10843	13278	13.0	-3.7
中国香港	18899	495	19966	564	19243	626	18830	482	22641	627	19883	527	-12.0	-16.0
中国台湾	2979	10512	3212	11714	3799	11934	4163	13873	5063	16146	5423	15840	7.2	-1.8
巴西	1962	3974	2214	5119	2453	5501	2417	5834	3464	7138	4128	7294	19.3	2.6
俄罗斯	2906	2790	3167	3909	3434	4208	3506	3906	4364	5122	5123	7638	17.5	48.6
印度	4615	1107	5054	1242	5156	1239	4613	1445	6302	1819	7896	1160	25.5	-36.2

资料来源：根据国家统计局《中华人民共和国国民经济和社会发展统计公报》(2017—2022) 相关数据整理。

附录C 2017—2022年中国物流相关统计数据

表C-11 分行业外商直接投资情况

行业名称	2017年 企业数（家）	2017年 实际使用金额（亿美元）	2018年 企业数（家）	2018年 实际使用金额（亿美元）	2019年 企业数（家）	2019年 实际使用金额（亿美元）	2020年 企业数（家）	2020年 实际使用金额（亿美元）	2021年 企业数（家）	2021年 实际使用金额（亿美元）	2022年 企业数（家）	2022年 实际使用金额（亿元人民币）
全国总计	35652	1310.4	60533	1349.7	40888	1381.4	38570	1443.7	47643	1734.8	38497	12327.0
农、林、牧、渔业	706	10.7	741	8.0	495	5.6	493	5.8	491	8.3	420	80.0
制造业	4986	335.1	6152	411.7	5396	353.7	3732	310.0	4455	337.3	3570	3237.0
交通运输、仓储和邮政业	517	55.9	754	47.3	591	45.3	592	50.0	693	53.3	602	347.0
信息传输、计算机服务和软件业	3169	209.2	7222	116.6	4295	146.8	3521	164.3	4053	201.0	3059	1548.0
批发和零售业	12283	114.8	22853	97.7	13837	90.5	10812	118.4	13379	167.2	10894	961.0
房地产业	737	168.6	1053	224.7	1050	234.7	1190	203.3	1125	236.1	581	914.0

资料来源：2017—2021年数据根据国家统计局《中国统计年鉴》（2018—2022）相关数据整理，2022年数据根据国家统计局《中华人民共和国2022年国民经济和社会发展统计公报》相关数据整理。

· 413 ·

七、交通、邮政

表 C-12 交通邮政行业指标完成情况

指标	单位	2017年	2018年	2019年	2020年	2021年	2022年
交通运输、仓储和邮政业增加值	亿元	37121.9	40337.2	42466.3	40582.9	47061.0	49674.0
港口货物吞吐量	亿吨	126	133	140	145	155	157
其中：外贸货物吞吐量	亿吨	40	42	43	45	47	46
港口集装箱吞吐量	万标准箱	23680	24955	26107	26430	28272	29587
快递业务量	亿件	400.6	507.1	635.2	833.6	1083.0	1105.8

注：国家统计局自2019年起将港口统计范围由规模以上港口调整为全国所有港口，故表中2017—2018年港口相关数据统计口径为规模以上港口，2019—2022年数据统计口径为全国所有港口。

资料来源：港口相关数据和快递业务量根据国家统计局《中华人民共和国国民经济和社会发展统计公报》（2017—2022）相关数据整理，2017—2020年交通运输、仓储和邮政业增加值根据国家统计局《中国统计年鉴2022》相关数据整理，2021—2022年交通运输、仓储和邮政业增加值根据国家统计局《中华人民共和国国民经济和社会发展统计公报》（2021—2022）相关数据整理。

八、交通基础设施建设

表 C-13 公路固定资产投资完成情况

单位：万元

地区	2017 年	2018 年	2019 年	2020 年	2021 年	2022 年
合计	198331197	198673331	202421350	225690678	239256887	261684306
北京	1941053	2075186	1346530	1173963	1728139	1541098
天津	351695	490834	745289	600269	391011	237098
河北	4986325	6743411	6863832	8371337	6732594	6296703
山西	2807758	4615744	5254274	6091257	7110434	8016648
内蒙古	6988352	4670691	3863196	4025131	2894340	3546693
辽宁	1970846	1198965	717338	775484	914616	1716874
吉林	2225339	2561827	3047356	2057849	2472366	2472308
黑龙江	2060451	1689583	2121440	2988206	2831160	4108280
上海	1378150	1232554	1425502	1309092	1425244	1608259
江苏	5425569	6155799	7157166	8519044	9627418	10844008
浙江	12958424	13960610	14713943	15751628	16606000	19032426
安徽	7413065	7688559	6634810	6897732	7890268	11034287
福建	7420655	7166448	6212192	5908808	6043578	6114567
江西	4248278	5646845	5935149	7716461	6900442	7536648
山东	7558221	9982448	10901686	12914357	14060618	16242753
河南	4570229	4325349	5393900	6068921	9714651	14761311
湖北	8098487	9273170	9904778	9052633	10007232	11938040

· 415 ·

续表

地区	公路建设					
	2017 年	2018 年	2019 年	2020 年	2021 年	2022 年
湖南	6978231	5508920	4726096	6055845	8788293	11904050
广东	11168468	13106058	14936008	17405117	15827309	17136649
广西	7017114	7008208	8344569	11589744	17576785	20021812
海南	1397584	1640207	1390855	1437127	1446434	1577547
重庆	4329092	5075609	5457674	5941350	5968275	6314820
四川	12551986	14210199	14672003	17218386	20051866	22376321
贵州	15059915	15421362	10820440	10902571	8330394	10294674
云南	14619225	16983137	22406138	26330970	28527509	18487838
西藏	5310026	6133336	4321285	3811106	1775377	1275467
陕西	5415004	6593153	6210613	5837781	3601500	3967794
甘肃	8139615	6906593	7600287	9110505	8499332	9086932
青海	4358701	4032427	1756342	2238242	2286315	2407744
宁夏	1972973	1684474	1394522	1305582	1405654	1475652
新疆	17610367	4891606	6146139	6284182	7821738	8309006

注：各年数据均为 1—11 月数据。

资料来源：根据中国港口协会和中华人民共和国交通运输部以下网站数据整理。

http：//www.chinaports.org/info/2017/198586.htm

http：//www.chinaports.org/info/2018/201996.htm

http：//www.chinaports.org/info/2019/204541.htm

https：//xxgk.mot.gov.cn/2020/jigou/zhghs/202012/t20201221_3505761.html

https：//xxgk.mot.gov.cn/2020/jigou/zhghs/202112/t20211222_3632453.html

https：//xxgk.mot.gov.cn/2020/jigou/zhghs/202212/t20221228_3730416.html

附录 C 2017—2022 年中国物流相关统计数据

表 C-14 水路交通固定资产投资完成情况

单位：万元

地区	内河建设 2017 年	2018 年	2019 年	2020 年	2021 年	2022 年	沿海建设 2017 年	2018 年	2019 年	2020 年	2021 年	2022 年
总计	5040525	5628572	5475043	6140463	6597124	7519837	6081002	4980562	4826993	5643688	6722117	7148304
天津	—	—	—	—	—	253	183819	189968	171124	296711	329414	162861
河北	700	660	—	—	22717	—	666354	311480	285534	314661	503067	560956
山西	—	—	573	—	—	2900	—	—	—	—	—	—
辽宁	—	585	—	5800	2771	268	464418	202491	65379	355688	275157	61375
吉林	—	6200	—	—	—	1230	—	—	—	—	—	—
黑龙江	7593	—	—	—	—	—	—	188118	—	—	—	—
上海	184254	209973	264425	315260	181145	128299	257186	—	—	—	—	—
江苏	763940	752180	799511	917283	955475	1028570	474932	572499	529800	545221	767474	861659
浙江	520174	859215	696235	741442	741517	773848	1079470	1021154	1100834	1143884	1124801	1404651
安徽	507404	863837	956704	908901	875621	845261	946572	944961	761036	698445	617044	605495
福建	38225	29521	62609	45974	37034	39390	—	—	—	—	—	—
江西	159220	272939	392783	505039	741283	763055	—	—	—	—	—	—
山东	129714	192238	203869	623121	536186	725941	890054	717522	831395	633984	850667	1067671
河南	229584	165210	146777	148760	157637	201291	—	—	—	—	—	—
湖北	620563	680537	713759	712492	648179	722441	—	—	—	—	—	—
湖南	314429	173284	139567	162012	338052	492964	—	—	—	—	—	—
广东	293338	268608	152326	65659	106135	206966	769696	680957	832194	1075744	1191066	1474307
广西	158476	181642	166289	202051	367031	579553	194293	90689	217559	481498	918267	816363
海南	—	—	—	—	—	—	154209	60724	32139	97851	145161	132967
重庆	317901	316593	232590	279148	337027	344251	—	—	—	—	—	—

· 417 ·

续表

地区	内河建设 2017年	2018年	2019年	2020年	2021年	2022年	沿海建设 2017年	2018年	2019年	2020年	2021年	2022年
四川	480582	449471	383181	334808	382083	558677	—	—	—	—	—	—
贵州	196547	103767	76115	86607	67167	38074	—	—	—	—	—	—
云南	100693	92762	87270	82492	88957	64701	—	—	—	—	—	—
陕西	8227	4271	69	765	206	216	—	—	—	—	—	—
甘肃	694	—	392	—	—	889	—	—	—	—	—	—
青海	4089	4800	—	2850	5400	800	—	—	—	—	—	—
宁夏	4177	315	—	—	5500	—	—	—	—	—	—	—

注：各年数据均为 1—11 月数据，"—" 表示数据为零。
资料来源：根据中国港口协会和中华人民共和国交通运输部以下网站数据整理。
http://www.chinaports.org/info/2017/198586.htm
http://www.chinaports.org/info/2018/201996.htm
http://www.chinaports.org/info/2019/204541.htm
https://xxgk.mot.gov.cn/2020/jigou/zhghs/202012/t20201221_3505761.html
https://xxgk.mot.gov.cn/2020/jigou/zhghs/202112/t20211222_3632453.html
https://xxgk.mot.gov.cn/2020/jigou/zhghs/202212/t20221228_3730416.html

九、货物运输量和货物周转量

表 C-15 各种运输方式完成货物运输量及货物周转量

指标	单位	2017 年	2018 年	2019 年	2020 年	2021 年	2022 年
货物运输量总计	亿吨	480.5	515.3	471.4	472.6	529.8	514.7
其中：铁路	亿吨	36.9	40.3	43.9	45.5	47.7	49.3
公路	亿吨	368.7	395.7	343.5	342.6	391.4	371.2
水运	亿吨	66.8	70.3	74.7	76.2	82.4	85.5
民航	万吨	705.9	738.5	753.1	676.6	731.8	607.6
管道	亿吨	8.1	9.0	9.1	8.2	8.3	8.6
货物周转量总计	亿吨公里	197373	204686	199394	201946	223600	231743.5
其中：铁路	亿吨公里	26962.2	28821.0	30182.0	30514.5	33238.0	35906.5
公路	亿吨公里	66771.5	71249.2	59636.4	60171.8	69087.7	68958.0
水运	亿吨公里	98611.2	99052.8	103963.0	105834.4	115577.5	121003.1
民航	亿吨公里	243.6	262.5	263.2	240.2	278.2	254.1
管道	亿吨公里	4784	5301	5350	5185	5419	5621.8

资料来源：2017—2021 年数据根据国家统计局《中国统计年鉴 2022》相关数据整理，2022 年数据根据国家统计局《中华人民共和国 2022 年国民经济和社会发展统计公报》相关数据整理。

· 419 ·

（一）铁路运输

表 C-16 全国铁路货物运输量情况

指标	单位	2017年	2018年	2019年	2020年	2021年	2022年
货运总发送量	万吨	368865	402631	438904	455236	477372	498424
其中：国家铁路	万吨	291874	319060	344010	358102	372563	390265
货运总周转量	亿吨公里	26962.20	28820.99	30181.95	30514.46	33238.00	35945.69
其中：国家铁路	亿吨公里	24091.70	25800.96	27009.55	27397.83	29950.01	32668.36

资料来源：根据国家铁路局《铁道统计公报》（2017—2022）相关数据整理。

（二）公路运输

表 C-17 分地区公路货物运输量和货物周转量

地区	货物运输量（万吨）							货物周转量（亿吨公里）					
	2017年	2018年	2019年	2020年	2021年	2022年	2017年	2018年	2019年	2020年	2021年	2022年
全国总计	3686858	3956871	3435480	3426413	3913889	3711928	66771.52	71249.21	59636.39	60171.85	69087.65	68958.04
北京	19374	20278	22325	21789	23075	18549	159.24	167.41	275.68	265.68	274.41	225.43
天津	34720	34711	31250	32261	34527	30382	398.02	404.10	599.36	640.12	672.71	604.87

附录 C 2017—2022 年中国物流相关统计数据

续表

地区	货物运输量（万吨）						货物周转量（亿吨公里）					
	2017年	2018年	2019年	2020年	2021年	2022年	2017年	2018年	2019年	2020年	2021年	2022年
河北	207340	226334	211461	211942	227203	196727	7899.32	8550.15	8027.16	8103.25	8650.10	7890.34
山西	114880	126214	100847	98206	114698	107024	1758.66	1907.75	2691.60	2784.96	3225.71	3164.25
内蒙古	147483	160018	110874	109002	132847	126709	2764.47	2985.63	1954.51	1888.79	2218.50	2140.96
辽宁	184273	189737	144556	138569	152596	139403	3058.58	3152.29	2662.54	2548.32	2719.50	2777.53
吉林	44728	46520	37217	38274	47675	40813	1151.59	1189.23	1262.77	1294.81	1523.81	1276.68
黑龙江	44127	42943	37623	35521	42086	38616	913.48	810.66	795.15	694.04	815.81	846.09
上海	39743	39595	50656	46051	52899	44846	297.91	299.29	839.18	684.60	1037.32	844.42
江苏	128915	139251	164578	174624	186708	159936	2377.9	2544.35	3234.82	3524.51	3687.79	3207.63
浙江	151920	166533	177683	189582	213653	205935	1821.22	1964.10	2082.11	2209.95	2636.97	2650.38
安徽	280471	283817	235269	243529	259044	245982	5179.68	5451.62	3267.59	3412.24	3727.88	3695.98
福建	95599	96576	87317	91137	110777	106939	1214.05	1289.52	962.48	1021.69	1233.16	1260.62
江西	138074	157646	135554	141899	181024	178366	3432.95	3759.94	3040.32	3247.08	3960.11	4086.42
山东	288052	312807	266124	267230	291196	276906	6650.22	6859.68	6746.20	6784.40	7517.61	7912.63
河南	207066	235183	190883	193632	226447	230055	5341.67	5893.92	5299.76	5572.59	7026.33	7716.19
湖北	147711	163145	143549	114346	161310	144979	2741.91	2955.53	2268.11	1639.91	2196.18	2058.76
湖南	198806	204389	165096	176442	198423	186123	2990.55	3114.85	1316.65	1350.55	1461.16	1465.02

续表

地区	货物运输量（万吨）						货物周转量（亿吨公里）					
	2017年	2018年	2019年	2020年	2021年	2022年	2017年	2018年	2019年	2020年	2021年	2022年
广东	288904	304743	239744	231170	267489	242474	3636.89	3890.32	2563.96	2524.20	2980.46	2710.33
广西	139602	153389	142751	145323	169019	163219	2456.69	2683.05	1470.88	1486.86	1873.39	1885.63
海南	11223	12052	6770	6853	7608	6844	78.61	84.55	40.80	41.34	44.72	39.52
重庆	95019	107064	89965	99679	121185	111915	1068.96	1152.75	952.59	1055.45	1155.84	1063.30
四川	158190	173324	162668	157598	171377	172329	1676.81	1814.95	1527.55	1617.73	1789.79	1857.99
贵州	89298	95354	76205	79412	89154	87870	1008.58	1146.51	548.48	609.80	726.31	722.91
云南	124064	135321	117145	115620	129090	139217	1360.37	1489.23	1015.20	1101.54	1377.57	1463.38
西藏	2148	2363	3969	4039	4502	3934	105.82	116.84	114.47	116.73	118.91	102.80
陕西	123721	130823	109801	116057	122716	121188	2118.21	2301.37	1731.42	1831.11	1818.67	1871.02
甘肃	60117	64271	58228	61272	69665	64084	1048.88	1118.97	979.56	1020.27	1197.41	1690.33
青海	14871	15685	11722	10835	14083	14874	253.43	275.74	126.33	124.62	160.47	175.26
宁夏	31659	31757	34360	34216	37506	38463	500.18	398.19	437.39	483.67	577.70	597.79
新疆	74760	85029	69290	40305	54309	67225	1306.66	1476.70	801.76	491.05	681.33	953.59

资料来源：2017—2021年数据根据国家统计局《中国统计年鉴》（2018—2022）相关数据整理；2022年数据来源于中华人民共和国交通运输部网站，具体参见 https：//xxgk.mot.gov.cn/2020/jigou/zhghs/202301/t20230130_3747846.html。

(三) 水路运输

表 C-18 沿海主要规模以上港口货物吞吐量

单位：万吨

港口	2017年	2018年	2019年	2020年	2021年	2022年
沿海总计	865464	922392	918774	948002	997259	1013102
大连	45517	46784	36641	33401	31553	30613
营口	36267	37001	23818	23821	22997	21118
秦皇岛	24510	23119	21880	20061	20053	19269
天津	50056	50774	49220	50290	52954	54902
烟台	28816	44308	38632	39935	42337	46257
威海	4468	5570	3730	3863	4273	4520
青岛	51031	54250	57736	60459	63029	65754
日照	36136	43763	46377	49615	54117	57057
上海	70542	68392	66351	65105	69827	66832
连云港	20605	21443	23456	24182	26918	30111
宁波—舟山	100933	108439	112009	117240	122405	126134
台州	7057	7167	4901	5091	5938	6241
温州	8926	8239	7541	7401	7976	8479
福州	14838	17876	21255	24897	27352	30164
厦门	21116	21720	21344	20750	22756	21940
汕头	4890	3963	3155	3351	4138	4019
深圳	24136	25127	25785	26506	27838	27243
广州	57003	59396	60616	61239	62367	62906
湛江	28209	30185	21570	23391	25555	25376

资料来源：2017—2021年数据根据国家统计局《中国统计年鉴》（2018—2022）相关数据整理；2022年数据来源于中华人民共和国交通运输部网站，具体参见https://xxgk.mot.gov.cn/2020/jigou/zhghs/202301/t20230130_3747863.html。

表 C-19 全国前十大集装箱港口及其吞吐量情况

单位：万 TEU

排名	2017年 港口	2017年 吞吐量	2018年 港口	2018年 吞吐量	2019年 港口	2019年 吞吐量	2020年 港口	2020年 吞吐量	2021年 港口	2021年 吞吐量	2022年 港口	2022年 吞吐量
1	上海	4018	上海	4201	上海	4330	上海	4350	上海	4703	上海	4730
2	深圳	2525	宁波—舟山	2635	宁波—舟山	2753	宁波—舟山	2872	宁波—舟山	3108	宁波—舟山	3335
3	宁波—舟山	2464	深圳	2574	深圳	2577	深圳	2655	深圳	2877	深圳	3004
4	广州	2010	广州	2162	广州	2283	广州	2317	广州	2418	青岛	2567
5	青岛	1830	青岛	1932	青岛	2101	青岛	2201	青岛	2371	广州	2460
6	天津	1504	天津	1601	天津	1730	天津	1835	天津	2027	天津	2102
7	厦门	1040	厦门	1070	厦门	1112	厦门	1141	厦门	1205	厦门	1243
8	大连	970	大连	977	大连	876	苏州	629	苏州	811	苏州	908
9	营口	627	营口	649	苏州	627	营口	565	广西北部湾港	601	广西北部湾港	702
10	苏州	600	苏州	636	营口	548	大连	511	营口	521	日照	580

资料来源：数据来源于中国港口协会和中华人民共和国交通运输部网站。

http://www.port.org.cn/info/2018/199047.htm
http://www.port.org.cn/info/2019/203163.htm
http://www.port.org.cn/info/2020/204700.htm
https://xxgk.mot.gov.cn/2020/jigou/zhghs/202101/20210121_ 3517383.html
https://xxgk.mot.gov.cn/2020/jigou/zhghs/202201/20220119_ 3637308.html
https://xxgk.mot.gov.cn/2020/jigou/zhghs/202301/20230130_ 3747863.html

附录 C 2017—2022 年中国物流相关统计数据

表 C-20 全球前十大集装箱港口及其吞吐量情况

单位：万 TEU

排名	2019 年 港口	吞吐量	2020 年 港口	吞吐量	2021 年 港口	吞吐量	2022 年 港口	吞吐量
1	上海	4330	上海	4350	上海	4703	上海	4728
2	新加坡	3720	新加坡	3687	新加坡	3747	新加坡	3729
3	宁波—舟山	2754	宁波—舟山	2873	宁波—舟山	3108	宁波—舟山	3336
4	深圳	2577	深圳	2655	深圳	2876	深圳	3004
5	广州	2324	广州	2319	广州	2418	青岛	2566
6	釜山	2199	青岛	2200	青岛	2370	广州	2460
7	青岛	2101	釜山	2181	釜山	2269	釜山	2207
8	中国香港	1830	天津	1836	天津	2026	天津	2103
9	天津	1730	中国香港	1797	洛杉矶	2006	洛杉矶	1904
10	洛杉矶	1697	洛杉矶	1733	中国香港	1779	中国香港	1664

资料来源：根据 Alphaliner 发布的 2019—2022 年度全球集装箱港口吞吐量排名数据整理。

· 425 ·

(四)航空运输

表C-21 民航货邮运输量和货邮周转量

指标		单位	2017年	2018年	2019年	2020年	2021年	2022年	2022年同比增长(%)
货邮运输量		万吨	705.8	738.5	753.2	676.6	731.8	607.6	-17.0
其中:	国内航线	万吨	483.7	495.8	511.2	453.5	465.1	343.8	-26.1
	国际航线	万吨	222.1	242.7	242.0	223.1	266.7	263.8	-1.1
货邮周转量		亿吨公里	243.5	262.4	263.2	240.2	278.2	254.1	-8.7
其中:	国内航线	亿吨公里	73.0	75.5	78.6	67.9	70.6	52.3	-25.9
	国际航线	亿吨公里	170.6	187.0	184.6	172.3	207.6	201.8	-2.8

资料来源:根据中国民用航空局《中国民航主要生产指标统计》(2017—2022)相关数据整理。

表C-22 民航运输机场货邮吞吐量及起降架次

指标		单位	2017年	2018年	2019年	2020年	2021年	2022年	2022年同比增长(%)
货邮吞吐量		万吨	1618.5	1674.2	1709.6	1607.9	1782.5	1452.7	-18.5
其中:	东部地区	万吨	1216.9	1246.3	1245.4	1169.0	1298.8	1069.8	-17.6
	中部地区	万吨	102.6	113.4	124.7	137.2	159.0	126.0	-20.7
	西部地区	万吨	244.2	259.5	279.2	251.8	272.4	214.7	-21.3

续表

指标		单位	2017年	2018年	2019年	2020年	2021年	2022年	2022年同比增长（%）
	东北地区	万吨	54.7	55.0	60.3	49.9	52.3	42.2	-19.3
起降架次		万架次	1024.3	1108.9	1165.4	904.8	977.7	714.8	-26.9
其中：东部地区		万架次	472.9	509.5	528.3	400.6	417.3	290.3	-30.4
	中部地区	万架次	152.5	161.3	173.8	132.9	152.9	116.8	-23.6
	西部地区	万架次	336.2	366.8	388.8	316.6	345.0	255.8	-25.8
	东北地区	万架次	62.6	71.2	74.6	54.7	62.5	51.9	-17.0

资料来源：根据中国民用航空局《中国民航主要生产指标统计》(2017—2022)相关数据整理。

表 C-23 民航运输机场货邮吞吐量前 40 名排序

单位：吨

排名	2017年		2018年		2019年		2020年		2021年		2022年	
	全国合计	16177345.4	全国合计	16740229.1	全国合计	17100142.0	全国合计	16074918.9	全国合计	17827978.1	全国合计	14530525.4
1	上海浦东	3824279.9	上海浦东	3768572.6	上海浦东	3634230.4	上海浦东	3686627.1	上海浦东	3982616.4	上海浦东	3117216.4
2	北京首都	2029583.6	北京首都	2074005.4	广州	1955286.0	广州白云	1759281.2	广州白云	2044908.7	广州	1884082.7
3	广州	1780423.1	广州	1890560.0	北京首都	1919926.9	深圳	1398782.5	深圳	1568274.5	深圳	1506955.0
4	深圳	1159018.6	深圳	1218502.2	深圳	1283385.6	北京首都	1210441.2	北京首都	1401312.7	北京首都	988674.6
5	成都	642872.0	成都	665128.4	杭州	690275.9	杭州	802049.1	杭州	914063.0	杭州	829831.4
6	杭州	589461.6	杭州	640896.0	成都	671903.9	郑州	639413.4	郑州	704748.9	郑州	624654.1

· 427 ·

续表

排名	2017年		2018年		2019年		2020年		2021年		2022年	
	全国合计	16177345.4	全国合计	16740229.1	全国合计	17100142.0	全国合计	16074918.9	全国合计	17827978.1	全国合计	14530525.4
7	郑州	502714.8	郑州	514922.4	郑州	522021.0	成都	618527.7	成都	629422.2	成都双流	529873.1
8	昆明	418033.6	昆明	428292.1	上海虹桥	423614.7	重庆	411239.6	重庆	476723.1	重庆	414775.4
9	上海虹桥	407461.1	上海虹桥	407154.6	昆明	415776.3	南京	389362.4	西安	395604.5	南京	379920.8
10	南京	374214.9	重庆	382160.8	重庆	410928.6	西安	376310.9	南京	383405.5	昆明	310122.2
11	重庆	366278.3	南京	365054.4	西安	381869.6	上海虹桥	338557.1	上海虹桥	377225.4	武汉	298655.2
12	厦门	338655.7	厦门	345529.1	南京	374633.5	昆明	324989.8	昆明	359138.5	厦门	262105.2
13	天津	268283.5	西安	312637.1	厦门	330511.6	厦门	278336.4	南京	315998.2	青岛	220036.1
14	西安	259872.5	天津	258734.8	青岛	256298.8	青岛	206785.9	武汉	297836.5	西安	206288.5
15	青岛	232063.9	青岛	224533.8	武汉	243193.4	长沙	192018.0	厦门	237603.0	上海虹桥	184538.1
16	武汉	185016.7	武汉	221576.8	天津	226162.7	武汉	189361.1	青岛	209074.5	长沙	155768.0
17	大连	164777.6	海口	168622.2	沈阳	192477.6	天津	184980.4	长沙	194886.6	南宁	151858.1
18	沈阳	159117.1	沈阳	168558.0	长沙	175724.5	南昌	182174.8	天津	185942.7	济南	137735.6
19	乌鲁木齐	156741.5	大连	161887.3	海口	175566.5	沈阳	171985.9	北京大兴	173871.3	沈阳	132549.1
20	海口	154496.0	乌鲁木齐	157725.8	大连	173533.8	无锡	157198.0	沈阳	173394.4	天津	131516.9
21	长沙	138737.6	长沙	155513.1	乌鲁木齐	172800.5	济南	146571.3	南昌	168135.2	北京大兴	127497.2
22	福州	125602.7	福州	133189.4	无锡	145128.2	海口	134717.9	济南	163395.2	大连	126524.3
23	哈尔滨	121176.2	哈尔滨	125042.0	哈尔滨	135923.2	大连	122951.8	无锡	152742.7	海口	124372.9
24	宁波	120446.9	无锡	123818.9	济南	135263.0	乌鲁木齐	122005.4	福州	148378.6	无锡	97992.7
25	南宁	110444.2	南宁	118035.6	福州	131071.5	福州	119970.1	海口	137671.0	哈尔滨	96764.5

附录 C 2017—2022 年中国物流相关统计数据

续表

排名	2017 年		2018 年		2019 年		2020 年		2021 年		2022 年	
	全国合计	16177345.4	全国合计	16740229.1	全国合计	17100142.0	全国合计	16074918.9	全国合计	17827978.1	全国合计	14530525.4
26	无锡	107598.1	济南	113627.9	南昌	122517.3	宁波	119155.9	乌鲁木齐	137444.8	乌鲁木齐	93683.1
27	贵阳	102369.7	贵阳	112396.2	南宁	122248.9	贵阳	113452.0	南宁	124128.3	福州	91837.4
28	济南	95151.5	宁波	105673.2	贵阳	120110.2	哈尔滨	112052.4	贵阳	115242.6	宁波	85255.9
29	三亚	89115.9	三亚	95132.9	宁波	106120.2	南宁	107085.1	宁波	112685.6	成都天府	81664.9
30	长春	88907.3	长春	83093.0	三亚	99821.0	合肥	87505.6	哈尔滨	106886.4	贵阳	81105.7
31	温州	75531.9	南昌	82604.4	长春	88901.6	石家庄	86390.4	三亚	103892.2	合肥	76578.6
32	合肥	63575.0	温州	80189.5	合肥	87101.6	长春	83671.9	长春	94465.3	三亚	63292.6
33	兰州	60905.5	合肥	69787.3	温州	81106.6	三亚	79933.6	合肥	93721.0	烟台	62179.1
34	泉州	59277.8	泉州	63845.4	泉州	75294.6	北京大兴	77506.0	烟台	74589.3	温州	61914.1
35	南昌	52262.4	兰州	61450.4	兰州	72001.6	温州	77252.9	温州	73241.4	长春	60497.9
36	太原	48428.4	太原	53402.1	银川	61245.8	兰州	73571.6	泉州	73185.7	泉州	56422.6
37	银川	42181.6	烟台	51465.0	太原	57626.0	烟台	69990.0	兰州	73108.3	兰州	55504.1
38	烟台	41140.7	银川	50733.5	烟台	57060.9	南通	67371.3	太原	55646.9	南通	54252.0
39	石家庄	41013.2	珠海	46393.0	石家庄	53229.7	银川	54016.3	南通	53021.7	石家庄	43444.6
40	呼和浩特	39611.3	石家庄	46145.9	珠海	50989.4	银川	51824.4	呼和浩特	45291.3	南昌	40159.2

资料来源：2017—2020 年数据来自中国民用航空局《民航机场生产统计公报》(2017—2020)；2021—2022 年数据来自中国民用航空局《全国民用运输机场生产统计公报》(2021—2022)。

· 429 ·

表 C-24 民航运输机场飞机起降架次前 40 名排序

单位：架次

排名	2017 年		2018 年		2019 年		2020 年		2021 年		2022 年	
	全国合计	10248859	全国合计	11088251	全国合计	11660475	全国合计	9049212	全国合计	9777362	全国合计	7151916
1	北京首都	597259	北京首都	614022	北京首都	594329	广州	373421	广州	362470	广州	266627
2	上海浦东	496774	上海浦东	504794	上海浦东	511846	上海浦东	325678	上海浦东	349524	深圳	235693
3	广州	465295	广州	477364	广州	491249	深圳	320348	深圳	317855	洛阳	210396
4	昆明	350273	昆明	360785	深圳	370180	成都	311797	成都	300862	上海浦东	204378
5	深圳	340385	深圳	355907	成都	366887	北京首都	291498	北京首都	298176	昆明	193788
6	成都	337055	成都	352124	昆明	357080	重庆	274659	重庆	280577	杭州	190400
7	西安	318959	西安	330477	西安	345748	昆明	274433	昆明	279471	绵阳	188712
8	重庆	288598	重庆	300745	重庆	318398	西安	255652	西安	256965	重庆	188586
9	杭州	271066	杭州	284893	杭州	290919	杭州	237362	杭州	238269	成都双流	159812
10	上海虹桥	263586	上海虹桥	266790	上海虹桥	272928	上海虹桥	219404	上海虹桥	231261	北京首都	157630
11	南京	209394	南京	220849	南京	234869	南京	181725	洛阳	226214	南京	125896
12	郑州	195717	郑州	209646	郑州	216399	洛阳	180286	北京大兴	211238	西安	125857
13	厦门	186454	厦门	193385	武汉	203131	绵阳	179878	绵阳	188894	日照	124039
14	洛阳	184810	洛阳	187699	洛阳	196542	郑州	178682	武汉	174565	上海虹桥	122668
15	武汉	183883	武汉	186772	长沙	196213	长沙	156321	长沙	162977	广元	121508
16	青岛	179592	青岛	182642	厦门	192929	厦门	139827	南京	161896	成都天府	120270
17	长沙	179575	长沙	180226	绵阳	189897	贵阳	134606	郑州	161162	武汉	115062

附录 C 2017—2022 年中国物流相关统计数据

续表

排名	2017 年		2018 年		2019 年		2020 年		2021 年		2022 年	
	全国合计	10248859	全国合计	11088251	全国合计	11660475	全国合计	9049212	全国合计	9777362	全国合计	7151916
18	天津	169585	天津	179414	青岛	186500	北京大兴	133114	青岛	139677	长沙	114123
19	绵阳	169088	绵阳	176550	乌鲁木齐	178234	海口	129726	海口	138930	梧州	112940
20	乌鲁木齐	167822	乌鲁木齐	176346	天津	167869	青岛	127058	乌鲁木齐	138724	北京大兴	105922
21	海口	157535	海口	165186	贵阳	167063	日照	117391	贵阳	134639	海口	105675
22	贵阳	149050	贵阳	158567	海口	164786	天津	115770	厦门	128057	朝阳	101433
23	大连	141428	大连	146652	大连	154976	武汉	115197	天津	125328	厦门	99838
24	哈尔滨	136803	哈尔滨	146416	哈尔滨	147795	哈尔滨	108444	三亚	116066	青岛	95922
25	沈阳	127387	沈阳	137661	沈阳	145350	三亚	108157	沈阳	113051	郑州	94427
26	济南	121558	济南	126828	济南	129994	沈阳	107268	济南	112746	乌鲁木齐	89661
27	三亚	115529	三亚	123507	日照	126020	济南	102375	哈尔滨	108770	宜昌	88256
28	南宁	108049	南宁	113474	三亚	124813	乌鲁木齐	100096	梧州	108008	贵阳	84451
29	兰州	103690	福州	110243	兰州	119183	兰州	94892	广元	104091	松原	84196
30	太原	101076	兰州	109902	南宁	114658	南宁	88200	兰州	102688	沈阳	83252
31	福州	98908	南昌	108614	福州	112746	南昌	87146	日照	100106	哈尔滨	82210
32	梧州	98260	太原	107930	呼和浩特	112159	梧州	87017	南宁	92723	济南	78775
33	呼和浩特	96872	梧州	107361	安康	109351	大连	83275	大连	92479	三亚	76503
34	南昌	89863	呼和浩特	105328	太原	108275	福州	82768	南昌	90904	襄阳	67749

· 431 ·

续表

排名	2017年		2018年		2019年		2020年		2021年		2022年	
	全国合计	10248859	全国合计	11088251	全国合计	11660475	全国合计	9049212	全国合计	9777362	全国合计	7151916
35	襄阳	89270	朝阳	98393	南昌	108036	太原	79299	长春	89323	南宁	66560
36	长春	86041	常德	97832	朝阳	104750	呼和浩特	79195	太原	88951	大连	66461
37	常德	83847	长春	92807	长春	98816	长春	75510	呼和浩特	84325	长春	61951
38	石家庄	80492	石家庄	89717	合肥	95135	宁波	75373	宜昌	83810	南阳	60246
39	宜昌	76974	合肥	89005	常德	92522	合肥	74838	朝阳	81597	天津	60173
40	合肥	76263	温州	86362	温州	92296	襄阳	73847	福州	81523	巴中	59805

资料来源：2017—2020年数据来自中国民用航空局《民航机场生产统计公报》（2017—2020）；2021—2022年数据来自中国民用航空局《全国民用运输机场生产统计公报》（2021—2022）。

十、物流业

表C-25 社会物流主要指标统计

指标	单位	2017年	2018年	2019年	2020年	2021年	2022年	2022年同比增长（%）
社会物流总额	万亿元	252.8	283.1	298.0	300.1	335.2	347.6	3.4
其中：工业品物流总额	万亿元	234.5	256.8	269.6	269.9	299.6	309.2	3.6
进口货物物流总额	万亿元	12.5	14.1	14.3	14.2	17.4	18.1	-4.6
农产品物流总额	万亿元	3.7	3.9	4.2	4.6	5.0	5.3	4.1

续表

指标	单位	2017年	2018年	2019年	2020年	2021年	2022年	2022年同比增长（%）
再生资源物流总额	万亿元	1.1	1.3	1.4	1.6	2.5	3.1	18.5
单位与居民物品物流总额	万亿元	1.0	7.0	8.4	9.8	10.8	12.0	3.4
社会物流总费用	万亿元	12.1	13.3	14.6	14.9	16.7	17.8	4.4
其中：运输费用	万亿元	6.6	6.9	7.7	7.8	9.0	9.55	4.0
管理费用	万亿元	1.6	1.8	1.9	1.9	2.2	2.26	3.7
保管费用	万亿元	3.9	4.6	5.0	5.1	5.6	5.95	5.3
物流业总收入	万亿元	8.8	10.1	10.3	10.5	11.9	12.7	4.7

注：2022年社会物流总额及分项的增速按可比价格计算。

资料来源：根据国家发展改革委、中国物流与采购联合会联合发布的《全国物流运行情况通报》（2017—2022）整理。

第二部分　我国港澳台地区物流相关统计数据

一、香港特别行政区

表C-26　按主要货物装卸地点划分的集装箱吞吐量

单位：万TEU

指标	2016年	2017年	2018年	2019年	2020年	2021年
集装箱吞吐量	1981.3	2077.0	1959.6	1830.3	1796.9	1779.8
葵青货柜码头						
抵港						

· 433 ·

续表

指标		2016年	2017年	2018年	2019年	2020年	2021年
离港	载货集装箱	701.6	740.6	680	639.3	653.7	639.8
	空集装箱	89.1	104.9	120.2	108.0	115.9	125.6
	载货集装箱	662.0	701.3	668.8	604.5	576.8	595.3
	空集装箱	67.6	76.7	78.3	70.2	99.2	97.2
葵青货柜码头以外							
抵港	载货集装箱	179.8	180.1	182.8	176.6	143.6	136.4
	空集装箱	60.1	51.1	31.3	28.9	25.9	23.6
离港	载货集装箱	154.6	153.2	138.3	145.1	130.8	116.9
	空集装箱	66.5	69.1	59.9	57.8	51.1	45.0

资料来源：根据国家统计局《中国统计年鉴》（2021—2022）相关数据整理。

表C-27 商品进出口贸易总额

单位：亿港元

贸易种类	2016年	2017年	2018年	2019年	2020年	2021年
进口	40084	43570	47214	44154	42698	53078
港产品出口	429	—	—	—	—	—
转口	35454	—	—	—	—	—

续表

贸易种类	2016年	2017年	2018年	2019年	2020年	2021年
整体出口	35882	38759	41581	39887	39275	49607
贸易总额	75966	82329	88795	84041	81973	102684
商品贸易差额	-4201	-4811	-5633	-4268	-3422	-3471

资料来源：根据国家统计局《中国统计年鉴》（2021—2022）相关数据整理。

表 C-28 商品进口及整体出口的主要供应地和目的地

单位：亿港元

贸易种类/主要国家/地区	2016年	2017年	2018年	2019年	2020年	2021年
进口（供应地）	40084	43570	47214	44154	42698	53078
其中：中国大陆	19168	20301	21863	20581	19235	24335
中国台湾	2921	3297	3384	3305	4057	5475
新加坡	2617	2881	3141	2907	3141	4138
日本	2467	2534	2600	2526	2400	2708
韩国	1962	2521	2783	2201	2472	3246
整体出口（目的地）	35882	38759	41581	39887	39275	49607
其中：中国大陆	19435	21058	22873	22109	23245	29520
美国	3240	3302	3568	3040	2588	3096
印度	1167	1586	1343	1182	974	1331
日本	1167	1285	1293	1210	1093	1188
中国台湾	745	894	862	883	985	1438

资料来源：根据国家统计局《中国统计年鉴》（2021—2022）相关数据整理。

表 C-29 涉及外发加工贸易的估计货值及估计比重

项目	2016 年 估计货值（亿港元）	2016 年 估计比重（%）	2017 年 估计货值（亿港元）	2017 年 估计比重（%）	2018 年 估计货值（亿港元）	2018 年 估计比重（%）	2019 年 估计货值（亿港元）	2019 年 估计比重（%）	2020 年 估计货值（亿港元）	2020 年 估计比重（%）	2021 年 估计货值（亿港元）	2021 年 估计比重（%）
输往中国内地的港产出口货物	21	11	—	—	—	—	—	—	—	—	—	—
输往中国内地的转口货物	5341	28	—	—	—	—	—	—	—	—	—	—
输往中国内地的整体出口货物	5362	28	5794	28	6098	27	5594	25	5027	22	5628	19
从中国内地进口的货物	7552	39	8103	40	8490	39	7934	39	6688	35	8039	33
原产地为中国内地经中国香港输往其他地方的转口货物	8705	71	9205	70	9723	69	8841	69	7372	63	8823	61

资料来源：根据国家统计局《中国统计年鉴》（2021—2022）相关数据整理。

二、澳门特别行政区

表 C-30　按出入境方式统计的对外商品贸易

单位：万吨

项目	2016年 入境	2016年 出境	2017年 入境	2017年 出境	2018年 入境	2018年 出境	2019年 入境	2019年 出境	2020年 入境	2020年 出境	2021年 入境	2021年 出境
海路	420.7	21.2	348.6	46.1	353.1	32.9	526.9	16.0	693.8	16.6	618.4	19.5
空路	0.6	1.3	0.6	1.5	0.7	2.0	0.8	2.3	0.4	2.7	0.5	4.4
陆路	149.9	4.1	148.4	4.7	136.2	4.6	130.6	3.0	109.3	2.8	140.5	3.1
其他	9703.0	17.6	9780.7	19.7	10126.3	22.1	10183.0	25.3	9631.8	5.9	9051.5	7.2
总数	10274.2	44.2	10278.4	72.0	10616.4	61.6	10841.3	46.6	10435.3	28.0	10260.9	34.2

注：入境、出境均包括转运货物，其他中包括邮递及以管道运输方式进出澳门的货物。
资料来源：根据国家统计局《中国统计年鉴》（2021—2022）相关数据整理。

表 C-31　集装箱流量

单位：数目

项目	2016年	2017年	2018年	2019年	2020年	2021年
入境	56954	57781	59529	59175	57975	56930
出境	34906	34585	36469	34845	30361	35789
转口	1007	681	757	939	1092	1881

资料来源：根据国家统计局《中国统计年鉴》（2021—2022）相关数据整理。

表 C-32 港口集装箱总吞吐量

单位：TEU

项目	2016 年	2017 年	2018 年	2019 年	2020 年	2021 年
入境	80922	81958	86943	84618	83365	82695
出境	48413	47631	51119	47699	37883	40840
转口	82	209	577	722	155	540

资料来源：根据国家统计局《中国统计年鉴》（2021—2022）相关数据整理。

三、台湾地区

表 C-33 铁路和公路货运量及货物周转量

年份	铁路 货运量（亿吨）	铁路 货物周转量（亿吨公里）	公路 货运量（亿吨）	公路 货物周转量（亿吨公里）
2016	0.09	5.62	5.30	385.33
2017	0.08	5.12	5.37	403.51
2018	0.08	5.42	5.61	441.69
2019	0.07	5.17	5.60	443.70
2020	0.07	4.95	5.02	331.99
2021	0.07	4.45	5.17	340.94

资料来源：根据国家统计局《中国统计年鉴 2022》相关数据整理。

附录 C 2017—2022 年中国物流相关统计数据

表 C-34 货物出口去向和进口来源

单位：亿美元

国家和地区	2016年 出口去向	2016年 进口来源	2017年 出口去向	2017年 进口来源	2018年 出口去向	2018年 进口来源	2019年 出口去向	2019年 进口来源	2020年 出口去向	2020年 进口来源	2021年 出口去向	2021年 进口来源
中国大陆	737.3	439.9	887.5	500.4	965.0	537.9	917.9	573.9	1024.5	635.8	1259.0	824.7
中国香港	382.5	13.3	411.7	15.1	414.0	14.1	403.3	10.6	489.9	12.1	629.7	17.1
日本	194.7	406.2	205.7	419.4	228.0	441.5	232.8	440.5	234.0	458.8	292.1	561.0
韩国	125.3	146.5	144.2	168.9	157.4	195.2	169.2	177.4	151.4	206.0	201.4	306.4
美国	334.0	270.9	367.7	284.0	394.9	331.0	462.5	348.5	505.5	324.8	656.9	391.4
泰国	54.9	38.2	63.8	43.6	61.7	45.8	55.2	42.5	52.9	45.4	70.2	59.6
马来西亚	78.1	62.9	103.7	71.8	106.0	93.0	94.0	103.7	94.6	98.8	133.3	118.0
印度尼西亚	27.5	43.1	31.9	48.8	33.3	54.9	29.2	46.8	22.8	45.1	30.7	79.0
新加坡	161.5	75.3	176.2	87.1	173.2	84.2	181.8	79.2	190.8	89.9	257.2	120.7
越南	95.1	27.5	104.6	31.2	107.7	37.0	107.7	52.8	105.2	54.9	139.7	61.4
德国	59.0	85.7	64.3	92.0	70.6	99.7	65.2	94.0	60.4	101.7	81.7	125.0
法国	15.4	30.3	17.1	39.0	16.7	37.1	15.2	32.1	12.8	29.7	15.8	35.1
意大利	18.6	22.0	20.3	25.2	23.3	26.9	19.8	26.1	16.1	26.6	25.7	30.1
英国	36.4	18.4	37.6	19.4	38.6	20.8	35.8	20.2	33.4	19.0	41.5	23.7
巴西	9.5	19.5	12.7	26.0	13.4	16.4	11.8	20.5	10.8	20.2	16.3	26.3
澳大利亚	29.5	61.2	29.3	82.4	34.0	95.5	32.4	100.2	32.3	80.2	48.1	147.6
沙特阿拉伯	12.2	58.1	10.7	68.6	7.8	86.1	9.1	77.3	8.7	48.5	9.2	78.9
科威特	1.7	29.3	1.4	35.7	1.5	51.2	1.6	43.1	1.2	25.2	1.3	45.3

资料来源：根据国家统计局《中国统计年鉴 2022》相关数据整理。

表 C-35 分货物进出口额

单位：亿美元

指标	2016年	2017年	2018年	2019年	2020年	2021年
出口额	2791.7	3154.9	3340.1	3291.9	3451.3	4463.8
其中：资本品	337.4	378.7	404.6	441.2	461.2	561.1
中间产品	2173.0	2481.1	2632.5	2537.2	2660.9	3507.5
消费品	264.1	276.6	284.6	294.4	308.8	372.3
进口额	2292.0	2572.0	2847.9	2856.5	2861.5	3814.9
其中：资本设备	411.1	405.6	418.7	507.6	526.4	688.4
原材料	1532.8	1789.5	2032.9	1939.6	1911.6	2648.1
消费品	315.3	339.9	361.1	371.7	385.4	435.7

资料来源：根据国家统计局《中国统计年鉴2022》相关数据整理。